社会システムとしての市場経済

—市場経済システムの再構成のために—

［第2版］

塚田広人 著

成 文 堂

第二版前書き

一九九八年に本書の初版を上梓して以来一〇年余りが経った。その前後を日本の景気動向に絞って簡単に振り返るならば、一九九一年のバブル破裂後の日本の不況はその後一九九〇年代半ばにいったん回復していくかに見えたが、一九九七年の大手証券、銀行の破綻などを経て、さらに二〇〇〇年代へと続いて行った。二〇〇〇年代半ばには低い成長率でありながらも回復の数年が生じたが、二〇〇八年後半に今度はサブプライムショックに端を発して世界同時不況が生じ、それは二〇〇九年の今も世界の国々に深刻な影響を及ぼし続けている。経済活動は人間の生活の土台を形作っており、それが揺らぐとき、それは大地震にも匹敵するほどの影響を人間の生活に与えることを今回の世界同時不況はあらためて私たちに教えてくれた。

私たちは生きるために必要なものを作り、消費する。これが経済活動である。そしてそれぞれの国ではその国、社会が選択した一定の枠組みの中で人々が協力して生産と分配を行う。人間の歴史を振り返るとき、この生産と分配の仕組み・ルールはそれを選択する人間の考え方の変化と、その与件としての生産力や環境条件などの変化に応じて変化してきた。その意味で、現在私たちがその中で生きている現行の経済の仕組み・ルールも、必要に応じてそれを変更、改善することができる。私たちは現行の経済の仕組みがもつさまざまな長所、短所を見渡しながら、現時点においてどのような改善が必要であるかを判断する必要がある。

初版への前書きに記したように、本書では、この現行の経済機構の改善の問題を、〈市場経済機構とそれを取り巻く社会の全体的システムのあり方〉という問題として考察する。そしてそのために〈効率性・公正性・慈恵性〉の三つをより具体的な視点として設定した。この点に関連して、本書の題名である「社会システムとしての市場経済」の意味について少し説明しておこう。ある社会がその経済活動をおもに市場経済機構を通じて行っているとき、この社会を〈市場経済社会〉と呼ぶことができよう。本書のねらいは、こうした市場経済社会において市場経済機構がその社会の経済活動を適切に遂行していくためには何が問題であり、そして、市場経済機構という一つのサブシステムをその中に含む市場経済社会という全体としてのシステムはこうした問題をどのように解決することができるのかを考察することにある。ここで市場経済機構の問題点として想定しているのは同機構の活動の前提条件として行われる自然資源の分配と、また同機構の内部で行われる生産成果の分配が十分に公正に、あるいは慈恵的に行われているかということである。その具体的内容としては土地の分配ルール、利潤と賃金の分配ルール、社会保障への分配ルールといったことが想定されている。

このような問題の検討は二一世紀初めの現時点においてとくに必要とされているように見える。初版の前書きで、一九九七年当時の日本の経済社会には生産と分配における人間関係に対する大きな不満が存在しており、それは「社会的病理現象・閉塞感」と「経済的閉塞感」を生み出すまでに至っているように見えると述べた。それから一〇年余りを過ぎた二一世紀はじめの現在も、残念ながらこのような社会の状況は変わっていないばかりか、むしろ強められているようにさえ見える。とくに二〇〇九年前半の現時点においては世界同時不況の深化のもとで、世界の多くの国々で市場経済機構と市場経済社会に対する多くの人々の不満と生活への不安が増しており、それはあるいは過去半世紀の中で未曾有のものとなっているようにさえ見える。本書は、こうした問題意識も伴いつつ、先に示した三つの視点に沿って現状の市場経済機構と市場経済社会のシステムの基本問題をどのように改善したらよいのかを考察する。

最後に第二版における改訂箇所についてふれておこう。初版では、第二刷りと三刷りの際に、すでに誤字の修正を中心に若干の訂正を行った。本版でもこうした小規模な修正を新たに行ったが、とくに大きな改訂箇所としては第五章が新たに加えられている。初版では第二部の最初の章で土地に焦点を当てて自然資源分配ルールの問題を扱ったが、本書ではこれに続き、資源分配ルールの問題について第五章を追加し、人間の生得資源としての潜在的な生産能力を自然資源の一つとしてとらえ、これを伸ばすための教育費負担はいかにあるべきかを大学の授業料に焦点を当てながら考察した。

初版の叙述に関しては学兄諸氏や学生諸君からさまざまな有益な意見、質問をいただいたことに対し、この場を借りて感謝申し上げる。

本改訂版が、私たちが生きるこの市場経済機構とそれを内包する市場経済社会を改善するためのいくばくかの手がかりを与えることができるならば幸いである。

二〇〇九年五月二十一日

耐震改築がなされた山口大学経済学部の研究室にて、五月の新緑に囲まれながら。

塚田広人

初版前書き

社会科学は社会の改良を目指す。

では、社会とは何か。社会とは人間がよりよく生きるという目的のために作りだした一つの手段である。人間の目的は一般に、人、物、人間関係の獲得にある。人とは異性と家族である。これらの獲得は個人的問題であるから、ここでは扱わない。次に、人間は衣食住などの物＝生活手段を必要とする。そして人間はこれらの物を得るために協力する、すなわち協力関係としての人間関係＝社会を作り出す。この協力の仕方は労働の負担と成果の分配という行動として現れる。その時人間は、成果それ自体から、またそのための協力関係からも満足を得る。この満足の合計が人間の社会に対する満足の程度を表し、その大小がその社会を改善する必要性の有無を規定する。

現代日本社会では人間関係に対する大きな不満が存在しているように見受けられる。人間間の協力関係に対する不満は一般に対人的敵対行為として現れる。近年の日本社会のそれはたとえば子供社会のいじめであり、大量殺人を伴う反社会的集団の登場として現れている。これらの問題現象への対極的概念としてしばしば登場するようになったのは「公正性」、「思いやり」、「本当の豊かさ」などの言葉である。それらは戦後高度成長のもとでも見えかくれしつつも、一九七〇年代以降の「安定」成長の下で広く論じられるようになった言葉である。しかしまた、これらは近年再び「世界的大競争」のかけ声のもとに後景に退いて行くかに見える概念でもある。これらの現象、言葉が意味するものは何か。現代社会の人間関係において「社会的病理現象」という言葉を生み出すほどの否定的現象はどこから生じ、どうしたら解決できるのか。この問題への取り組みはまだ始まったばかりである。

この「社会的病理現象・閉塞感」と「経済的閉塞感」の両者に同時に直面しているのが現在の日本社会であるとすれば、そのような社会状態への反省とその打開こそが、そして、社会・経済政策の出発点としてのめざすべき社会像は何かという課題に取り組むことこそが、今現在我々が最も力を注がねばならない課題の一つであると言えよう。

この問題に取り組むことが本書の課題である。そのために、本書では経済社会の「枠組み」、「骨組み」の把握を試みる。そもそも経済社会とはいったい何か。それはどのようにつかむことができるのか。部分的にではなく、我々が現行「社会」そのものに問題を見いだしたとき、その解決の助けとなるような総体的な見方を手に入れることがそこでの課題である。そこで私が主張するのは、社会とは、あるいは経済社会とは、まず第一に、私益を第一とする個々人が協力のメリットを求めて形成するものであること、第二に、そのようなものとしての社会には効率性と公正性・慈恵性の三つの要素が必要であること、しかし、現代社会では効率性が重視されすぎ、公正性・慈恵性の要素が軽んじられていることである。ではそれがいかなる意味でそうなのか、それに代わる公正性、慈恵性の比重の本来の大きさとは何か、また、それを実現するための具体策は何かが次に論じられる。

戦後先進国社会を対象に、現代の人間社会の協力関係における最も重要な問題は分配ルールのあり方にあると初めて論じたのはジョン・ロールズであった。彼はそれを功利主義と社会契約説との対立として描いた。彼の理論は多くの人の心と思考をつかみ、多くの研究者をこの分野に引き入れる役割を果たした。

だが、彼は公正性の欠如という現象を、その原因にまで遡って考察しなかった。彼は一方で経済財の分配が問題であることを指摘しながら、孤立した人間がいかにして公正なルールを作り得るかのみを抽象的に問題とした。問題はどこにあるか。原因は何か。解決策は何か。体系的に見えたものの、彼の議論はその中核としての原因論を欠き、それゆえ対策論も無知のヴェールという抽象的なものに終わらざるを得なかった。彼以降、現代における分配ルールの問題は、経済学、法哲学、政治学など広い分野で扱われてきたが、その問題把握の体系性においても、またそれゆえに個別諸分野の問題の設定、研究においても、いまだこの体系的な分配ルールの問題の研究は始まったばかりであるといってよい。

分配ルールであれ、その一規定要因としての目的主体観（本論参照）であれ、従来与件としてきたものを変数としてとらえ直す、これは理論的にはなんら問題のない操作であっても、人間社会についてそれを行うことは、従来与件としてきたこれまでの社会像という時間的、空間的に巨大な現象を対象としてとらえ直すことでもある。それゆえ、これまでの「市場経済制度」を与件として進化してきた従来の経済学にとって、そもそもこのシステムの基本構造とは何を意味していたのか自体があらためて問題となるほど、この問題の探求は容易なものではない。経済学は人間の社会的活動を扱うものである以上、それに対する反省は不可避的に社会的構造全体に関わるものとなる。生産における効率性、負担と成果の分配における公正性と慈恵性の両者をトータルに扱い、複眼的にみた望ましい社会状態を解明しようとするとき、そのためには経済制度、社会制度の最も基本的なあり方まで遡った考察を行わざるを得ない。

社会制度が人間の作り出したものである以上、人間の他のすべての創造物と同様に、我々はそれをその目的と手段との二点から評価、考察することができる。それはどのような目的をもつか。その目的は過去と現在とで変化しているか。その目的に対して現行制度は最適な手段、内容となっているか。これらが経済、社会制度についても解明されるべき基本的問題となる。

本書の課題は第一にこの、人間関係の最も基本をなすところの経済的な分配ルールの体系的解明を試みることにある。そこでは、市民社会、そして現代社会における分配ルールに関して、まず、何を（序論）、誰が（第一章）、どのように（第二章）、なぜ（第三章）が論じられ、また、これらの問題に対する試論的考察が提示される。序論における「何を」は問題の全体像を概括することを狙っており、単に分配ルールが必要な場面設定のみならず、その分配ルールの方向決定の条件としての「誰が」、「どのように」、「なぜ」、の位置づけをも論じている。

第二に、これらの第一部で到達した分析視点と理解に立って、現代社会において最もその改善、完成が求められている重要な分配ルールとしての三分野の問題が第二部で検討される。そこでは第一に自然資源の分配ルールのあり方（方向性）の問題が土地について論じられ（第四章）、第二に協業成果の分配ルールのあり方（方向性）の問題が、「貢献度」の測定問題を中心に労使間の分配について論じられ（第五章）、そして第三に協業成果の社会的弱者への分配ルールのあり方（方向性）の問題が論じられる（第六章）。

以上の問題意識に沿って、分配ルールの体系的把握に向けて一歩前進することが本書の課題である。

本書執筆にあたっては、様々な形で支えていただいた多くの方々に感謝せねばならない。まず第一に両親に感謝することを許して頂きたい。人間の見方、人間の生き方、その最も基本となる点を身を以て教えてくれたのは信州の両親であり、高校留学時のホスト・ペアレンツであった。そしてまた、結婚以来の二〇年間、妻、子どもたち、そして四国の両親たちからもさまざまのことを教えていただいた。残念ながら母には本書を読んでもらうことはできなかったが、彼らの教えに背かない生き方ができているかどうかを自問しつつ、本書がその恩にいくばくかでも報いるものとなっていることを祈るのみである。

第二にこれまで学問上の教えを受けた諸先生方、同輩諸氏の学恩に心より感謝したい。小中高はもとより、大学の学部、大学院、そして就任以来の本学で、学会で、そしてまたさまざまな場を通じて、幸いにも先輩後輩を問わず多くのかたがたの導きを得ることができた。拙い著書ではあるが、これらの方々の学恩に報いるところが少しでも含まれていれば幸いである。

また、厳しい出版事情の中、本書の出版を快く引き受けていただいた成文堂の阿部耕一社長、土子編集長、そしてさまざまな面でお世話頂いた編集部の相馬隆夫氏に心より感謝する。

最後に、本書が少しでも効率と公正・慈恵の問題の考察に資するところがあれば、また、より多くの学生、学究の方々がこの問題に目を向ける助けとなるとすれば、筆者の喜びはこれに優るものはない。

一九九七年五月二一日

新緑の山々に囲まれた山口大学の研究室にて

塚田広人

なお、本書は一九九七年度の山口大学経済学会および山口大学東亜経済学会の出版助成を受け、山口大学経済学部研究双書第九冊として刊行される。

目　次〈概略〉

細目次

第Ⅰ部　市民社会と分配ルール

序　論　問題の概観：経済システムと分配ルール
——現代市民社会における分配ルールの基本問題——

はじめに

分配ルールをいかに決めるかは、すべての社会における主要な経済問題の一つである。いかなる社会であれ、社会として存続するためには、その社会の一定の存続期間を可能とする程度の、労働と成果に関する社会構成員間の安定的な分配構造が成立していなければならない。この意味では、いかなる個別社会に生きるどのような人間も、ある個性的な特徴を持った社会的分配構造のもとで生活しているといえる(1)。

分配構造のあり方とその変化は、各社会成員に大きな影響を及ぼす。それは彼らの生活の仕方を規定し、彼らの満足の程度、内容を規定する。分配構造が持つこの強力な力は、歴史上、自己に有利な分配構造をめぐって、人々をして争わせ、あるいは協調させて、様々な形の分配構造を生み出してきた。分配構造がもたらすこのような大きな影響ゆえに、われわれはその改良と変化の可能性、方向に絶えず注意を払う必要がある。

一般に分配構造については様々な種類が並存しているだけでなく、そこにはたとえば封建制的なそれから市民社会的なそれへというように、ある法則的な変化が存在しているように見える(2)。しかしまた、仮に、すべての社会に共通する普遍的な方向での変化法則が存在せずとも、この分配構造は、そこに生活する社会構成員の意識の変化に応じて変更し得るものであることはまちがいない。では、どのようにして、この意識の変化は生ずるのか。そして、どのようにしてこの意識の変化が現実の分配構造の変化を作り出すのか。これらの疑問に答えるためには、まず第一に、分配構造を変化させる諸要因とそれらの機能の仕方とを明らかにする必要がある。

市民社会の成立以後、この分配構造の問題はたとえばロックの所有制限論、スミスの価値論(3)、マルクスの搾取論、そしてケインズの遺産相続論などの中で言及されてきた(4)。

一例としてロックの言及をあげると、「われわれに所有権を与えていると同じ自然の法が、その所有権の限界をも定めている」。「神は、どの程度までわれわれに与えたもうたのだろうか。(人間が自然の恵みを)享受するためである。つまり、ものがそこなわれないうちに生活の何かの便宜のために人が利用できるかぎり、だれでも自分の労働によって所有権を定めてよいのである。」「大地の所有権もまた……同様に獲得される。……利用しうるだけの土地、それだけが彼の所有物である。」だが、続けてロックは、このような状態では私有財産の不平等は生じず人々の間の争いも生じなかったが、貨幣が発明されて以来、過剰な生産物でも貨幣の形態で蓄積可能となり、人々は土地などをめぐって際限のない獲得競争に入り、不平等が大きくなったとする。これに対してロックは明確な批判を行っていないが、彼の議論の仕方、たとえば「大地の不釣り合いで不平等な所有」といった言及からは、彼はそこには何らかの解決されるべき問題があると感じていたであろうことが推測される(5)。

ここでの問題の焦点となっているのは、結局のところ、自然資源と社会的生産物の分配構造、分配ルールであるといってよいであろう。前述の論者のうち、マルクスは、進化論的視点から、体制変化の一部として分配構造が数個の主要な段階に沿って法則的に変化するものと理解した。しかし、このような方法によって描き出される変化の方向は、その変化の主体的要素となる人間性把握についても、客体的要素となる自然環境把握についても、その時代のそれら要素の現状の理解に立って予測されるものであり、必ずしも普遍的な妥当性をもつものではない。人間性と自然環境が変化し続ける限り、われわれは分配構造の変化方向を研究する場合は、その時代の特徴に応じた分配構造のあり方のみを論ずることができるのであり、また、それゆえに、この問題は各時代において絶えず新しく問い直さなければならないものでもあるといえよう。この意味で、ロック以降マルクスに至るまでの主要な論者達の提言も、必ずしも現代社会に対して十分な有効性をもつものではない。また、二〇世紀に入って以降も、先進工業国においては人々の関心は主に成長と生産効率におかれ、分配構造の問題は二義的な意味を与えられるにすぎなかった。

しかし近年、ロールズ理論の登場を一つの契機にして、また、一九七〇年代以降の先進工業国の低成長化をもう一つの契機にして、分配構造のあり方に対して広い関心が持たれ始めている。ロールズの言葉でいえば、その焦点は分配構造の公正さにある。(6) 究極のところ、そこで問われているのは、〈市民社会＝政治的には平等な社会〉である限りは必ずそれについての合意が必要であるところの経済的分配ルールの問題であり、それはすなわち、そもそもどのような負担と成果の分配方法が最善であるのかという問題である。人間が豊かな生存を達成する方法の二極としては、分配構造を一定として生産性を高める方法と、生産性を一定として分配構造を変える方法とがある。生産性の伸びが小さな時代には、人々の関心は必然的に分配構造のあり方に向かわざるを得ないといえよう。

近年になってこのように活発な議論が行われるようになった第一の基礎的理由は、数世紀にわたる市民社会の展開のもとでもたらされた発達した政治的民主主義が、各社会構成員の政治場面への参加における主体性を強化したことであり、第二には、一般に生産力の発達は各個体の生存のための客観的条件を改善していくが、先に述べた近年のこの諸条件の変化が、その内部での分配問題の比重を増大させたということにあろう。

分配問題、分配構造を規定する要因は主体的要因と客体的要因との二つに分けられる。分配構造は人間の社会的行動の一部であり、その重要な部分を占めている。ところで、そもそも社会的行動は各人の行動動機に基づいて生まれる。この各個人の行動動機が社会的行動としての分配構造をどのように規定するかという問題が、主体的要因の問題の内容である。客体的要因とは、主体的動機の具体的な実現形態を規定する客観的な外部条件のことである。以下、これら二要因において分配ルールに関するさまざまな変化をもたらすところの諸要素はどのようなものから構成されているのかを明らかにする。これが本章の主たる課題である。さらに、補足的にではあるが、これら諸要素が分配ルールの変化する方向をいかに規定するかについても若干の予備的考察を行う。

第一節　主体的要因——社会的行動の動機——

人間の社会的行動とは複数の人間と分配関係を結ぶことである。その目的は、いかなる生物にも共通する、自己の生存と繁殖の確保にある。(7) 他の動物と比べて人間がいかに複雑な行動をとっているかに見えようと、この一つの目的の点では両者はともに共通している。

しかし、そこで各人が具体的に求める生存形態は、人間が望む生存の具体的形態が時代と共に変化するがゆえに様々な形をとる。たとえば、それは原始時代にはほとんど動物的に生きることだけであったであろうが、現在ではある程度の高さを伴った「文化水準」が、当然のこととして「生きる内容」として求められている。人間は、この「時代的」文化水準によって強く影響されており、その水準が達成されない場合には、自らの生活をほとんど無価値なものとさえ感ずるほどである。このように、人間の行動動機は、基本的には「自己の生存と繁殖」にあるが、具体的には、各時代ごとに存在する「時代的文化水準」がその内容を規定する。ここに示した行動動機は次節に示す目的主体観の基礎となる原基的な目的観である。

第二節　客体的要因──行動の条件としての環境──

人間の主体的動機の発現形態を決める環境条件としての客体的環境を構成するものには、人間の外側にすでに与件として存在するもの（自然環境）と人間が外部に作り出したもの（社会環境）との二つがある。以下では後者、社会的環境について考える。社会的環境の中で分配構造の選択に影響する要因には、誰が分配ルールを決めるかという分配の決定主体理解の問題、何を分配対象とするかという分配対象理解の問題、そして誰のどのような目的をめざして決めるか、特に自分以外の人間をいかに自己の目的主体理解に組み込むか、という目的主体観理解の問題、そして、何を基準にして決めるかという決定基準理解の問題の四つがある。これら四つの要因がその時代の分配ルールの、そしてひいては分配構造の内容を規定する。

そこで次に決定主体、決定基準、分配対象、目的主体のそれぞれについてみよう。まず最初にこれらの要素に関わる論点の全体像を示しておこう。

1　決定主体
　主体の範囲……個体から集団へ
2　決定基準　……強制から合意へ
3　分配対象
　①対象の変化……成果から資源へ
　②変化の原因……生産力の変化
4　目的主体観

①「ある程度の平等性」へ
②変化の原因
(ア) 平等性への変化の原因
(イ) 平等性の程度の規定要因
(a) 主体観における自己の拡大
(あ) 分業の発達による他者の必要性の登場
(い) 生産力の発達と他との接触の増加
(う) 生産力の発達と共同事業の登場
(b) 公正観の変化…応能分配の強まり
(c) 相互保障の強化…応要分配の強まり

1　決定主体　主体の範囲——個体から集団へ

分配関係、分配ルールは複数間の人間の交渉によって決まる。したがって、この時の各交渉当事者が「誰」であるのかが、ルールの性格を大きく規定する。

分配ルールの決定主体は、表面的には分配に関わる各社会構成員全員であると言えようが、しかし実際には、各人は利害の共通した物事に集団として対応し、行動することによって、自らの利益を最大に達成できる分配ルールを実現しようとする。そこで登場する第一の利害共通集団は家族であり、第二はそれ以外の種々の利害集団である。

第一に、ほとんどの時代に、「自己の利害」の理解の中には家族が含まれてきた。また、時によって、それはより広い人々を、たとえば遠縁の血縁者、友人、さらには会ったばかりの弱者を含む場合さえもありえよう。そして分業社会の発達は、生産と分配の協力関係を通じて、共通利害を持つ集団の範囲を、血縁集団から地縁集団へ、さらにまた経済的利害集団へと拡大してきた。同時にまた、これらの関係は地理的空間に縛られていないがゆえに、各個人は同時に多様な利害集団に属することもできる。

このような共通利害集団の広がりの歴史上の顕著な一つの例が、たとえば生産手段所有者階級と非所有者階級への区別といったものである。さらに近年においては、「社会」福祉といった言葉にみられるように、一国規模の社会構成員全員にまで拡大した決定主体、目的主体概念とも見えるものが登場するに至っている。とは言え、このような広範囲な思考方法は、階級あるいはそれ以下の小規模集団におけるほどには各主体の目的観として定着してはいないようにも見える。

いずれにせよ、私たちのこのような集団単位における決定主体観の存在と見えるものの実体は何か、また、なぜそれは生じてきたのか、さらにどこまでそれは拡大していくのか、これらの問題が決定主体に関する問題として存在している。(8)

2　決定基準——強制から合意へ

決定主体が、ある内容の分配構造を受け入れるように強制されるか、またはその内容の決定過程に決定主体として参加できるかは、その社会の分配構造を規定する大きな要因となる。民主的決定が社会的ルールの決定方法として合意されている現代民主主義社会では、合意によって決定された分配ルールのみが公正なものとして受容される。このような、強制から合意へという決定方法の変化は歴史的一般性を持つ。

分配構造のこのような決定方法は市民社会の成立によって初めて可能となった。奴隷制社会ではもちろんのこと、封建制社会の末期においても、表面的には領主と農奴間での保護と貢納の相互的な契約関係の形をとってはいたものの、実際には農奴の側からそれを破棄することは認められない強制的なものであった。また、市民社会が成立して以後も、長期にわたって、実際には分配ルールの決定過程に対する参加権は、納税額の多寡などによる制約によって、社会構成員の全員に保証されたものではなかった。

しかし、この社会のもとで分配構造の決定過程に対する参加権は拡大し続け、現在ではほとんどの国で成人全員がこの権利を持つに至っている。このような参加権の拡大は分配構造の決定内容を規定する大きな要因となる。そこでの内容は多数者の選択によって決定されるがゆえに、現存の分配構造の改良、変化の方向を知るためには、多数者の側の共通利害の解明と、その利害に関わる彼らの意志がどのように現実の多数者として集束しうるかが重要な問題となる。(9)

ロールズは、後に見るように、ルールの安定性を保証するのが「合意による決定」という条件であり、これが公正性の中身であるとする。しかし現実の社会では、彼自身におけるルール構成手続きとしての原初状態の仮説にも見られるように、ルール選択においては多数の人々の間では通常、意見の一致が困難である。ここから、この「合意」とは現実には何を意味するのかが重要な問題となる。

3　分配対象

①　対象の変化――成果から資源へ――

次に分配対象は何かという問題が存在する。市民社会においては、分配対象に関する理解は成果の分配を中心的対象とするものから、それに資源の分配が加わったものに変化する傾向がみられる。ここで資源とは自然的資源を指し、外的自然と、各個人の肉体に備わった内的自然とがある。

市民社会の成立以降一九世紀までの分配対象は、その初期における旧支配者層からの新支配者層への土地の再分配を除けば、主として生産成果としての所得に限られていた。その初期における土地の分配においても、旧支配者層の所有していた土地の分配は、社会の変革に参加した社会構成員全員の民主的合意によるものではなく、変革の指導者層による彼ら内部の分配にとどまっていた(10)。

しかし、当時の人間の自己理解、主体理解の発達段階においては、むしろこのような分配対象理解、すなわち成果分配に注目することで自己を満足させるという状態こそが自然であった。当時人々はルネッサンス、古代の市民的平等思想の復興、神のもとの平等を唱える宗教改革の動きのもとで、歴史上初めて人間一般の平等性について考慮を払い始めたばかりであった。それまでの長期にわたる封建的な人間関係、社会関係のもとで生活してきた人間達にとっては、封建制下の圧制、不平等と逆の方向に進むことのみが共通の望みであって、それが具体的にどこまで求め得るかまでは明らかではなかった。一般的に農奴と都市下層市民は、「平等」というスローガンのもとで具体的に何を要求できるかを明確に認識できる段階にはいなかった。方向性としての抽象的な平等概念のみは語ることができても、それから新たに来たるべきものとしての「新しい社会」に関する展望は不明確であり、大衆のほとんどはその決定を少数指導者層に委ねざるを得なかった。この決定を不服として、より多くの階層にまでその利益の及ぶ土地分配を主張する人々はいまだ少数にとどまり、当時の分配対象理解のあり方に強く影響することはなかった。

しかし、市民社会の発達過程において、一九世紀以来の労働運動、社会主義思想と二〇世紀のケインズ政策は、市民社会構成員のますます大きな部分を政治的意志決定過程に加えることとなった。ケインズ政策においては需要創出による高雇用の維持が労働者の交渉力を強める結果となったことがこの方向に作用した。その過程で、成果分配にとどまっていた分配対象理解は、成果分配の重要な一要件としての資源分配方法も含むものに変化して行き、実際にこの方向で分配構造・ルールの変化が生じつつある(11)。

②　変化の原因――生産力の変化

さらにまた、分配対象を資源にまで拡大させるもう一つの要因として、生産力の発達に伴う分業の発達がある。分業の発達の初期には、各人とその家族の生存の確保のためには一定規模の土地を確保すれば十分であった。しかし、分業の発達が生産力を発達させる条件となった時代には、いったん分配された資源の多様な利用が必要となる。孤立した自足、孤立した資源使用ではなく、共同的、社会的な資源利用が必要となる。私的所有に基づく相互の成果の公正な分配＝公正な交換だけでなく、分配対象となるべき成果の拡大のために、土地をはじめとする自然資源の共同利用が必要となる。これが資源をも分配対象に加えるためのもう一つの要因となる。

（補論：社会変化の要因としての生産力の発展の重要性に関するマルクス、エンゲルスの見解……章末参照）

4　目的主体観

①　「ある程度の平等性」へ

成果、資源ともに、市民社会のもとでのその分配構造、分配ルールが、封建社会と比べて平等性を強化する方向へ結果として進んで来ていることは明らかであろう。たとえばそれは、経済的現実としての被傭者集団の所得、生活水準の上昇に、また政治的ルールとしては政治的民主主義の発達に伴う労働者、社会的弱者の保護のための諸立法に、また財政面での累進的な所得税制に表れている。では、このような事実はなぜ生じたのか。この平等化の方向はどこまで進むのか。

②　変化の原因

（ア）平等性への変化の原因

分配構造のいかなる変化も、分配ルールそのものが、社会を構成する各個体の生存戦略の一環として存在する以上、各個体の生存環境の変化に適応した自己利益の最大化のためのものである。この生存戦略の大きな特徴は、個体的、孤立的手段による各個体の生存確保から、集団的手段による各個体の生存確保への変化である。

生産力の発展は、上述の分業体系からのみもたらされる。そこではもはや個人的、孤立的な秀でた能力はそれだけでは意味をなさない。そして、集団的協力による高い生産力の維持のためには、各個体の能力の最大限の発揮が必要となる。各個体の能力の発揮は自発的状態において最も高まる。これは古来からの奴隷的状態での自発性の低さを想起すれば明らかである。また、強制による場合には、ホッブズ的平等性[12]を持つ人間においては、支配者側においても被支配者側からの絶えざる反乱の危険という代償を払わねばならない。これらの損失を避け、平和的協力を実現し、各参加者の自発性を高めるためには、まず第一に「能力に応じた分配」を実現することが必要となる。また、労働能力の弱い社会的弱者に対する生存の保証も、社会成員すべての未来に対する不安を緩和し、自発的能力の発揮に資するであろう。

以上の〈分業の必要→貢献度・必要度に応じた分配の必要〉という経路で、生産力の発展は分配構造のある程度の平等化の方向をもたらすであろう。

(イ) 平等性の程度の規定要因

では、この分配の平等性はどこまで進展するであろうか。この問題は従来は「政治的判断」の問題として扱われてきた。しかし、分配の平等性が上のように生産力の発展と自発的協力の必要性という要因から生じているものであるとすれば、そこにはこれらを満足させるのに必要なだけの均衡水準が存在するかも知れない。

近年は、多くの国々で、これまで進んできた「ある程度の平等化」とは反対の方向としての「福祉抑制」、「自力更正」論が力を得ているように見える。このことは、これまで暗黙のうちに認められてきたかに見えた成果と資源のある程度の平等分配の方向に対して、あらためてその根拠を問うものとなっている。

この平等性の程度を規定する要因として検討されるべきものとして、目的主体観の変化、公正観の変化、相互保障認識の変化をあげることができよう。

（a）目的主体観における自己の拡大

先述のとおり、動物界の一つの種として、あるいはより基本的には一つの生命体として、人間は自己の生存と繁殖を求める性質を持つ。ここでの「自己」とは目的となる主体であり、そこには、通常、家族、そして自己に「近い」者たちが含まれる。この自己以外の人々の生存への配慮もまた、そこに含まれる場合がある。それは古くはたとえばキリスト教、仏教等の隣人への愛、慈悲等の言葉に示され、それらは時によって広い共感を勝ち得る場合があった。これらの宗教的な利他的思考、行動の理由としては、一つには「来世」での自己の生存条件をよりよいものにしておきたいという利己的動機と、もう一つ、慈善的行為そのものが現在の自己に与える満足によるものとがある。前者の目標は結局のところ他人を含まない自己におかれているのに対し、後者は、その極限状態は人間という種全体まで含みうるところのより広い主体を目標としているという違いがある。

さらに現代においては、慈善的行為の大きな部分が、宗教的動機とは離れた、いわば「現世的共感」とでも呼ぶべきものによって、広く「社会福祉」としての形で行われるに至っている。しかし、この現世的共感が、最も根源的な自己の生存と繁殖という動機からどのような経路で生じてくるのかはまだ十分に解明されてはいない。社会福祉、あるいは一般的に慈善的行為一般にみられる他者への配慮という行為は、なぜ、どこまで生じていくのか。一方ではそれは相互扶助としての利己的動機から発するものとしても、他方ではそこには無償の利他的行為と見なされるべき部分も含まれているといってよいであろう。個人的資産が巨額にあり、相互扶助の制度に頼る必要がない富裕者であってもこの制度に自発的に参加するというのはその一例であろう。おそらくそのような自発的な行為を生み出す動機は、他人の存在をも自己の生存目的に含んでしまうという「拡大された自己」にあると表現することができよう。このような他への配慮の拡大という自己の拡大への傾向が、ある程度の平等性への方向という分配ルールの一特徴を規定する要因となっていると思われる。

それでは自己の拡大、すなわち自己の目的主体として他人を含む方向への変化はなぜ生ずるのか。その要因として、当面、(あ)分業が他者を必要とすること、(い)他者との接触の増大が類的親近感を強めること、(う)自然的・社会的環境の変化が他者との協力の強化を必要とすること、の三点を考えることができよう。

(あ)　分業の発達による他者の必要性の登場

自給自足から分業の発達による自己の生存確保へと生存戦略が変化したことが、目的主体理解を変化させうる。先に、分業社会では各人の能力の最大限の発揮のために、貢献度に応じた分配などのある程度の平等性を実現できる分配ルールが必要となると論じた。これに加えて、分業関係は不可避的に、そのような能力を発揮してくれる他者の存在を前提とするがゆえに、他者の生存それ自体が各人の目的の一部とならざるを得ない。自己の生存を確保するために、他者の生存が、自己の生存に次ぐ重要な目的となる。

(い)　生産力の発達に伴う他者との接触の増大

分業の発達に伴う生産力の増大のもとで、職場、住居の変更、レジャーのためなどによる空間的移動が増大し、他者との接触が増大する。その過程で、当初は協力可能性の理解をめぐって、相互の相違性が強調されることもあろうが、先の「ホッブズ的平等性」に示される人間一般の共通性が理解されるにしたがい、相互の協力可能性＝共通性がより強く認識されてゆくであろう。こうして、他者との接触の増大は相互の共通性認識の強化の方向に作用し、それは上の分業に伴う他者の生存確保の必要性と並ぶもう一つの要因となる。[13]

(う)　生産力の発達による共同事業の登場

自己の拡大を促すもう一つの要因は、より多くの構成員の参加を必要とする、生存に関わる共通の課題の登場である。そもそも市民社会においては、生産力の発達に伴って拡大された経済活動を包含できるところの、それまでの小地域ごとの封建社会に代わる拡大された国家を必要としたことがこの社会自体の形成の一因であった。こうした市民社会の発達過程で民族国家が形成されてゆく過程において、「生存に関わる共通の課題」はまず国家間の戦争という形で登場した。いわゆる総力戦体制のもとでは社会構成員は、強制的にではあるが、一国規模の社会構成員すべてを「同胞」と認識せざるを得ない。この認識は終戦によって弱まるが、しかしその後もかなりの期間にわたって継続しよう。

さらに、市民社会のもとでの生産力拡大は核戦争の脅威への対処と環境問題への対処の必要という新たな共通課題を生みだした。先の民族国家間の戦争は一国規模の同胞認識を生みだしたが、核戦争の恐怖は世界的規模でのそれを生み出す。この要因は冷戦構造の崩壊とともに弱まったが、しかしそこでいったん認識された同胞意識はこれまたある程度の力をもって継続するであろう。また、環境問題は現在全世界的な規模で各人の生存を脅かす共通の要因となっている。このことが各人の協力関係を不可避としていること、そしてそこからまた、先の「分業と接触に伴う自己の拡大」現象が生ずるであろうことは明らかであろう。

（b）公正観の変化：応能分配の強まり

分配の平等性の程度を決める二つ目の大きな要因は分配ルールの公正観の変化である。これについては分業に伴う資源の効率的利用の必要性の高まりが貢献度分配ルールの強化の方向をもたらすことを先に論じた。いったんこのようなルールの重要性が認識され、社会的規範としての力が強まるならば、それは他の分配基準に反作用を及ぼすようになる。経験的に分配基準には応有（所有者への貢納）、応能（貢献度に応じた報酬）、応要（必要に応じた分配）の三つがある。封建社会では応有が基本であり、市民社会では応能が基本となっている。市民社会にも応有分配の部分が存在するが（たとえば土地に対する地代、資本提供に対する利子など）、応能分配ルールが社会的に最も公正なものとして認識されるに伴い、応有分配ルールもその重要性を低める方向に変化して行くであろう。その結果、財産所有格差ゆえの分配格差は縮小し、分配の平等性は高まって行くであろう。

（c）相互保障の強化：応要分配の強まり

分業の発達は総体として生産力を拡大させるものの、職業間の移動と居住地の移動を活発にし、その意味では個々人についてはかつての時代よりも大きな不安定性を伴うものでもある。これに対処するため、各人は窮状に陥ったときに備えて共同の備えとしての相互保険体制としての社会保障を創出する。これがすなわち応要分配の強化の一側面である。

なお、応要分配の他の要因としては、一方的な利他的動機によるものがある。これは自らへの見返りが予測あるいは期待できないときに行う他への援助である。これは先に述べた自己の拡大現象から生ずるものであるが、その強さをいかに把握できるかが残る問題となる。

小　括

本章の課題は、分配構造、分配ルールの規定要因とその現代的方向性を考察するための枠組みと論点を整理することにあった。以上の考察より次の諸点を本章のまとめとすることができよう。

（1）人間は生存確保のために生産面で協力する。その重要な協力条件が、負担と成果の分配ルールの存在であり、それへの合意である。

（2）分配ルールを規定する重要な一要因は各個体の生存目的にある。それは各個体の生存と繁殖である。

（3）分配ルールの決定主体は個体から集団へと、また決定基準は強制によるものから自発的合意によるものへと変化する。
（4）その過程で分配対象は成果を中心とするものから資源を含むものへと変化する。
（5）資源、成果の分配ルールは「ある程度の平等性」の方向へ進んでいる。
（6）この平等性の程度を規定するのは、目的主体観の変化、公正観の変化、応要分配・相互保障への要求の強化の三つである。

以上に整理した各論点について、以下の諸章では、ルールの決定主体の問題を第一章で、決定基準の問題を第二章で、目的主体観の問題を第三章で、分配対象としての資源の問題を第四章で、貢献度基準による成果分配の問題を第五章で、「自己の拡大」あるいは慈恵的基準による成果分配の問題を第六章で論ずる。補章では資源分配の問題をフィリピンの土地問題を例として考察する。以上のうち、第一、二、三章は社会的分配ルールの一般的決定要因を論じており、第四、五、六章は分配ルールが現代的諸条件のもとで資源と成果の分配という具体的分野でどの方向に決まっていく必然性を持つかを論じたものである。

（補　論） 社会変化の要因としての生産力の発展の意義について……マルクス、エンゲルスの見解の批判的検討

マルクスは資源と成果の分配ルールの変化に関係するいくつかの問題の考察を行っている。彼は特に成果の取得根拠と、生産力の意義について特徴的な主張を行っている。以下では補論として、分配ルールの問題に関して、通常言及されるマルクスの本源的蓄積論、剰余価値論による資本家的所有の不当性という理解それ自体と、それが分配ルールの考察に対して持つ意味とを検討しよう。

〈本源的蓄積論〉

マルクスは、資源と成果の両面にわたる資本主義的分配構造の変化の必然性に言及している。彼の議論の中で、

実際に人々の認識を分配構造の変化へと促す力を持つ理論として、本源的蓄積論と剰余価値論の二つがある。これらは、資本主義的契約関係の不当性を、その関係の出自と帰結について述べ、出自についてはその不当性ゆえに、帰結についてはその不当性と非効率性ゆえに、同社会の分配構造変更の必然性を示そうとする。

本源的蓄積論は、市民社会の当初の制度的出発点に政府が強権によって介入したことをもって、現行の分配構造の基礎となる資源所有構造に異議を唱えるものである。しかし、この議論は社会発展に対するマルクス自身のもう一つの理解である生産力の自然史的発展という理解によって相殺されるものとなっている。その理解によれば、封建制から資本制へ、そして社会主義へという流れは生産力の段階的発達に応じた必然的なものである。したがって、このように、生産力を発達させることが資本主義社会の、そしてまたいかなる人間社会においてもその基本的任務であるとすれば、ある社会がどのような出発点を持とうとそれは問題ではなく、必要なのは、その社会のもとでの生産力の発達がいかにしてその社会の構造を、そしてまたその一つとしての分配構造を変化させていくかの考察のみとなる。すなわち、そこで問題とされているのは分配構造の正当性、公正性ではなく、生産力の発展に対する効率性のみである。この理解が併存するがゆえに、マルクスの示す本源的蓄積論は分配構造の変化の要因としては明確な批判的意味を持たないことになる。

〈剰余価値論〉

剰余価値論は、マルクスにおいては、資本主義的生産・分配システムの不当性と非効率性の両方を示す議論として位置づけられている。不当性については、同システムは、市民社会のおそらく最も基本的な原理である人間の平等性原理に立脚したならば誰によっても選択されるであろうところの、「貢献に応じた分配」原理に反するものである、すなわちそれは、市民社会におけるもう一つの社会原理としての自由原理に基づく「契約の自由」が、実際には現行の市場経済のルールのもとでは、労使間の交渉力格差を生み、それゆえ資本家による労働者に対する「搾取の自由」に転化しており、それが貢献に応じた分配原理を破壊している、これは不当である、との理解である。

しかし、マルクスにおいては、ここで示される不当性がそのまま社会の変革をもたらす要因となるのではない。確かに彼は、この不当性がもたらす生活苦を味わう階級がますます大きくなると述べる。しかし、ここでの不当性理解は上の本源的蓄積論と同様、生産力の発達というもう一つの、そしてより上位の基準の後景に隠れてしまう。社会の変革、その一部としての分配構造の変革の要因として彼が問題とするのは、このような「不当な」分配構造そのものではなく、それが社会の生産力の発展を抑制するという点であるように見える。

彼の変革理論では、変革の必然性としての不当性と非効率性が同時に表れる。すなわち、生産力が巨大なものとなり、私的資本家によってはそれを〈使いこなせない〉時が来ること、そしてその時点では同時に、不当な搾取のもとで生活苦に〈悩んできた〉階級が社会の大多数を占めるようになり、この体制を覆す力をもつに至る、そこで変革が生ずるというのである。

だが、ここで疑問が生ずる。この変革の二要因は、彼によってそれぞれどのような比重で位置づけられているのか、これらは二つ同時に存在しないと変革は生じないのかという疑問である。不当性を認識することによって人々は変革を求める。しかし、マルクスの考えの中には生産力の発展のためには資本主義的生産・分配関係が必要であるとの認識が併存している。変革の過程をマルクスは両者によって説明しているが、しかし、もしも彼の中で生産力の発展に対する資本主義社会の果たす役割への評価が、その不当性よりも高位におかれていたとすれば、生産、分配ルールの変更をもたらす要因は、マルクスによっては結局のところ生産力の発達のみであると理解されていることになる。彼の叙述には、これらの要因の相互関係についての言及はない。しかし、生産力の発達に対する資本主義社会の果たす重要性への言及は、彼が生産力・効率性要因を不当性要因よりも重視していたのではないかとの疑問を許すものでもあるのである。

彼によっては分配ルール変更の契機としての不当性認識の重要性の問題が未解決のままである。そこでの問題は、そのもとで生産力の発達が抑制されない時点においても、不当性の認識が高まれば分配ルールの変更が生じ得るかどうかである。この点を解明するためには、現代経済学におけるもう一つの分配理論としての効用価値説と限界生産力説による分配論を検討する必要がある。（この問題は本書第五章で検討される。）

ただし、この理論に対する彼の考え方の正しさが証明されたとしても、分配ルールの選択の問題に答えるためにはもう一つの問題が残っている。それは、「不当性をもつものとしての搾取の体制・資本主義社会」を、社会の多数者が慎重な考慮の末、自由な立場から選択する可能性はないのか、という問題である。

これはたとえ労働者階級が社会の多数を占める場合でも生じ得る問題である。この、資本主義社会を意識的に選ぶという可能性の問題は、労働者階級にとっては自らの利益に反する議論に見えるかもしれないが、実は必ずしもそうではない。ある社会における最低生活水準と貧富階層間の移動可能性の大きさとがこの問題に関わっている。両者が十分に高い時に、社会構成員は、そしておそらくその大多数を占める労働者階級は、搾取を可能とするそのような体制を自ら選択することはないであろうか。このような社会では「貧困層への転落」の危険性は軽減されているが、「富裕層への上昇の可能性」は存在している。もちろん、そこでは「搾取」が認められているのだから、ある構成員が被傭者として位置する場合には彼自らの労働に見合った「正当な」報酬は得られない。しかし、それでも彼は、最低生活水準がある程度受け入れられる水準にあれば、彼自らの生存戦略としてこのような社会を選択する可能性はないであろうか。この問題も、マルクスの変革理論に関わって、現代的な代替的選択肢の可能性として残されている問題である。

〈生産力の発展と社会の目的〉

社会の変化の基本的要因と資本主義社会における二大階級の意味をマルクス、エンゲルスは次のように描く。「ブルジョアジーは、歴史上極めて革命的な役割をはたした。[14]」「マニュファクチュアにとっても、また大工業の最初の発展段階にとっても、私的所有より他の所有形態はありえなかったし、私的所有を土台にした社会秩序以外はありえなかった。[15]」しかし、もはや「この生産力は、この所有関係にとって強大になりすぎてしまい、これによって妨げられている。[16]」それは必要であった。しかし、ある時点から必要でなくなる。その指標としては「商業恐慌をあげれば、十分である。」そこには「生産関係」に対する「生産力の反逆」が明瞭に示されている。[17]そこでは生産物も、そして生産力さえも「破壊される。[18]」

この考え方は第一に生産力が生産関係に反逆する指標を恐慌においている。第二に生産力の発達を非常に高く評価しているように見える。（なお、生産力の発達の究極的目標は、人類の能力の完全な発達におかれ、分配面におけるその目標は、「各人はその能力に応じて、各人にはその必要に応じて」が可能となる生産力段階の到来である。[19]彼らは明らかに生産力の発達が人類の発展のために不可欠であり、そのためには社会の構成員の一部が苦境を味わう時代も「人類の発達のためには必要である」との理解に立っている。このような生産力重視の見方が資本主義社会の理解に適用されるとき、本文で述べたように、分配構造の変革の契機としては公正性でなく効率性が第一の基準となることになる。

この考え方は、一方では生産、分配構造のあり方の判断基準を「平等な人類」全体の繁栄に置いた、すなわち平等であるがゆえに社会のあり方の判断基準を多数者の幸福に置くことになるところから生ずる功利主義的なものである。しかし他方では、最大幸福を享受する主体を未来の人類におき、それまでの歴史過程における人類の多数の苦境は黙認するという二面性を持つものでもある。

現実には、利害が異なる集団が存在するとき、不利益をこうむる集団は、可能な選択肢について各集団の利害の得失を計算することができる中立的計算者（もしいたとしての話だが）に従おうとはしないであろう。また、上の例では、未来の人類のために自らの現在の不利益を完全に甘受することはしないであろう。そのとき事態を決定するのは利害が対立している集団間の力関係のみとなる。そのとき、そこでの最強集団が、その判断基準として、人類全体の生産力の発達に最も貢献する選択肢を採用するとは限らない。そこでは単に集団間の力の論理のみが意味を持つ。このときマルクスらの結論したように社会の選択基準が功利主義の基準と合致するのは、大多数からなる共通利害集団としての労働者階級の利害がそのような方向を選択させる条件がある場合のみであることになる。

　このように考えることができるならば、生産力が発達するか否かに関わらず、社会構成員の最強集団、現在の民主社会においては多数者、の側に変革の意志が形成されたとき、その社会構造は変化する。その意志形成の過程にはもちろん生産力の発達とそれがもたらす富の状況が影響する。しかし少なくとも、マルクスらの言うように生産力の発展という一事がすべての目標を決定するとは限らない。生産力と社会変化について明確にいえるのはこの点のみであろう。

（1）　ここでは「分配構造」という用語は、それが実際にどのような構造で存在しているかという問題と、その時代の人間がそれをどうあるべき、どう変えるべきと考えるかという問題との両方に関連させて使われている。

（2）　ここでは、分配構造あるいは広く社会体制の変化の過程は次のようであると想定される。ある時点で社会構成員の強力な部分が、暴力によってであれ、民主的多数の力によってであれ、分配構造、分配ルールを変更しようとするに至る。その基本的理由となるのは、生産力の変化と、それによる社会構成員の生活形態の変化の可能性であろう。そこから生ずるルールは、その変化を自己に有利なように利用しようとする社会構成員間の交渉力次第で決まる。複数の利害集団が、自らの最善の分配ルールとして異なったものを提示しあう場合には、いかなる形であれ、そこに存在している彼らの間の「力」関係が変化の方向を決定するであろう。

（3）　スミスの価値論では、各種財の所有格差は等閑視されており、その意味で、彼は所有格差の暗黙の肯定の立場にいたと考えられる。

（4）　John Locke, *Two Treatises of Government*, Hafner Publishing Company, 1969, sections 31-51. ジョン・ロック『統治

論』、宮川透訳、中央公論社、『世界の名著二七ロック、ヒューム』。Adam Smith, *An Inquiry into the Nature and Causes of the Wealth of Nations*, Randam House, Inc. 1937, Book I, chapteres 5, 6. アダム・スミス『諸国民の富』大内兵衛、松川七郎、岩波書店、一九五九年、第一編第五・六章。Karl Marx, *Das Kapital*, Erster Band, Diez Verlag, Berlin, 1962, Siebner Abschnitt, Vierundzwaizigstes Kapitel, 7, Geshichitliche Tendenz der kapitalistishcen Akkumulation. カール・マルクス『資本論』第一巻、第七編第二四章第七節「資本主義的蓄積の歴史的傾向」、マルクス＝エンゲルス全集刊行委員会訳、大月書店、一九六八年。J. M. Keynes, *The General Theory of Employment, Interest and Money*, Macmillan & Co. ltd., pp.373-374. J.M.ケインズ『雇用、利子及び貨幣の一般理論』塩野谷祐一訳、東洋経済新報社、一九八三年、三七六頁。ケインズはここで、相続税を増やし、所得税と消費税を減らせば、消費性向が上がり、その結果投資誘因が強まると述べている。

(5)　ロック、前掲、二一一頁、二二二―二二四頁、二二三頁。なお、この点における別のロック解釈として、吉澤昌恭の、ロックは土地所有不平等の拡大を肯定していたとするものがある（『現代経済体制論』マグロウヒルブック株式会社、一九八八年、二〇頁。）

(6)　John Rawls, *A Theory of Justice*,1971,Harvard Univ.Press.邦訳、矢島鈞次他訳『正義論』一九七九年、紀ノ国屋書店。この問題に関する議論は近年日本においても活発に行われるようになった。一九七九年の日本経済政策学会全国大会においては、効率と公正の問題が共通論題として扱われるに至った。七〇年代以降、この問題に対する経済学者の間での関心が急速に高まってきた理由については、同大会報告の一、二頁を参照のこと。（日本経済政策学会編『効率と公正の経済政策』年報XXVIII、一九八〇年、勁草書房。）また、この分野における議論の概観については、たとえば同書の黒川和美氏の「効率と公正に関する議論」がある。同三六回大会で政策基準としての効率と公正について報告した塩野谷氏は、一九八五年に『価値理念の構造』（東洋経済新報社）を著し、その中で経済学が本来持っている二つの課題である資源の効率的配分と公正な分配のうちで、これまで研究が遅れていた後者について詳しく論じている。同氏は大会報告の中で、「分配的正義についての発言は排除されなければならない、というのが一九三〇年代以降の経済学の支配的考え方であった。……それに対して、今日の問題意識は、なんらかの形で分配的正義の問題を積極的に取り上げなければならないというものである」と述べ、分配的正義の問題の研究の重要性を強調している。この問題に対する同氏の回答は、基本的にはロールズの議論と共通するものがあると思われる。そこで同氏は、自らの設定する人生の目標達成に必要な社会的基本財（ロールズの「基本的社会財」と共通性を持つ）を分配ルールの対象とすべきである、これが権利論の立場であるとする。基本的社会財に対しロールズは、分配は格差原理を含む彼の分配二原理によって行われるべしという。しかし問題は、なぜ、どれだけ、これらの財が権利として分配されなければならないのかにある。ロールズはこれを無知のヴェールによって説明するが、このヴェールの仮定自体がある意味では非現実的であり、それゆえ彼の結論も必ずしも現実的なものとは言えないと思われる。分配の根拠、あるいは分配ルールの変化の方向を考察するに当たっては、まず、本章で論じた諸論点の検討が必要であろうと考えられる。

　分配の問題が近年一層重視されるに伴って、これと関連して経済理論内部で新しい思考が登場しつつある点にもふれておくべきであろう。交換経済を強調する伝統的な見方と異なって、何人かの論者達は非交換経済に注目するようになっている。そこでは自発的な、あるいは強制力を伴った移転経済が議論されるようになっている。たとえばボウルディングの贈与の経済の視点、またサミュエルソンによって七〇年代以降しばしば強調されているフリーランチの重要性の指摘などがそこに含まれ得ると思われる。だが、この分野の研究は始まったばかりであり、「なぜ」このような新しい見方の経済が必要であるのかという最重要な問題にたいする答はいまだ与えられていない。（K. E. Boulding, *Economics as a Science*, McGraw-Hill, 1970. *Redistribution to the Rich and the Poor, the Grants Economics of Income Distribution*, Wadsworth Publishing Co., 1972. 邦訳『所得分配の贈与経済学』関口末男訳、一九七六年、祐学社。Boulding, *The Economy of Love and Fear, A Preface to Grants Economics*, Wadsworth Publishing Co., Inc., 1973. 邦訳『愛と恐怖の経済』公文俊平訳、一九七四年、祐学社。Boulding ed., *The Economics of Human Betterment*, Macmillan Press Ltd., 1984. 邦訳『科学としての経済学』一九七一年、日本経済新聞社。Paul A. Samuelson and William D. Nordhaus, *Economics*, 12th ed., MacGraw-Hill, 1985. Samuelson, *Economics from the Heart*, Thomas Horton and Daughters,1983. 邦訳『心で語る経済学』都留重人訳、一九八四年、ダイヤモンド社。）

（7）このような見方は、市民社会以降の経済学の形成期においても、たとえばスミスの「自然の二大目的たる個体の維持と種の増殖」という叙述に現れてくる。（Adam Smith, *The Theory of Moral Sentiments*, ed. by D. D. Raphael and A. L. Macfie, Clarendon Press, Oxford, 1976, p.87. 邦訳『道徳感情論』水田洋訳、筑摩書房、一九七三年、一三六頁。）

（8）この点の解明は、分配ルールのあり方全体を理解するための助けとなると共に、現代先進国における重要な社会、経済問題上の争点である福祉支出のあり方を考える助けともなろう。社会福祉とは何か、私たちは誰の、どこまでの福祉を望んでいるのか。この社会福祉の根本問題も、ここでの目的主体の問題を含む社会全体の分配構造のあり方を解明することなしには十分に解き得ないであろう。

（9）多数者の意志形成過程に関わって、アローの一般不可能性定理にふれておく必要があろう。アローは社会構成員の社会状態の選択は民主的手続きによっては不可能であるとの命題を示した。（K.J.Arrow, *Social Choice and Individual Values*, New York : Wiley, 1st ed., 1951, 2nd ed., 1963. 長名寛明訳『社会的選択と個人的評価』日本経済新聞社、一九七七。）

そこでは、三つ以上の社会状態が存在するとき、広範性、パレート原理、無関連対象からの独立性、非独裁性の四つの公理を満足する社会的集計ルールは存在しないとされた。（鈴村興太郎氏による整理「社会的選択の理論」より、『経済学大辞典』東洋経済新報社、一九八〇年、Ⅰ。）

私見によればこのような不可能性という結論は一般的、現実的なものとは言えない。すなわち、まず、彼は前提として個人における序数的選好表と三つ以上の選択肢としての社会状態をおき、ここから社会的選好表を作成するという問題を設定する。ここで序数的選好表を設定したことには、個人間の厚生比較は許容されないという意味が含まれている。しかしこの前提は非現実的なものである。第一に、現代の民主的社会では、人々は多数決による決定方法を選択している。それは、そこでは各人の厚生は「平等な一票」の形で比較可能とされていることを意味している。

第二に、そこでは選択対象は二つである。現実の社会構成員は実際には三つ以上の選択対象に順序をつけるという選択方法をとらない。彼らは一つの票によって、多数の選択肢からある社会状態を選ぶという選択のみを行う。たとえば議員を選挙する場合を考えてみよう。有権者は複数の議員を序列をつけて選ぶわけではない。彼は彼の選択した議員一人だけを選ぶ。社会全体としては、その結果を集計し、各候補の票数を比較しさえすればよい。以上のように考えることができるとすれば、われわれはルールの選択の可能性の問題を超えて、選択対象である各ルールの内容の問題に進むことができる。

(10)　その形態は国ごとに異なっていた。たとえばイギリスでは次のようであった。当時清教徒革命のもとで没収された王領地と王党派貴族の領地は、新政府の指導者とその一派に売却され、従来の小作関係はそのまま残された。（加藤和敏『自由と正義を求めて――ウインスタンレーとイギリス市民革命』光陽出版、一九九〇年、三〇頁。）当時神の掲示を受けたとして土地の共有のために運動したウインスタンレーは次のような思想を持っていた。人間は神によって平等に作られている。そこにはもともと支配関係はない。しかし人間に利己心が生じ、土地の私有とそれによる他への支配が生じた。清教徒革命も問題を解決しはしなかった。「庶民の間ではこう言われていないでしょうか――『庶民は国王の追い出しに契約したのだが、その国王権力はわれわれ以上には土地に対し権限を持っていないはずの連中の手に渡ったままだ。』『こんなことは隷属でしかない』……『イギリスには住民の十倍も養う土地があるというのに、同胞にものごいしたり同胞の代わりに日当目当ての苦役をせねばならない人々がいるとは。あるいは、荒れ地なのに小作料を同胞に支払わなければ耕作も許されず、……飢え、あるいは盗み、……縛り首となるものもいる。』」（一四六一一四七頁)よって土地の私有の廃止、共有化を行う必要がある。「しかし、ひとたび大地がまた共有の財産となるなら」「敵対関係も消えることでしょう。」(五五頁)彼、ウインスタンレーは問題に直面している。しかし、問題の原因を、従ってまた解決策も指摘し得てはいない。彼はただ問題の根源を人間の利己心に求める。しかし、現実的社会条件の中でのその「利己心」の内実、強さ、あるいは発生のメカニズムが解明されなければ、彼もまた抽象論によってのみ問題を論じているといわざるを得ない。

(11) たとえば一九一九年ワイマール憲法の「所有権は義務を伴う。その行使は、同時に公共の福祉に奉仕すべきである」(一五三条)、「ライヒは、法律により、公用収容を類推適用して、社会化に適した私的経済企業を、補償を給して、社会的共同所有に移行することができる」(一五六条)の条項は、すでに分配されている自然資源に対し、その行使方法に限ったものではあれ公共的な制限を可能とした点で、資源分配理解の変化を示すものといえよう。この他フランスでも一九三六年以降、アメリカでも一九三七年に、公共目的で財産権を制限できることが明確にされた。(渡辺洋三『財産権論』一粒社、一九八五年、七三―八一頁。)

(12) 一七世紀前半、ホッブズは人間の能力の同等性を強調した。この同等性が市民社会以降の社会関係の内容を規定する、すなわちルール決定に当たっての平等な取扱いという初発的社会関係を生み出す。ホッブズによれば「《自然》は人間を心身の諸能力において平等に作った。したがって、時には他の人間よりも明らかに肉体的に強く精神的に機敏な人が見いだされはするが、しかしすべての能力を総合して考えれば、個人差はわずかであり、ある人が要求できない利益を他の人が要求できるほど大きなものではない。たとえば肉体的な強さについていえば、もっとも弱い者でもひそかに陰謀をたくらんだり、自分と同様の危険にさらされている者と共謀することによって、もっとも強い者を倒すだけの強さをもっている。……また精神的能力に関しては、……肉体的な強さの場合以上の平等性を見いだす。」(Thomas Hobbes, *Leviathan*, 1968, BPCC Hazel Books Ltd., p.183. トーマス・ホッブズ『リヴァイアサン』永井道雄、宗片邦義『世界の名著二三　ホッブズ』中央公論社、一九七一年、一五五頁。)そこには争いが生じ得るが、「人々に平和を志向させる情念には死の恐怖、快適な生活に必要なものを求める意欲、勤労によってそれらを獲得しようとする希望がある。また人間は理性の示唆によって、互いに同意できるようなつごうのよい平和のための諸条項を考え出す。そのような諸条項は自然法とも呼ばれる。」(op. cit., p.188. 同、一五九頁。)

(13) しかし、多くの先進国で個人と家族の孤立化……たとえば核家族化……といった、これとは逆の現象が見られる。これもまた一面では同じ原因である分業の発達から生じている。この現象が強まるならば、本章で述べた「接触の増大」の効果は減殺されることになる。

(14) Marx Engels Werke, Band 4, Karl Marx und Friedrich Engels, *Manifest der Kommunistishe Partei*, Dietz Verlag, Berlin,

1959, S. 464.『共産党宣言』マルクス＝レーニン主義研究所、大月書店、一九五二年、三〇頁。

(15) ibid., Band 4, *Grundsatz des Kommunismus*, Frage 15, S. 371. 同、八九頁。

(16) op. cit., S. 468. 同、三五頁。

(17) op. cit., S. 467. 同、三四頁。

(18) op. cit., S. 468. 同上頁。

(19) Werke, Band 19, Karl Marx, *Kritik des Gothaer Programmes*, S. 21.『ゴータ綱領批判、エルフルト綱領批判』前掲刊行委員会訳、大月書店、一九五四年、四五頁。

第一章　分配ルールの決定主体の問題：ロールズ理論の批判的展開（一）

――ルールの決定主体は個人か集団成員か――

はじめに

市民社会はその生成期以来、経済社会構造を自らの手で作り出すという課題を背負った。それはたとえばこれまで資本主義、社会主義、「混合経済」、「社会主義市場経済」といったいくつかの型の経済社会構造を生みだして来た。そして、いずれのシステムもその社会構造の効率性と公正性を実現するためのさまざまな試行錯誤を繰り返してきた。だがその過程で、基本的にこれらの社会システムの共通の土台をなす市民社会という基礎構造の重要な特徴としての民主主義の成長はとどまることがなかった。それは封建制以後の新しい時代において民主的な人間関係のもとで生きたいと望む人々の願いが成長し続けたことの反映であった。

民主的人間関係形成への欲求の強まりは必然的に、経済社会構造の基幹をなす分配ルールの形成過程にも影響を及ぼす。この分配ルールについても人は幾多の選択を行ってきた。そして現在も試行錯誤を続けている。先進工業諸国における賃金分配の問題、年金負担の問題、福祉負担の問題、海外援助の問題、みなしかりである。

ところで、人は自らの生存条件に制約されて、その中で許される自己に最も有利なルール・関係を選択するはずである。生存のための条件が異なっていれば、異なった条件下に置かれた人々は自らに有利な、それぞれ異なった協力関係・分配関係を選択するであろう。したがって、現行の分配ルール、分配関係が今後いかに変化していくのか、その方向を見つけだすためには、私たちはまず人々が置かれている生存状況に注目する必要がある。

その時、人々の異なった諸環境からは、原理的にみて、そもそもどれだけの共通性をもった分配ルールが生じうるのか。この問題は啓蒙期においてジョン・ロックなどの社会契約論者によって考察されたが、(1)近年再び、しかし今度は発達した市民社会を舞台として、一九五〇年代以降、ジョン・ロールズをはじめとする社会的正義論の研究者たちによって、正面から取り上げられるにいたった。ロールズは、高度に発達した経済社会において合意される基礎的な経済ルールはどのようなものとなるかを考察した。彼の理論にはいくつかの問題点が含まれるが、しかし彼の問題提起は、近年の経済社会に関する魅力的な研究テーマ、経済システム中の分配ルールの問題に関する新しい研究視点を提示した。(2)

本章では、ロールズの社会契約論に含まれる問題点の一つとしての、社会契約の決定主体に関する彼の誤った性格づけを明らかにし、分配ルールのあり方を決める重要な要因の一つとしての契約主体のあり方に関する代替案を提示する。

第一節　契約の決定主体をめぐる問題状況

社会契約を結ぶ契約主体あるいは決定主体は次のような状況に置かれている。まず、第一に、人間は誰もが自己自身の豊かな生と子孫の繁栄とを望む。この目的のために彼らは他の人間たちと協力活動を行う。協力活動とは、生産における協働と生産物の分配である。そこでの各人の目的は自己のとり分の確保である。協力活動に最も必要なものは負担と成果の分配ルールの存在である。しかし少なくともこれまでは、人間間での負担と成果の分配方法は時代と共に変化してきたのであり、このことは我々は各時代にふさわしい分配ルールを必要としていることを示しているように見える。

そうだとするならば、現代社会という時代的特徴のもとではどのような分配方法が望ましいのであろうか、望ましいとわれわれは判断するのであろうか。二一世紀を目前にした今日の時代の人間社会の特徴は、われわれは先行するどの時代よりも発達した分業体制のもとで、どの時代におけるよりも多くの人々と緊密に結びついて生活しているということである。われわれは意識するかしないかに関わらず、一国全体の規模の、あるいは世界的規模の経済機構の一部として働いている。現代人のもつこうした基本的特徴が、それに応じた望ましい分配システムを規定する基本的要因となる。

かつての孤立的生活、生存から、緊密に結ばれた分業社会への人間の生活の変化は、彼らの間の分配行動に影響を及ぼす。協力集団としての社会では、人間一般、あるいは人間の共通性が強く意識されるようになる。それは、現代の高度に工業化された社会における緊密に結ばれた協力システムのもとでは、生産物の分配システムを「公共の」福祉とか「社会的」福祉といった普遍的基準に基づいて改善するといった議論が格別の異議も唱えられることなく行われるという事実の中に表れている。

このように、分業社会において人々が想定するに至る「公共」とか「社会」といった概念は、分配における目的主体理解におけるある種の変容に基づくものであるように見える。また、そうだとしたとき、そこに表現される目的主体観の変化、集団的な人間像の登場と、それを生みだした諸条件とは、もう一つの自己理解としての分配ルールの決定主体としての人間像理解にいかに影響するのであろうか。

この問題の考察にあたり、まず最初に、目的主体観の変化の原因と内容を、序論に続き、再度一般的に整理してみよう。なお、以下の四つの要因のうちの「類似性の認識」については、章をあらためて第二章の後半から第三章にかけて再度詳しく考察する。

〈類似性の認識〉

発達した分業社会においては、その経済関係がより緊密に結ばれるにともなって、合意し得る分配ルールを作り出す契約者、ルールの決定主体は、次の理由によって、より民主的な協力ルール、分配ルールを作るようになる。第一に、より緊密な結びつきによって(序章で述べた接触の増加によって生ずるそれ)、契約者の目的主体認識は、〈孤立的な自己から他の人々を含むそれへ〉と拡大して行く。個々人にとってはその一部しか意識できない自然発生的な分業体制ではあるが、それによって彼らはいわば強制的に他の多くの人々と協力活動を行わざるを得ない。これは当該社会の構成員たちの間での「互いに類似した存在」としての「平等性」の感覚を育てる。それは人間の根源的な類的共通性に訴える力を持つ。こうした認識が分配面での平等性の強化の一つの基礎となる。

〈職業間移動の影響〉

分業体制の発展にともなう各人の職業間の移動の増加は、「他の人のついている職」に自分がいつつくかも知れないという可能性を増大させる。このことは各人相互に、他の人々の職業と労働状態に対する配慮を増大させる。それは同時に諸種の仕事に対する関心を通じて社会のより多くの人々への関心、配慮を増加させる。

〈力の平等性の認識〉

生産場面における接触の経験の長期にわたる増大を通して、人間は自然に対する能力においても相互に対する能力においてもその力の大きさにおいて非常に類似していることを学ぶ。対人関係においては人間のこの能力の類似性は、〈相互間の支配関係が長期にわたって継続できるほどの力の差が存在しない〉ことを意味している。この理解が共通のものとなったとき、各人の生存戦略上の選択肢からは、もはや他人に対するどのような強制力も排除されるに至る。また各人の生存の具体的目的、すなわちいかなる人生を設計するかは基本的には各人に個性的な事柄であるが、しかしまたそのための材料としては通常、各人ができるだけ多くの自らへの分け前を好むことも確かである。したがって、そこにおいて唯一合意され得る負担と成果の分配ルールの基本は、〈大枠としては相互の支配を排除する力をもつという点で同等ではあるが、しかし生産力においては相互に差がある各人として、その能力、貢献度に応ずる分配を求める〉というものとなる。

〈将来の予見の困難〉

分業社会が発達するもとで、各人の生活条件の多様で早い変化は、自らと子孫の将来の社会的生存条件、特に職業と居住地の条件を予見することを難しくさせる。この予見の困難さは、分配場面において、人々に安全性を第一とする生活方針、すなわち〈生活上の相互保障〉の戦略を採らせる。この戦略は結果的には、目的主体として他人を包摂する方向への進展を意味する。

以上の、「同等であり、かつ利己的自己から他の人々を含む方向へ拡大しつつある目的主体観を持つ人間」が、契約主体の一つの性質を示しているとしたとき、次の問題は、そうした性質を持つ個々人は、実際のルール形成過程において分配問題を決定する際に、どのような単位の主体として行動するかという問題である。

現代の社会契約論の代表的論者としてのロールズの理論は、民主的社会における孤立した個人から始まる。（家族の結びつきの重視、友人間の友情への配慮といったものは排除されてはいないが、それらは各人の利己的行動の中に含まれる。）これらの諸個人が分配機構についてもルールの決定主体となってなんらかの合意を作り出すとされる。

しかし、この理解は現実の世界においては次節以下に示す意味で非現実的な想定であるように思える。この前提的人間理解の問題は、もしそれが変更されるならば、それは結論としての彼の二原理（平等な自由の原理と格差原理――恵まれぬ人を助けられるときのみ、恵まれた人はより多くの利得を得ることができる――）にも影響を及ぼすかも知れないほどの重要性を持つ。以下では、私はロールズと異なり、契約主体の性格を孤立した個人ではなく「集団の一員」ととらえる見方を提示する。そのため、まず続く第二節では、まずロールズの契約主体に関する「個人的」理解を検討し、次に第三節で、それに代わる理解としての「集団的」理解を提示する。

第二節　ロールズ理論の検討：とくに契約の決定主体の性格について

市民社会の顕著な特徴は、以前の諸社会と比べて、社会の形式、ルールを決定するための各人の平等な権利を各社会構成員が精力的に追求するところにある。ロールズの主題は、彼以前の社会契約論者たちと同様に、市民社会における平等で自由な、かつ相互に独立した構成員の間で成立可能な、安定的な協力関係を、その意味では「公正な」あるいは「正義にかなった」分配ルールを作り出すことにあった。

ロックをその代表者の一人とする古典的な社会契約論は、私的所有制というある特殊な型の所有制度を前提している。その意味では、この理論は必ずしも社会契約論の一般的な理論であるとは言えなかった。ロールズはこの古典的社会契約理論を、どのような型の民主的社会にも適用され得るところの、民主的社会一般の基本構造を扱うものとなり得るように一般化しようとする。この目的のために、彼は自由で合理的で平等な個人を想定し、さらに彼らに「無知のヴェール」を与える。そして彼は、こうした諸個人が「社会の基本構造」のためのなんらかのルールを選択すると想定する。そこでの合意が「原初的合意」と呼ばれる。そこでは、この基本構造はなんら「特定の社会」または「特定の型の政府」を前提するものではない、一般性をもつ合意内容であるとされる。[3]「結ばれ得る社会的協力の種類と打ち建てられうる政府の型とは」これらの基本的合意がなされて初めて問題となるとされる。このように理解される彼の見解によれば、彼が「基本構造」によって意味し、彼の理論全体によって狙っているものは明らかである。それはある種の資本主義とか社会主義の特定の型ではなく、どのような民主的な社会にも適用される、負担と成果の分配一般に関するある種の抽象的合意である。ゆえに、彼はどのような現実的な、具体的な社会経済システムの選択を議論しているわけでもないということが彼の第一の特徴点である。

〈問題点：契約の決定主体の性格づけ〉

このように、ロールズの理論は社会契約論を一般化することを狙っている。一般的に社会を「構築」する手段として社会契約を重視するという発想は、たしかに、平等な市民社会という時代における唯一の適切なルール形成方法であるように見える。だが、問題はそこに登場する契約主体の性格をどの程度まで一般化するかにある。ロールズは契約主体を「自由で平等な」個々人として性格づける。しかし、実は「自由かつ平等」という性格と「個々人」という性格とは切り離して考えられねばならない。「自由で平等な」個々人は、いわば市民社会におけるルール形成に臨む際の各市民それぞれの最も基礎的な性格であり、社会の全成員に共通するものである。その意味でこの場面における特徴づけとしては各人をこの共通の性格によって基礎的に特徴づけることは正しい。だが、分配ルールの形成という、もう一段進んだ次元における問題場面においては、後述のように、現実の歴史的状況に応じて、個々人が、契約決定主体、交渉主体として孤立して登場するわけではない。そこでは各人は社会的協力を崩壊させないという限界的枠組みの中で、自らの取り分をできるだけ多く獲得しようと試み、そのための戦略をとるのであり、その結果、分配ルールの決定場面においてはそこに参加する決定主体の性格としては、「集団の一員としての個々人」が新たな重要性をもって登場する。

では、このような理解と異なり、「自由で平等な」個々人は無知のヴェール（後述）を選択し、それゆえにまた格差原理を選択するという想定は、具体的にはいかなる意味で問題となるのか。ロールズの契約主体の孤立的、個人的性格をもっともはっきりと示している箇所は、彼の有名な原理がよって立つところの原初状態と無知のヴェールの提起がなされている箇所である。それらは次のように想定されている。

「公正としての正義では、平等性という原初状態は伝統的な社会契約論における『自然』状態と対応している。この原初状態は、もちろん、現に存在した歴史的状態とも、ましてや文化の初期的な状態をさすものとも想定されてはいない。それはある正義の概念に到達するための純粋に仮設的な状況として性格づけられていると理解される。」

「この状況の本質的な諸特徴の中には、誰も社会の中での自分の位置、階級的地位または社会的地位を知らないということ、また自然的才能と能力の分配における自らの運、知性、力といったものを知らないということが含まれている。私は、当事者たちは自らの善の概念や個性的な心理的性向を知らないとさえ想定しよう。正義の諸原理は無知のヴェールの背後で選択される。」

「このことは、誰も諸原理の選択において、自然的な運や社会的状況の偶然性の結果によって影響されないということを保証する。だれもが同様の状況におかれており、だれもが彼の特殊な条件に有利になるような諸原理を描くことはできないので、正義の諸原理は公正な合意、または契約の結果となる。すべての人々のお互いに対する関係の対称性という原初状態の状況を所与とすれば、この初期状況は道徳的人格としての諸個人の間では、すなわち自らの目的をもち、そして、私はそう想定するが、正義の感覚をもちうる個人の間では、公正である。いわば、原初状態とは、適切な初期状態であり、その意味ではそこで到達された基本的合意は公正である。」

「これが『公正としての正義』という名前の適切さを説明する：それは、正義の諸原理は公正な状態のもとで合意されるという発想を示している。」（*A Theory*…, p. 12）

また、そもそも正義とは何かについては次のように述べられている。

「社会的協力は、もしも各人が一人きりで生きねばならぬとした時に手に入れる人生よりもより良い人生をすべての人に可能とするがゆえに、そこには利益の一致がある。各人は、共同の成果の分配において、自らの目的を追求するためにより多くの分け前を好むがゆえにそれらの分配方法に無関心ではいられないから、そこには利害の衝突がある。成果の分配を決定するさまざまな社会的取り決めのなかから選択するために、そして正しい分配分に関する取り決めを決定するために、ある種の諸原理が必要となる。これらの諸原理が社会的正義の諸原理である：それらは社会の基本的諸制度における権利と義務の割り振り方を示し、社会的協力の負担と成果の適切な分配を規定する。」（*A Theory*…, p. 4）

右に示されているように、彼の正義の理論の結論としての正義の二原理は、明らかに無知のヴェールという仮説のうえに成り立っている。そして無知のヴェールが許容する各人の自己理解とは、自らが自由で平等な孤立的利己的主体であるということのみである。誰も自分の個人的初発的条件である自然的、社会的生得条件に有利なようにルールを作り、他人に押しつけることはできないようにすることが必要である。そのためには、各人は実際には異なった条件のもとにこの世界に生まれてくることを知っているが、自分がそのどこに生まれているかは知らないようにすべきである。ゆえに、これらの自己理解のみが許されるべきであるとされる。

どのような理論であれ、その理論が現実の世界を意識して作られているときは、その有用性は現実に対するその応用可能性によって測られねばならない。彼の理論は高度な一般性を持つとされるが、その対象は現実の市民社会であることに変わりはない。そうであるとするとき、彼の理論に対しては、ここで問題としている分配ルールの決定主体の性格づけの部分で次のような疑問が生ずる。彼は決定主体としては「孤立した個人」から出発する。だがわれわれはすでに、現実の市民社会の歴史的過程は、各人の生存戦略（―たとえば分業―）としても、目的理解（―たとえば接触の増大―）においても、「自己」の中に「他の人々」をなんらかの形で多く取り込む方向に変化しつつあるように見えることを論じた。ならば、この内の前者、「生存戦略」としての集団的行動という理解が、決定主体の問題についても存在し得る余地はないのか。このような視点から考えたときにわれわれが想起するのは、一方でわれわれはかつての封建時代以前にしばしば見られたようにさまざまな家父長制的、共同体的幻想の中に自らを絡めとられて生存していた状態から、各人の自立的な生存追求へと自らを変化させてきた、その意味では個人主義的な方向への変化の過程を歩みつつある存在であると同時に、他方では依然として、現代に生きるわれわれはいまだになおさまざまな利害集団の構成員としても行動しているという現実であろう。

ここで我々は彼の個人主義的主体と無知のヴェールという仮説を、その現実的有効性から吟味せねばならない。彼の理論のそもそもの仮説的性格はロールズ自身によっても認められてはいる。「どのような社会ももちろん、文字どおりの意味では人々が自発的に加わる協力形態であるとは言えない。各人は生まれたときにある特定の社会のある特定の位置にいることを見いだす、そしてこの位置の性質は彼の人生計画に実際に影響する。それでも、公正としての正義の諸原理を満たしている社会は、できるかぎり自発的な形態を持ち得るであろう、というのは、それは自由で平等な個々人が公正な諸条件のもとで同意するであろう諸原理に合致したものであるからである。」（*A Theory…*, p. 13）

このように、彼は現実の世界では人々は無知のヴェールの外で行動していることを知っている。が、それにもかかわらず、あえて彼は、「安定的ルール」に至るための唯一の可能性として仮説的なルール決定方法を導入する。彼は正義の二原理について語るが、それらはただ、「もしも」このような性格づけを持つ人間が存在すれば、また、「もしも」このような原初状態が現実的に意味のあるものならばという条件の下においてのみ、それを語る意味があるにすぎない。彼の理論のすべては彼の仮説の現実性にかかっている。しかしそれには彼自身はそれ以上触れることはない。

ロールズの論理にしたがえば、この孤立した個人という性格づけの条件を受け入れることができるのは、契約主体が利己的性格を持つ以上、それを受け入れる方が他の選択肢に比べて自己に有利な場合だけである。だがこの有利性をロールズは証明しえていない。彼はただ「安定的なルール」はこの方法による以外にないと述べるだけである。（ibid., chap. 4, esp. p. 21）

しかし、他の選択肢のもとで生ずる社会状態がどれだけ安定的か、またはそれがロールズの二原理による社会と比べて好ましいか否かは、それこそ「自由で平等な」各人が個性的に判定する事柄である。そこで重要なことは、各人は現実の世界では多くの場合に現になんらかの集団の一員として生存、行動しているという事実である。それはただ単にロールズが言うように「事実としてそうではあるが、彼はそのことを交渉の場では使用しない」のではなく、〈事実としてもそうであり、かつ、彼は契約の場面で、すなわちルール決定の場面で、その集団の力を用いてルールを決定しようとする〉のである。このことがその主体の生存力を強化する場合には、その主体は無知のヴェールをかぶるよりは現実の知識をもって、なかんづく集団の一員として存在するという知識をもって、集団の利害に沿ったルールづくりの方を選択する可能性が大きいのである。また、現実の歴史的過程もこのような集団間での交渉過程の結果としての分配ルールの形成という経過を示しているように見える。

この視点からみれば、ロールズの孤立した個人という仮定は分配ルールの決定方法としては非現実的に見える。だが一方、それにもかかわらず、彼の理論はそれがもつ二つの魅力的な原理が示す結論的示唆ゆえに惹かれるものが残ることも確かであろう。これらの原理、平等な自由と社会的基本財に関する格差原理が、おそらく現行社会のシステムまたはルールが必ずしも満足しうるものではないこともあって、多くの人々の関心を呼んできたことは否定できないであろう。とはいえ、彼の無知のヴェールという仮説は、それがもつ非現実的な性質ゆえに、彼の右の結論を非現実的な次元のそれに変えてしまっていることもまた確かである。

では、この、目的地のみを示してはいるが、そこへの経路は示していないという彼の理論上の断絶の問題はいかに取り扱ったらよいのか。

彼の理論を首尾一貫させるために必要なのは、決定主体の性格づけを孤立した個人として規定している彼の発想、無知のヴェールの発想を、集団の成員を決定主体とするそれによって作り替えることである。第一に必要なことは、上で論じたように、それがそのままでは現状に対しては有用性を持ちえないものであることを認識することであり、そして契約決定主体の適切な中身として、ヴェールなしに行動する現実の人々、集団的に行動する現実の社会成員たちを取り上げることである。ロールズはしかしそれを恐れる。無知のヴェールなしでは社会的正義、正義の諸原理・ルールに関する〈全員一致〉は達成できないと考えるからである。彼は全員一致を失うことを恐れる。（*A Theory*…における§24 の unanimous agreement の重視を見よ。）おそらく、それが社会形成のための第一歩としての「不可避の」事項と信ずるからであろう。彼は社会的正義のために必要とされる基本的合意に対しては全員一致が必要と信ずる。この、確信、発想が、まさに彼をして彼の理論を魅力的ではあるが非現実的なものとさせている原因である。では、この全員一致の想定は本当にそれほど重要なものなのか、必要なものなのか。

必要性について考えよう。たとえもしも我々が社会の基本構造全体を支えるある基本的な原理を探しているとしても、それは必ずしも全員一致で決定されねばならないものではない。当該社会が民主的な性質のものであるときは、基本的な事項であれ他の事項であれ、それは全員一致以外の方法によって、おそらくは多くの場合多数決原理によって決定され得る。多数決原理によって決定されたルールが必ずしも不安定なものとなるわけではない。確かに、かつての封建時代以前と違い、現代の民主主義社会では少数者による多数者の支配はもはや不可能であるが、他方、多数者の少数者に対する実質的支配は現実に生じ得る。それが長期にわたって継続することもありうる。だが、近・現代の社会形成の選択肢の中で人間が選んだのはまさにその方法であった。それは確かに万全のものではない。しかし、より「良い」ものとしては、そして現在の人間の「私益を求めるが、しかし力においてはほぼ平等な人間」という基本的特徴を前提として考えうる最善のものはこれであると、人間は選択したのである。これに対してロールズは無知のヴェールと全員一致を求める。だがそれは右の人間の性質からすれば非現実的想定でしかない。

また、ロールズによって求められるような全員一致は、これまでの歴史上どのような時代にも、どこにも存在しなかったし、また近い将来においてもおそらく存在しないであろう。そのような一致は確かに望ましい。しかし、それを可能とする人間をとりまく諸条件は少なくともまだ登場していない。私たちは封建制を抜けでて、はじめて「ホッブズ的平等性」の時代に到達したばかりである。そのとき、私たちに可能な選択肢は民主的な力関係の原理、そしておそらくは多数決原理以外にはないのである。

ロールズが全員一致をそれほど重要と考えたのは、全員一致のルール以外のもとではその社会は安定的に存在し得ないであろうという危惧からであった。もし公正な、安定的な社会が存在するとすれば、その構成員たちはその社会の基本的ルールを明確にか暗黙のうちにか守ろうとする人々でなければならず、それはルールに合意した人によってしか可能ではないと彼は考えた。しかし封建制以前はもちろん、市民社会以後も、社会的ルールに対する全員一致は達成されたことはないであろうが、それにもかかわらず、社会のルールの決定手続きが十分に民主的であり、同時にそこで決定されるルールが少数者にとって余りにも過酷なものでない限りは、その社会が次のルール変更の決定までのあいだ、そのルールのもとで安定的に推移することは十分可能なのである。そしてまた、暴力的支配の排除における力の平等性と、「自己の拡大」を通じた共感性の拡大とは、こうした少数者圧迫の事態が生ずる危険性をますます少なくしていくと考えてよいのではないだろうか。

こうして、われわれが、ルール決定における全員一致が安定的社会にとって不可欠なものであるとの発想を捨てるならば、われわれの前には、現実の諸社会の、諸主体間の衝突を主とする性格があらわれる。この衝突は原理的には武力を使った実力行使まで進む可能性も含む。しかし、民主的手続きと、少数者に対する過酷さが排除され、緩和されたルールのもとでは、この衝突は議会制民主主義の範囲内の平和的なものにとどまるであろう。現実の社会では、人々の利害は互いに衝突する場合が多い。そして彼らは通常、所属集団の、ある利益集団の一員として争う。人々が実際に彼ら自身に関する力の、特に所属集団の力についての完全な情報をもっているとき、彼らが「基本的」なルールについて、異なった利益集団間で全員一致に至るのはまず不可能であろう。通常、富裕な階層に生まれ、その利益を享受するものは、その階層の力を使ってその利益を守ろうとするであろう。貧困な階層に生まれたものはその力を集めてその階層に有利なルールを作ろうとするであろう。彼らは自らの境遇に対する知識を捨てるのではなく、まさにそれを使って、自らの、そして自らの集団の利益の維持、拡大を求めるであろう。しかし、それが必ずしも不安定なルール、不安定な社会を生み出すわけではない。

このように、どのようなルールも、それが各人の分配分に関するものであり、当事者たちが自らの特徴を知っているかぎりは、ロールズの言うようにそれらが完全に「客観的に」選択されることはない。このような条件のもとでは、結局は少数派集団が不満をもつ結果となるようなルールが選択されざるを得ないが、しかし次期の投票によって状況を変える可能性があるかぎりは、そこで必ずしも深刻な社会的不安定性が生ずるわけではない。(4) ロールズは分配的諸原理の決定においてはかならず全員一致の合意が必要とされると述べるが、事実はそうではない。むしろ、かならず全員一致を必要とするのは二つのことがら、すなわち一、その分配ルールを暴力の力によってではなく言論の力、民主的手続きによって決定しようという態度＝政治的決定ルールと二、少数者の最低限の人権を侵さないというルールだけである。前者について。暴力による決定は社会を非常に不安定にするので「勝者」にとっても余りにも不利益が大きい。これが市民社会以降の「全員一致」の理解として確立されている第一のものである。現代民主社会の政治的決定ルールは民主的ルールであり、多くの場合多数決ルールである。必ず全員一致が必要なのは決定手続きの民主性への合意である。そしてこれがまさに、新しい決定主体としての市民からなる民主的社会の長い歴史的経験の達成物なのである。後者について。上のように民主的な決定手続きが行われても、その結果が少数者集団に対して過酷なものとなる場合にはその社会は存続できない。これを防ぐためには、前もって、「少数者の最低限の人権は侵さない」というルールへの全員一致の合意が必要である。

以上がロールズにおける全員一致の必要性の理解における問題点である。市民社会における分配ルールには二種類あり、市民社会において全員一致が必要なのは政治的決定方法と最低限の人権の保障のみである。民主的決定原理は結局は平等な市民による自発的決定をその本質とする。平等な市民による自発的決定こそが彼ら自身の利益を守るものであること、そしてそれゆえにまたこの決定方法を堅持することの重要性、これが現代民主社会の到達点である。その手段としては議論による説得と共に、多くの場合多数決による決定が採用されるが、しかし、これはあくまでも民主的決定方法の一つの選択肢であって、右に示したようにそれが少数者集団への過酷な取扱いを意味するときには、それは市民社会以前への後戻りを意味し、この方法は社会的不安定を生じさせる。このような例外時には多数決原理は大きな欠陥を持つ。しかしそれはあくまでも例外的なケースである。全員一致でなくとも分配ルールは成立し、安定的に機能し得るというのが現代社会における暗黙の基本的合意であり、現実の決定過程もそのように運営されている。そうである以上、公正な原理の探求に当たっては、我々が行うべきは「無知」のヴェールの導入ではなく、「知」のヴェールのもとで、さまざまな衝突を経ながら形成されている現実のルールは何か、そして長期的に安定して機能し得る、すなわちこの衝突の範囲が社会の安定性を維持し得る範囲内に納まることのできるルールは何かを探求することである。

人々はこれまで、利己的な、合理的な「孤立した個々人」としてのみ振る舞ってきたわけではない。彼らはまた各種の利益集団のメンバーとしても振る舞ってきた。「社会的な正義」の内容を決定するのにより大きな影響を与えてきたのはむしろこちらの要因であった。我々はむしろ、契約主体における集団志向的な性格から出発しなければならない。そのまさに出発点においては、人間はたしかに孤立した個人であり利己的な性格をもつ。しかしその事実がただちに分配ルールの内容をそのまま決定するわけではない。歴史上のほとんどの時代において、人は生存という彼の基本的な目的を他者との協力によって達成しようとしてきた。家族、血縁、地縁等、それは通常さまざまな種類の小集団を作ることを意味していた。そしてそれは徐々に現在見られるような一国規模の、あるいは世界的規模の社会を作るところまで進んできた。記録された歴史のほとんどが示すように、集団間で諸利益対立が存在するかぎりは、これらの集団は互いに互いを敵対しあうものとみなした。少なくとも初めから交流可能な存在とはみなさなかった。しかし、いったん彼らが市民社会と民主的政治ルールの枠組みを可能とする生産力段階に達したとき、それは同時に、人々にもはや深刻な社会的衝突と社会的不安定性がない段階に自らを引き上げる可能性をも与えた。この新しい段階においても人間はさまざまな利害衝突の中で生きてきたし、生きている。しかし、民主的決定ルールの下で、人間社会はその衝突を小規模なものにとどめることができる可能性を手に入れるところまできたのである。

この、〈衝突を本質とする集団的な生存戦略〉がどれだけ続くかは、それが各人を取り巻く生存条件から出てきたものである以上、その環境変化いかんに依存する。そしてそれは結局は、環境的生存条件を決めるところの生産力に依存する。そして、現時点においては予想し得ないほどの、ある相当程度の高い生産力段階、生存条件が達成されたもとでは、もはやどのような集団的志向も不要となり、各人が純粋に自立した個人としての性格のみによって行動できる段階が来るかもしれない。

したがって、現状ではまず、我々は、現存する生存条件が人々をしてどのような集団的志向を採らせるかを解明せねばならない。ロールズが無知のヴェールのもとで想定するような純粋に個人主義的な自己認識は、人々が実際に自らの集団志向的な性格を脱ぎ捨てるまでは現われることはない。そしてこの集団志向からの脱却は、人間がどのような小集団に依拠する必要もなく生まれてくるときに初めて可能となる。このような条件のもとで、人々は初めてロールズの提起する正義の諸原理とそれに至る手続きとに合意することができるであろう。そこではもはや小集団に依拠することからはどのような利益も不利益も生じないからである。その意味で彼らは自立した個々人として平等な地位にあることになろうし、今度はこの平等性はロールズの言うような仮説的なものではなく現実のそれとなる。しかし現時点においては、人間はいまだこのような高い生産力段階のもとにはいない。人間はいまだに希少財をめぐる利害対立が存在する時代に生きており、またその対立結果としての分配結果を自己に有利なものとするために、自己の所属集団の力を利用しようと行動する段階にいる。

以上より、現時点において本当に問題なのは、仮説的な無知のヴェールを導入することではなく、まだ長期にわたって存在する集団志向の諸要因とその結果の解明である。集団志向が不要となり、その意味で自立した個々人が登場するという変化が実際に生ずるまでは、人々は、現実に存在し認識される不平等な初発的条件のもとで生存するのであり、そこからの生存戦略の本質は、集団への依存、集団志向にあるのである。そこでは人々は「利己的な、しかし道徳的に平等で合理的な」個人としてのみ生きるのではなく、諸種の利益集団の成員としても存在するのである。そしてそこで分配ルールを決定する基本的要因は後者であり、それは全員一致によってではなく異なった利益集団間の衝突と交渉、多くはその一形態としての多数決原理で決まるのである。我々は現実としての集団的条件から出発せねばならない。

第三節　ロールズの契約主体の性格の批判的展開――集団へ――

ロールズ理論の検討を通して、我々は、現代の歴史的段階のもとでは分配的正義のための前提のなかに人間の性格として集団的志向を導入しなければならないという結論に達した。そして、もしもありうるとしたら、そのような段階をある期間経過したのちに初めて、我々はもはや何の制約もなく、ロールズによって提起されているような自由で平等な自立した個々人という概念を使用し得る段階に達することができるであろう。したがって、次に考察されるべきは、今日の人間の「集団的」性格の中身それ自体である。我々が今日出会い、所属する集団とはどのようなものであり、そこに示される今日の集団間の交渉過程からは、我々の分配的正義の来るべき方向としてどのような方向が示唆されうるのか。

その具体的な考察は、個別の分配問題をめぐる諸集団の分析によってなされる。ここでは一例として、この問題に関するミルトン・フィスクの関連した概念を取り上げよう。彼はロールズの理論における契約主体の性格の問題に批判的に言及する数少ない論者の一人である。そして彼もまたこの問題を「集団的」視点から見ている。彼はロールズに対し、「個人がその自然的性格において他から孤立しているというロールズの見解に立てば、正義の諸原理は主に集団的性向をではなく、個人的な利己性を掣肘するものとして把握されるであろう。ロールズにとって意味があるのは、自由を制約したり所得の悪分配を維持するための個人的な富の悪用や個人的な詐欺であって、集団のメンバーによって多かれ少なかれ共同して行なわれる行為ではない」と批判している。(5)

また、彼は階級としての集団が重要であるとし、その理由として彼は、「…というのは、階級の一員としての個人にとっては、正義の諸原理についての合意はその中でその階級が力を得、その性向を実現するための準備をする期間を生き長らえるための方便としての意味しかないからである」(6)とする。こうしてフィスクは「社会は個々人の集合体であるという考えは誤っている」と論ずる。(Fisk, p. 69)「社会契約に代えて、なぜ階級契約ではいけないのか?」(ibid. p. 78) この視点は本章での「集団的志向性」という視点の一例を示すものである。

階級の概念については、ロールズもまた彼の著書でふれている箇所がある。

「格差原理を明示するために、社会的階級間の所得分配を考えてみよう。…さて、財産所有階級における企業家階級の成員として出発する者は、…非熟練労働者階級の中で出発する者よりも良い見通しをもつ。このことは、たとえ現在存在する社会的不正義が取りのぞかれるときでさえ真実であるように見える。いったい何が…人生の見通しにおけるこの種の初期的不平等を正当化できるのか？格差原理によれば、それは、もし期待における格差がより悪い見通しをもつ代表的人間の、この場合は非熟練労働者にとって、利益になるならば、正当化される。」「重要なのは、もしもこれらの不平等が格差原理のもとで十分条件となるのであるならば、この種のことが議論されねばならないということである。」（*A Theory*…, p. 78.）(7)

明らかに、彼はここで階級構造の、あるいはより一般化して言えば、各種集団の存在それ自体を排除してはいない。彼の理論において集団は存在する。しかし彼は集団に所属しているという個々人の認識も、他の個人的知識と同様に無知のヴェールによって覆い隠す。彼はただ一般的な意味での個々の孤立した参加者と彼らの間での一般的ルールを扱うのみである。こうして、彼における決定主体は非常に抽象的なものとなるしかない。そしてその当然の結果として、彼の理論は平等な孤立した個人的参加者に対してのみ有用な格差原理を結論として提示する。確かに、もしも彼らがこの意味での平等な孤立的主体にとどまる存在であったなら、彼らはそのような原理を最善のものとして選択するであろう。しかし問題は彼らが実際にそのような意味で平等な、孤立した存在であるかどうかである。この問題意識を欠いているがゆえに、ロールズの理論は過度に抽象的な、非現実的なものに終わるしかない。

したがって、ロールズの階級の概念がもつ意義はフィスクのそれと同じではない。ロールズにおいてはそれはただ無知のヴェールの背後にいる抽象的に孤立的な個々人の人生の見通しに影響する一般的諸要素の一つとしてのみ言及されているにすぎず、そこでロールズにとって問題になるのはただ、これらの諸要素が抽象的に孤立した各個人の見通しに最も間接的な形で影響するということだけである。決して、これらの個人が属する集団間の相互作用から分配ルールが決まっていく過程を問題としようとしているのではない。そしてロールズの理論においては、これらの諸要素は、結局はルール選択の過程においては無知のヴェールの背後に隠されてしまうことによって、それらの現実的意味を失ってしまう。これと反対に、フィスクは彼の階級概念を、現存の分配ルールの具体的内容に影響するものとして提起する。

これらの二つの階級概念をこのように理解することによって、我々は、ロールズがこの概念を扱う方法は、我々の分配システムの変化する方向を見つけるという問題を解決するためには直接的には助けにはならないと結論せざるを得ない。いまだに今日でも、社会的、または分配的諸原理を選択する上で人々の判断を規定するのは、たとえば財産所有集団と非所有集団間の、異性集団間の、地理的集団間の、人種集団間の、といった様々な個別的な集団間の衝突の、さらにまたその相互間の結合作用なのである。我々は来たるべき分配ルールの方向を見つけだすためには、こうした集団間の相互作用の性格、その示す方向こそを明らかにせねばならない。

とはいえ、集団的志向を主たる性向として前提する場合でも、先述のように、そこにはいつでも、多数派の人々、右のフィスクの例では労働者階級が、少数派の人々、ここでは資本家階級からの圧力を受けることなしに資本主義的な階級構造を選択する可能性が残されている、という問題が含まれていることに留意する必要がある。この点はこれまであまり扱われてこなかった問題であり、またこれはおそらくほとんどの先進国においてさえ未だ文字どおりの純粋な可能性にとどまっている問題であろうが、しかしそれは今後一つの選択肢として十分な注目に値する問いとなってゆくであろうと推測される。「労働者階級による資本主義的な所有の枠組みの容認」という一見逆説的な可能性は、下層階級の人々が上層の階級に移動する可能性の認識に少なくとも部分的には依存している。社会構成員のうちの多数派がこの可動性を非常に高いものと判断すれば、彼らは当該の階級社会とその上に立つ分配ルールを容認するかもしれない。集団の一つとしての階級の存在と、複数階級間の衝突、交渉の示すこのような複雑な方向性もまた注目されねばならない問題場面の一つであろう(8)。

小　括

(1)社会的協力、とくに経済的協力においては、各個人にとっての分配分が最終目的であり、他のすべては、たとえば相互協力もその一つの手段であるにすぎない。

(2)生産力と分業関係の発達は、人々を自足的、個人的な存在から集団志向型の存在へと、または孤立的個人から集団の構成員へと変化させる。

(3)ロールズは現代的な社会契約論という魅力的な分野を提起した。彼は負担と成果の分配における魅力的な正義の理論を提出した。しかしそれは隔離された個々人と無知のヴェールという非現実的な想定と、政治的分野と経済的分野における全員一致の必要性理解の区別の弱さの上に成り立っている。

（4）社会の基本構造に関するより現実的な分配理論を創造するためには、我々は契約主体に関する彼の孤立的、自立的個人という想定を、現実の人々が実際に持つ集団志向的な性格によって置き換えねばならない。今日の集団間の相互作用を検討し、そこに示唆される分配の新しい方向を見つけだすことがそこでの課題となる。

（1）　John Locke, *Two Treatises of Government*, op. cit.

（2）　優れた研究者の登場がその分野の研究を格段に促進することはもちろんであるが、もう一つ、一九七〇年代以降のこの分野の研究が活発化した要因として、経済成長と厚生の関係のあるべき姿の問題が強く意識されるようになったことがあげられる。端的に言えば、成長の陰に隠されていた分配の問題が、七〇年代以降の成長鈍化のもとで顕在化してきたことがその背景となっている。日本においては一九七九年度の日本経済政策学会の全国大会のテーマとして経済政策における効率と公正の関係がとりあげられたこともその反映の一つである。

（3）　Rawls, op. cit, p. 11.

（4）　もちろんそのような民主的ルールが否定されたときはそのかぎりではない。

（5）　Milton Fisk, 'History and Reason in Rawls' Moral Theory', Norman Daniels ed., *Reading Rawls*, New York, 1974, pp. 72-3.

（6）　Fisk, ibid., pp. 73.

（7）　なお、ここで「十分条件となるのであれば」という言葉 satisfy はロールズによって日本語版用に訂正されたものである。これに対応する以前の言葉は be just であった。）

（8）　今日の集団間の交渉過程から示唆される一つの基本的方向は、お互いが以前よりも類似性の高い存在であるとの理解が進むことであり、これらの類似した特徴は構成員たちを一層同等なものと認識させる方向に働くであろうし、それは構成員たちに以前より平等な分配ルールを選択させる方向に働くであろう。このことは、階級間であれ性別集団間であれ、衝突が存在するところはどこでも、分業が存在し生産性が上昇し続けるところではどこでも、どのような社会においても生ずるであろう。このような相互認識の変化の傾向性を明らかにし、それらが集団間の相互作用にどう影響するかを確認することは、新しく形成されて行く社会的、そして分配上のルールの方向を理解するための重要な作業となろう。

第二章　分配ルールの決定基準の問題：ロールズ理論の批判的展開（二）

——研究対象としての目的主体観と力の均衡——

はじめに

本章で問題とするのは分配ルールの決定基準としての公正性の意味である。前章において、分配ルールは対立する利害をもつ複数集団間の交渉の結果として生まれることを述べた。通常、この時成立する分配ルールが社会的に正当なものであるか否かは、そのルールが公正なものであるか否かという形で表現される。

それでは公正性とは何か。我々はしばしば経済活動の良否の判定基準として効率性の概念に言及するが、効率性とはある目的に対する手段としての、相対的には下位の概念であり、したがってそれを公正性の考察の出発点とすることはできない。公正性とは、我々が効率性以下すべての経済的概念を用いる際の前提となる経済社会それ自体、協力体制それ自体を存続させるためのルールの正当性を判定する原理である。この意味で我々はすべての経済問題の出発点を、この分配ルールにおける公正性の問題、その内実の理解におかねばならない(1)。

では、「公正な分配ルール」とは何か。我々は個々の行動場面において、他の人々、あるいは「社会」による自らの扱いに対して、正当性、不当性を感ずるが、その根本基準となるべき「社会的公正性」とは何かについては、必ずしも明瞭な認識を持っているとは言えない。常識的理解では、公正とは「公平なこと」であり、公平とは「偏らないこと」であると言われる。では何をもって偏りを判断するのか。私は、公正の内容に対する第一次的接近としては、各人が「正当に扱われている」と感ずる状態をあげたい。このような状態を公正な状態と呼び、その状態を実現できるルールが公正なルールであると定義したい。おそらくこれが伝統的な「公正」の概念を最もわかりやすく表現したものではないかと思われる。では何をもって我々は「正当に扱われている」と感ずるのか。

相互の生存のより確実な実現を目的とするところの人間間の協力形態は、「負担」と「成果」の分配ルールからなっている。ルール形成の必要性と可能性は、合意形成主体の異質性と同質性から生ずる。彼らは相互に戦って相手の食料を奪うことで自分の生存を確かなものにするよりは、協力してその成果を分け合う方が有利であると考えるほどには同質的であるが、生じた成果の分配をめぐって自己のより多くの取り分を主張して争うほどには異質的である。厳密にはこの異質性の程度は、目的主体としての自己と他との境界線をどこに引くか、他人の利益のどこまでを自己の利益と見なすかという問題を含む。時折存在する他人に対する自己犠牲的な救助活動、または親から子への同様の行為などは、この純粋な、あるいは閉じられた利己的性向への疑いを誘うが、それにもかかわらず、各人はやはり「自己の」取り分をより多く望むという一般的な利己的性質を持つことを否定することはできないであろう。取り分をめぐる争いの存在と、それゆえの共通の合意された、すなわち公正な分配ルールの必要性は否定され得ないであろう。

本章ではまず、価値判断と目的主体概念の研究との関連について検討する。何をもって公正性の基準、内実とするか、または何をもって政策の「正しさ」の基準とするかは従来余り突き詰めては検討されてこなかった。政策目的については功利主義的目的観が論証なしに提示されるか、あるいはロールズにみられるように一定の考察がなされたにしても、全員一致の結論とそれを保証するための無知のヴェールという非現実的想定が公正性の内実と論じられるにとどまっていた。これに対し、本章での基本的主張は、分配の公正性を「異なった目的主体観を持つ諸集団間の、力の均衡」としてとらえるということである。目的主体観とは「誰の、どのような状態をめざして」人間が行動するかという観念であり、公正観を形成するための原初的、動機的な基礎となるものである。孤立した個人、あるいは集団の成員としての個人が、ある制度、ルールを公正と判断するか否かにおいては、まずそれが彼らの目的主体観に寄与するものであるか否かが重要となる。仮に寄与しない場合でも、暴力的あるいは多数決の強制によってそのルールを受け入れる以外にない場合には、それはやはり社会的には従うべきもの＝公正なものと理解される。（ここで目的主体観とは、各人が、どの人間主体のどのような厚生をめざして生存していると自己理解しているかの認識のことである。）

以下、まず第一節では目的主体概念と価値判断との関係を明らかにし、目的主体概念が経済社会における規範的概念として、十分に科学的研究の対象となり得るものであることを論ずる。第二節では公正の概念における本質的要素としての合意の本質は力の均衡にあることを明らかにする。

第一節　価値判断と目的主体観

一八、一九世紀の市民社会形成期においては、目的主体観、すなわち「誰のために」の問題は、経済活動の成果の階級的分配の問題として多く議論された。しかし二〇世紀、特にその後半期においては、経済社会に関する考察対象としては「誰がどのように生産するか」という効率性の問題に重点がおかれ、「誰のために」の問題はあまり注目されないようになった。一つにはこれは、旧来の階級的視点からの分配問題が労働者階級の生活水準の高まりによってその重要性を減じたことによっていたと言えよう。そして、「誰のために」の問題は主に個人的判断にまかされるべきものとして、すなわち市場における投票権としての各個人が持つ貨幣の支出状況が決める個人的問題として扱われるようになった。

しかし、二十世紀末の現在、我々の前には再び、あるいは依然としてと言うべきであろうか、この「誰のために」の問題が大きく現れている。労使間の分配にせよ、災害被災者への援助にせよ、年金拠出の方法の選択にせよ、海外の低開発国への援助にせよ、今われわれが直面するすべての分配問題の解決のためには、この「誰の、どのような状態をめざして」の問題が解決される必要がある。なるほど、それは各個人の生存戦略の根本問題であり、優れて個人的な問題である、それゆえそれは各人の判断に、すなわち各人の貨幣支出の仕方に任せるべきである、との意見は一応説得力を持つかに見える。しかし実はこのような考えは、「目的主体観については社会的合意は成立しにくい」という直観的な信念から直ちに「したがってこの問題は科学的に研究する必要はない、また、研究することはできない」という結論を導き出すという、非論理的な直観的信念の表明でしかない。仮に社会的合意が成立しにくいものであったとしても、現実の社会においては、異なった目的主体観を持つ集団間での力関係によって、結果としてある種の目的主体観がその社会で支配的にならざるを得ないような種類の政策、社会的選択が行われているのであり、それは各社会構成員に大きな経済的影響をもたらさざるを得ない。

したがって、どのような経済ルールであっても、それが前提する「目的」を、すなわち目的観、目的主体観を明示することなしにその是非を論ずることはできない。この目的主体観を明らかにし、そのための手段として選択している諸制度、ルールがそれに整合的か否か、さらにまた目的主体観自体がいかに変化するか、そして異なった目的主体観を持つ社会構成員の間で、支配的な、あるいは合意された主体観はどのように決まるのか、という問題を解明することなしには、「価値判断なしの中立的、客観的経済分析」、「手段としての経済活動」の分析は、実は形容矛盾であるということになろう。経済活動の「効率性」に限った分析も、それが真に中立的、無目的性を保とうとすれば、それはいわば無数の並列的目的に対する可能性分析を行うという、逆に無意味な、また不可能なものとなってしまうであろう。

この目的主体観の問題において、現存する諸目的主体観の把握と、それらのうちのどれが「社会的」なもの、すなわち社会的に選択されたものとなるか、また、そこでの選択過程では各集団の力関係がどのように働くか、という考察自体は客観的になし得るものである。人間の目的主体観がそれぞれ異なるであろうということは、人間の多様性から容易に推測できることである。しかし、そこから、「目的主体観に関する議論を行ってはならない」と結論するとすれば、それはまさにある個人的、禁欲的価値判断を社会に強制するものでしかない。なぜならば、様々な目的主体観を持つ人間が存在すること、それらの間に優劣をつけることはできないことは事実として当然のことではあるが、その上で個々の人間がそれぞれの生存戦略として社会を構成することを選ぶとき、この諸種の個人的目的主体観のうちのあるものに有利になるような社会を構成しようと行動する可能性は、各人の自由な選択肢の一部として含まれており、そしてその可能性は先述のように実際に実行し得るものであるからである。

この問題に関連して、かつてロビンズが提起した見解は、ある特定の経済的目的をすでに「正しい」ものとしてそのための手段を考察するという態度は誤りであるとするものであった[(2)]。彼は経済学は目的を所与として出発するものと考える[(3)]。目的は与えられたものであって、その正しさについては経済学は判断することはできないとする。そこで具体例として批判されているのは、個人間効用比較を可能とする前提に立って平等な所得分配を是とする考え方であった[(4)]。

しかし、彼の議論には、それではその所与とする目的をある研究者はどのように選ぶのか、それを選び採り、研究するに足ると判断する基準は何であるのかが示されていない。合理的選択肢を研究する学問においては、なによりもまず目的の有意性が証明されていなければ、それは逆に非合理的、非効率的な分析となってしまうであろう。彼は社会運営における個人的自由の範囲を擁護し、功利主義的要素を否定しようとする。しかし、その余り、逆に目的観を含む研究対象選択における個人的自由の範囲を狭めてしまっている。

そもそも経済活動は目的合理的な行動であり、最適な協力関係の創出をねらった行動である。そして、いかなる協力関係、分配関係を最適とするかは、参加主体の目的主体観にかかっている。目的主体観は個性的なものである以上、そこから導き出される各人の望む分配関係は多数存在する。しかし社会を形成するためには彼らはある一つの分配関係を選ばねばならない。そこにおける社会的な選択過程の核心は議論と納得が理想ではあっても、究極のところは衝突と力関係がことを決する。そこにおいていかなる目的主体観があり、それらの間の関係は、そして選択過程における各契約主体の力関係はどうなっているのか。これらはすべて客観的に研究できることである。「望ましい」目的主体観を示すことをめざすのではなく、どのような目的主体観がそれら相互間の交渉過程の結果として支配的となるかを明らかにすることをめざす。これは価値判断ではない。科学的研究の一部である。(5)

このように、ある社会における目的主体観の設定とは、異なる見解をもつ集団間の力関係の結果としての社会的目標の設定として理解できる。ロビンズにも目的観をめぐる闘争について次の言及があるが、それはこのような分脈に位置づけることによって積極的意味を持ち得る。「政治的闘争の乱戦において、見解の相違は、目的についての相違の結果として生ずるかも知れないし、目的を達成する手段についての相違の結果として生ずるかもしれない。もとところで第一の型の相違については、経済学も他のいかなる科学もいかなる解決策も提供することができない。もし目的について我々の見解が一致しないならば、それは、汝の血を流すかあるいは我が血を流すか－あるいは相違の重大さないしは相手の相対的強さによっては、生きるか、生かしむるか－の問題である。(6)」確かに超越的視点から解決策を提供する必要はない。だが、少なくともそれぞれがいかなる目的主体観を持っているか、また、どの目的主体観をもつ集団が優勢となりうるかについての情報を提供することは相互の行動の効率化のために有効である。それによって各人は自らの行動を変更、改善できる。こうして、目的論の分野は客観的に研究可能な分野である。

従来の政策手段論からこの問題（＝政策目的論）にまで遡ることによって、我々はいっそう効率的、合理的な政策手段を選択することが可能となろう。

M・ヴェーバーは、人間はある目的を設定し、それに対する最も効率的、合理的行動を採ろうとするものであると考える。そして、彼もまたある目的に対していかなる手段が最適かを解明するのは学者のなすべきことであるが、ある目的自体に対してかくあるべしと論ずるべきではない、そうするならばそれは自己の個人的世界観の押しつけとなる、と論じた。(7) ミュルダールはこれに対し、なんらかの目的を任意に選ぶことは、そしてそれはどのような研究においても出発点となるものであるが、たとえばそれがすでに他人によって設定されたある目的のための手段を考察するものであるにせよ、そこでその目的を選択することによって、他の幾つもある諸目的の中からそれを研究対象とするに値するものとの価値判断を行ってしまっていると論じ、その意味ではいかなる研究も「客観的」なものはありえないと述べた。(8) ジョン・ロビンソンも、たとえば一つの体制を前提にある問題を研究することはすでに他の体制との比較を行うことであると述べている。(9)

彼らの見解が示すことは、結局、どのようなテーマ設定も研究者の世界観に影響されていること、そしてそのテーマがある価値観を前提したものである場合にはそれを明示する義務があるというものである。前者については、たとえば私が本書のテーマを選んだことは、いわば私の持つ諸研究対象一覧のなかからこれを今研究するに値するもの、重要なものと判断したがゆえである。

しかし、本章の問題対象は、これらの問題とは若干異なる。本書での目的主体論は、ある世界観、特定の目的主体観に立った、それに適する政策的手段の解明でもなければ、ある目的主体観が優れていることの証明に関する議論でもない。ここでの焦点は、諸目的主体観がどのように存在し、それらが相互にどのような力関係を持っているか、さらにその力関係の結果はどうかにあり、そしてこれらの問題が負担と成果の分配ルールに関する社会的合意の方向に影響する重要な要素であることを論ずることにある。

そしてまた、社会の構成員の持つ、分配ルール決定に関わる諸目的主体観の内容とその合成結果、そしてその変化の方向、これが目的主体観に関する本書の問題対象である。これらが解明されたとき、こうして成立する社会的合意としての目的主体観に対してどのような分配ルールが、あるいはより詳細な政策的手段が必要かが効率的に考察し得る。このような問題対象は、先験的、独善的な個人的価値観からの考察を意味しない。それは社会的合意としての目的主体観、すなわちその意味で「公正な」目的主体観の歴史的変化の物理的法則を見つけようとするものである。

第二節　公正の本質としての力の均衡

あるルールが存続しているということは、その社会の構成員のうちの強者、民主社会においては多数派集団が、それを変更するよりもそのもとで行動する方が自己の利益が大きいと判断していることを、そしてまた少数派集団も、その暴力的変更を要求するよりは、それに従う方が利益が大きいと判断していることを意味する。こうして、社会的強制力を持つあるルールの存在、存続それ自体がその社会におけるそのルールの「公正性」を示している。このような公正性の理解は、ある時代のある特定のルールに対してなんらかの超歴史的な内容を与えようとする理解とは異なる。むしろここでは異なった集団間の諸力の間の均衡といった動的内容、状態としてそれをとらえようとするのがその主張の眼目である。

このような意味での公正なルールは、歴史的に様々に変化してきた。この視点からは、政治的平等性が広く認められるに至った現代からはとうてい認められない制度、ルール、たとえば奴隷制も、それがある時代において強者と弱者の間の均衡状態として存続していた限りでは、「公正性」をもつものと表現される。主人と奴隷の関係のように強制された形での「社会的協力」は、確かに近代的な協力関係としての自発的合意には反するものであるが、我々が「公正」の内容を、ある特定の時代のそれを基準として、他の、特にそれ以前の時代のそれを判定するのではなく、あくまでも当該社会の力関係の産物として生ずるものとの見解を採用する限り、我々はあるルールの公正性を、それに対する変更要求が生じ、それが現実に変更をもたらすまでは公正であると評価すべきなのである。奴隷としての社会構成員が、逃亡あるいは反抗によって当該ルールを変更しようとせず、それよりも奴隷状態を甘受するという態度を選択する限りは、その期間においては彼らは奴隷としての生存を、より確かな自己の生存方法として選んだことになる。その限りでは、彼は非自発的にではあるが、その時代においてその協力関係に合意していることになる。その意味では奴隷状態さえもが社会的に公正な状態と表現されるというのがここでの考え方である(10)。

したがって、ここでは各個人、各集団の求める分配ルールのいずれが正しいかという問題の立て方はしない。そうではなく、異なる分配ルールを求める社会構成員間で一定の協力体制が存続しているとき、そこに現に実現している制度、ルールが「公正」であると表現されるにすぎない、社会的公正性とはそのようなものであると考えるのである。この意味で、公正とは力関係の－そしてその現代的形態は民主的な勢力関係の－結果である、そして一般的にはそれが強制されたものか自発的なものかは問題ではない、と定義されるのである。

以上より、公正性とは何かという問題に対する本章での基本的な回答は、公正性とは「社会的に合意されたルールであり、その本質は異集団間の力の均衡にある」というものである。この場合、社会的にとは必ずしも全員一致を意味せず、その社会の支配的見解として、その通用性が存在してさえいればよい。ここでは合意形成への経緯をより広く認め、それが自発性によるものか否かは問わない。ゆえに、それは民主的多数決による場合もありうるし、暴力による支配者層による強制の場合もありうる。本章でこのような想定を行う理由は、公正性とは「社会的に実現しているルール」である、との本質的特徴を際だたせるためである。どのような経緯によるにせよ、そこで公正概念が成立するために必要なのは、その社会の大多数が現実にその観念に、またそれによって成立する制度、ルールに従っているということである。この意味で、負担と成果の分配に関するある観念、制度の定着がある場合には、それを公正な状態と呼ぶ。これが本章での公正性の理解である。

小括

本章での結論は以下の通りである。

（1）経済活動の議論に際して、目的主体観を含む個人的価値判断のいずれが「正しい」かを問うのではなく、いかなる種類の価値判断が存在するのかを問うことは科学的研究の一部である。

（2）公正性とは、自発的か否かを問わず、あるルールが合意されている状態（あるいは合意されている内容）を指す。社会の制度、ルールの展開方向を研究するためには、それに関わる個人、特に利害共通集団の利害の内容の分析が必要である。（そこには、先験的、普遍的な「功利主義的、社会的」行動動機は存在しない。たとえば、功利主義は消費財の平等な分配を要請する、といった表現は誤りである。平等な分配を要請するのは、多数派集団の要求としての形をまとった「功利主義」としての、個人的利己的動機である。――この点は次章であらためて考察する。）

（1）分配と生産の関係について、J・S・ミルは、生産には避けられない自然的法則性があるが、富の分配はそうではないという。そこでは自然資源もまた富の中に含まれている。（*Principles of Political Economy*, 1848. ed. by Ashley, 1920, II, I, 1.）

（2）Lionel Robbins, *An Essay o the Nature and Significance of Economic Science*, second. ed., 1935, London.

（3）ibid., chapter 2-1

（4）ibid., chapter 6-2.

（5）目的についてことさら触れないとはいえ、通常、目的論について禁欲する立場の経済学者でさえ、多くの場合、経済主体の行動動機について「自己の効用を最大化する」という点だけは自明なものとするという立場を採る。だが、実は、ここで彼はすでに「人間の効用はある個人の内部においては比較し得るものである」とする、かなり踏み込んだ個人的判断を下しているのである。各人の目的について触れることがいけないのではない。ある目的観を、証明なしに社会的に望ましいそれとして置き換えてしまうことのみが排除されるべきなのである。

（6）ibid., p. 150.

（7）Max Weber, Der Sinn der ≫Wertfreiheit≪ der soziologischen und okonomischen Wissenschaften, *Gesammelte Aufdsatze zur Wissenshcatslehere*, 1985 (Chapt. 1, Bewertungen der Lektion des universitat).

（8）Gunnar Myrdal, "Questions must be asked before answers can be given. The questions are expression of our interest in the world, they are at the bottom valuations." *The Political Element in the Development of Economic Theory*, 1953, p. vii.

（9）Joan Robinson, *Economic Philosopy*, London, 1962, chapt. 1, p. 14.

（10）ロールズもこれと同様の考え方をとっている。「さて、〔社会に関する…塚田〕ある種の基本構造が存在していると仮定しよう。それは正義の一つの概念(conception)と呼ぶにふさわしいものである。我々はそれが持つ諸原理を受け入れていないかもしれず、むしろそれらを不愉快で不公正なものと見なしているかもしれない。しかしそれらはこの社会システムの中で正義の役割を請け負っているという意味で正義の諸原理なのである。」（Rawls, *A Theory of Justice*, op. cit., p. 58）なお、民主的な社会においてさえ、ある種の奴隷的な状態が生ずる可能性も否定されえない。ミュルダールの次の叙述を参照のこと。「さて、自由の本質的な部分は自由な契約の権利である。しかし、経済的困窮は人をして、彼を長期にわたって縛り付ける、または彼の自由と他の意味で衝突する契約を強制的に結ばせるかもしれない。この理由は彼の貧窮である‥そして彼は財産の支配的な分配方法の結果ゆえに貧しいのである。」（Myrdal, op. cit, p. 124）

第三章　分配ルールの目的主体の問題
――功利主義的目的主体観から新しい目的主体観へ――

はじめに

分配ルールのあり方を解明するためには、これまで論じてきた決定主体としての「集団」、決定基準としての「公正性＝力の均衡」の理解に加えて、さらに各集団の「目的主体観」を明らかにせねばならない。力の大きさが、いわばベクトルの「長さ」を示すものであるとすれば、目的主体観はその方向を表す。両者が合成されて各集団のベクトルが明らかとなり、さらにそれらの合成結果として、社会における均衡状態としてのベクトル＝分配ルールが登場する。こうして我々は次に目的主体、目的主体観の問題に進まねばならない。

本章の主たるテーマはこの目的主体観の内容とその変化の基礎的考察にある。後に第六章において、さらに現代の市場経済社会におけるその特徴的なあり方について考察する。本章ではまず、第一節で公正概念における目的主体観の意義を明らかにする。次に第二節で伝統的な二つの目的主体観について述べる。そこでは「公共の福祉の優先」という形で、現実の社会において功利主義的基準が容認されていること、しかし本質的には功利主義は利己主義の一形態としてとらえられるべきであることを論ずる。次に第三節で、現代の歴史的要請との関連で、一つの有力な目的主体観としての功利主義が、〈機会の公正あるいは分配の公正〉というルールに変化することを要請されているということを論じ、また第四節で、スミスからセンにいたる議論の検討を通して、現在、目的主体観に関してより具体的にどのような理論が必要とされているのかを考察し、最後に、目的主体観に関してそこに示された新しい課題への接近の方法について若干の私見を述べる。

第一節　「社会＝目的主体」観と「個人＝目的主体」観

暗黙にか陽表的にかはともかく、分配ルールの内容を最も大きく規定するのが社会構成員の目的主体観である。市民社会以前には、多くの場合、社会構成員のある一部がいわば「社会の目的主体」として設定されてきた。腕力に優れた者、知力に優れた者、富を多く所有する者、特別の血統を持つと考えられる者などがそれである。経済社会が生みだした富の多くが彼らに分配された。ただし、そこにはいつもそのような分配ルール、制度を維持するための「経済外的強制」という装置が働いていた。その装置が有効に働いて初めてそれは存続し得るものであった。

市民社会の成立以後は、特定の個人または集団が「社会的目的主体」であるとは、少なくとも制度的には見なされ得ないこととなった。個々人がそのような特定の人間を彼の生存の目的と見なすという考えを持つことは自由であるが、それが無前提に、あるいは強制によって社会的目的として設定されることはなくなった。目的主体は社会を構成する各契約主体の自発性のもとに初めて設定されることとなった。

旧来の強制的な「社会的目的主体観」に代わる市民社会における自発的な目的主体観として、これまで二つの主要な考え方が提起されてきたといえよう。誰のために、に対応して「社会」を目的主体とする見方と「個人」を目的主体とする見方の二つである。ただし、両者ともに、現代の市民社会ではその答の究極の決定主体が個人であるという点は共通している。この二局的見解の並存という問題は、中世以前の血縁的社会が徐々に地縁的社会に移行していくにつれて、目的主体理解における共同体的要素と個別構成員とのいずれに比重がおかれるようになるかという問題としても理解できよう。

たとえばアダム・スミスは次のような意味で「社会の利益」に言及する。彼においては「社会の利益」とは「全員に利益が行き渡る」ということである。彼は市場経済における私益と公益（公共の福祉）を「神の見えざる手」によって調和させようとした。しかし、今日の時点からみるとそれは楽観的すぎる希望にすぎなかった。「彼ら（富者）は土地がその居住者の間に均等な量として分割されていたならもたらされていたであろうとほとんど同量の人生の必要物の分配を行うように、見えざる手によって導かれる。そしてこのようにして、それを意図することなしに、それを知ることなしに、社会の利益を促進する、そして種の繁栄のための手段を提供する。神の配慮が土地を少数の支配的な主人の間に分割したとき、それは分割において取り残されているように見えた人々を忘れていたのでもなければ、見捨てていたのでもなかった。これらの末尾の人々もまたそれが生産するすべてのもののうちの彼らの分け前を享受するのである。」[1]その実現の可能性の予測において楽観的すぎたとはいえ、社会の利益、公共の利益を、私益と並ぶ人間社会の重要な行動基準として重視したスミスの問題提起は、その後も引き続き市場経済における重要な問題として存在し続けている。解明されるべき問題の中心は、ここで感知されている社会の利益、公益、公共の福祉とはそもそも何かである。

社会の利益、との言葉は特に戦時期にはしばしば強く表明されるものである。また、第二次大戦後の多くの民主社会における憲法に表明されている「公共の福祉」という表現も、「社会の利益」という考えと通ずる部分があろう。また、近年の、福祉問題や自然災害の被災者の救援を誰が行うのかといった問題においても、この「社会」と「個人」の問題は繰り返されているといえよう。[2]

スミスにおける「社会＝目的主体」観は、「全員が何らかの利益を得る」という意味でのそれであった。しかし、

「社会＝目的主体」観にはもう一つの立場がある。スミスにおける「全員の利益」という基準から一歩進んで、社会構成員の一部に損失が生ずる方策であっても、残りの人々の利益がそれを上回るものであればそれは追求されるべきであるとする功利主義的考え方がそれである。公共の福祉による私権の制限といったルールはこの内容を表現したものである。

これとは逆の「個人＝目的主体」観は、従来の経済学が想定してきた「私益追求を行う個人」としての経済人像に典型的である。しかし、この立場をとる人々はこれまで、そのような個人的主体が能動的に行動するときに、その主体は「私益」の中身としていかなる目的主体を設定して行動するか、すなわち市民社会に登場する「自由で平等な」人間は、現実には一体「誰の、どのような」幸福をめざして行動するのか、という社会形成の根本問題を、そして分配ルールを規定する基本的問題を問うことはなかった。

このことはこの「自由で平等な」個々人からなる社会における負担と成果の分配ルールの不安定性という現象となって顕在化した。職業選択の自由、契約の自由、労働成果を私有財産とする自由は、人間の労働意欲と労働効率を増大させ、人間一般の能力の急速な開花をもたらした。しかし、かりに私益追求を旨とする「個人＝目的主体」観の立場に立っても、市場経済社会における自然資源の分配ルールと貢献度測定基準の不明確さは、分配をめぐる多くの衝突をもたらしてきた。また、この、狭義の利己＝私益追求的な目的主体観では包摂しきれない社会的弱者への分配問題に関しては、十分な社会的分配基準が形成されないままであり、それは現在でも、福祉をめぐる「過剰」と「過少」の争いとして継続している。この問題もまた「誰の、どのような生」を目的とするかという目的主体観の問題を解決することなしには答えることのできない問題であろう。

大別したこれら二つの目的主体観が市民社会において存在してきたとすると、それでは今後我々の社会ではいずれの要素が発展して行くのか、またはなんらかの新しい目的主体観が生じて行くのか、あるいはこれらの両要素がどのような比重をもって両立して行くのか。次にこの問題について若干の考察を行おう。

第二節　利己主義の一形態としての功利主義

社会構成員は現在、自らの目的主体観として、個人観と社会観の、または利己主義と功利主義等々のいずれの立場に立っているのかという問題に対しては、実は基本的にはただ一つ、私益重視の利己主義の立場が社会的に支配的な目的観として存在していると考えることができるのではないだろうか。

まず、「社会＝目的主体」観から考えてみよう。社会全体のために、という功利主義が各人に訴える力は確かに強力である。それは最大多数の最大幸福という形で定式化された基準を持つ。そこでは個人間の効用比較の可能なことが前提されている。しかしまた他方では、従来、個人間の効用比較は厳密には不可能であるとの理由で、それに対する反対論が示されてきた。しかしこの反対論との関係で、ここで、議論の抽象次元について考慮してみる必要がある。この功利主義的目的主体観で重要なのは、実は個々人の間の詳細な効用比較を行うことではなく、ある、集団的な次元においてほぼまちがいなく判定できる、そのような確実性をもった効用比較こそがそこでの問題だということである。この考え方の提唱者として最も有名なベンサムが功利主義の重要性を述べたのは、明らかに封建制という社会体制のもとでの国民の幸福と、新しい平等な市民社会における国民の幸福との比較においてであった。彼は何もアイスクリームを食べた人の効用とピザを食べた人の効用を比較しているのではない。

そこではこのような集合的、社会的な、そして判断の容易な次元において「最大多数の最大幸福」が議論されているのである。彼は確かに、多数者の幸福の方向に社会を構築すべしとの価値判断を述べている。「功利性の原理とは、その利益が問題になっている人々の幸福を、増大させるように見えるか、それとも減少させるように見えるかの傾向によって、……すべての行為を是認し、または否認する原理を意味する。」「統治の唯一の正しい、そして正当視することのできる目的は最大多数の最大幸福である」。「比較的少数の寵臣をともなったり、ともなっていなかったりする、ある一人の人間の最大幸福を、その現実の目標または目的としている、すべての統治にとっては、この原理は疑いもなく危険なのである。[3]」

次にこのような命題の現実的意味について考えてみよう。ここで彼が「是認されるべき原理」と述べている意味を、単なる彼個人の価値判断として受け取るならば、彼は個人的世界観を述べているにすぎないことになる。しかし、これを異なった視点から解釈することができる。それは、「最大多数が最大に幸福になるとその最大多数部分が判断するとき、社会はその方向に変化して行かざるを得ない」という変化法則としてこれを理解する方法である。個人的是認の原理ではなく、多数がそのように判断するとき、社会はそのように変化せざるを得ない、との法則性を示したものとして解釈し直すのである。そのような変化法則は「ホッブズ的平等性」に立つ市民社会においては確かに実現し得る。そこでは基本的に多数者が社会のあり方を決める。ベンサムは多数者の幸福が行動基準となるべきだと述べた。市民社会では実際にそうならざるを得ない。ベンサムが述べた倫理的行動基準としての功利主義は、この意味では科学的法則性として樹立し直すことができる。

そして人間はすでに、少なくとも記録された歴史上、このような「功利主義的」な、強者の、あるいは多数の利益を求める行動が社会の分配ルールを変革するという経験を何度か経てきている。そして、右のような過程としてその内実を理解しうるとするならば、それは実は強者、あるいは多数派の人々の個人的利己主義の合成結果以外の何であろうか。「社会の利益」とは実は強者、あるいは多数派の利益であった。彼らの利益が現実に社会の動きを決定する。社会を作り変えていく。民主社会においては彼らは多数派を意味する。そして、その多数派とは利己的個人の共通利害によって結ばれたものである。この理解によって、功利主義的目的主体観は個人的、利己的目的主体観と同一のものとなる。

この意味で、功利主義は利己主義の一発展形態である。この視点からみれば、功利主義とは、個人的利己主義が自らの生存目的の実現のために、生産力等の諸条件の変化に応じてとる生存戦略の一つなのである。決して、何か個人的目的主体から離れたものとしての別の目的概念として「社会＝目的主体」観が存在するのではない。したがって、かりに従来の功利主義がもしも平等主義の主張を重視するものであったとしたなら、それは何か平等性というものが先験的に重要であるがゆえにそれが求められていたのではなく、それが新たに実現されることが自らの生存にとって有利となる人間集団、すなわちそれ以前の社会機構、分配ルールの内部においては平均以下の分配分しか入手できない集団が存在していたからこそなのである。功利主義とは何か先験的な「社会という有機体」の繁栄を目的とするものではない。その考えを生み、支えているのはいわば集団的な利己主義である。利己主義の戦略の一つが功利主義なのである。（なお、利己主義における重要な問題となる「自」と「他」の比重の問題については第六章を参照のこと。）

分配ルールの決定に当たって、個人的利己主義が要求する最も基本的な要件は、そのルールの策定にすべての各主体、個々人が参加できることである。自らの生存戦略は、自らの特徴を最もよく知っている各主体自身が策定せねばならない。それが社会的に決定される場合は、その決定過程に参加せねばならない。そしてこの要件は、すでに市民社会が成立する過程で実現されている。次に、これまでのところ、現実的にはこの参加過程は共通利害を持つ個々人の集合体、すなわちある大きさの利益集団としての参加の形をとっていると言ってよい。それは、多くの国々で、現実の政策決定過程が基本的にはせいぜい数個の政党を中心にして動いていることにも示されている。現行社会における目的主体観には一見して「社会＝目的主体」観が存在するかに見えるが、それは個人的目的主体観の集合としての多数派集団の利益表現の一形態であり、それが多数派集団によってルールの形で実現されているという形をとったものである。参加主体は個人であるが、彼らは共通利害を持つ他の個人と共同して集団として行動する。目的は自己の利益追求である。分配ルールの来たるべきあり方を考察するときの最も基底的な要素となる参加主体とその目的主体観の本質はここにあるのである。

ただし、次の点に注意しておく必要がある。右に旧来の功利主義とは実は利己主義が多数派の形で現れたものであったことを述べた。だがこれは、社会集団が異質利害によって区分されている場合に生ずる一般的傾向を述べたものである。現実の歴史過程の中では、これに加えて人間の交流、交渉が拡大、深化し、その過程で共通利害が広く存在するようになったとき、「個人＝目的主体」観、利己的目的主体観の核心部分である「己」の拡大現象が生じ、これは分配ルールの決定過程とその結果に影響しうるという点が注意されねばならない。（第六章における慈恵性の検討を参照のこと。）

右に述べたように、分配ルールの形成過程においてまず重要なのは、全生活を規定する社会的ルールの決定過程における主体となることである。この主体となることはなんらの社会的「合意」をも前もって必要としない。それはいわば生命体としての根源的欲求、権利から生じている。自己の生命、生活の主人公となること、そのために協力ルールを自ら決定すること、ここまではいわば「実力」で決めて良いし、それ以外の基準はない。また、これこそが社会契約論の権利論的な根拠であろう。各個体に共通のこの欲求、行動によって、「平等な主体」としての存在の保証、すなわち政治的民主主義が、分配ルールの形成における第一の基本的ルールとして成立するに至る。

次に、民主社会において、平等な主体がなんらかの協力ルール、分配ルールを決定するためには、もはや平和的な力関係、すなわち平和的な議論と多数決による以外には方法はない。そこにおいて各人は、平等な主体としての資格において合意し得る協力方法を決定する。この場面以降の人間の行動は、各人の利己的動機を核として、しかし具体的には共通利害集団間の議論上の力関係によって決まるものとなろう。「集団的利己主義」が、具体的な、民主的、平和的なルール決定過程の中心的要素となる。

第三節　〈目的主体観としての功利主義〉の現代的意義

1　功利主義の本質的性格

前節で、功利主義とは利己的功利主義であり、集団的利己主義であると論じた。「公共の福祉による私有財産の制限」に見られる「公」＝多数者の、「私」＝少数者への優位性という考え方もその一形態であると言ってよい。確かに、多くの国々の憲法に見られるこのような功利主義的規定に対する表だった反論がみられない現況では、このルールが社会一般に認められているかに見える。このようなルールを社会一般の最高ルールとするということは、当該社会内における利害の衝突の際には多数者の利益を少数者の利益の上におく方向で問題を解決することを認めるということである。これは、自己が多数者に含まれている場合には好ましい考え方であるが、それは同時に、立場が変わって自己が少数者の中に入っていてもそれを甘受せよと命令する議論でもある。

だが、注意すべきは、それは決して、少数者が多数者の利益を尊重して、自らの利益を喜んで削減するという性質のものではありえないということである。それはそのような利他的な人間の性質を前提にしたものではない。封建制を否定して生まれ出た市民社会において前提されているのは各人の価値を平等と見なす考え方である。だが、価値を平等と見なすとは、少なくとも現段階においては、相互が各人の価値を自らの価値と同等に評価しているという意味ではない。そこでの価値とは実は力と同義である。それゆえに、それは単に、多数者の利益を少数者が侵すならば、多数者はそれに反撃する力、それも優位な力を持つ、という脅迫をその背後に含むものである。

「公共の福祉」とは、その意味では結局は「多数者の力を背景とした多数者の利益」を意味する。それは、多数者であることが同時に力の優位を保証されている社会、すなわち民主主義の社会においてのみ実現されうる。多数者であってもその力をふるうことができなければ、あるいはその力が優位なものでなければ、この「原理」は簡単に覆される。その意味で、民主社会における個々人の価値とは先天的なものではない。各人が絶えず人間間の力関係において自らの「平等」な力を形成し、主張し続けなければ消失し得るものである。

この意味で、社会的正義のルールとは、希少な富をめぐって対立する利害集団の力関係の結果として成り立つものである。そしてそれは優れて経済財の分配場面において重要となるものである。前章で述べたように、功利主義とは、実はその外見上の自己犠牲性とは異なり、単に多数者への少数者の服従を多数者の側から表現しただけのものである。とすれば、少なくとも人間間において、〈類的共通性・親近感、連帯感〉よりは異質性がいまだより強く存在する現代社会において、人間社会一般が保持し得るルールとは、このような異なった利害関係をもつ諸集団間での交渉を通じた、力の均衡の上に成り立つ分配ルール以外にはないことになる。

このような社会的ルール観のもとでは、社会成員は、自己の利益と共通の利益集団を構成し、あるいは探し、それを強化し、それが強力に(現代では多数に)なるために行動するのが、各人の利己的生存戦略にとって最も合理的ということになる。かりに今属する集団の力が強化される見込みがなければ、他の集団に乗り換えることも合理的でありえよう。(4) 社会における各個人がこのように集団的に行動することが個々人の効率的生存にとって必要であるとすれば、これらの個人的戦略的行動選択に役立つ見取り図を与えること、すなわちこれらの諸集団の変化、その目的と行動、影響力の変化の過程、方向を明らかにすることが社会科学における重要な課題となろう。目的主体観を考察することの意義もまたここにあると言えよう。

2　目的主体観としての功利主義の意義とその変遷

それが結果としては多数派の利益を重視する考えであるように見えるところから、〈多数派社会としての現代民主主義社会〉に生きる我々は、功利主義を暗黙のうちに「近代道徳理論の主流」とみなしてきた。しかし、その内実は、実は上述のように利己的個人主義の生存戦略の一形態というところにあった。前章で言及したように、その発端は封建制に対抗しようとする多数の民衆達の共通利害にあった。しかし、そこでベンサムによって肯定された多数者の利益の正当性という思想は、そのまま、その後の「平等な」市民達の間での一般的な行為規範となって行く。実はこの点で、支配集団対被支配集団の関係から生じた、旧社会に対抗する原理として生じた新しい原理としてのそれが、そのまま新社会における個々人の間の行為規範として使用してよいものであるか否かが反省されるべきであった。現実にはこの再検討がないままに、不平等な社会を変えるための、抑圧されていた多数者の生存欲求としての功利主義は、新社会においては新しい事態のすべてを律することのできる理想的ルールとして受け取られてしまった。

このように、功利主義の原理、すなわち最大多数の最大幸福を新社会の来たるべきすべての時代の先験的な行為規範として受け取っている間は、各人は一抹の不安を、すなわち個人としての自己の重要な利益、たとえば自己の生命さえもがそれによって奪われる場合もありうるとの不安を感じながら、しかしまた、この原理が「社会」一般によって受け入れられているとしたら、自分はそのもとで自己の利益を最大化するように行為するしかない、という諦めと不安を絶えず抱え込まざるを得ない。そこからは、自らが絶えず多数者の側に含まれるように行為しようという行動動機が、すなわち多数者へのすりより行動が、意識的であれ無意識的であれ生ずるようになる。

この悩みは特に、市民社会のもとで市場経済システムが発達するに伴って大きくなる。市場経済社会は各人が自らの利益をめざして行動する社会である。もはや領主からの強制、統制、収奪は何もない。だが、同時に今では隣人が皆市場における競争者である。彼らは領主ではないが、しかし、この新しい平等な市民社会において、彼らは自らの生存を左右する新しい「敵」でもある。このような新たな意味において「万人が万人の敵となる社会」において、私益の追求は本当に多数者の利益と一致し得るのだろうか。私益追求のみをめざして生きねばならない各人は、逆説的にそれぞれが社会から排除されるという結果に終わることはないのだろうか。

近代市民社会の歴史をこうした人間間の結合関係の変遷という視点から見るならば、それはこの両理解、すなわち功利主義的行為規範を是として出発した社会、いわば「多数者主義」の社会という理解と、市場経済のもとでますます強まる自己と他との敵対関係から生ずる個人主義の社会という理解との間の融和、解決を求めての歴史であったといえよう。

思想の世界において、市民社会における目的主体観のありかたの問題に最初に言及したのは、初期プロテスタンティズムとその俗流化とであった。当初、プロテスタンティズムは、来世における永遠の幸福と、そのための手段としての現世の隣人愛、その実践としての富の増産と隣人への分配という提言によって、私益と公益の均衡に悩む人々の心をとらえた。それは私益の追求を、目的としての公益に対する手段と位置づけることによって、問題を解消させようとするものであった。それは目的主体観の理解における自と他との融合という認識を前提とするものであった。(5) その教義はしかし、徐々に、怠けるものは天国に行けないのが当然という論調に変わり、孤立した個々人による私的な富の追求を是認するものとなった。

次に登場したのはいわゆる自由放任の理論であった。それは、個人的富の追求、個人の自由な活動＝市場経済機構を保証することは、同時に社会全体の富を増すことでもあり、それこそが、可能な限りの望ましい市民社会のあり方であると考えた。それはすべての市民に生活水準の上昇を約束した。アダム・スミスは私益の結果的な公益化という理論でこれを表現した。市場経済における私益追求行動は結果としてものを安く豊富に生産する。これは万人の利益となる。このシステムによれば、発達した市場経済社会では最も貧しい職工でも遅れた未開民族の誰よりも良い暮らしができるであろうとされた(6)。

しかし、ここで彼が考えた社会的規範は単に全員の消費財の量がそれぞれ増えて行けば良いというものであった。彼はそれとは別に、各人の間に思いやりの存在する市民社会がより望ましいことを述べたが、その実現は現実の人間性には期待できないとした。しかし、ここですでに彼は社会のあり方に関する重要な選択を行った。すなわち彼は、市場経済システムを通じてもたらされる物財の豊富さは少なくとも人間関係のあり方を悪化はさせないであろう、これは望ましい社会への前進であるという視点を前面に押し出したのである(7)。

だが、彼の楽観的予測は次の点で不十分なものであった。第一に、まず、どのような貧しい労働者でも豊かな生活を送れるとして、完全雇用を暗黙の前提としたことである。豊かになった労働者がもはや働かないことを選択するという形での自発的失業には問題はない。しかし、市場経済社会の現実は周期的景気循環による強制的失業をもたらすことが次第に明らかとなった。第二に、人間は単に相対的にかつての自分の生活より現在のそれが良くなって行けば満足するものではない。孤立した自足自給的生活のもとではそうであろうが、社会的協力を行なっているもとでは、各人はその利己的性質ゆえに、自らの負担をできるだけ少なく、取り分はできるだけ多くと望む。そこから生ずる要求の調整のために、分配の公正性、分配のためのルールが求められる。入手した取り分が正当なものかどうか、この点はスミスにおいては全く市場における自由交渉に任されている。しかし、それが現実の過程でいかにしたら保証されるか、それをいかに保証すべきかは全く問われていない。すなわち市場経済社会の外枠、あるいは土台の問題がまだ着目されていなかったのである。(取り分の公正性の問題の一側面については第五章参照。)第三に、完全雇用と公正性が実現しても、労働能力を欠く社会的弱者に対する配慮、対処の問題が残る。彼らに対して各市民はいかに対応すべきか。これもスミスにおいて残る問題であった。

前述のように、市民社会と共に登場する功利主義思想の核心は利己主義であった。この立場に立つ限り、それが市場経済を支える役割を果たすのは市場経済社会が多数者の利益となると理解されている限りのことである。とすれば、かりにこれまで市場経済社会における社会規範として功利主義が主流となっていたとすれば、それは結局、この間、市場経済社会は、社会の多数者にとっての各人の個人的効用計算がそれを選択させるに十分な環境にあった、すなわちそこには彼らにとってそのほうが有利であると判断される環境が存在していたからということになる。

具体的にはそれは、第一に、多数決ルールが行なわれる民主的社会においては、過半の人々が自らを多数者の側にいるとみなしてきたということである。それは主に彼ら多数者の生活水準の絶対的上昇に対する満足の結果であった。だが、失業問題はこれを絶えず脅かす。また、相対的分配の公正性への疑問、さらに社会的弱者救済システムへの不安の台頭が、このシステムのもとでの協力関係を脅かす可能性を内包している。また、第二に、これらの疑問が生じたもとでも、それらの疑義を最初に持つ少数派の人々が、反抗による損失を大きく見積もらざるをえない条件があった時代には、結果としてこの、功利主義からみた市場経済の肯定という考え方が存続し得る。一八、一九世紀の経済成長がもたらした全体的生活水準の増大と、他の選択可能性の思考、運動に対する社会的抑圧という歴史的事情は、これら二つの条件を満たすものであった。これらの現実的利益が、表面的には「社会」有機体を重視するかに見える功利主義的要求と、他方における個別的利益追求のための自由市場経済への要求との妥協(=「奇跡的統一」、the miraculous union: ケインズ)、すなわち利己的功利主義、集団的利己主義を可能としてきた。(8)

だが、二〇世紀の後半になると、民主的権利の普遍化により社会の構成員の政治的発言権が等しく強化されるようになった。また、これに加えて、戦後の高成長の時期を経た一九八〇年代以降の先進的市場経済諸国における低成長期への移行は、各人の生活改善のためには、以前にも増して、自己に対する富の有利な分配方法を実現することが重要であることを強く認識させることになった。低成長期への移行とそれに伴う社会的変動は、「社会」全体の成長が多数の社会成員の利益を保証するという関係をもはや希薄なものとした。そこでは、これまでの何世紀にもわたる成長過程で長く見過ごされ、あるいは抑圧されてきた「分配」の公正性、あるいは弱者に対する慈恵性の問題が前面に登場することになる。功利主義と私益追求との間の「奇跡的統一」は破れ、各種分配ルールにおける根拠の一つ一つが鋭く問われるようになる。

分配根拠が重視されるようになった一つの理由である各構成員間の力関係の変化は、政治的権利、知識水準、そして究極的には相互の交渉力の変化の反映として生ずる。これらが変化するとき、分配根拠は、ますます正確に貢献度を反映したものにならざるをえない。これまで、市民社会における各種の財に対する主たる分配根拠は二つ考えられてきた。貢献度と必要度である。副次的なものとして、これにさらに正当な貢献によって入手した財の提供に対する利子取得が加わる。平等な市民から出発する封建制以後の社会においては、自らの成果は自らの手へ、という前者＝貢献度こそが取得のための第一の基準となる。

このような各個別主体の貢献度を重視する時代には、社会全体の効用総計を主たる基準とする行動原理であるところの功利主義は、負担と成果の分配原理としてはもはや十分な指導的概念、社会的目的・基準とはなりえない。そもそも、普遍化されたそれは社会全体の効用増大というあいまいな総体的概念でしかなかった。しかし、実はそれはそもそも集団的利己主義をその本質としてもつものであった。そこにおいて真に問われていたのは、各人の間の力関係に応じた公正な分配という問題であったはずである。そこでは本来、「社会的」善（ここでは人間が欲するもの一般、富もそこに含まれる）ではなく、等価としての個々人の個別的善が前提とされる。そうである以上、真の問題は「社会総量としての善」ではなく、各人の間の公正な分配分にこそあったことは明らかである。功利主義は実は利己主義の一形態であったことに気づくならば、そしてもはや「社会全体の成長」が期待できないか、あるいはそれが個別成員の利益を必ずしも伴わないことに気がついたとき、人々は、たとえ「社会全体の善」の量が減ったとしても、各人が公正に扱われている状態こそを求めるようになる。先験的な「社会の善」が自己の生存目的ではなく、自らの善を自らが納得できる協力方法、分配ルールによって追求するのが自らにとって最善の選択であるということに、自らの政治的発言権の増大と、低成長期における分配問題の重要化のもとで、各人ははっきりと気づくようになる。

功利主義とはそもそも多数の民衆による自己の善のための手段として社会を形成するという思想であった。この「多数の民衆」が「社会一般」に置き代わったとき、今度は民衆の一人一人が、自らが新しい社会から排除されるかも知れないという不安を抱え込まざるを得なかった。ある時点において、この不安を人々は新しいルールを決めることにより解決しようと試みるようになる。互いが耐えられなくなるような「功利主義的・集団主義」を抑制しうるものとして、〈自由と富に関する許容可能な分配ルール〉を求めるようになる。

そこでの分配問題の焦点は、もはや生産の効率性ではなく、公正性と慈恵性に移って行く。この「新しい」問いに直面することによって、そこでは、これまで明確に問われぬままにきた資源、成果の各人への分配基準が鋭く、あらためて問題とされる。各人に対する〈負担と成果の公正な分配〉の基準、また社会的弱者への分配基準が問題となる。これまであいまいに済まされてきたこれらの分配問題、それを、現時点において強まっている社会構成員の要求水準に見合うほどの正確さをもって作り上げることが、現時点において社会システムを新たに発展させていくための課題となる。

そこにおいて結局のところ実現する分配ルールは、一社会内、あるいは一国内といった人間集団内での諸集団間の力関係の結果によるものとなろう。その時、各成員はどのような分配を受けるのが正しい、公正と判断するのか。資源の分配は、成果の分配は、社会的弱者への分配はどうか。これらについて社会構成員の合意をえられる基準、ルールとは何か。市場経済社会においてこれまで単に多数者の生活水準の上昇という面からしかこのシステムを支持する力をもっていなかったあいまいな功利主義に代わる、より明確な分配ルール、現在、我々が合意しうるそのような分配ルールとはいったい何か。これが現代社会においてわれわれが解決すべき新しい課題となる。

第四節　功利主義に代わる新しい目的主体観の探求の試み
――スミスからセンまで――

従来の利己的功利主義に代わる新しい分配ルールとは何か。この問題を本節では、新しい分配ルールが応えねばならない新しい目的主体観とは何かという視点から考察する。新しい分配ルールがいかなるものであれ、それは結局は目的主体観に対する手段としてのみ存在するのであり、その意味ではその社会に存在する、あるいは各社会構成員の多数の間に存在する目的主体観が、求められる具体的分配ルールのあり方を基本的に規定するからである。個別の人間にとって、その目的主体が「自己」自身にあることはまちがいないが、しかしまた、その「自己」の内容がさまざまな形態をとり得るのもまた事実である。その意味で現代に生きる我々はどのような「目的主体としての自己」を現在想定している、あるいは近い将来に想定しようとしているのであろうか。この問題を、本節では、この問題に関する若干の代表的論者(スミス、マルクス、ケインズ、ロールズ、セン)の見解を手がかりに考察してみよう。

1　スミス、マルクス、ケインズ

近年の多くの専門化された経済学者たちとは異なり、これらの論者たちは、哲学的な考察、すなわち人間・社会の総体的な考察を行ない、そのうえでその一部門としての経済哲学または経済理論を展開した。彼らの考察が完全とは言えないにせよ、これと対極的に、以後の多くの専門化、分化された経済学者の研究の多くはこの部分を等閑視してきた。彼らはその中で、これらの論者が取り組んだ人間と社会を一体として考察するということを研究対象外とし、人間主体の性向については、「最低限誤りのない前提」としての私益追求的性向の部分のみを抽象化し、その意味ではそれを相対的に肥大化させるという方法に基づく考察のみを行なってきた。しかし、これは過度の抽象化であり、そのような前提からは、それに見合った一面的な結論しか生じ得ないのは当然であった。

スミス、マルクス、ケインズらの考えにおいては、誰の経済的厚生を目的とするかという問題は、各時代に存在した対立する社会諸集団に焦点をあてたものとなっていた。

〈スミス〉

一八世紀後半にスミスの考えた社会諸集団は、主に封建的な集団と市民社会的な集団との二分法によっていた。(9)そこでは明確に前者は消え去るべきものとして、後者は新たに登場すべきものとして描写されていた。彼は封建的な社会における固定的な貧富の差の解消と富生産の発展とを問題とした。そして、彼は市民社会のもとでは自由な職業選択と移動の自由のもとで、社会成員全体にとって非常に豊かな生活が可能となるであろうと考えた。(10)

〈マルクス〉

マルクス（一九世紀後半）はこの市民社会のもとでの新たな貧富の差の拡大に注目した。かれは市民社会が資本家、労働者の二大集団と、加えて地主集団とに分裂していくこと、その中では労働者集団が圧倒的多数になるであろうことを論じた。ここで彼は明らかに労働者集団の重視という形で、ベンサムと同様に多数者の利益を基準とするという功利主義的立場をとった。また彼らの利益の実現の必然性についても言及し、彼は多数者が団結すれば、力において相手を圧倒できるとした。だが、彼は単純に物理的力が存在するだけでは不足と考えた。加えて彼は、労働者が現実にその力を発揮するためには、彼らが自らの正当性を自覚することが必要と考えた。

労働者における体制＝制度＝ルール変更要求の正当性として、彼は根本的には生産力の発展の基準を示す。人間行動の是非の究極的基準として、彼はそれが生産力を発展させるか否かを問う。そこでは生産力の発展は人類の発展のための不可欠の要素とされている。彼は資本主義社会における「搾取」も、それが生産力の発展に資する限りでは容認せざるをえない。ところが、彼にはもう一つの基準がある。分配の公正性がそれである。

彼はそこで人々の当時における公正観[11]に訴えた。剰余価値説に基づく不払い労働、搾取は、市民社会においては資本家さえも認めざるを得ないルール、等価交換としての交換の公正性というルールにさえ違反するとし、この基準に訴えた。封建制と異なる市民社会の根本的特徴は、封建制のもとでの「収奪による富の分配」に代わる、市場における「自発的な交換による富の生産と分配」にある。彼はそこで上のような社会的基準としての公正性、不当性を指摘し、加えて、その初発期における権力の使用による富所有の格差の誕生という本源的蓄積過程の不当性をも指摘し、これらの面から労働者の公正感に訴えた。これが労働者の行動力を引き出し、彼らの運動の高揚は市場における交渉力の強化を生み、これが結果として彼らの分配分の増加をもたらした。

だが、詳細に見るならば、マルクスに示された生産物の分配における公正観については不明な点が残る。そもそも、公正な交換とは等価交換なのか、それとも「自発的な交換」で足りるのか。また、公正な賃金とは資本家の利潤のうちのどこまでを取り戻したものなのか。資本家的労働には、技術開発、異種生産財の結合による新規の工夫、新しい企業活動にともなう危険負担といった、通常、かなり高い報酬が与えられなければ行なわれないと思われる冒険的部分への報酬も含まれる。労働者集団は、マルクスの指摘に励まされ、団結し、所得分配率の増加と労働条件の改善を一世紀以上の間達成し続けてきたが、それは今後どこまで可能なのか、正当なのか。また、マルクスにおいては搾取の源泉となるという視点から問題視されている諸問題、すなわち土地などの自然資源の所有、分配などの、初期的競争条件、あるいは生産条件の分配などの問題は、現代社会においてそもそもどのように扱うべきなのか、扱われ得るのか。現行の先進工業国の多くでは、単に、あまり大きな初期的格差がないように遺産相続の制限や教育のある程度の社会的援助を個々の分野で行なっているに過ぎないが、これらの初期条件はいかに分配されるべきなのか。

また、生産力と公正性というこの二つの正当性基準が彼において矛盾しないためには、いわば「人間の発展」を究極基準として、そこに「手段としての生産力の発展」と、手段としての「分配の公正性」の両者を適切に位置づける必要があろう。しかし、この点は彼によっては考察されていない。(序章の補論も参照のこと。)

〈ケインズ〉

ケインズ(二〇世紀前半)は、基本的には自由な私企業制度のもつ労働意欲の高揚効果を高く評価しつつも、現行の自由放任的な市場機構に対して、それが提供する機会と福祉の面でその欠陥を鋭く指摘している。自由放任が貧富の差をもたらしたとしても、それが社会全体の進歩に貢献すればよいではないかとの議論に対しては、そのためには優れた者が必ず最大限の機会を与えられることが必要だと述べている。そのための具体的な制度的保証などについては彼は言及していないが、それは容易にこのような機会の保証が制度的に不可欠であることを含意する理論となり得ると思われる。[12] また、「もし、われわれがキリンの福祉を心に描くならば、」自由放任の結果「餓死させられる首の短いキリンの苦痛」や「闘争本能むき出しの貪欲の醜さを、どうして見過ごすことができよう」と述べる。ここにはまた、経済活動の重要な一つの枠組みとしての社会的弱者への配慮の感情に注意すべきであることが示唆されている。[13]

このような立場に立ちつつも、ケインズは次のように述べる。現実には、長期的分配構造に対しては、資本家と労働者の間の所得格差は労働意欲の高揚のためには必要である。しかし、現行のそれは過大であり、是正されねばならない。しかし、その是正には長期間が必要であるとし、今まさに人々の苦痛を生み出している当面する景気循環・不況・失業に対しては、主に短期的景気回復策によって対処するしかないとして、彼はこの課題に没頭した。有効需要の調節による完全雇用あるいは高雇用政策は広く受け入れられ(民主主義の定着、強化と体制対立による市場経済体制の優位性の証明の必要とがそれを促進した)、それは図らずも好況の恒常化による労働者集団の交渉力の強化という結果を生み、彼らの生活と分配分とを大きく改善させることとなった。こうして、いわばマルクスは団結の力で、ケインズは総需要の力で労働者集団の力と生活水準を相当程度改善させることとなった。

しかし、近年の「先進」資本主義諸国における低成長と不況、政府赤字の累積、そして社会主義諸国の崩壊による体制対立の弱まりは、そのまま、これまで労働者集団の交渉力を支えてきた諸条件が弱まってきたことを意味している。ケインズが短期的措置として提起した政策はその条件と効果とを失い始めている。生活水準の絶対的上昇＝効用の絶対的増大ではなく、ケインズが長期的問題としてその解決の必要なことを示唆した分配の問題が、低成長下の二大集団間での公正な分配の問題を一中心問題として、新たな重要性を帯びて前面に登場せざるを得ない時代となったと言えよう。

現在ではさらに、経済社会の国際化という要因がそれに加わり、右の問題に加えて、分配問題をめぐる人々の目は、他国労働者の低賃金との競争の問題、自国労働者集団内での分配の問題、国内外国人労働者との競争の問題、海外の貧窮者への援助の問題、世界的な環境保護活動への支出の問題等にもますます多く向けられるようになっている。分配ルールの問題場面は一層広範な分野に広がろうとしている。

スミスに鼓舞され、マルクス、ケインズによって修正され発達してきた市場経済システムは、これまで、分配における公正性、慈恵性の問題に対しては必ずしも十分な回答を用意してこなかった。これらが今再び、低成長下の時代において鋭く問われようとしている。二一世紀を目前とした現在の市民社会、そして市場経済社会の発達段階に立って、我々はこの残された問題を、様々な新しい現象、条件を考慮に入れつつ解決して行かねばならない。それは、完全に発達した市民社会に向けて苦闘する我々の社会が、今、生産力と集団対立の新たな段階においてそれにふさわしい社会ルール、市民社会ルールを作り出そうとしている姿であると言えよう。

効率性、公正性、慈恵性。これらの要素は二一世紀をまもなく迎える現代社会においてどのようなバランスで存在しようとしているのか。この点を上述の目的主体観の問題に限定しながら、さらにロールズ、センの見解を手がかりに考察してみよう。

2　ロールズ、セン

〈ロールズ〉

公正な分配ルールの問題を正面から鋭く取り上げた代表的論者の一人がロールズである。彼はここ二〇数年の英米を中心とした社会的正義のルールの問題探求の中心的存在であった。彼の大きな特徴は社会契約説の重視、すなわち孤立した個人、平等で自由な個人像から、いかにして社会が形成されうるかという理論の展開にあり、ここにおいて彼は無知のヴェールのもとでの原初的契約という装置を提案した。そのもとで彼は平等な自由の保証と、条件つき不平等＝格差原理の二つを、これらの諸個人が合意する基本的ルールとして導きだした(14)。

彼は、現代の民主的社会においては、人々が、自ら、自分の利益を犠牲にすることもありうるような功利主義的ルールを求めるはずがないとし、それに代わって成立するルールはどのようなものとなるかを探求する。彼はそこに、社会の安定的統合のためとして、全員の一致によってそのルールが成立すべきであるという条件を設定する。それによって彼が行き着く方法論的答は無知のヴェールという条件の創出、導入であった。これによって各人は自らの優位性、不利性を考慮できずにルールを作ることになる。分配されるべき対象のうち、権利としての自由については、それが他人の同様の自由を犯さない限りいずれの自由も各人に平等に最大限に保証されることになんら問題はない。問題は人間の生産する希少財の分配である。これについては彼は運の恣意性の排除の考え方を取り、各人の持つ能力はなんら各人の努力の結果ではないこと、そしてまた、各人においてそれぞれ異なる無数の能力を根拠として分配基準を決めようとすると、各人は結局自己の能力に有利な分配根拠を主張するであろうから、合意は得られないとし、それゆえ自らの長短を忘れるために無知のヴェールが必要となるとする。そのとき各人の選択する希少財の分配原理は、高度の危険回避の立場から格差原理となる以外にないと結論する。[15]

この議論は、もしもわれわれが、各人が自己の特徴を主張しようとすると合意が形成されないという考え方を容認するならば、合意形成のための唯一の解法として有効性を持つ。また、彼が上の議論に付加する、格差の範囲は高度の能力を伸ばすために必要な分であり、それ以上を得たいとは思わないと述べる部分は、我々の精神の利他的部分（それが実際にあると仮定してだが）に訴える。（*A Theory*……, pp.101 − 102）また、結果としての弱者への優遇という部分もそうである。これらの魅力ゆえにそれは我々に強く訴える。（ここにおける慈恵的要素の部分の意義については第六章で詳しく論ずる。）

しかし、これらの魅力は同時に弱点をも伴っている。それが想定する無知のヴェールは我々にその実現可能性、現実性を疑わせる。また、その結果としての格差原理はこんどは我々の精神の利己的部分にその非現実性を訴える。

逆説的ではあるが、我々がロールズから学ぶべきは、これらの二側面である。我々は合意を求める。しかし、いかなる合意なのか。それはロールズのいう完全な合意なのか。我々は弱者への配慮を求める。しかしいかなる配慮なのか。それはロールズのいう格差原理にかなったものとしてのそれなのか。ロールズは問題を示す。いくつかの解決案を提示する。だが、それが内包する難点の解決は我々に残されたままである。その意味で、彼の解決案は十分に納得し得るものではない。

彼の議論から前進する道は、まず、無知のヴェールの想定を取りはずすことであろう。現実に我々が前提すべきは具体的な諸利害の対立の渦中にある具体的な諸集団である。（本書第一章参照）彼らは自らの利害を知っている。彼らが求めるのは、それを捨て去り、利他的な性格を身につけることではなく、利己的な性格を貫徹することである。ルールはそのような人々の間で役立つものでなければならない。求められるルールは諸集団の力関係が決定する。このことを前もって認識した上で、事実としてのルールのあり方を、すなわち各集団の持つ目的主体観とその変化、そしてそのための手段の分析を、さらにまた彼らの力関係の分析を行わねばならない。解明すべきはこの対立する集団間の均衡点にこそある。もちろんまた、自己に有利な、という場合の「利己」においては、その「自己」自身が他の人々の利益をも内包する場合がありうることも考慮にいれなくてはならないであろう。その意味で人間は利他的な性格をももちうるという示唆を我々は捨て去るべきではないであろう。この点の詳しい解明もまたロールズによって残された課題である。

〈セン〉

センも同様に、二〇世紀後半の現代社会にふさわしい社会・経済ルールを精力的に考察してきた代表的論者の一人である。ここでは彼の広い研究対象のうち、福祉の真の指標として彼が近年提唱している潜在能力の発揮という問題を取り上げよう。彼のアイデアは次の文章によく表れている。彼はそこで、人間の経済活動、あるいは政府の経済政策の目標としては、所得とか富の量ではなく、人間個々人の持つ潜在能力の発揮こそを設定すべきだとの考えを示す。

「この小著……の主な目的は、厚生経済学の基礎、とりわけ個人の厚生（well − being）と優利性（advantages）の評価に関して、相互の関連した一群の命題を提出することにある。私は（『実質所得』の評価におけるように）『富裕』に焦点を合わせたり、（伝統的な『厚生経済学的』枠組みにおけるように）『効用』に関心を集中したりする従来の標準的アプローチを批判し、ひとが機能するための潜在能力、すなわちひとはなにを『なしうる』か、あるいはひとはどのような存在で『ありうる』かという点にこそ関心を寄せるべきだと主張したい。富裕や効用は確かに果たすべき役割を持ってはいる。しかしその役割は、（一）厚生と優利性を生み出す『源泉として』富裕が持つ重要性、および（二）厚生と優利性を（幸福、欲望充足、選択など様々な形で）『証拠だてる上での』効用の重要性というように、あくまで厚生と優利性との間接的な関わりにおいて理解されるべきなのである。[16]」センによれば、厚生とは「彼または彼女が持つことに成功するところの『状態』、すなわちある人間のそれぞれの到達点の評価」と見なされる。他方で、「優利性とは、……また、その人が直面する実際の諸々の機会に注意を払う概念である。[17]」

このように、彼は、望ましい社会状態を判断する指標は何かという問題を設定し、それは財それ自体の分配に焦点を置くものであってはならないと論ずる。代わって、彼は各人の能力の発揮を厚生の指標とすべきであり、効用もそこからの満足を測るものとして、その限りで重視すべきであるという。

これと異なり、たとえばロールズは、基本的な財の格差分配のルールが求めるべきルールであると論じた。彼によれば、各人が得る満足の達成度を比較することはできない。この考え方は社会全体の効用総計の最大化を求める功利主義とは対照的なものである。それは結果として弱者を重視するという内容をもつが、しかし論理的には、その主たる動機は彼においてはあくまでも各人の利己的生存戦略にあり、危険回避のための保険的行動にあると解釈される。

ここでのロールズは一面で正しく、一面で誤っている。近代市民社会において平等な市民がますます政治的権利において平等性を強めるにつれて、人間能力の「ホッブズ的平等性」は、経済面での効用満足の達成においても各人の間の平等性をますます強めていく。だがそれは、同時に人間活動の複雑さ、分業の発達、生活面での多様性を伴ってゆく。そのような「わずかの差」に関しては、各人間での効用比較を行うことはますます難しくなる。この意味では、功利主義批判としてのロールズの主張には正当性がある。だが、この議論は同時に、効用格差が誰の目にも明らかなほど大きな時には、効用比較が実際に可能であることをも意味していよう。時代が変わるとき、たとえば封建制が市民社会に変わるときなどは、その一見した大きな格差の認識が可能となるがゆえに、この両社会における人間集団間での功利主義的効用比較が可能となるであろう。このような時代には、その意味で功利主義は生命を与えられる、あるいはよみがえる。

センの議論の魅力、あるいは有効性は、おそらく上に論じた、効用比較が実際に可能なほど社会集団間に大きな格差が生じている事態の一つを問題としようとしているところにあろう。彼は、社会の望ましさの評価に際しては各人のもつ生存のための能力の発揮に焦点をあてるべきであるとし、その例として、たとえば身体障害者には健常者と比べてある効用満足に到達するにはより多くの財が必要であるという事実から、彼の発揮しうる能力・機能に応じた財の配分を行うべきであると論ずる。

「人間の厚生という概念を得るに当たっては、我々は明らかに『諸機能』(functionings)に、言い替えれば、彼または彼女が自由にできる商品とか諸々の個性によって何をなすことができるかという問題に進まねばならない。たとえば、同じ量の諸商品を持ったとしても、障害を持った人は、健常者がなし得るのと同じほど多くのことをなし得ないかも知れない。／機能とはその人の達成内容である：彼または彼女が何とかなすこと、あるいはなるもののことである。[18]」

この議論は、必要に応じた分配という基準を考察する場合にその「必要」の内容をどこに求めるかという問題に対して、潜在的能力が持つ可能的満足度への到達度という解答を提起している。

なお、彼は別の箇所で功利主義について次のように述べている。「しかし、効用の享受において不利な障害者の場合はどうだろうか。……かつて不満を述べたことがあるが、功利主義は彼により少なく与えることを命ずるであろう。[19]」しかし、潜在能力をいかに測り、それに対する到達度をいかに測るかといったとき、そこでは必ず効用の可測性が前提されている。その意味では彼の議論もまた功利主義と共通する効用重視の考え方を含んでいる。

センの議論の有効性は、実は潜在能力論一般にではなく、彼が例示している障害者に関連した箇所にこそあると考えられる。ロールズを議論した箇所で述べた功利主義の有効性を振り返るならば、それが意味を持つのは効用格差が顕著な人間集団の比較の場合においてのみである。現代社会においてはその多数を占める中間的集団の間では、とうていその効用＝満足度を正確に比較することはできないであろう。彼は障害者を例示する。また彼はインドにおける貧困層、恵まれない人間集団を例示する。このように明白に恵まれない人々に関する議論を聞くとき、我々は明らかに人間集団間において、単なる財の公正分配ではなく、別のルールの必要性を実感する。

この点で彼の主張の有効性を認めたとしても、なお問題が残る。これらの社会的弱者に対してその潜在的能力に応じた福祉的分配を行うことは望ましい。しかし同時に通常の社会構成員は自らの厚生を強く重視する存在でもある。この根本的対立状態のどこに、我々は福祉的財の再分配の上限を引くべきなのか。彼の上述の潜在能力論の主張は、一方で我々の一半の願望を表わしたものであるかもしれない。しかし、同時にそれはそれだけではまさに願望にとどまるものとなってしまうかもしれない。そしてまた、第二章での公正性の議論からするならば、彼の提起する潜在能力アプローチが仮に社会的規範の一つとなるとすれば、それはこの考え方を是認する集団が、すなわちこの考え方から満足を得る社会集団が多数派となったときであろう。このような「社会認識」の変化の可能性の分析もまた、センによって残された課題である。

機能面からの必要度に応じた配分が望ましいという主張に共感する人は多いであろう。だが、この基準が直ちに実現するのは、配分において他の基準が存在しない場合である。すなわち、人間社会に希少性という問題が存在しなくなった場合である。この問題があるかぎり、我々は必要度に応じた分配を、必要度以外の基準、たとえば貢献に応じた分配との緊張関係のなかでのみ実行しなければならない。我々はそれらの基準の間の優先順位を決定しなければならない。さらにまた、必要度に迫られた分配の問題の内部でさえも、与えられた順位と可能な資源の範囲のなかで、個々の必要度の強弱を決定することをしなければならないのである。

これらの課題の解決には、結局それら基準の優先関係、必要度の強弱を決めるルールを作り出すことが必要になる。その場合、問題は結局のところ、誰のどのような必要度、あるいは分配根拠が正しいとみるかについて異なった意見を持つ集団間の力関係によって解決される。センの議論は、現代社会における功利主義的議論が有効である分野を指摘し、そこへの資源配分の増加を提起するという一つの選択肢を提起している。しかし、問題は、それも一つの選択肢として含むところの全体の選択肢から、現代社会の構成員たちは実際にどのようなルールを作り出すかにある。センの議論の意義と限界もまたそこにある。

現代における望ましい市民社会像についてロールズとセンは重要な問題提起をした。あえていえば、現代社会、あるいは現代市場経済システムを見直す重要な視点として、ロールズは公正性を、センは慈恵性を提起しているといえよう。(慈恵性については本書第六章参照)それはおそらく従来の効率性重視の現行システムのもたらす負の現象の拡大、その克服の必要性への認識を背景として生じたものといえよう。しかしまた、以上に見たように、彼らの見解は公正性の議論においても慈恵性の議論においてもいくつかの改善と展開を必要としていることは明らかである。我々は彼らの問題提起から多くを学びつつも、その一層の展開のためには、彼らによって我々の前に開かれた多くの課題に取り組まねばならない。

小　括

(1)　本章では、近・現代における目的主体理解の主流とされてきた功利主義的理解をめぐって、人間社会においては功利主義的・有機体的目的主体観と個人主義的、利己的目的主体観とが併存しているかに見えること、基本的には、人間は個人主義的、利己的目的主体観から行動するが、功利主義的目的主体観は、個人主義的、利己的目的主体観の一発現形態であること、現代の特徴的条件、すなわち公正な分配が第一の問題となっている段階においては、功利主義は社会的効用の最大化という一般化された形態においては有効性を持ち得ないものであることを論じた。

（2）また、社会における効率と公正・慈恵性のバランス論について古典的な貢献をなした諸論者、スミス、マルクス、ケインズの見解を見、これらの論者が基本的には、生産力の変化にともなう集団対立の中で、多数派集団の利益の側に自らをおき（スミス、マルクス）、あるいは競争における弱者の側に自らをおこうとしている（ケインズ）ことを見た。続く2では、二〇世紀後半段階での主要な論者のなかから、ロールズとセンを取り上げ、現代における目的主体観の方向に関する論点と課題とを見た。

（3）均衡点としての分配ルールの分析にあたっては、票数あるいは暴力的実力として表われるところの力の大小が一つの問題となるが、それはいわばベクトルにおける長さのみをさすものであって、その方向性が明らかにならなければ、それらの合成としての均衡的ルール、すなわち公正なルールは認識しえない。この方向性とは、各集団のめざす利益のことであるが、それはその集団（構成員が一人ならば個人）の目的主体観、すなわち誰のどのような状態をめざして生きるのか、という認識に依存する。

（4）二〇世紀末、そして二一世紀を展望する現代社会における「誰の、どのような生活を目的とするか」という目的主体観はどのようであるかが本章での基本的な問題であった。これについては、たとえばロールズのように相互に無関心な利己的な人間から出発しつつも、結果としては博愛的要素を前提として行動する人間像を想定する場合、またセンのように始めから相互に共感的、慈恵的な要素を加味した人間を想定する場合とがあった。これらの性質をもつ人間の存在、あるいは現代の人間におけるこれらの諸要素の併存状態という理解には容易に到達することができるとしても、分配ルールのあり方の考察のために真に問題となるのは、これらの利己的要素と慈恵的な要素がさらに具体的にどれだけの比重をもって現代社会に存在しているかである。

（5）現代社会において次に来たるべきルールの性質はまず第一にこの問題に対する答によって規定される。そのためには、彼らのように単にこれらの人間性質の存在を指摘するだけでは足りず、さらに、これらの性質がどれだけの強さをもって存在しているのか、するようになるのかが解明されねばならない[20]。

（6）以上の、〈生産力変化、目的主体認識変化、手段＝力関係認識変化、ルール変化〉という、いわば動態的ルール変化観という問題視点は、本論での批判的検討から読み取れるように、ロールズに至るまでの経済学、あるいは経済哲学の伝統においては、これまで体系的な分析対象として取り組まれてきたことはなかった。このような社会像、分配ルール、効率・公正・慈恵の三要素のバランスの重視という見方は、古典的な経済学者の分析においてはその行間においてしばしば言及されてきたものではあった。しかし、この問題それ自体が本格的な分析の対象となるためには、分配の公正性への要求が、経済成長と諸集団間の力関係の変化という現実的な力に支えられて、現実の舞台の主役として登場することが必要であった。

（7）我々は新しいルールを求めている。ロールズはいちはやくそれに答えようとした。しかし、彼の正義の二原理、あるいは格差原理にいたる議論はいまだ問題提起の範囲を大きく越え出るものではなかった。センにおいても、彼の潜在能力論は、そのままでは、強いていえば中立的傍観者の視点から、彼が望ましいと考える弱者への分配論を提唱するにとどまるものでしかなかった。ロールズの格差原理もセンの潜在能力の開発のための財の分配論も、一面では現代社会に生きる我々に訴える力をもつ。しかしそれらはいまだ十分に展開され、論証された結論ではない。その意味では彼らによって示唆された「公正性」と「慈恵性」の両面から現行の分配ルールを再検討し、改良していくことがわれわれに与えられた次の課題となろう。

第II部における自然資源の分配ルールの考察（第四章）、貢献度基準による成果分配ルールの考察（第五章）、慈恵性基準による社会的弱者への成果分配ルールの考察（第六章）が、この課題への具体的取組のための第一歩となる。そこでは、以上第I部に示した社会的分配ルールの基礎的構造の理解に立って、本書十八頁に示した考察順序に沿って、現代的諸条件の下での資源と成果の分配ルールの具体的解明のための考察に着手する。

（1）　Adam Smith, *The Theory of Moral Sentiments*, ed. by D.D.Raphael and A.L.Macfie, Clarendon Press, Oxford, pp.184-5.

（2）　たとえば、ジョージとワイルディングの『イデオロギーと社会福祉』も、現代のイギリスにおいて福祉をめぐり保守的見解とリベラルな見解が衝突している様を詳細に描いている。（Vic George and Paul Wilding, *Ideology and Social Welfare*, 1985, Routledge and Kegan Paul.）また、ミルトン&ローズ・フリードマンは「私益とは近視眼的な利己主義ではない。それは社会構成員に関わるものすべてを含む」と述べている。（Milton and Rose Friedman, *Free to Choose, A Personal Statement*, 1979, New York and London.）私益とは何かについてはフリードマンは正しい。しかし問題はさらに、どのような枠組みの中で、我々はそれを自由に働かせることを選ぶのかというところにある。

今日ほとんどの先進国で採用されているルールは「社会的」視点にかなりの程度依拠したものとなっているように思われる。これはたとえば公共の福祉が個人の私有財産の使用の権利に優越するといった憲法上の規定に表れている。公共の福祉とは通常、功利主義的な概念、最大多数の最大幸福といった概念と結びついているように見える。

（3）　Jeremy Bentham, *A Fragment on Government and an Introduction to the Principles of Morals and Legislation*, Blackwell's Political Text, Oxford, 1948. 邦訳『道徳及び立法の諸原理序説』山下重一訳、『世界の名著』関嘉彦訳、中央公論者、一九六七年、八二、八六頁

（4）　近年の日本の政党間の離合集散はまさにこのこと、「自らに有利な集団探し」を証明しているように見える。

（5）　Calvin, J.,『キリスト教綱要』、小平尚道他訳、河出書房新社、一九六二年。

（6）A.Smith, *The Wealth of Nations*, op. cit., p.lviii. 前掲邦訳『諸国民の富』九一頁。

（7）A.Smith, *The Theory of Moral Sentiments*, op. cit. 前掲邦訳第二部第二篇第三章。

（8）John M.Keynes, *The End of Laissez-Faire*, in *The Collected Writings of John Maynard Keynes*, vol. ix, *Essays in Persuasion*, Cambridge, 1972, p.274. “The early nineteenth century performed the miraculous union. It harmonised the conservative individualism of Locke, Hume, Johnson, and Burke with the socialism and democratic egalitarianism of Rousseau, Paley, Bentham, and Godwin.”「一九世紀初頭の時代は奇跡的統一を実現した。それはロック、ヒューム、ジョンソン、そしてバークらの保守的な個人主義と、ルソー、ペイリー、ベンサム、そしてグッドウィンらの社会主義と民主的平等主義とを調和させた。」

（9）Adam Smith, *The Wealth of Nations*, Modern Libarary Edition, New York, 1965. See Book IV.

（10）スミス、op. cit., p.508.「各個人の自然的な努力は、それが自由と安全性とともに発揮することを許されたときには、非常に強力な原理となるので、それのみでも、そして他のいかなる援助も必要とせずに、社会を富と繁栄に導くことができるのみならず、また百ものつまらない（impertinent）障害をも乗り越えることができるのである。」

（11）公正観と公正感について。一方では、各時代に蓄積されて、重層的に積みあがっていく公正観（＝公正のルール）がある。それらは、「社会的前提」として受け継がれる。他方では、新たな公正観としては、その分野でのルールがまだ存在していないところで作られる（新規）か、または、古いものが不適切となった場所に、それに代わるものとして（代替）作られるものがある。それは、これらの場所における、関係者の目的観と力関係の変化とその認識から始まる。公正感はこうして到達したルールのもとで、各個別行動がそれに合致しているか否かの判断として生ずるか、または、当該ルールが当事者間の力関係に合致しているか否かの判断として生ずる。

（12）ケインズ、前掲、一四五頁。

（13）同、一四八頁。なお、本書ではこの感情を「慈恵性」として表現している。

（14）ロールズ、前掲著。

（15）同、

（16）“The main purpose of this tiny book is to present a set of interrelated theses concerning the foundaitons of welfare economics, and in particular about the assessment of personal well-being and advantages. I argue in favour or focusing on the capability to function, i. e., what a person can do or can be, and argue against the more standard concentration on opulence (as in 'real income' estimates) or on utility (as in traditional 'welfare economics' formulations). Insofar as opulence and utility have roles.., these can be seen in terms of their indirect connections with well-being and advantage, in particular, (1) the causal importance of opulence, and (2) the evidential importance of utility (in its various forms, such as happiness, desire-fulfilment and choice).” (From the Preface of Amartya Sen, *Commodities and Capabilities*, North-Holland, 1985.) 邦訳、アマルティア・セン『福祉の経済学』鈴村興太郎訳、一九八八年、岩波書店、ix頁。ただし、訳語は必ずしも訳書のままではない。）

(17) 邦訳、七三頁。(ibid., p.51.)

(18) Amartya Sen, *Commodities and Capabilities*, op. cit., p.10.

(19) Amartya Sen, *Choice, Welfare and Measurement*, Basil Blackwell, 1982, p.365.) 彼はまたロールズの格差原理について次のように述べてもいる。“The Difference Principle will give him neither more nor less on grouds of his being a cripple. His utility disadvantage will be irrelevant to the Difference Principle. This may seem hard, and I think it is.” (ibid.) 彼は格差原理をこのように批判しているが、この点はセンの誤解に基づくものであろう。ロールズが考える正義の分配原理は障害者等を捨象した、通常の社会的能力を持つ人間社会を前提としている、その意味で高度の抽象化された理論である。センの問題提起はこのようなロールズの理論と二者択一ではなく、その発展の一形態として位置づける方が建設的であろう。

(20) 公正性も慈恵性も、現代社会における基本的な社会構成要素として強調されねばならないが、私は、少なくともこれまでの人間の利己的行動動機の強力さを前提するならば、現代社会においては両者のうちでは基本的には公正性を求める欲求が第一に強力なものとなると考えている。それが発展した段階で、次に、センの示唆する弱者への共感あるいはコミットメントを重視する性質が強化されていくと考えられる。おそらく、私のこの考えの、ロールズ、センと異なる大きな特徴は、公正性の「徹底」、あるいは共感動機の「成長」というように、人間の行動動機それ自体が、現実の人間行動の環境の変化によって変化しつつあるととらえる点にあろう。

第II部　市場経済システムと三つの分配ルール

——資源と成果の分配ルールの再構成：公正性と慈恵性の視点から——

第四章以下の第二部では、第一部での包括的視点からの考察によって示された問題理解と基本的視点——分配ルールの決定主体、決定基準、目的主体の諸問題にたいする基本的理解——に立って、現代の市場経済社会において具体的な分配ルールの補強・確立が必要とされている三つの問題分野——自然資源の分配、貢献度による成果分配、必要性・慈恵性による成果分配——について考察を行うこととする。

しかし、そこにおける具体性の次元はいまだ十分なものではなく、以下の考察は、そのまま直ちに現実の社会の諸々の具体的な分配問題に対する回答を与えるものではない。樹木にたとえれば、第一部での考察が分配ルールの全体像の土台、根の部分にあたるものであり、第二部での考察はせいぜい幹の部分にあたるものでしかない。日常的に直接的な現実的分配ルールにあたる枝葉、果実の部分の考察はこれらに続く第三の問題となる。

第四章　資源分配ルールの再構成（一）：土地
――公正性基準分配ルールの補強の問題（1）――

はじめに――地価高騰・土地問題と土地所有・資源分配ルール――

現代日本社会における一九八〇年代後半の都市部を中心とする地価の高騰はさまざまな問題をもたらし、それはとくに宅地の入手困難と、土地を持つ者と持たざる者との間の資産格差の発生として現われた。

この二つの問題は戦後日本において繰り返し生じ、そのたびに対策が講じられてきた。従来の対策の焦点は主に土地の処分方法に関するものであり、土地取引規制、利用規制、収用・先買制度からなっていた(1)。それにもかかわらず問題は解決されず、八〇年代後半の地価高騰はとくに強くその問題性を感知させるに至った(2)。

これに対して、一九八八年の土地臨調ではその問題性と対策の基本点について従来以上の論議がなされ、土地は市場メカニズムでは経済的、社会的な最適な結果を得られない特殊な財であるとの基本認識がうたわれ(3)、一九八九年には土地基本法が成立し、同法に基づいて、戦後の土地所有制度における画期的な公的介入の一つとも言える地価税(土地保有税)(一九九一年に成立)が創設された。地価税をはじめとする土地対策の基本線は土地基本法に述べられている諸原則に沿うものであった(4)。

この原則には、土地という財が公共性と有限性という独特の特徴を持つがゆえに土地対策が必要となる旨が述べられている。土地はたしかに、国民の生活に不可欠のものであり、かつ、限りあるものである。この視点から見れば、土地の私有制を認めるという資本主義社会における基本的原則は、そのままではどうしても、一部の国民による土地私有の集中、アンバランスという、多くの国民の生活、福祉に悪影響を伴わざるをえないものであるということは認めねばならない[5]。

そこで示された政策は、土地価格が「上がり過ぎ」れば、私有制の絶対性を一部崩す方向で、私有権をある程度抑制しようというものであった。確かに、私有権は、公共の福祉に反する場合は制限されうることが憲法にも規定されているが、土地に対する今回の課税制度は、宅地入手の困難、資産格差の拡大という非常に一般的な論拠によって、土地の所有、処分権に対する介入を行なおうとするものであり、その他の私的財に対する課税、つまりそれらの財を所得するにあたっての公共的サービスに対する料金の徴課とは明らかに異なっており、まさに、その財の所有権、処分権そのものに対する介入であるという点で、私的所有のあり方を鋭く問うものとなっている。

従来、土地に関する公共の福祉の問題とは、少数者の利益と比べての不特定多数の利益となる公共施設を建設するときに多く問題とされてきた。しかし、今回問題とされているのはそのような公共施設ではなく、ある個人が持つ土地という財によってその値上がり益等によって富を獲得することの是非を問うという点で、また、不特定多数のための公共施設ではなく個々の主体の宅地を確保すること、あるいは資産格差の拡大を抑えることをめざすという点で、争点が、いわば、かつての少数集団の利益対多数集団の利益という少数個人対多数集団の超越的効用比較という「功利主義的」問題から、個人の利益対個人の利益、市民社会における個人の権利対個人の権利という、個人間の基本的権利のあり方の問題に移行しつつあるといってよいのではないだろうか[6]。

この意味では、右に述べた公共の福祉対個人の所有権の問題は、いわば個人的権利と権利の間の衝突の調整が直接に問われるという、集団間の功利主義的基準というよりはむしろ個人間の公正性基準の段階に入っているといえる。この段階は、以前の、個人的私的土地所有を基本的前提としつつも、つまり、その処分権は神聖不可侵なものとしつつも、それが公共施設建設と衝突するときにのみ、それを制限するという考え方に依拠したものと比べて、その保有というわば処分権のもっとも基本的な形態それ自体を、個人的利害の対立というレベルにおいて、その財の性質それ自体の特殊性を考慮した上でそれを公的に統制することを問題とするものである。(7)

今回の土地対策をとりまく状況をこのようにとらえることができるとすれば、われわれはいまだ今回の対策が、土地という財をどのように扱うべきかについて、根本的、基本的な視点を打ちたてているとは言えないと評価せざるをえない。たとえば、地価の高騰がさらに激しくなった場合、または土地所有そのものから生ずる資産格差あるいは不公平感がさらに大きくなった場合、私有財の処分権と公共の福祉との対立を、今回の地価税の強化という枠内でのみ解決すべきなのか、あるいはなんらかの新しい、さらに強力な私有権制限の枠組みを課するべきなのか、われわれはいまだ明確な指針を持ちえていないといってよい。

そもそも日本における土地の所有制度変革の歴史的経験を顧みれば、一つには、明治期の、近代的土地所有権確立の過程において、その実際の土地所有においては封建制下と変わらぬ地代負担をともなう地主・小作関係が継続したという「改革」、また、第二次大戦後の農地改革における、農村の不安を解消し、食料増産を狙うという見地からの、また、占領軍から見れば農村民主化によって海外侵略の危険を縮小するという目的のための「改革」しか経験せず、いずれにおいても、欧州で見られたような、封建制から市民社会に移行する際に問われた、個々の市民相互のあり方において、そもそも土地所有とはいかなるものであるのか、それはどのようなルールとして設定すべきなのかという問題は十分に取り組まれてこなかった。

しかし、私的土地所有の権利とはそもそも何かという、土地問題に関するこの基本的問題は、上に見たように、近年ますます、国民、あるいは「市民」一人一人の間における基本的経済ルールのあり方の問題として、私たちの意識に上りつつある。近年の、「宅地不足」としての土地問題は、土地所有の問題を、単に、かつての公共施設建設地にあたる土地の私有者の問題という、国民のごく一部の部分的、例外的問題から、土地一般の所有のあり方に関する問題、国民全体の普遍的経済ルールの問題へと変化させてきたと言えよう。われわれはこの意味で、市民社会一般というレベルから、この問題を考察すべき時にあると言えよう。そもそも、社会という集団を構成して生きる人間にとって、土地とは何か。その最良の分配・所有ルールとはいかなるものであるのか。

土地の所有ルールについては、多くの国々の各時代において、幾多の思索、試みがすでになされて来た。それらのいくつかには土地所有・分配ルールをいかに決定すべきかについての多くの示唆が含まれているように思える。そこで以下、この問題への第一次的接近として、第一節で、土地問題を経済ルール全体の中での自然資源分配ルールを構成する主要部分と位置付け、第二節で、土地の分配ルールに関する欧米市民社会の形成過程におけるいくつかの論者の見解を見る。そして以上の検討をふまえて、第三節で、今後の土地政策、土地分配ルールについて若干の展望を試みる。

第一節　土地問題の位置づけ
――経済ルールにおける土地分配ルール――

人間は自然のなかに生きている。他の生命と同じように、人間は自然から生まれ、個体として、またその生命を子孫に引継ぎながら生きてきた。その意味では人間の一般的な第一の課題は生存そのものである。その時、他の生物と大きく異なり、人間は自然環境の変化に適応するためにさまざまな道具を作り出すことができる。その一つとして人間は個体間の協力関係を作り出してきた。これが社会である。それは人間が生きるための一つの道具であり、そこには生殖のための協力関係である男女間の協力が、また、生活手段を得るための各個体間の経済的協力関係がある。

経済学は効率性と公正性、そして慈恵性の基準から、個人と社会の経済活動上の問題を考えてきた。ここで社会的経済活動とは、市民社会においては交換を通じた生産と消費をさす。交換経済によって参加者は孤立生産に比べ、より多くの効用を得ることができる。この時、問題が二つ生ずる。協力ルールの決定＝公正性、慈恵性の問題と、その上での個々人の行動選択＝効率性の問題とである。前者は体制・制度決定の問題であり、後者はそこに成立する経済社会の枠組における個々人の経済活動の選択の問題を意味する。(8)

社会的経済活動は一般に、公正な資源分配→効率的生産→公正な成果分配→個人的消費選択の連鎖で表現しうる。協力ルールは第一の環の公正な資源分配、第三の環の公正な成果分配の分野でそれぞれ必要となる。慈恵的な分配ルールは第四の環の個人的消費選択の分野における問題であり、それが社会的強制力を持つに至るほどの分配実体、すなわち制度にまで強化、定着したものである。したがってこれも協力ルールの一つに加えることができよう。参加者があるルールに合意するのはそれによって自らの利益が増加する場合である。そのためにはまず、協力によって総生産が孤立的生産時の合計よりも増加することが必要である。同時に、分配された成果の消費から得られる効用が、分配された（割り当てられた）労働（＝分業）から得られる不効用を上回るときに生ずる純効用が増加する必要がある。

このように、安定的協力のために合意されるべき分配ルールは三つある。この点を資源分配に注目してやや詳しくみると、一つは、自然資源分配の問題、また、そもそも社会的協力をするかしないかへの合意の問題がある。このとき、協力をしないことを選ぶ者に、孤立的生産を維持することを許すべきか否か、つまり、自然資源を分け与えるべきか否かが問題となる。次に、協力関係を結ぶ者の間では、成果分配の基本形態としては、おそらく参加者のそれぞれの貢献に比例する分配が合意されるであろう。だが、貢献のもう一つの尺度として、個人が稼得したものではない「所有」・占有生産手段、とくに自然資源の所有とその提供に基づく生産成果、生産物分配を貢献に基づく成果分配基準とともに認めるべきか否かが問題となる。最後に、孤立的生産を行なう者も含めた、広い意味で社会全体を構成する者の間で、弱者に対する救済的分配を行なうか否かが問題となる。ここでその不明瞭さゆえに問題となるのは相互の保険的動機によるそれではなく、慈恵的動機による救済的行為に関わる問題である。このようにして、ルールが必要な分野は、資源分配、貢献に応じた成果分配、弱者に対する成果分配の三つが存在すると考えられる(9)。そしてそこで自然資源が関係するのは前二者についてである。

しかしこれまでの、私有制度と市場経済を基本的前提として想定する経済学の主流は、第一に資源については、すでに所有する生産要素を与件として市場で出会う個々人から出発し、第二に貢献度分配については、市場における協力関係を、各人の提供要素の組合せによる効率的生産と、それらの限界生産力・限界生産物を基準とする「公正」な分配の同時的決定の過程と理解し、第三に慈恵性については、その上でそこで得た成果の個人的合理的な消費選択に任される問題であると理解してきた。特に資源分配については、市場に入る前の個々人、その所有要素のあり方は不問とされてきた。つまり、〈公正な資源分配〉の部分は盲点となってきたと言える。その意味で、それは上の三つの分野を、経済的協力関係の維持に必要な、強い有機的つながりをもったルールの総合的体系としては扱ってこなかったのである(10)。

以下、本章ではこのような協力ルール形成に関わる問題状況を視野におきつつ、その一つとしての資源・土地分配ルールのあり方を考察する。そこでの問題は、現時点における〈生産手段＝自然資源〉の〈所有＝分配方法〉のあり方である。封建制に代わる現行社会＝市民社会は、最大公約数的な表現をあえてとれば、そもそも〈各人の自由な幸福追求を保証する体制〉をめざして打ちたてられたと言える。しかし、そのための基本的なルールの一つとされた自然資源の私有制は、人口の増大とともに新たな分配対象の枯渇という問題を生んでいる。この枯渇のもとでは、労働機会を得るために、その独占者へのその他の人間の従属が生じうる。この人間関係の変化の可能性、危険性に対処するために新たな自然資源分配のルールが必要となる。

　これに対する解答の試みは社会主義的、資本主義的両方向からなされてきた。社会主義的解答の第一は自然資源の共有である。その理由としては、その独占が市民社会の交換関係のもとで、資本家と被傭者との支配・従属関係を生むこと、また、その結果、社会的生産力が周期的恐慌として無駄になること、このもとで、社会のほとんどの構成員の生活は不自由と困窮のもとにおかれることがあげられてきた。そして生産手段の共有がこの関係を根本的に解決しうると考えられた。ここでは、前述のように、社会的ルールの優劣の判定基準＝価値判断基準として、究極的には社会構成員の多数の利益、つまり功利主義的基準（ベンサム）が適用されていると考えられる。

　資本主義的（体制的ルールとして資源私有原則の基本的変更を含まないとの意味）解答の第一は、自然資源の私的独占に対する一定の制限である。これは「公共の福祉」による私有財産権への制限という制限条項の設定として現われた。第二は、資源独占の結果として生ずる労働と生活上の困難への対症的施策であり、労働条件の改善と生活困窮者への援助をその内容とする。だが、社会主義的解答と異なり、これらは、基本的に自然資源の私的独占の承認の上に成り立っている。特に第一の資源独占に対する制限は、その独占的私有の権利の例外的制約としての使用方法の制限（＝利用・処分権の制限）という形をとってきた。ここでは現象的には社会的ルールの判定基準において個人的権利と公共の福祉という二元論的対立が生じ[11]、後者を優越させる方向でこの点の解決が試みられている。しかし、この優越の根拠と程度は、「公共の必要に応じて」、つまり、公共の福祉という概念の実質化をめぐる社会構成員の理解の変化が、その内容を決めるという柔軟な構造になっている。（なお、生活困窮者への援助はこれと異なり慈恵的動機が根拠とされる。）

すると、慈恵的部分を除くとき、社会主義的解答、資本主義的解答には両者共に、資源分配問題の解決基準として、基本的に多数者の福利という同様の基準が適用されていることになる。つまり両者ともに問題解決の基準を〈多数者の福利の効率的達成〉においているのである。だが、この法的表現が、資源、そしてまた成果の分配基準、分配目的を、個々人は功利主義的効率性を基準として行動「すべし」という功利主義的命題においていると理解されるとすれば、それは市民社会の構成員の基本的性格、すなわち平等な個人として互いに認めあっており、ルールは彼らの交渉によって初めて定まるという基本性格からみて次の点で問題があるという点は留意されるべきであろう[12]。

まず、多数者の福利の効率的達成という概念は、少なくとも現段階までの人間行動から判断するかぎり、個々人の行動動機における共通の目的＝社会的ルールとはなっていない。個々人の目的は多数者の福利ではなく、彼個人の幸福である。多数者の福利の実現とは、個人的目的観ではなく、結果として成立する社会の事後的特徴にすぎない。個々人が社会的ルールとして要求する第一の要素は、協力における〈負担と利益の分配における正義〉であり、公正性である[13]。

そのような私利を基本として生きる個人が第一に社会的ルール（協力ルール、経済ルール）に求めるものは、公正性、すなわち正当に（＝自己の力に応じて）扱われているという感覚である。資源分配をめぐる要求もこの動機から生じていると理解されるべきであろう。「真の豊かさとは何か」という近年の経済社会で強く意識されている問題の大きな一部は、この意味での「真に公正な経済社会ルール」の解明と実現への欲求から生じていると理解されよう。それは「もはや欧米に追いつくための第一段階、すなわち総生産の増大と産業の高度化は済んだ。効率的な生産方法は実現された。だから、次は公正性の段階だ」という脈絡で生じたものではない。公正性、すなわち納得のできる分配ルールの形成は、どのような経済の発展段階でも、その協力関係形成の第一段階として、まず第一に求められるものである。公正性、すなわち負担と成果の分配方法に関する合意はどの時代においても経済的協力の第一の条件である。

なお、ここでいう〈私利を追求する人間〉という利己的人間像は、人間に見られるもう一つの行動パターンである類的利他性の存在を必ずしも否定するものではない。確かに、自と他との利害対立においては自己の利益を優先させる――たとえば沈没する船から逃げる際、一人分しかない救命ボートに他人を押し退けても乗ろうとする――のが通常の人間行動であろう。しかし、このような場合に、その表面的動機はなんであれ、自己を「捨てて」、いわゆる「女・こども」、あるいは一般に他人を優先させようとする行動がとられる場合も、少ないとはいえ存在することも確かである。後者の行動は、上の利己性という性質の内部における「己の拡大」という傾向、あるいは傾向の可能性として理解できる。すなわち、通常の「己」とは孤立した自己を意味する場合が多いが、ここではこの己は人間の社会的生活の経過の中で、他の人間をもその中に含みうるという類性を持つ可能性があると想定されるのである。しかし、少なくとも現段階では、「利己」の基本的性格は、どちらかといえば、自己の延長としての子孫、家族は別として、「自分自身」の利己の範囲を大きく出ない自己と想定すべきであろう。（目的主体観の変化の問題は、第六章でさらに詳しく考察される。）

こうした文脈において、功利主義的視点ではなく公正性実現の視点から、現行の、目的主体観をも含む諸条件の変化に応じて、経済社会ルールにおける資源分配（と成果分配）のルールを再構成していくことが、現行社会経済システムの補強・改善のために今強く求められていることの一つであろう。このような枠組み・視角を前提としながら、以下、資源分配、なかんずく土地分配ルールのあり方を考察していこう。

第二節　土地分配ルールに関する諸議論
――市民社会の形成・展開過程に沿って――

本節では、現行の諸条件に立脚して新たに合意されうるであろうルールはなにかを探るための第一ステップとして、以下、自然資源、なかんずく土地分配の問題に焦点をあてて、市民社会の形成、展開過程における土地の基本的性格に関する議論を検討してみよう。

現状においては、土地所有根拠に関する理解としては、以下に述べるような「本源的共有性」という理解と並んで、あるいはそれに優越するものとして、「先占」と「労働投下」とがそれぞれ私有化の根拠として存在している。いま問題とされるべきは、これらの根拠理解の相互関係であり、優越関係であろう。以下、この問題が多く議論された市民革命期、一八世紀後半、そして一九世紀後半の欧米、とくにイギリスにおける土地所有思想について検討する(14)。

市民革命期のこの問題をめぐる代表的論者はJ・ロックである。彼の土地所有論は何よりもまず、人間の幸福追求に対して課された封建的な負の制度からの脱却を目的とする新しい市民社会像の形成のための一部分として構想された。封建的な制度も、それ以前の制度の中で発展した生産力、生活様式に対応して作り出されたという意味では、その当初としては「最適な」制度であったはずである。しかしそれが、生産力の一層の発展とそれが許容する人間の行動範囲、協力関係が拡大・変化する中で、その制度の枠内における人間の、より大きな幸福追求を妨げ(自由な経済活動の抑制)、さらにはそれを押しつぶす(商品経済化と官僚制の発達に伴う領主の重税がその一例)ものとなった。これに対してロックは、当時の人間が課せられた時代的課題を、各人の幸福追求の自由を保障する制度の樹立ととら

え、その重要部分としての、当時における主要な生活手段、生産手段としての土地の私有ルールを提言したのである。(15)

このような要求が国民的な広汎さをもって支持された背景には、封建的支配の権威が精神的、物質的に崩れつつあったことと、さらに、農業、商業、手工業等における生産力の増大が農民、都市民にもたらしたところの、自己の力に対する自信の成長とがあった。この時点においては、こうした対立の図式は、封建的領主集団対市民・国民一般の対立であった。ロックが答えようとしたのも、まさにこの対立の結果登場した、新時代における最強の〈同一〉利害集団としての、〈「平等な」市民〉の間における協力ルールであり、その一部としての土地分配ルールであった。

このような状況下で、封建制に代わって登場すべきと期待されたのは、当然、その身分制度に代わるものとしての、封建制から見れば比べものにならないほど「平等」な人間間の関係であった。このような多数者の支配的期待、理解が、ロックの土地分配論の基本的性格を形作っている。そこからロックは、平等な市民間において自然という神の賜を利用する際に留意すべきこととして、第一に各人は神から生命を与えられており、それを生かすことは彼の権利であり、責任であるということ、第二にそのためには生活手段が必要であり、それは（当時の生産力段階からして）土地の耕作によって入手されるのであり、第三にその耕作を最大限に行なうにはその成果が彼の手に確保される保証が必要であること、第四に、その保証は彼の労働対象たる土地を彼の私有の下におくことによってなされること、そして第五に、人間の労働は彼自身の私有物である手足によってなされるがゆえに、その投下対象となる土地、すなわち耕作された土地を彼の私有物となすことができる、との理解を提示した。

ただし、ロックは、右の私有化の条件とともに私有化の限度が存在することをも論じている。それは一つには、その生産物を無駄なく、たとえば腐らせることなく利用できうる範囲であり、第二には、それが彼に与えられているのと同等に他人が土地を所有する権利を侵さない範囲である。前者については、ロックはこの考えに続けて、貨幣の発明、利用によって、たとえば農産物を売って貨幣に変えることができれば、それは生産物を腐らせることなく利用したことになるのだと考え、そこから第一の限度から与えられる土地所有の上限は拡大していくと考えた。また、労働生産物の交換は正当なものだから、こうした方法によって他人の土地を入手することも正当と考えた。しかし、あくまでそこには他人の権利を侵してはならないという第二の条件が生きていることも確かであろう。だが、ロックはこれら二つの条件の衝突までは詳しく論じなかった。それは、当時の土地問題における重点的課題は土地を封建的所有から解放することにあり、それゆえ、解放された受益者間における分配方法を、その衝突にまで考究して論ずることは緊急の課題ではなかったがゆえであろう(16)。

しかし、その後の推移は、まさに土地の私有が、その希少性と衝突し、大きな争点を作り出していったことを示している。それでは、ロックにおける労働投下による私有の権利という論理と、他人の同等の権利を侵さないという論理の衝突は、具体的にはどのように解決されるべきなのであろうか。

その解決は、最も基本的には、「ホッブズ的平等性(17)」によってもたらされると考えられる。これは先述のように、人間の力は類似しており、利害の対立する集団間において成立するルールは、最も基本的には集団間の力関係に対応して決まるという理解である。土地私有についても同様に、私的独占から利益を得る集団と損失をこうむる集団との間の力関係がその所有ルールを均衡論的に決定すると考えられるのである。この両集団間の利害対立が、一八世紀におけるいわゆる無産市民の増加とその生活、生存水準の悪化のもとで鋭く論じられることとなった。

その過程における土地所有論の形成過程を一八世紀後半の議論についてみていこう。当時すでに囲い込みによって共同地を奪われ、または農村を追われた農民たちが流入して形成された都市労働者集団の劣悪な生活環境は大きな社会的問題となっていた。この状況に対して、多くの論者がその問題の根源を土地の私的独占に求めた(18)。T・スペンスは一七七五年の講演で、土地は人間にとって不可欠の生存手段であるということをあらためて強調した[19]。そして現状の私的独占に対しては、社会契約を解消し、共有に変換すること、具体的には土地を教区保有とし、それを農民に貸与することが最良の政策であると論じた。ただそのための方法としては、ある日国民が一堂に集まり、土地の平等分配に合意しさえすればよいとした。つまり、全面的な、瞬時の公有化である[20]。

W・オグイルビーは、一七八一年の著書で、部分的公有化、あるいは所有と利用の分離による、利用権の公有化を二つの根拠から論じた[21]。一つはロックの労働投下説の改変によるものであり、もう一つは公共の福祉論によるものである。

第一の根拠から見よう。彼によれば、まず土地からの収入に対する所有権は、本源的、付帯的、将来的の三部分に分けられる。本源的とは労働投下前の土地の生産力に由来し、それは社会全員の共有である。付帯的とは労働投下による改良部分に由来し、それは改良者のものである。将来的とは改良労働と無関係な社会的要因、たとえば都市化等によるものであり、これも社会全員の共有物であるとする。以上より、現行の私有地は、均等分割面積を上回る土地からあがる収入については、まず第一に、その本源的価値部分に対応する部分については、土地税によって国家が徴収すべきことになる[22]。

彼はこれに加えて耕作者保有の権利を確立することによって、地主の所有権を実質的に有名無実化し、ほとんど国有化と同等な措置と化すことを提案している。それによれば、地主所有の土地から四〇エーカーづつ、耕作希望者に対して一代限り分配する。耕作者は地主に対しては、行政官が決めた永久固定地代を支払う。さらに、地主所有の不毛地に課税し、売却される土地は国が購入し、同様に希望者に貸与する。また、子孫に対して未耕作地を確保しておく。こうして、地主は実質的にその土地の処分権を失い、売却された土地は順次国有化されていく[23]。

このような耕作者の占有権を重視する論拠として、彼は〈占有の自然権を労働に基づく権利に優越させる〉という視点を採っている。彼によれば、「どのような国家ないし共同体も、正義の名において、そのすべての市民のために、彼らがそう望むときにはいつでも、この彼らの生得の権利と自然の仕事に入り、または戻り、再開することができるための機会を確保しておくべきである。[24]」これは、土地所有の問題を、ロックと同様に平等な権利の問題として設定し、扱っている例である。そして、権利の問題として扱うという考え方が「正しい」か否かは、結局はそのような問題として扱うほうが利益が大きいと考える人々が強力、ないしは民主社会においては多数となるかどうかにかかっている。

次にオグイルビーの後者の論点、公共の福祉を根拠とする考え方を見よう。これは、先の根拠論がいわば権利論の性格を持つとすれば、それと異なり、功利主義的根拠論、すなわち社会の最大多数者の福祉論に立つものである。これによれば、まず第一に国家の目的は公共の幸福にある。ところで、独立耕作者は最も幸福な存在である。ゆえに、その増大は国家の最良の政策である。第二に、土地の独占はよい耕作を妨げる。第三に、土地の独占と人口増が結びついて労働者間の就業競争が激化し、それは彼らに対する正当な報酬の不払いを招く。第二、第三は副次的な理由であろうが、彼によれば特に第一のみによって、土地の均等分配は正当化されうるのである。ただし、既述のように、功利主義的議論は、正確には――少なくともこれまでのところは――結果論として多数派の利益が実現する方向でのルール、制度が実現せざるをえないということを意味するにすぎないものであって、そのような多数派の利益＝公共の福祉という想定が、そのまま各個人の初発的な行動動機となって各人の行動を規定するということではないことに留意すべきである。

T・ペインも一七九五―六年の著書において、スペンス、オグイルビーと同様の、労働者、農民の窮状の解決という問題意識から、土地私有ルール変更の必要性を論じている。彼は土地の所有根拠として、オグイルビーの、土地の本源的、付帯的、将来的という三分割法をとらず、前二者のみを取り上げている。より総合的な分類法としてはオグイルビーの方が優っているが、将来的に生ずる価値という概念は、この二分法に容易に付け加えうるものではある。[25] このような根拠論に加えて、それゆえに、この問題は慈善、博愛、あるいは功利主義といった利他性または共感性を強調する動機からではなく、〈権利、正義〉という基準から論じられるべきものであるという点を明確に強調していることが、彼の第一の特徴点である。[26]

第二の特徴は、しかしながら、このような権利の問題とはいえ、現行の制度をまったく革命的に変更する、すなわち短期間に公有化することは必要ではなく、失った権利に対する補償が他の方法で可能であると考える点である。すなわち、必要なのは本源的権利の喪失に対する埋め合わせの措置であり、これが行なわれれば、現行の財産に対する反感は除去することができると論ずる。その具体的方法としては彼は土地の相続税を徴収し、それによって国民基金を作り、土地所有権の喪失から被害を受けている人々、――二一才以上の全員――に、毎年一五ポンド、五〇才以上の老人に一〇ポンドを支払うことを提言する。[27]

見られるように、ペインは、土地の私的独占から生じた問題は補償金の支払いによって解消しうると考える点で、スペンス、オグイルビーとは異なっている。権利の問題であることを強調する反面、そこで彼が論ずる権利とは、前二者と異なり、土地の生産物の分配にあずかる権利のみに限定されている。前二者の想定する権利、問題とする権利とは、そもそも土地という素材そのものを所有し、自由に処分する権利をも含むものであった。幸福追求の自由という考えを徹底するとき、それは不可避的にこのような権利にまで及ばざるをえないと考えるならば、ペインは前二者に比して問題を矮小化していると評価されざるをえないであろう。

ただしかし、彼が提示する、財産所有者への反感の有無、またそれを解消することができるか否かが問題であるという論点は、実は現実の分配ルールの決定に際しては非常に重要な意義をもっているといえよう。前述のように、民主社会におけるルールの決定には合意の有無こそが決定的なのであり、その意味では、ある個人、集団にとって実は不利なルールであっても、そこから生ずる反感をなんらかの方法で取り除くことによって合意に持ち込むことができさえすれば、そのルールは社会的には公正であり、正当なものとして実現されうるのである。とするならば、たとえ多数派が本源的、将来的権利という論拠を重視しても、彼らが果たしてそのようなルールをただちに、根本的に、徹底的に実現しようとするか否かは、彼らがこうむっている現状における不利益への反感に対する緩和策がどのように行なわれうるかにも大きく依存していると言えるのである。

以上のロックからペインに至る議論から、土地分配のルールは、基本的には次のような二群の条件に合致するものとなるといえよう。

第一群の条件（ルールの形成方法）

封建的所有権を否定したとき、新たに合意されうる資源、なかんずく土地の所有・分配のルールとは、基本的には平等な市民からなる社会においては、究極的には次の諸条件を満たすものとならざるをえない。

1：Hobbesian equality…基本的には相当程度の平等な力をもつ人間間において成立するルールは、i）全員が合意するものとなるか、ii）あるいは生来の自然的、社会的条件の違いに応じた異質利害集団が存在する場合には、その集団間の力の均衡に応じたルールとなる。

2：とはいえ、現代の先進的な民主主義工業化社会においては、土地問題はますます個人的権利のあり方の問題としての性格を強めており、そこでは結局のところ、集団間の利害という視点が徐々に消失し、個々人の合意という意味での全員の合意するルールに近づいていかざるをえない。その意味では、右の諸論者によって市民社会の各構成員に対する自然資源の公正な分配ルールは何かという視点から考察された次の諸条件が、そこに近づいていくであろうルールの基本的枠組みとなる。

第二群の条件（ルールの内容）

①土地は本源的、付帯的、将来的の三つの価値を持つ。

②本源的、将来的価値に対しては、社会成員はその私的所有権を主張することはできない。
③労働投下によっては、人はその改良部分の価値＝付帯的価値に対してのみ所有権を主張できる。
④上の条件の下での土地の私有あるいは占有がありうるのは、他の同等な市民の同様な権利と衝突しない場合のみである。

そして、これら両群の条件からして、現行の状態がこれと異なる私的独占の状態にある場合、それがどのようなルートを通じて第二群の方向に進んでいくかは、第一群の条件の2に示されるように、当該社会に存在する異質利害集団の力関係に、あるいはそれが存在しない場合には、平等な市民間の問題意識と力関係の変化にかかっていると言えよう。この点は、一九世紀の後半のイギリスに見られる土地所有の改革案の諸例にも示されている。

たとえば、J・S・ミルをその理論的指導者とした土地保有改革協会（The Land Tenures Reform Association, 一八七一年創立）は、当初、基本的に、地主の土地保有は認めつつも、その不労増価分を徴収すること、売却される土地を国家が購入し、耕作者に貸与すること、荒蕪地を国民的に利用すること等を提案している。[28] その意味では改革対象土地には現行地主の所有地を全面的には含まないものとなっている。

土地国有化協会（Land Nationalization Society）のA・R・ウォーレス、A・J・オギルビーはこのような構想を批判し、土地の直接的国有化・買収と自作農創設を唱えた。[29] この土地国有化協会に近い主張をなしたのが、一八六九年創立の土地労働連盟（The Land Labour League）であった。これは、地主に期限付き年金を与えるのと引き替えにその処分権を国家が決定する、すなわち人民に貸与すること、共同地の囲い込みを防止する、未耕地を国家が取得すること等を提案している。それは、年金支払いという条項によって、地主の既得権にもある程度は配慮したものとなっている。しかし、これらの基本方針以上の具体的取り組みについては明らかにされることはなかった。[30]

ここに示される両改革案における相違性に見られるように、土地の本源的権利とそれ以外の権利とを区分するという前提に立脚する場合でも、そこからさらに進んで、その本源的権利をいかに樹立するかについての選択肢は、集団間の問題意識と力関係いかんによって異なりうるのである。(現代におけるその一事例については本書の補章を参照のこと。)

第三節　今後の土地分配ルールの方向性

以上の理論的、歴史的流れを念頭においたとき、現在、日本の経済社会における公正な資源分配の一分野としての土地所有、土地分配の分野において求められるルールは、第一に、近年の顕在化している土地問題に示されているように、宅地、すなわち住居のための土地需要の比重が新たに大きく増大しているという点に応えるものでなければならない。第二に、それは市民社会発足以来継続してきた、土地生産物、生産価値中の本源的部分に対する平等な所有権の要求に応えるものでもなければならない。しかしまた同時に、第三に、それは、単なる生産物、成果分配のみの平等性にとどまらず、さらに根本的に存在する土地の処分権の平等の要求にも応えるものでなければならない。第三の点は、単に、土地の地代を公有化する等の、土地の成果分配のみに着目した改革によっては満たし得ない課題である。これに答えうる対策は土地の均等分配の方向性をその一部に含まざるをえないものとなろう。

これに対して、日本では農家のほとんどが土地所有者であること、都市世帯の半分は宅地所有者であることから、このような社会では土地の再分配の前提としての国・公有化は不可能であるという議論がある。[31] しかし、問題は農家にしてみれば所有土地の規模の格差に、また都市世帯については逆に半数は持ち家ではないという現実に、そしてますますその可能性が小さくなっているという現実にこそあろう。そして、根本的には、問題は、土地のある絶対量を所有できるかどうかではなく、自然的資源という特殊性をもつ土地に対して、自己と他の力関係に応じてどれだけの分配分がふさわしいと各主体が判断するかという公正観によっているといえよう。[32]

市民社会の現段階的発展にふさわしい土地所有、分配ルールの解明は、戦後その民主的政治形態を急速に発展させるべき課題を負った日本社会に課されてきた重要なテーマであった。土地分配ルールは経済的・社会的協力のための基本的ルールの一部であるが、その一層の、総合的な展開のためには、ここで扱っている土地問題をはじめとする諸分野における基本的ルールを総合した、「経済に関する基本国策」といったものの樹立が必要となろう。[33]

その一部としての、土地の均等分配を特徴とする新しい土地分配ルールの骨格への第一次的接近としては次のようなものが考えられよう。

①各人は誕生と共に一定の均等な価値をもつ自然資源の利用権を受け取る。死去とともにそれを公共に返す。すなわち相続はできない。

②これによって「生まれながら」の他人への被傭者の地位への強制という事態を相当程度緩和できる。（通常の人間ならば）自らが自立できる自然資源を持っているとき、人は進んで被傭者の地位におさまろうとは思わないであろう。

③この場合、人は社会的協力の選択にあたって、真の意味で自由に、「自己に由って」のみ行動しうる。自然資源はそのあるがままの状態ではどの人間の作り出したものでもないことが、この政策の基本的根拠となりうる。[34]

この第一次的接近によって現行システムがもつ公正性の分野における弱点、すなわち土地という公共性、有限性を持つ財の私的独占から生ずる支配関係は解消される。これらが実現する場合には、もはや各個人は彼の成功、不成功を他人の資源独占に左右されることはなくなる。雇用関係は純粋に自律的・自発的な行動として成立する。ここで目ざされるのはあくまでも初発点における公正性である。

現在の、あるいは近い将来の高度に発達した市民社会において、このような相当程度の平等性を持ったルールが、少なくともその骨格においては選ばれる可能性があるであろうと推測される理由は、第一に、現状のような、空間的、社会的に流動化が激しい時代においては、何びとたりとも、その子孫の未来の生活環境を十分に予想はできないということ、第二に、それゆえに人々は、子孫の安全な生活のためには、相当に危険回避的な、すなわち平等主義的な資源分配ルールに賛成するであろうという点にある。

これに対する二つのありうる反論を考えてみよう。第一に、この考えは、個々人は自らの子孫を特別重視すべきではなく、あくまで類としての人間の繁栄のみを求めるべきである、つまり、強者の繁栄をこそ望むべきであると考える人々、すなわち通常考えられる私益重視の人間像とはかなり異なった有機体的な目的主体観をもつ人々によっては受け入れられるであろうか。おそらく受け入れられないであろう。だが、このような立場、強者の繁栄を重視する生存権の格差の容認という立場を認めるべきではないというのが、現行の民主主義社会における人間間の合意であろう。それゆえにまた、その出発点、すなわち資源分配においては各人を同様に一として数えるという考えが、現在の、各人の生存戦略の到達点であり、前提として受け入れられているといえよう。

第二に、自己への公正な分け前を要求するこのような社会は、利己的な、いわゆる「冷たい社会」となり、当初の自己の利益を拡大するという意図に反して、逆にその生存を不安定にするという結果を生まないであろうか。答えは否である。それは現状よりも「暖かい」ものとなる。第一に、それは「不当な出発点」をなくすことにより、自然資源の分配にかかわる他人への恨み、羨望をなくす。同時に、それは少なくとも資源分配ルールにおける真の「自由」・「平等」を実現することにより、構成員間の連帯感を強める。第二に、現行社会のもつ危険回避目的の（つまり慈恵的動機からではない）保険制度はそのまま持続する。各人が自らの生活の真の主人公となることにより、この意識は強まる。第三に、一般にこれからも維持され、発展させられるであろう分業は人間の交流をさらに活発化し、それは相互への共感意識、類的意識を強める。この共感意識の基礎としての分業関係は、新しいルールのもとで、もしも孤立的な自給自足の人間が増える結果が生じれば弱まる可能性があるが、生産力と分業の発達に伴う生産性上昇の成果を享受しようとする人間の意欲が勝るであろうから、現在と同様の速度で拡大するであろうと予想しうる。

以上のような骨格の提示は分配ルールの変化の解明のための第一次的接近である。さらに実際にどのようなより具体的な資源・土地の分配ルール、具体的政策が必要とされ、実現されていくかを明らかにするためには、現実の社会における主な諸集団、とくにその多数派の、土地所有をめぐる利害状況・利害認識と力関係とをより詳細に検討しなければならないであろう。

小括

(1)現在の日本の土地問題の直面している最大の課題の一つは、都市圏の住民の宅地確保であろう。歴史上の改革はそのときどきの社会的・国家的必要性に応じて行なわれており、現時点における土地改革の課題は都市における宅地供給にあると言ってよいであろう。

(2)われわれは、土地所有の問題を、市民社会に生きる人間に対して絶えず課され続けている「資源分配」ルールの形成の現段階的課題の一部としてとらえることができる。そこでは、分業の発達と生活環境の急速な変化のもとで、より民主的な人間関係が求められ、それはまた平等な権利、平等な人権の実質化への要求として現れている。

(3)これらの要求は、経済的ルールのありかたを、以前にもまして、功利主義的な集団的効率性よりも個人間の公正性を優先させる方向に変化させてゆく。自然資源分配の分野においてもこの公正性の実現が強く意識されつつあるのであり、その最重要部分としての土地の分配において、そこにおける公正性の要求は、単なる宅地要求の範囲を越えて、より上位の要求課題として意識されてゆくであろう。これは、単に都市における宅地開発、供給のみによって解決されうるものではない。それは初発的土地所有ルールにまで遡った、経済システム全体の視点からの公正な資源分配という要求となる。

(4)このような要求に応えるルールは、初発的条件としての土地の均等分配という方向性を持つであろう。それは単に一八、一九世紀的な独立生産者創出のためのものではない。公共の福祉論が、その内容に、土地の公共的利用の必要性、宅地供給の必要性を加えていく過程は、「多数者の福利のため」との論拠のもとで、社会構成員に対して次第に個々人の幸福追求のために自然資源の分配がもつ重要性を認識させ、また同時にその私有根拠の薄弱性を認識させてゆく過程でもある。こうして、新しい土地分配のルールは、市民社会がその形成過程を開始して以来求め続けてきた「各人の幸福追求の自由」を、その客体的、主体的両条件の現代的な成長段階に応じて最大限に実現するためにふさわしい内容のものに変化して行くであろう。

(1)　『土地　取引・利用・保有の基本方針　世界一三ヵ国の土地制度徹底比較』国土庁土地局土地政策課監修、同土地政策研究会編、東洋経済新報社、一九八八年、一五～六頁。

(2)　それは、経済問題における土地の特殊性を十分に解明してこなかったことの表われであろう。たとえば次のような指摘がある。「土地問題は、生産や金融に関する経済的諸法則からともすればはみ出してしまってなかなか抑制が利かない。土地は絶対的な独占物であり、かつ、絶対的な必要物であることによるのでしょうか。資本主義のルールに必ずしも親しまず、むしろそれからはずれていく。」（シンポジウム「ヨーロッパの現代土地法制」での水本浩氏の発言。『土地所有権の比較法的研究』、一九七八年、一五二頁。）戦後土地問題と土地政策の概観については、たとえば華山謙「戦後の土地政策―その史的展開」ジュリスト№三四、一九八四年を参照。）

(3)　『土地問題事典』東洋経済新報社、一九八九年、四八頁。

(4)　地価税は、土地の保有の仕方そのものを規制するという意味では従来の利用規制という枠から一歩踏みだしたものに見えるが、しかし結局はこれもその有効利用を促進することが目的である以上、どちらかといえば利用規制の延長線上にあるものと言ってよい。これは、一九六九年の個人所有の土地に対する、また七三年の法人所有地に対する分離軽課、重課制度ならびに特別土地保有税の創設、九一年のその強化の延長上にあり、今度は土地保有に対する一般的課税措置として導入されたものである。これは土地保有への負担の公平と保有からの有利性縮減を目的としている。（『平成三年改正税法のすべて』国税庁、大蔵税務協会発行、一九九一年、二七頁。）保有負担の公平、有利性の縮減とは、いわば公共性をもつ財ゆえにその保有から得る利益の一定分は公共に返すべし、またそもそもそのような財の保有は抑制すべし、という考え方に基づく。ここにおいて、では、そもそもここでの公共性とは何か、それは土地という財の初期的分配には影響しないのか、という問題が存在する。ここから、土地と公共性の関係の問題についてはより一層の原理的検討が必要となる。土地基本法における公共性論・公共の福祉論は都市における宅地の供給と高度利用を目的としており、その限りでの必要施策を講ずるという構造となっている。（『土地基本法を読む』日本経済評論社、一九九〇年、六一頁。）とはいえまた、そのような限定された目的を持つものではあっても、そのための論拠として一旦登場した土地の公共性論は、不可避的に土地に対する本源的権利いかんの議論に行き着かざるをえない。土地政策は、この議論をも取り込むことによって初めて総合的取り組みがなされうるのではないだろうか。

（5）　同答申は、土地所有そのものに対して初めて公共の福祉論を前面に、体系的に打ち出したと評価されている。そして、「土地臨調が、あえて土地を公共的・社会的財として強調したのは、過去再三にわたる『公共の福祉』の強調と土地法体系の成立にもかかわらず、今回の地価高騰に直面したその原因として、従来の『公共の福祉』の論理に徹底性と体系性を欠いていたと認識したからである。」（丸山英気「土地の所有と利用」、前掲『土地問題事典』所収、四八頁。）なお、この議論は国土庁におけるそれ以前の国土利用の議論の中で、すでに同様の体系性をもって論じられており、そのような原則の「社会的浸透」が待たれる旨が述べられていた。（たとえば『政策年鑑』一九八五年版、二七六頁。）ただし、それはあくまで希少性と有限性を根拠としての、土地「利用の改善」にあり、その初期的な分配論、方法そのものは未だ議論の対象とはされていない。このことは土地基本法においても同様である。

（6）　公共の福祉による私権制限の方向への一歩前進は一九一九年八月のワイマール憲法の第一五三条第三項にみられるが、この規制の対象と根拠をどのように内実化するか、たとえば、戦後フランスで一九五〇年代後半から本格的に展開してくる計画法制に示されるように、「個別的警察的な利用規制をこえて広域的な観点から土地利用の配分を公的にコントロール」する方向に進むのか、またその手法として間接規制から直接的に合理的利用を実現せしめる」方向に進むのか（後掲、『土地所有権の比較法的研究』、丸山英気「ドイツ所有権法思想の発展」五頁、鎌田　薫「フランスにおける所有権の自由とその制限」一四頁）、この問題が今、各国の具体的事情に依拠しながら展開しているのである。

なお、戦後ヨーロッパにおけるこの公共の福祉と私権との対立について、「六〇年代のはじめの段階では、おそるおそる述べられていた私権の制限が七〇年代になると何か当然に了解されているかのように語られる」ようになったことが指摘されている。（同、「ヨーロッパの現代土地法制・序論」稲本洋之助、一〇三頁）

（7）　このような法的規制の段階的積み重ねは、それが当初は総合的な理念を欠いていたとしても、その過程を通じて、たとえば、「公的土地取得法制の現代的展開は、フランスの土地制度の基礎的理念に大きな転換をもたらしつつある」という指摘に見られるように、その基礎的理念そのものに大きく影響する可能性を持つ。（原田純孝「フランスの公的土地取得法制」、前掲『土地所有権の比較法的研究』所収、一二二頁。）

（8）　ルールは民主社会においては合意によって決定される。それは結局、ある案に関する集団間の力関係（たとえば「多数の力」、または非民主社会においては「少数ではあるがより強力な武力をもつ」など）によって決まる。現行の民主主義のもとでは一国内においては構成員の数が力の基準となっている。また、ルール形成における平等性には段階性があるであろう。それは、まず大集団間の平等性の実現の問題としてあらわれる。各構成員は、どのような場合にも自らの利益の最大化のために行動する。

（9）　自らの努力に基づく貢献に応じた公正な成果分配の分野は、従来主に、搾取、すなわち不払い労働の存否の問題として、賃金論、利潤論の分野での労働価値説、効用価値説等の価値論（＝価値、価格の根拠）の対象として多く論じられて来た。

（10）　しかしまた、戦後日本の土地対策、所得再分配政策に見られるように、現実の過程においては、部分的な法改正という形で徐々にそのつながりの形成、変更の過程が進んでいるといえるかもしれない。とするならば、その総合的な把握に資する理念の形成が緊要であろう。

（11）　児玉誠『法における個人主義と公共の福祉』御茶ノ水書房、一九九一年。

（12）　ベンサムもマルクスも、その意味では多数者の立場に立っているのであるが、しかし彼らがそれをもしも「べきである」としての義務的命題として理解しているとすれば、それは誤りである。それを各主体が自らの行動原理として採用するか否かは個人的選択としてのみ許されることである。社会のルールとしては、個人の行動原理の基礎は利己的行動以外にはありえない。その作用の結果として、功利主義のいう多数者の利益が実現されていくということは、結果としての事実としては正しい。しかし、それは別々の主体としての各個人に強制される「ルール」となるべきものではない。

（13）　第I部で論じたように、公正性とは、そもそも「超越的に公平な第三者からみて正当な状況をさす」ものではない。公正とは、争いが生ずるときにいずれが社会的に支持されるかという問題である。そこで人々が公正と名づける判断は、結果としては、その社会の強者――民主社会においてはそれは原則としては多数者――が自己の利益にかなうと判断する協力ルールを意味する。それは決して、「他人と自己とを均等の比重で見る、自己の胸中における第三者」による判断ではない。人間は基本的に、自己の欲求のみを正確に感ずることができるのであり、他人のそれはせいぜい推測しうるのみである。公平な第三者はどこにも存在しない。しばしば司法において用いられる「公共の利益」という概念もまさに多数者の利益をさすものであり、たとえば裁判官も、「社会の多数者の利益」になることを公正と判断しているのである。この意味で、社会的ルールとは、人々に、「そのような行動をとらなければ、結局他人との利害衝突のとき、自己の側に立つ人は弱体または少数であり、それゆえそのルールに反する行動をとることは自己にとって差し引き損失をもたらす」ことを示すものであり、その意味で各人に対して行動の「物差し」を提供するものなのである。

(14)　土地所有を問題とする有力な論者はいくつかの時期に集中しているが、これはそれぞれ、市民、労働者の経済的苦況の深まった時期か、所有関係に対する不公正感の高まったと時期と一致している。ロックの登場はもちろん封建制から市民社会への転換期を、T・ペインはフランス革命期、T・スペンス、W・オグイルビーはイギリスの議会インクロージャー期、H・ジョージ、A・R・ウォーレス等は大不況期、農業大不況期を、H・コックス、A・デイヴィス等はロシア革命期を背景としている。（椎名重明『土地公有の史的研究』御茶ノ水書房、一九七八、一四頁参照。）

(15)　以下のロックの議論は John Locke, *Two Treatises of Government*, Hafner Publishing Company, 1969, chap. II, 4-chap. V, 51, pp.122-146 より。（邦訳は『世界の名著　二七　ロック　ヒューム』中央公論社、一九六八年、一九四～二二四頁を参照。）

(16)　なお、このような労働根拠論と対立する考え方として、一定期間の平穏な占有が所有権を作り出すとの議論がある。これはフランス市民革命にあたって一七八九年にシエスによって示されたものである。（鎌田　薫「フランスにおける所有権の自由とその制限」、前掲『土地所有権の比較法的研究』六頁。）これはしかし上のロックの第二の制限と衝突しうる議論であり、その希少性が主たる問題となる市民社会の現段階における土地私有・独占の問題を扱うに足るものではない。

また、別の所有論拠として、ある「神から与えられた財」を、よりよく利用できることが人間に求められているのだから、そのような財の、利用能力のより優れたものへの集中は正当であるとするカルヴィニズム的考え方もある。しかしまた、これは同時に、そうしてその財を利用して得た一層多くの富を、その財の利用から排除されたすべての社会構成員たちの享受のために分配、使用すべし、という条件も伴っている。たとえば、カルヴィンは次のように述べている。「わたくしたちがもつすべての賜は、神から与えられたものであり、これを隣人のために傾けなければならないという掟より確実な規範は考えられません。……私達は、隣人を助けるために、神に、与えられたものの、管理者であり、与えられたものを（隣人に）分配するように縛られているのです。」（J・カルヴィン、『キリスト教綱要』、小平尚道他訳、河出書房新社、一九六二年、一三三頁。）この考え方はしかし、全論理を、最後の平等分配を前提とした上で、そのために構成する考えであるから、本章で前提とする、社会構成員の行動原理は自己の生存を第一目的とする利己的なものであるという考え方とは異なるところの別の人間観に依拠したものとして理解すべきであろう。これは先に述べた慈恵的成果分配の議論と、また目的主体観の議論と関連してくる。

（17）　封建的、世襲的身分差別に基づいた人間観に対比して、ホッブズは人間の欲求と能力の平等性を強調した。この点についての説明は本書序論参照のこと。

（18）　この基本的想定はその後も引き継がれ、イギリス市民革命から二世紀、フランス市民革命から一世紀が経った一九世紀末に至っても、土地問題は、労働者、農民の窮状が先鋭化するたびに、その根源として言及され続けた。たとえば、ヘンリー・ジョージは一八七九年の『進歩と貧困』の中で、我々の文明がなぜ不平等を発展させるのかを問い、富の分配の不平等の原因は、土地所有の不平等にあり、全ての土地が独占されている場合には、賃金は労働者間の競争によって、労働者が同意する最低の水準で与えられざるをえないことを述べている。（Henry George, *Progress and Poverty, An Inquiry into the Cause of Industrial Depression, and of Increase of Want with Increase of Wealth. -The Remedy*, London, 1888, pp.204, 233.）

（19）　演題“On the mode of administering the landed estate of the nation as a joint stock property in parochial partnerships by dividing the rent”。（四野宮三郎訳『近代土地改革思想の源流』御茶ノ水書房、一九八二年、三頁。）次の本に The Real Rights of Man の題名で所収。*The Pioneers of Land Reform, Thomas Spence, William Ogilbie, Thomas Paine*, London, 1920, pp.5-16.

（20）　ibid., The Pioneers……, p.10.

（21）　題名“Essay on the Right of Property, in Land”, ibid., p.viii.

（22）　ibid. pp.43-6.

（23）　ibid., pp.92-3, 98-9, 123.

（24）　ibid., p.38.（ただし、訳文は前掲邦訳の限りではない。）この論点は、土地所有をめぐる現在の問題状況からも非常に重要であると考えられるので、原文を引用しておく。“Every state or community ought in justice to reserve for all its citizens the opportunities of entering upon, or returning to, and resuming this their birthright and natural employment, whenever they are inclined to do so."オグイルビーとペインはこの生得の権利の保持という点では同一見解であったが、その喪失に対し、人はいかなる行動をとるのが最善、最大の利益をもたらすかについては、前者が共有化という原状への復帰、後者が後述のごとく金銭による補償を示すという点で、判断が異なっている。

（25）彼の見解は、明示的には権利とか正義という表現を使用してはいないものの、実質的には、本文で次に述べる、土地所有を用語の上からもまさに正義の問題であると論じたペインと同様の見地に立っている。

（25）"Agrarian Justice". ibid., pp.184-5.

（26）ibid., pp.194-5.

（27）ibid., pp.201-2, 186-7. 財産所有者のこうむりうる反感からの危険とその除去について、彼は次のように述べている。"To remove the danger, it is necessary to remove the antipathies, and this can only be done by making" the blessing of property extend to every individual. "When the riches of one man above another shall increase the national fund in the same proportion; when it shall be seen that the prosperity of that fund depends on the prosperity of individuals; when the more riches a man acquires, the better it shall be for the general mass; it is then that antipathies will cease". (ibid., pp.201-2.)

（28）四野宮、前掲書、付録「土地改革運動の生誕」より。一八〇～二頁。

（29）A.R.Wallace, *Land Nationalization, Its Necessity and its Aims*, 1896, A.J.Ogilby, *Land Nationalization: Why we want it; what we mean by it; and how we propose to set about it.* Land Nationalization Society, Publications, 1890. ウォーレスは土地の私的独占の結果としての労働者相互の「強制された競争」とその結果としての低賃金を強調した。Wallace, ibid., pp.116, 122-131.

（30）四野宮、前掲書、一九〇～五頁。この議論にはマルクスが影響を与えていたといわれるが、（四野宮、同上）彼の土地所有論は、当初の、国有と再分配、独立生産者の創出という意味での自然法的な考え方から、後年、「分割地所有」を否定した集団的所有の提言に変化している。（椎名、前掲書、六五～八〇頁「マルクスの土地公有論」参照。）これは資本主義社会のもとで発展した生産力を「新しい社会」においても維持する必要があること、この生産力は協業、分業から成り立っており、それは自然資源と生産された大規模な生産手段との共同占有から成り立っていること、それゆえに、この生産力の維持のためには土地の小分割は避けねばならない、と考えられたことによるものであろう。（土地の集団的所有に関して、K・マルクス『資本論』大月書店版、第一巻二四章七節、九九五頁、原文七九一頁参照。）しかし、このように、ある高さの生産力を維持することが必要か否かは、公正性の基準から、すなわち社会構成員の多数の合意を得ることができるか否かという視点から、各時代、社会ごとに判定されるべき事柄であって、無前提に要求できる事柄ではない。この意味で、一九世紀後半当時も、そして現時点においても、土地所有がいかなる形態をとるべきかは、基本的には均等分配を要求する社会構成員が、その平等な保有者の立場で自発的に決定すべき事柄であろう。

（31）佐藤誠三郎、「政治学の立場から」、『近代的土地所有権・入浜権』日本土地法学会、有斐閣、一九七六年、四九頁。

（32）国土庁土地局土地政策研究会は、土地の私有制の廃止、あるいは私有制を基本としつつも公有化を進めるとの議論に対して、「土地の全面的な国公有地化や、国、自治体が土地利用を具体的に決定する手法は計画経済国の政策であって、資本主義国がいきなり土地の公有化を図るような政策はドラスティックに過ぎる」といいつつも、「ただし、都市基盤施設の整備を進める上での用地としての公有地を確保していくことは重要である」と述べ、部分的にではあれ土地の公有化を論じている。（前掲『土地　取引・利用・保有の基本方針　世界一二ヵ国の土地制度徹底比較』、一二〇～一頁。）私有権保護を原則としつつも、原理としては公共の福祉をさらに優位に置く現憲法においては、個人重視によって解決される問題が支配的であると見つつも、しかしそれが「公共の利益」と衝突する分野では後者が優越するという構成をとっている。なお、世論に表れる公共の福祉と個人の権利についての判断の例として、官房公報室による「社会意識に関する世論調査」において、個人利益を犠牲にしても国民全体の利益を重視すべきか、国民全体利益を犠牲にしても個人利益を重視すべきか、との設問に対する回答がある。そこで国民全体の利益と答えたものが一九八八年に三〇％、個人と答えたものが三〇％、一九九一年には「国民」が四五％、「個人」が二四％となっている。このような選択をどう理解するかは難しいところである。通常、各個人は、多数派の立場にいるときは個人利益軽視の、少数派のときは個人利益重視の立場に立つであろう。仮に国民全体の利益の重視の考えが増加しているとすれば、それはその答えの選択が自らの利益となる主体の数が増加していることを意味しよう。（『世論調査年鑑』平成二年版、四年版、内閣総理大臣官房公報室編、大蔵省印刷局、一九八八、九一年、各一二四～五、一三〇頁。）

（33）たとえば次の見解を参照のこと。憲法において、「第一に、『経済に関する基本国策』として一条を設け、『経済秩序は、社会のため必要な最大限の財を生産して富を作り、この富の最も公正な分配によってすべての国民の福利を増進することをもって、その基本としなければならない』とし、……国は……社会正義の実現につとめなければならないことを定めることとすべきである」。（『憲法調査会報告書』、『法律時報』四一九号所収、日本評論社、一九六四年一八一頁。）大西邦敏委員の発言。

（34）　なお、①自分自身が作り出したものではないという意味では人間の生得能力も同様であり、②それは共通資源としてプールすべきである、との見解がある。（John Rawls, *A Theory of Justice*, op. cit., pp.100-8）。だが、①はともかく、これを②に進める考え方を採る者は少なくとも現時点では少数であって、通常人々は自己の能力は「自己自身のもの」と理解していると考えられる。

第五章　資源分配ルールの再構成（二）：教育費

——公正性基準分配ルールの補強の問題（2）——

はじめに——教育費負担原則と大学授業料について——

まず、章の表題に示した教育費の問題、とくに大学の授業料負担の問題に対して、以下でどのような視点から取り組むかについてふれておこう。本書の基本的ねらいは現行の市場経済社会に欠けている、あるいは達成が不十分であると考えられる自然資源の分配方法、協働成果の分配方法、成果の慈恵的分配方法の諸問題を考察することにある。(1) これらの基本的分配ルールをめぐる争点に関して安定的合意が形成されたとき、はじめて、各人は市場経済システムの下での競争的な生産活動に安心して入っていくことができる。すなわち、そのような基礎的なルールが成立して初めて、その基盤の上で市場経済システムを通した各人による行動の選択は、個々人の私利を求めての自由な試行錯誤の過程、個別的な合理的判断に任せることができる。

では、本章で扱う教育費の負担原則の問題は社会の全体的システムの中でどこに位置するのか。それは市場経済の内部に位置するのか、それとも外部に位置するのか。まだ市場機構に入っていない、そこに入るための教育を受けている子どもたちを思い浮かべるならば、教育は市場機構に、またその上に立つ社会に入るための入り口の手前といった「外部」に存在すると見えるかもしれない。だが、成人して市場内部ですでに働きながら、追加的教育を受けて自分の能力を高める場合はどうか。それは「市場内部」ではないのか。内部か外部かの問題は、このように若干不明瞭なところがあるが、本章では若年の間の、就業前の教育を念頭に置くことにする。この場合は教育とは市場経済の外部、前提的位置にあるものと理解してよいであろう。

次に、このように市場経済の前提的位置としての外部に存在する教育は、私的に購入、提供されるべき財なのか、公的に提供されるべき財なのかが問題となる。現実を見れば、世界の国々では、また同じ国の中でも初等教育、中等教育、高等教育（大学以上）の間では、その費用負担に関して私費と公費がさまざまに組み合わされて教育が行われているのが実情である。一般に、社会成員全員に効用をもたらしうるが、各人に対する効用の程度を知ることが困難であり、またその利用状況を個別に確定することが困難な財は公的に提供されるべき財＝公共財であると考えられている。教育は後に詳しく見るようにたとえば生涯所得に影響するという意味で個人的効用を増加させうる側面をもつが、同時にたとえば社会的協力の水準を全体的に上げるという意味で大きな共通の効用も生み出しうるという側面も持つ。その意味では教育は一見して、私的財か公共財かの区別がつきにくい財であるように見える。

この点についてもう少し考えてみよう。政府の諸活動は公共財の提供にある。防衛、経済調整、社会保障などの公共財が一国社会の構成員の効用を、それなしの時と比べて大きく増加させていることは誰の目にも明らかである。その政府活動の費用は、ごくわずかの一部の手数料を除けば、ほとんどすべてが税金によって賄われている。教育もこれと同様の、広範な社会的効用を生み出すという側面を見れば、それは他の政府活動と同様に税金で賄われるのが適当であるように見える。しかし、教育活動は他の一般的な政府活動と異なり、他方で、そのサービスを受ける者の個人的所得を大きく増加させる場合があるようにも見え、また、その意味でその利用者、受益者を特定できるようにも見える。とはいえ、たとえば同様の教育を受けても卒業後の生涯賃金は個人によって大きく異なる場合も多く、それがその利用者に与える効用は必ずしも明確ではなく、このような教育の個人的効果がどれだけかを明示するのはかなり難しい。ただ、たとえばこれも後述するように、高卒と大卒の人々を一般的に比べたとき、そこには生涯賃金の大まかな差が認められるという研究結果もあり、大まかに見るならば、教育については他の公共財とは異なり、各利用者から一定の費用負担を求めてよい、求めるべしとの考えも成り立ちうるかもしれない。このように、常識的に見ると、教育費の明確な負担原則を決めることは必ずしも容易ではないように見える。

日本では教育に関して政府が「受益者負担」(後出)という言葉をしばしば使ってきたことも影響してか、教育の個人的効用という視点が国民の中で大きな比重をもっているように見える。この点はこれも後に見るように他のいくつかの先進工業国とはかなり異なった現象である。しかし、上に触れたように、教育とは社会そのものに、そして現在の多くの国々では市場経済社会に入るための前提的な共同作業であり、それはその社会自体を成立・存続させるための、すなわち社会を維持・存続させるための基本的な作業でもあるという視点からこの問題を考えることもまた重要なことであろう。教育という公共財は市場経済社会に入るための、あるいはそれを維持するために必要な財という性格をもつ。このように考えることができるならば、教育財は、誰もの利益になりうるが、誰がそれを使ったかはわからない、という意味での他の公共財とはちがう「前提的公共財」という目的をもっている。(その意味で、これを他の公共財と区別するために「前提的公共財」と呼ぶこともできよう。)それはある社会を成立させ、同時にそれに入るためのものなので、すでに存在しているある社会の内部で採用されている費用負担ルールを適用することはできない。「市場が機能する以前」に入手していなければならない財の入手根拠としては、「市場で取引される」一般的財に対する入手方法、すなわち市場内部における貢献度に応じた報酬の入手という方法はとり得ない。その意味で、たとえば市場経済社会における受益者負担というルールを適用することはできないものと考えることができよう。このように考えることができるとすれば、その費用負担はその受益者ではない者による以外になくなる、すなわち社会的無償財として社会成員全員の共通負担で提供される以外にないことになろう。

こうして、教育費の負担方法としては、とりあえずは、一方で受益者負担としての負担方法論が考えられ、他方で社会負担としての負担方法論が考えられるように見える。この両者の間の選択の問題として、現行市場経済社会における原理的な問題としての、教育財の費用負担者は誰かという問題が存在する。

この問題を解決するための一考察として、本稿では国立大学の授業料負担の問題を扱う。人類の祖先の遠い昔の時代には、子を育てるのは親であった。だが、現代社会では、たとえば多くの国での義務教育の無償制、あるいは欧米では高等教育も無償制をとる国も少なくないことに示されているように、教育のうちの大きな部分が個別の親の手をはなれ、社会的な共同事業、すなわち「学校教育」として運営されている。人類が孤立した原始的な動物的生活を送っていた時代と比べ、遙かに緊密な社会生活を、遙かに広大な空間的範囲の中で行っている時代において、果たして教育活動は、中でもまた学校教育はいかなる私的性質、あるいは社会的性質のものとして行われるのがよいのか。教育活動、すなわち教育財の生産と分配、言い換えれば子どもを教育しその能力を伸ばして大人にし、社会に入れるようにするための人間の行動は、今、どの程度の社会性の強さと内容を持って行われるべきなのか。この問題は現代の多くの国々に広く共通するかなりの普遍性を持った問題であるとともに、高等教育＝大学教育の費用が「受益者」に対する重い学費負担という形を取って表れている今日の日本社会においては、とくに早急な答が迫られている重要な問題となっていると言えよう。

日本の大学の授業料は、第二次大戦の敗戦以降一九六〇年代まで、私学では高く国立では低いという状態が続いていた。しかし一九七〇年代には国立のそれも急上昇を始め、現在では私学のそれに追いつきそうなほどにまで接近した学部もある。この間、私学の学費値上げを抑えるため、政府からの私学に対する公的援助も開始されたが、近年その伸びは鈍化し、結局のところ、公私いずれもその授業料の高さが際だつ状態となっている。そして、それは社会の多方面でさまざまな問題を生み出す原因となったとも言われている。（たとえば少子化の原因の一つは高等教育の高額費にあるとの見方もある。）大学の授業料に比べ、それ以前の小中高各学校段階では未だ、こどもたちの大半が学ぶ公立学校においては高額授業料はそれほどの問題とはなっていない。本稿では教育費負担のあり方を、まずは現在の日本社会の教育費問題が最も切迫した状況にある大学授業料、そして中でも近年その上がり方が激しかった国立大学授業料のあり方に焦点をおいて考察する。[2]

第一節　費用負担の考え方

——社会的公正性の問題として——

〈教育費の負担者の問題〉

今、多くの国々では、公共財の費用は基本的に社会が共通に負担するとされ主に税収から賄われる。教育費の一定部分も税収から賄われている。日本の教育費は、公立の小中高の学校ではその大部分がこの税収プールで賄われる。したがってこの部分の教育はほぼ社会的共同事業となっており、それぞれの家族の所得の多寡に関わらず、子供たちはその期間の教育を社会的に保証されている。だが、高卒後の教育、高等教育はそれとは大きく異なる。明治以降、幾多の変遷を経ながら、ここ四半世紀の間国公立大学では、授業料、入学金として高校までとは比較にならない多額の支払いを被育当事者が要求され、徴収されている。それはなぜなのか。そもそも大学の教育費は被育者個々人が負担すべきものなのか。

〈社会的公正性の視点〉

この問題を、「はじめに」でふれた教育の一特性、すなわち市場経済社会に入るための人間行動（教育という活動）

という視点から考えてみよう。この視点は、社会の維持・存続のための作業の一つとして教育活動を捉え、そのようなものとしての教育は誰の費用として負担することが正しいのか、という社会的公正性の問題としてこの問題を考えるというものである。

そもそも市場経済社会における所得分配の基本的原則は「貢献度に応じた分配」という点にある。一方、教育は当人（＝こども）の稼得能力がないままに受ける財・サービスである。そこで、その費用を本人以外の誰が負担すべきか、個人（＝親）が負担すべきか、社会（＝親全体）が負担すべきかという問題が生ずる。もしそこで教育が市場以外の原則によって供給されるべきものであるとされるならば、それは現行社会を基本的に設計し、作成する上での一つの問題、すなわち社会成員全体が共同で行うべき活動として位置づけられる。この点の考察のためには、社会にとって学校教育とはそもそも何かという問題が解決されねばならない。大学の学費問題の基本は、この意味での学費の負担原則確立の問題であり、この原則選択の基準は社会構成員の合意にある。この種の社会の基本構造の選択、社会ルールの選択は、その上に立つ社会システム全体の安定性を左右する。それが強く、広い合意のもとに作られたルールであるならば、それは社会の構成員の間に社会的協力関係の維持に対する強い意欲を生む。そもそも人間は自分がその中で生きているその社会が共同の生産活動において効率的であるだけでなく、その生産物の分配方法において公正かつ慈恵的であると感ずるときに初めて、その協力関係＝社会それ自体を維持し続けようという意欲を持つことができる。どれだけその社会が効率的であっても、その存立条件が、（市場経済社会においては競争条件が）不公正と感じられるならば、その社会は不安定なものとならざるをえない。たとえば、今問題としている教育費に関して言えば、たとえある学費負担方法を採ることによって社会の多数の人々が社会的協力への意欲を大きく失うこととなれば、それは社会の基礎的な安定性という、社会の持つ最重要な効用を掘り崩し、社会の靭帯を破壊するというもっとも重大なマイナス効果を社会に与えかねない。およそ社会の問題のすべては基本的には効率性、公正性、慈恵性の三つの要素をバランスよく発展させることにあると考えられるが[3]、学費の負担方法は、この社会的協力に入ってゆくために必要な生得資源を誰の負担で伸ばすべきかという資源分配の方法に関わる社会的公正性の問題の一つとして位置づけられる。

若干の補足：教育の効果とその測定方法について

ここで、教育（以下、教育とは学校教育を意味する）の効果とその測定方法に関して若干の補足をしておこう。

〈教育の効果を測定することの難しさについて〉

「はじめに」でふれたように、教育の効果は個人的なもの（たとえば生涯賃金の増加）と、公的なもの（たとえば社会全体的な生産性の上昇）が予想されるが、そのような効果の個別額ならびに全体額を測定することは非常に難しい。

全体的な生産性の上昇の例とその測定困難の例としてはたとえば次のような場合があろう。

・一つは教育水準が全体的に底上げされることでその社会（たとえば日本社会）全体で、それまでは不可能だった技術水準の生産が可能となるという場合があろう。たとえばパソコンを使ったメールによる通信技術が一般化すれば、それは各企業内部での情報の共有化が一段と高いレベルで可能となり、生産過程が一段と効率化するであろう。また、不況下での財政赤字の効果についての理解が一般化すれば、ある社会の経済活動が停滞したとき、そこから抜け出すための議論を短縮でき、景気回復が以前と比べてより短期間で済むこともありえよう。いずれも社会全体の生産性が高まる例である。しかしそのいずれの場合でも、その国民の何割がどれだけの教育を受けたがゆえにそれがどの程度可能となったのかを測定することは不可能であろうから、仮にそこでの生産性上昇効果が何十兆円であると算定できたとしても、それが誰の教育費にどれだけ支払った結果であったかを測定することは不可能なのである。

・一つは教育費負担がもたらす外部不経済的な効果である。一例として、近年、現在到達している公私の高額の授業料が家庭の支出の大きな割合を占めるようになり、その負担感が出生数に影響しているのではないかとの見方が存在する。このような負の効果は教育費の負担者の考察の際に取り入れるべき要素であろうが、しかしこの負の効果を教育費に反映させるという視点それ自体がまだ確立してはいない。

・一つは個人の受けた教育が間接的に職場、企業の生産性向上に役立つという外部経済的な効果である。たとえば物理学で高額の高等教育を受けた人が物理学とは直接関係がない所得の低い職に就いたとしよう。そのときその人が受け取る給与はかなり低いものとなるかもしれない。しかしその人が物理学教育を受ける過程で受けた対人関係を通した教育の成果として、その職場生活の中で周りの多くの人々の人間関係を円滑にすることができ、その結果、その職場と企業全体の効用を大きく増やすといった場合もありえよう。この場合、教育の生産性に与える効果はまさに大きなものとなる。このことが教育を受ける時点でわかっていれば、そこから利益を受ける企業が前もってその学費の一部を負担することが正しいこととなろうが、しかしそのような将来の効果を予測することは不可能なので、効果に見合った価格を設定することは、そしてまた将来の効果に見合ったそれぞれの受益者が前もってその費用を分担し合うことも不可能なのである。

個人的な教育効果の測定が困難な例は次のように説明できるであろう。

・たとえば各人間の生涯賃金に差があるとしよう。たとえば大卒者と高卒者の二グループを比べれば無視できない生涯賃金の差が存在しているように見えるかもしれない。だがその差のどれだけが学校教育からのものであり、どれだけが家庭教育からのものか、また生まれつきの資質によるものかを正しく測定することは困難であろう。

なお、仮にこれが把握できると仮定してみた場合でも、学費を払う時点において、こうした将来の効果を正しく予測することはできないであろう。たとえば、私たちは教育という財の価格が、それがもたらす生涯賃金の増加分より小さければこれを購入するという原則に従って行動していると仮定してみよう。私たちは日本の私立大学で教育を受ける場合は、ほぼ学校の運営に必要な費用のうち、一、二割の公的な助成を除いた教育費のほとんどすべてを学費として「買い手」側が支払っている。しかし、この場合には実はその将来の効果が不明なため、費用＝価格がどれだけ正確なものかは分からないまま私たちは支払いを行っているという基本的な問題がある。私たちは一般に商品の購入に当たってはそれがもたらす効用と失う効用、すなわちその財を消費することから手に入れる効用と貨幣を手放すことから失う効用とを比較し、その差額が最大となるようにその財の購入量を決める。しかし教育という財、活動については、それがもたらす効用量を予測することは非常に困難であるので、購入者がその正当な価格をつけることは非常に難しい。需要曲線が描きにくいとも言える。需要曲線が不確定なのだから教育の「価格」付けはそもそも非常に不正確なものとならざるをえない。

このように、教育活動に対してはその効果に見合った適正な私的負担＝受益部分への対価を支払うべしと考える場合でも、実際にその受益の大きさを測定することはまず不可能なのである。教育は、その効用を容易に予測しやすい日々の消費財とは異なって、長期的に多面的な効用が生ずる特殊な財であり、その効用の、個人的な部分も社会的な部分も正確な測定は困難なのである。

〈「公費負担が低所得層に与える負の効果」について〉

学費の社会的負担、公費による教育は一面で社会的靭帯を形成、強化するというプラスの効果を持つと期待される。すなわち公費によって教育を受けたものは、社会が協力して自分を支えてくれたと感じ、社会に出てからその社会を積極的に支えていこうという意欲を持つであろうという期待である。(4) しかし、公費による教育は逆の効果も持ちうるのではないかとの疑問もある。それは、大学に進学しない子弟を持つ家庭の場合についてである。一般に、低所得層の子弟は経済的事情から大学への進学率が相対的に低いと考えることができよう。彼らはその低い所得に応じて一般に累進率の低い部分での税を負担しているが、それでもその一部は国公立大学の（二〇〇四年度以降は国立大学独立行政法人の）学生を支える部分に回っている。この場合、学費の公的負担は低所得層から高所得層への所得移転ということになる。そこからは、このような事態が低所得層の不公平感をかき立て、社会的協力に対する彼らの意欲をそぐ効果を持ちうるのではないかという危惧が生じうる[5]。

　だが、実はこの考え方は一面的である。もしこの考え方をとるならば、税から支出され、高所得階層の利用頻度が相対的に高いすべての公的支出項目はこのような危惧、不満の対象となりうる。そもそも、どのような公的支出項目を調べても、その受益頻度においては高低の所得階層別の違いが現れるであろうと予測される。しかし第一に、そのような調査を徹底させることは公共財の性質上、実際には非常に困難なことである。また、第二に、この所得階層別の受益率を考慮するという考え方、両階層間の受益と負担を一致させるという考え方をとるならば、こんどは低所得階層が多く利益を享受するであろう公的支出、たとえば生活保護を受給する世帯に回る税収部分を高所得階層はほとんど払わなくてよいことになってしまう。それは所得再分配制度の崩壊を意味し、そしてそれは社会そのものの富裕層と貧困層への両極化を、ひいては社会そのものの崩壊をもたらすであろう。そのもとでは福祉の諸制度はほとんど民間保険の原理と同じものに変質してしまい、生涯弱者であり続ける人に対する救いはなくなってしまうであろう。このような再分配制度の廃絶と社会の崩壊という事態は人々が一般に許容し得ないことであろう。したがって、学費問題を所得階層別受益率から検討することは困難かつ無意味であり、原理的にも不適切であろう。こう考えるならば、公費の教育が社会的靭帯の形成という効果を持つかどうかについては、肯定、否定、両面からの効果が予測されるのであるが、それをもって負担原則を考察することは避けるべきであろう。

このように、大学の授業料負担を巡っては、教育費＝学費の効果の総体はいくらか、そのうちのどれだけが私的に受け取る効用でありどれだけが公的に社会全体が受け取る効用なのかを把握すること、またそれを金額で表すことは非常に困難であるといった難しい問題が伴うことに留意しつつ、以下、学費負担の原則について考察を進めていこう。

第二節　高等教育の学費負担原則の考え方
――国際人権規約に至る欧米の思想の検討――

まず、公的負担を基本的に支持する欧米の考え方から見よう。この立場を最も明確に述べている代表例の一つは、一九六六年に国連総会で採択され、一九七九年に日本においても批准され、同年からその効力を発生した国際人権規約中の「経済的、社会的及び文化的権利に関する国際規約（社会権規約）」のうちの次の部分である。「第一三条　一この規約の締約国は、教育についてのすべての者の権利を認める。締約国は、教育が人格の完成及び人格の尊厳についての意識の十分な発達を志向し並びに人権及び基本的自由の尊重を強化すべきことに同意する。さらに、締約国は、教育が、すべての者に対し、自由な社会に効果的に参加すること、諸国民の間及び人種的、種族的または宗教的集団の間の理解、寛容及び友好を促進すること並びに平和の維持のための国際連合の活動を助長することを可能にすべきことに同意する。　二　この規約の締約国は、一の権利の完全な実現を達成するため、次のことを認める。（a）初等教育は、義務的なものとし、すべての者に対して無償のものとすること、（b）種々の形態の中等教育…は、すべての適当な方法により、特に、無償教育の漸進的な導入により、一般的に利用可能であり、かつ、すべての者に対して機会が与えられるものとすること、（c）高等教育は、すべての適当な方法により、特に、無償教育の漸進的な導入により、能力に応じ、すべての者に対して均等に機会が与えられるものとすること。」[6]

そして、大学、また高等教育一般に対する公的負担に反対する考え方を述べた日本政府の代表的見解もまた、この規約に関わって表明されてきた。それは同規約の署名の際に日本国政府が行った宣言である。それは次のように述べている。「…3　日本国は、経済的、社会的及び文化的権利に関する国際規約第一三条二（b）及び（c）の規定の適用に当たり、これらの規定に言う『特に、無償教育の漸進的な導入により』に拘束されない権利を留保する。」[7]

日本政府のこの立場はそれ以降現在に至るも変わっていない。しかし、教育をめぐる状況は先に述べたようにこの間に大きく変わり続けている。教育費、なかんづく高等教育費は、現代日本社会においてどのように負担されるべきものなのか。上の国連、日本政府いずれの立場が現在の日本社会において、妥当な、正しいものであるのか。この問題を解くためには、先にふれたように、教育とはそもそも何か、高等教育とは何か、それは人間の社会にとって、そして現代社会にとってどのような意味、効果、影響を持つのかという基本的、原理的問題が明らかにされねばならない。

一つの手がかりは、上の人権規約に示された教育の目的に関する理解にある。ここに示された、日本政府を含む各国政府が同意した教育の目的とは、「人格の完成」、「人格の尊厳についての意識の発達」、「人権及び基本的自由の尊重」、「すべての者」が「自由な社会に効果的に参加すること」、「諸国民の間及び人種的、種族的または宗教的集団の間の理解、寛容及び友好を促進する」こと、「平和の維持のための国際連合の活動を助長する」ことである。各国は教育はこれらを目指すものであるべきことに同意している。

私は、ここに示された諸目的は、「人格の完成と他人格の尊重」という言葉に集約できると考える。そもそもこの人権規約は一九四五年に成立・発効した国際連合、国際連合憲章と、その目的達成のために一九四八年に宣言された世界人権宣言とをその基盤としている。国連は二〇世紀前半における二つもの世界大戦に対する反省として、国家間の平和維持という目的のために設立された。この大戦から各国が学んだことは、人間は基本的に平等であるという人間の属性、性格であり、これを国内でも国家間でも、または人種間でも無視することが相互の残虐な争いの根源となったことであり、また将来もなりうるであろうことである。この人間間の平等という事実を理解し、自らの完成と他者との共存を目指すこと、また、その理解の実現のために様々な紛争予防、紛争解決のための機構を作っておくことが国連の目的であった。そして世界人権宣言は、まだ文字通り目標を示そうとする宣言であったため、その具体化のための規約づくりが一九五四年より開始され、一九六六年に世界人権規約が成立したのである。

人権に関する宣言としては、すでに一七七六年のアメリカ合衆国の独立宣言、一七八九年のフランス人権宣言があるが、両者ともにその基本的ねらいは、統治の主体がそれまでのような絶対的圧制者の手ではなく、国民にあることを宣言する点にあった。そしてまたそれゆえに国民が自らの判断で圧制をなくし、新しい政府を作ることの正当性を宣言する点にあった。一五一六年、トーマス・モアによって『ユートピア』の中に示された「全員が働き学ぶ」社会の構想、そしてまた一七世紀にコメニウスによって述べられた、教育が貴族のみに独占されるものであってはならないという思想は、そもそもこうした人民主権国家の姿を描こうとしたものであった。(8)

これ以降、人類史における人権、human right についての問題は、人民主権の国家の内部における「平等な人々」の間でその具体的内容をどのように作っていくかに移った。人間は自らの生き方、自らの権利を自ら作り、選択することができる。もはやそれを絶対的な上位者から押しつけられることはない。だが、ではどのような権利を自らが、相互間で作ったらよいのか？これが次の問題となった。自由権についてはフランス人権宣言の第四条が言うとおり、それは最低限、「同様の諸権利の享受を社会の他の成員に保護する」ことができる限りで、という「限界」を持つ。だが、そこには前もって、人間集団の中の上位者がかつて決めていたような与件的枠組みはない。人間はお互いが納得すれば、それが平等に誰にも与えられるという条件の限りで、どのような権利も作ることができる。つまり、どのように生きることもできる。では、健康、教育、勤労などに関わる権利（現在社会権と呼ばれているもの）はどのようなものとして作るべきか。これが人間にとって次の大きな問題となった。

その一つとしての、本章のテーマである教育を受ける権利について見てみよう。一七七九年に米国でトーマス・ジェファーソンが起草した「知識の一般的普及に関する法案」は、人民の政府を維持するために人民自身が知識によって武装することの重要性を示している。それは権利という言葉を直接前面に出してはいないが、その内容においてそれはまさに市民社会において構築されるべき新しい権利、いわば人民を育てる権利、人民が主権者として育つ権利を提起したものと理解してよいであろう。この点に関して真野宮雄氏は、アメリカ独立期には「近代公教育思想の特色が典型的に認められる」と評価している。[9] 氏によれば、国民が知識を身に着けることを積極的に求めた例として、フランス革命期とアメリカ独立期があげられる。ジョージ・ワシントンは国会の最初の年次演説の中で、「知識は、あらゆる国において一般社会の幸福に最も確実な基礎である」と述べた。ジェファーソンは「あらゆる政治機構は、国民とともによる以外には安全な保障がなく、しかも知識のない国民とともにでは決して安全ではあり得ない[10]」、「これまでの経験では、最善の政治形態の下でさえ、権力を委ねられたものは、日が経つにつれて次第に手心を加えて、その政治形態を暴政治へと変えてしまう…。そこで、これを予防する最も効果的な手段は、民衆一般の知性をできるだけ実際的に啓蒙することである」と述べた。[11] このように主権者としての人民を育てることが、その後創造されていった市民社会における教育制度の大きな目的であったと言えよう。

しかし、その後百数十年を経て遭遇した第二次世界大戦の悲惨な経験を通して、人類は各国間における、そして各国内の人間集団間におけるそれまでの自由観、平等観がいまだ不十分なものであること、自由権と人間間の平等な権利の保証がいまだ不十分なもの、狭すぎるものであることを知った。人類は相互の人権が、自民族、自人種、自国内部でのみならず、広く相互の民族間、人種間、国家間で保証し合うもの、認め合うものとならなければ、再び世界大戦が起こりうる危険性を持つことを学んだ。この点への反省から、国連憲章では、その活動の主要な目的として「国際の平和及び安全を維持すること」をあげ、そのために「すべての者のために人権及び基本的自由を尊重する」ことの重要性を指摘した（第一章、第一条、第一、三項）。そして、人権に関する具体的説明として、世界人権宣言が、「すべての人民とすべての国とが達成すべき共通の基準として」公布された。それは第一条で明確に、「すべての人間は、生まれながらにして自由であり、かつ、尊厳と権利とについて平等である」と宣言した。この基本的考えのもと、続いて政治的権利と経済・社会的権利が述べられた。そして、教育を受ける権利については第二六条で、「一　すべて人は、教育を受ける権利を有する。教育は、少なくとも初等の及び基礎的の段階においては、無償でなければならない。…高等教育は、能力に応じ、すべての者に等しく開放されていなければならない。二　教育は、人格の完全な発展並びに人権及び基本的自由の尊重の強化を目的としなければならない」と述べている。

この宣言を受けて、一九六六年の人権規約ではさらに具体的に経済・社会・文化的権利と市民的権利・政治的権利が規定されることとなった。人権宣言の上記の第二六条、教育を受ける権利は前者に含まれ、その第一三条において、初等教育の無償制と並んで、先のように、中等、高等教育の無償制の漸進的導入が目指されるべきことが述べられた。そして、これらの諸権利は、その前文において、「人類社会のすべての構成員の固有の尊厳及び平等のかつ奪い得ない権利を認めることが世界における自由、正義及び平和の基礎をなす」ものであり、「恐怖及び欠乏からの自由…の理想は、すべての者がその市民的及び政治的権利とともに経済的、社会的及び文化的権利を享有することのできる条件が作り出される場合に始めて達成される」がゆえに必要であることが述べられている(12)。

このような道筋を見ると、人権規約における高等教育の無償制の必要性は、それが「恐怖及び欠乏からの自由」を達成するために必要だからであり、さらにそれは、それが人類社会の構成員の基本的な平等性を理解するために、そしてそのような社会を作り出す力を身につけるために必要だからであると理解される。すなわちそれは、いわば人類社会の健全な構成員を育てるためという目的・必要性に根ざしていると言えよう。高等教育は初等、中等教育とは異なり、能力に応じた機会が与えられればよいとされてはいる。が、それはやはり初等、中等教育と同様に、あくまでも人類社会の健全な一員を育成するためという目的を持つのであり、その限りでそれは社会の共同事業であるのである。この共同事業性ゆえにこそ、高等教育も含め、教育は本来は無償となるべきものであり、現実としてもその方向を目指して漸進的に無償化を目指すべきものであるとされていると考えてよいであろう。

こうした考え方をその重要な背景として欧米各国の大学の授業料は日本と大きく異なり、戦後長期にわたってフランス、ドイツ、ノルウェー、スウェーデン、オーストラリアが無償、イギリスは本人が実質的に無償、カナダ、オランダは日本に比べてかなりの低額となっていた[13]。イギリスでは実質的にはすべて公営であり、運営費の九〇％を大学運営補助金委員会の補助金で賄っており、学生の出身地の地方教育当局が授業料相当額を奨学金として大学に支払っていた[14]。ドイツではすべて州立、授業料は無償、学生事業費、学生団体費、学生疾病保険費が必要なだけであった。フランスでは大学がすべて国立で授業料は無償、登録料と若干の実験費が必要なだけであった。

歴史的には欧州におけるこの授業料無償の考え方は遠く一二世紀にさかのぼる。一一世紀の北イタリアの諸都市では、公証人養成のために学生は結社を形成し、この学生団が教員を採用し、教員はその謝金で生計を立てていた。だが、一一世紀のフランスのノートルダム修道院では教会参事会員の家で学校を開き、一一七九年のラテラノ公会議で「先生は教会の収入で生計を立てているのだから、生徒から謝金−授業料−を要求してはならない」と決定された。「この決定が、授業料なしの教育という原則を宣言した」とされる。だが、教会を欠いたアメリカでは、カレッジを支援する諸宗派の力は弱く、そのため「授業料は、…学長を信頼して子弟の訓育を委ねたアメリカ市民からの、訓育の業務に対する代価の支払いであった[15]。」だが、もちろん、このような授業料徴収を原則とした米国においても、先のアメリカ独立期の、主権者の育成という教育の役割が強調されたという社会的背景ゆえに、高等教育が単なる個人的な利益追求の行為と見なされるものではなく、その社会的な意義ゆえに連邦政府からの援助、あるいは様々な寄付金による援助といった社会的支援に支えられる方向に進んだことが留意されるべきである。

だが、こうした欧米における公的負担の思想には、近年若干の受益者負担の方向が加味されようとしているかに見える。たとえばフランスでは、一九八三年のポスト・バカロレア人口は一三九万人で、該当年齢人口の三分の一を占めていたが、政府はこれを二〇世紀末までに二〇〇万人に増やす方針を示した。しかし、その財源が問題となった。高等教育人口の九割を擁する公立セクターに対しては授業料徴収には強力な反対論があり、これを私学増設で吸収したらどうかとの考えが示された[16]。一方、イギリスでは一九六三年にはロビンズ卿を長とする高等教育の見直しのための委員会が、学生の大幅増加の提言を含む報告書を出していた。一九八九年一月に当時のベーカー教育科学大臣は次のように講演した。「今から二五年後には一人あたりの所得は今のアメリカ並になる。そのような社会はよりよい教育、より高い教育を基礎としなければならぬ。そのためには今一五%の高等教育進学率を倍増の三〇%にはする必要がある。このような高等教育の大衆化を図るには、伝統的な方法によるだけではだめである。今までのように国家が資金を出し国家が組織する高等教育のシステムでは、高等教育機関は私的財源を集める仕組みもなく、公共負担＝課税＝国家予算のたいした増加もなしに、学生を増やさなければならなくなる。それよりも、市場原理に導かれ多くの資金源に頼って、高等教育の分化、多様化が図られねばならぬ[17]。」その後、イギリス、ドイツでは近年若干の授業料を学生から集める方向に歩みつつあるが、それでもその金額は日本の国立大学に比べると三分の一ほどの低水準にとどまっている。現状では大学の学費負担の問題は、欧米、特にヨーロッパでは、社会全体の負担としての伝統が今だに強固であると言ってよい。

第三節　日本における学費負担原則の考え方

1　憲法と教育基本法の原則

一九四六年五月三日施行の戦後日本国憲法は第二五条の第一項で「すべて国民は、法律の定めるところにより、その能力に応じて、ひとしく教育を受ける権利を有する」と定めている。「法律の定めるところ」の具体化のために、「日本国憲法の精神に則り、教育の目的を明示して、新しい日本の教育の基本を確立するため」に、一九四七年に教育基本法が施行された。そこでは教育の目的は「人格の完成」と「平和的な国家及び社会の形成者」を育成することにあるとされ（第一条：教育の目的）、そのために、「すべて国民は、等しく、その能力に応ずる教育を受ける機会を与えられなければならない」とされた（第三条：教育の機会均等の第一項）。そして、第二項では、「国及び地方公共団体は、能力があるにもかかわらず、経済的理由によって修学困難な者に対して、奨学の方法を講じなければならない」とされている。

2　人権規約の留保の経緯に示された考え方

上記の憲法と教育基本法では教育の機会均等の具体的内容・方法は、まだ「奨学」にあったが、その後、国連を舞台とした世界的な教育の機会均等への前進の考え方は、上にみたように、初等教育の無償化に加えて、漸進的な高等教育の無償化へと進んでいく。奨学よりは無償制の方が機会均等化の点でより強力な措置であることは明白である。この、一九六六年の国際人権規約成立の時点で、我が国もこの流れに合流する可能性が生じた。しかし、日本政府は、先の人権規約の締結国数十カ国の中でのわずかな例外国として、高等教育の無償化については留保することを選んだ。（ほかに同項目の留保をしているのはわずかにルワンダとマダガスカルだけである。）

日本国はこうして、人権規約において人格の完成と他者の尊重という二大目的を持つ教育を普及、実行するための手段として述べられた同規約第二項に対して、高等教育の無償教育の漸進的導入は行わないという立場を表明した。なぜか。形式的に言えば、その理由は論理的には二つありうる。一つは、その必要性は認めつつも、それに優る何らかの理由でそれを実行できない場合、もう一つは、それ自体の必要性を認めない場合である。政府の当時の説明は、次に見るようにこのいずれの立場に立つのか、若干の曖昧さを残すものであったが、どちらかと言えば前者の立場であったように見える。以下、この理由について、当時（一九七九年）の国会での審議経過を衆参外務委員会議事録に依りながら詳しく見てみよう。[18]（以下、傍線は引用者付加。）

衆議院外務委員会

山田外務省条約局外務参事官

：（留保事項に関しては）「解除する方向での検討はいたしておりません。」「漸進性としても現在の時点においてはその方向に進むことを約束できない」。（衆議院同議事録第四号三頁。以下、同号についてはページ数のみ記す。）

園田外務大臣

：「留保した事項は、…将来…解除する方向に努力をし、また、そういう責任がある」。（三）

山田参事官

：「将来それを広げる場合には、当然国会にお諮りする」。（三）

賀陽外務省国際連合局長

…「A規約（経済的、社会的及び文化的権利に関する国際規約：引用者）…漸進性を認めておる…、B規約（市民的及び政治的権利に関する国際規約）…人間本来の権利ということで、…漸進性のごときものは認めていない」。「開発途上国の場合には、…A規約の場合の手当がその特殊性から十分になしえないということがございますので、…猶予を与えるという考え方がある」。（三）「A規約…国家が個人に対して積極的に与えるべき保護という意味の社会権を内容としておる」。「B規約…公権力の行使から個人を守るという保護権の古来伝統の権利…自由権」を扱っている。（五）

園田外務大臣

…「政治の根幹であり日本国憲法の中心であるこの条約（は）…国内関係省庁との調整のために遅れた…。この条約はA、Bとも世界人権宣言の内容を敷衍、条約化したものであり、わが国の日本憲法のよって立つ基本でございます。」（第七号、一）

賀陽局長

…「この項目に関する限りは、留保を行っておりますのはルワンダだけでございます。」（第八号、三二）

七田文部省学術国際局ユネスコ国際部企画連絡課長

…「私立学校の占めます割合の大きいわが国におきまして、私学進学者との均衡等から漸進的にせよ無償化の方針をとることは適当でないということで留保をした」。「わが国では、…私学助成、育英奨学、授業料減免措置など…に努力」していきたい。（三二）

斉藤文部省管理局私学振興課長

…「現在、私立学校振興助成法に基づき…、努力を行っている」。（三二）

内藤文部大臣

：「八割が私立大学」。「国はどれだけの面倒を見たかというと、…まだ人件費の半分以下」。「それをお約束して見込みがあればいいですけれども、今のところ見込みがないんだからしばらくこれを猶予していただきたい」。(三四)

篠沢文部省学術国際局長

：(外国では)「特に後期中等教育に対する進学率が低い。従って、無償化に伴う財政負担が少ない。さらに、…私立学校に行くものの比率が非常に低い。」(三四)

内藤文部大臣

：「今の現状を見て、そこまでいくのは日本の財政事情を考えて無理」ではないか。(三五)「よその国がやっているのだから私もやりたい」。「けれども、…日本の場合にどのくらいの負担ができるのか。」(三五)

三角政府委員

：(私立学校の授業料の無償化は)「私学の制度の根本に関わって参る」。「慎重な検討が必要であろう」。(三六)

参議院外務委員会

内藤文部大臣

：「私立学校を含めて無償化を図ることは、私学制度の根本に関わること」。(参議院第一一号、一九頁)

諸沢政府委員

：「今五千ほどあります高等学校のうち、千二百ぐらいは私立…。」中学校の子供は一九七九年から八六年までで百万くらい増える。「千校以上の高等学校がいるんじゃないかと」。「これは財政的に非常に大きな負担…。」私立学校の性格論と、また「国あるいは地方団体の財政の投資はどのくらいのところでこれは抑えるべきか、…現時点ではわれわれはなかなか判断がつかない。そこで…高等学校の実態の推移等を見ながら、ある時点が来たならば、おそらくこれからどう考えるべきかというその見通しが多少なりとも立てられるんじゃないかと考え」る。「それまでの間は…判断を保留するという意味で留保をしている」。（一九）

「教育というもの…効果は誰に帰属するか…社会に還元され社会の進歩発達にも貢献する…けれども、個人自身の利益にもなるわけで…すから、現在の情勢を考えましたときに、ある程度の自分の負担というのは…やむを得ない」。（二〇）

菱村文部省初等中等教育局高等学校教育課長

…「もちろん、この規定は留保いたしましても、その機会の確保という観点から、たとえば私学の助成でございますとか、育英奨学ないしは授業料の減免等、…一層、…力を尽くしてまいりたい」。（二四）

賀陽局長

…「日本のように私学の比率の高い国におきましては均衡上公立校におきましても無償教育の導入、…授業料を全然取らないという施策はこれは限界がある」、また「進学率がますます高まっております現在におきましては、…財政的にも…これを達成することはできないという判断がありました」。（二四）

以上を整理すると、まず、園田外務大臣と内藤文部大臣の発言にあるように、留保は本来ならばしたくないものであるが、やむを得ない事情により、当面は留保をせざるを得ない、そしてできるだけそれは解除の方向で努力すべきものとされている。ここでの政府の説明にある留保のためのやむを得ない事情とは二点ある。一つは私学との均衡の問題、もう一つは財政的余裕の問題である。このほかに、諸沢委員の発言には、この二つの理由に関わらず、受益者負担分に対しては授業料として徴収すべきであるとの考えが示されているが、それにもまた「現在の情勢を考えたとき」との条件が付いている。現在の情勢とはやはり上の二つの問題と考えざるを得ないので、ここでの審議過程ではまだ受益者負担主義は、日本政府の考えとしては独立した、重要な論拠としては示されていなかったと見てよいであろう。

さらに、菱村委員の説明にあるように、たとえ無償化は留保しても、私学助成をはじめとする機会均等の拡大は一層進めるよう努力するとの方針が表明されている。だが、この点も近年の私学助成の抑制、国立大学授業料の大幅な伸びを見る限り、とても現実に努力されているとは言えない。それどころか、有利子奨学金の比重増大など、奨学のための様々な措置さえ後退しているように見える部分もある。これは政府の公約違反と言えるであろう。このような後退自体、重大な問題であるが、同時に、そもそもなぜそのような姿勢の後退が生じたのかも大きな問題となる（第四節参照）。

ところで、無償化を妨げる私学との均衡という論点は、実は財政問題の判断の後に現れる第二次的、副次的な論点であることに注意すべきであろう。人権規約の考え方は公私を問わず高等教育一般の無償化を論じているのだから、財政上、私学を含めた授業料の無償化が全体として可能ならば、私学との均衡という論点を議論する必要はなくなる。そこで、第一の問題は、高等教育が社会の全体構造の中で、社会に対してどれだけの重要性をもつものであるのか。他の財政支出の目的と比べてその重要性はどのように評価されるのかという点である。たとえば仮に、貨幣換算した場合の費用と便益の比較の結果、高等教育がもたらす社会的メリットが他の財政支出項目と比べて非常に大きいとなれば、それを無償とすることの十分な理由となろう。または仮に、先に述べたように、教育一般が、社会成員が市場経済社会に入るための重要な準備段階であるとすれば、それは市場経済という社会システムを維持するための社会全体の共同責任であるから、その重要性に応じて、他の財政支出項目に優先して社会的共通費によって賄われるべしという結論になる場合もあろう。

3　明治以降の教育財政政策に示された教育観

次に、上に示された財政上の問題、私学との均衡の問題などについての考え方が、日本の近代の教育財政政策の展開過程の中でどのように生じ、形成されてきたのかを見てみよう。

日本の近代史における学費負担の考え方は金子元久氏によってその概略が検討、整理されている[19]。金子氏は大学授業料に関するこの期間に現れてきた様々の理念を、育英主義と受益者負担主義に大別している場合もあるが、やや具体的には、それらの理念は、戦前からの受益者負担主義、育英主義、格差是正論（私学との均衡論）、財政余裕論そして戦後に登場した教育機会均等論、新自由主義的公正論の六つにまとめ直すことができよう[20]。なお、ここで戦後の機会均等論とは、先に見た人権規約の流れに沿ったものである。以下、これらの議論をみていこう。

まず、一八八七年の政府が公布した「学制」においては、授業料は受益者が負担すべきことが原則とされていた。しかし、これはいわばかなりの程度のゆるやかな受益者負担主義であり、その後の官費生制度の発展を見ても、個人、社会の受ける利益に関する考え方次第でその実際的な負担者の範囲、内容が大きく変化しうるものであったといってよいであろう。そして実際には、狭義の受益者負担主義を抑える形で長期にわたり育英主義がとられ、政府及び国家の人材要求を満たすため、一定の学力があるものを確保するための方策として学費が低く抑えられた。これは戦前の官費制、給・貸費制度、低授業料政策、また戦後一九六〇年代の高度成長のためのマンパワー養成のための低授業料維持の政策にも見られた。

一九一八年には大学令によって帝国大学以外の公私立大学、単科大学が法制化された。これによって、大学令以前には四帝国大学、一万人の学生数であったものが、一九三三年には国立一八、公立二、私立二五の大学と、学生数七万人に増加した（『思想史』七七）。それと同時に、私学発展のために国立の授業料を引き上げるべしとの意見が私学側より強まった。一九一七年には、当時の慶應義塾塾長の鎌田栄吉氏は同年発足した臨時教育会議において「官立の大学が安く月謝を取っている間はとうてい私立大学は発展することができない…官立大学が低い月謝を取る、而してその大部分を租税から供給するということは頗る不当なことである、これは根本的に改めるより日本の官私両大学の発展をする途はない」と述べた（同、傍線、引用者）。鎌田氏は一九二二年に文部大臣に就任し、この年に二〇年代の段階的授業料引き上げの第一回が行われた（同）。それに続いて一九二〇年代には国立と私立が手を取り合って授業料を上げる事態が生じた。これらはいわば私立大学育成のための国立大学の授業料引き上げの過程であった。

戦後は、所得上昇を背景として、大学進学率が爆発的に高まったが、政府はこれに対して私学の許認可基準を緩和することで、すなわち私学によってこれを吸収することで対処しようとした。私学運営費は私学の高い授業料で賄わせ、一方国立大学では高度成長のための人材育成のために授業料を低く抑えたので、両者の格差は拡大した。特に私学では進学者の増加とともに低所得層での学費負担問題が大きくなり、一九七〇年からは私学への実質的助成が開始され、七五年からはそれが法制化された。これ以降、一方で私学助成をしつつも、私学の授業料が上がると、日本で大学生の大半を受容している「私学の発展を抑えないために」国立との差を抑えるためとして、戦前と同様の授業料の交互値上げが行われてきた。

一方、財政余裕論は古くは一八八一－八四年の松方デフレの直後、一八八五年に行われた給費廃止、全額貸費への転換といった、全般的な財政緊縮の動きの一環としての教育財政支出縮小の動きにそれが見られた。戦後においても、近年の財政状況の悪化を背景として、大蔵省首脳は国立大学協会に対して「…このような逼迫した財政状況からすれば授業料の据え置きは難しい」と述べた（『思想史』八三）。だが、同じく国大協に対する文部省幹部の発言「授業料は財源としては六〇億円程度であり、大蔵省もそれほど考えていないようだが、問題は私学との関係である」

（同、傍線引用者）、「大臣の話では三木総理は国立大学の学費改定は社会的公正の見地からの措置というような考えでいる」（同）という発言もあった。この発言（一九七〇年）当時は確かに授業料収入はこのように小さなものであったが、その後の国立大学の授業料の急速な引き上げによって、二〇〇〇年代後半では、ほぼその額は四〇〇〇億円程度に増えている（概略五〇万円×国公立学生八〇万人として）。私立学生も入れると一兆五千億円となる（五〇万円×三〇〇万人として）。こうして、現在では授業料の無償化のための財政的負担は以前より大きなものとなっている。

新自由主義的な公正論は、ミルトン・フリードマンらの主張する、教育コストと授業料の差額が税金から賄われ、卒業者は高額所得を得ることから、そこには低所得者からの高所得者への逆進的な再配分が生じているとの批判をその内容とする。しかし、金子氏の推計によれば、そのような逆進的な再配分の証拠はない[21]。

こうしてみると、一九七〇年ごろまでの国立大学授業料のあり方、そしてその引き上げに対する重要な論拠となっていたのは、私学との均衡論と財政余裕論の二つであった。ただし、上のように私学との均衡論は実は私学の授業料の無償化の可能性も考慮した、大学学費の無償化という、教育の機会均等と財政の余裕＝財政の優先順位の問題として議論すべきものとなる（第五節で詳しく議論する）。

第四節　一九七〇年代以降現在までの大学授業料の引き上げ過程とその根拠

教育とは何かという原則的問題に大きく関わる動きとして、以上のような歴史的経過に続き、次に特に最近年の政府と国民の間での教育の効用に対する理解の動向に注目しよう。そこでの焦点は一九七〇年代以降の国立大学授業料の急激な引き上げ過程の経緯にあり、とくに近年その引き上げ過程の重要な支えとなってきた財政制度審議会の考え方が重要となる。

国立教育研究所編の『日本近代百年史』は、一九七〇年代以降の大学授業料の引き上げに至るまでの戦後の教育財政の変化の特徴を次のように概括している。六〇年代の「義務教育以外の学校への進学率の増加は、その大部分を私学の増設や新設に負うものであ」った。「…ところがこの私学の間口増に対する国や地方の公費補助はきわめて微々たるもであり、寄付金や事業収入も伸び悩んだ。したがって新増設に要する経費はもっぱら借入金と学生納付金に依存する他なく、両者は急激に増大した。」「これに対し、私学は学生数の増加と学生納付金の引き上げによって収入の増加をはかってきたが、前者は進学者の社会階層を底辺部分に拡大することを意味したから、学費支払いが困難な家計の学生を対象とすることになった。これに学園紛争も加わって、六〇年代後半になると、学生納付金の引き上げ幅は急激に減少してゆく。」「ここにおいて、私費負担に全面的に依存する私学経営の行き詰まりは誰の目にも明らかとなり、…国公立との受益率［経費負担率］の極端な不均衡もあって、私学に対する公費補助が不可避の状勢となってきた。こうして遅ればせながらも、私学助成はこの間において最もめざましい勢いで増加した費目となった。」「特に七〇年代以降、それまでの理工系を主とした設備費に限定せず、教員給与費等、経常費にまで補助金の対象を拡大したことはまさに一時期を画するものといえよう。／今や、教育財政も義務教育中心、国公立中心から、その支出・負担構造を大きく変えようとしているかに見える。[22]」

一九六〇年代後半の大学紛争時、各政党は大学教育を巡る問題点を指摘した。自民党は一九六八年に政務調査会・文教制度調査会の見解として、教育を巡る基本的問題は、豊かな社会になったことが人間の欲望を拡大させ、それが一流企業、一流大学への志向を生み、学歴社会を形成したことにあるとし、問題は社会一般の風潮にあるとした。そこでは授業料などの具体的問題はふれられていない。当時、社会党と共産党は大学問題特別委員会の見解として、教育費の高騰が教育の機会均等と国民の経済生活を圧迫していることを指摘し、私学助成を拡大する方向を提起した。[23]こうして一九七四年には私学助成振興法が成立したが、それは当時、教育財政における高等教育の授業料負担の問題を公費負担を増加させる方向で解決する可能性を示したものであった。

しかし、一九七〇年代以降の教育財政政策は、徐々に国立大学の授業料引き上げを強化する方向に変わっていく。大学進学率の上昇は、五〇年代以降の経済成長による所得上昇を背景としており、それは五〇年代の終わりから六〇年代にかけて爆発的に増加した。政府はここにおいて、経済成長のために必要とされる人材のうち、理工系については国公立で、文系については私学での養成に比重を置くという政策を採った。

この過程で、それまでの憲法と教育基本法の示す方向性とはやや異なった、いわば教育を経済的投資のための手段と見るという教育観が強まっていった。そしてそれは、その後の日本の教育財政政策にも大きな影響を与えていったようである。一九六〇年の国民所得倍増計画を受け、一九六三年には経済審議会が『経済発展における人的能力開発の課題と対策』の中で、「経済に関連する各方面で主導的な役割を果たし、経済発展をリードする」人的能力としての「ハイタレント・マンパワー」の重要性を強調した。「狭く考えて人口の三％程度、これに準ハイタレントの層も入れて五ないし六％程度」がそれに当たるとされた。「戦後の教育改革は、教育の機会均等と国民一般の教育水準の向上については画期的な改善が見られたが、反面において画一化のきらいがあり、多様な人間の能力や適性を観察、発見し、これを系統的に伸張するという面においては問題が少なくない。[24]」すでに半世紀近く前に、このような「戦後教育の欠点＝画一化」論が示され始めていた。画一化のきらいという曖昧な表現によって戦後の教育全般にあたかも重要な問題があったかのように表現することは、正確な責任の持てる現状理解とはいえないであろうが、しかし、そのような表現に立って、それに対するに経済的能力の育成という側面を主たる改善方向として提示するという役割をこの答申は果たした。黒崎勲氏はこのような経済的投資としての教育という見方は、その後の教育政策に決定的な影響を与えたとする。[25]

一九六〇年代という時期は、欧米においても教育に対する経済面からの期待が高まったときであった。一九五七年のスプートニク・ショックは、欧米においても理工系のハイタレント・マンパワー養成への気運を高めた。だが、こうした経済的視点重視の教育政策が子供たちの成長にとって否定的な影響をもたらしたのではないかということが危惧される日本では一九七〇年代以降、学校、子供社会における様々な深刻な問題現象が生じている。また、世界的にも子どもたちをめぐる同様の問題現象、病理現象が生じていることからも、こうした教育観の強まりがもつ危険性については十分に留意されるべきであろう。井深氏によれば、七〇年代半ば以降、子ども社会の病理が激化したとされる。六〇年代以来の、高度成長のための人材供給のためのマンパワー育成政策は、いわば第一の能力主義教育をもたらした。それは、能力の多様化政策にも関わらず、普通高校を中心とする受験体制、すなわち一元的能力主義による学校序列化を作り出した。そして、七〇年代半ば以降の上からの入試制度改革に伴う全大学の偏差値による序列化は、偏差値が支配する学校、一元的能力主義による学校の序列化を極限にまで推し進めたとされる。(26)こうした政策の推進はまさに、戦後教育が当初目指そうとした、市民社会の一員にふさわしい人格の形成、他者を尊重する人間としての能力の育成を軽視するという重大な結果を招いていったのではないかと疑わざるを得ず、これらの諸問題の大きな部分がまさに戦後日本の、特に一九六〇年代以降の教育政策の変化から生じているという可能性が注目されなければならない。そうだとすれば、それは決して近年の文部大臣の提唱する「心の教育」、「道徳教育の強化」のような対症療法的施策によって解決できるものではないであろう。病気に対して「気の持ちようだ」と言っても役に立たない。心を病んだ子どもたちに対して「病むのをやめよう」と呼びかけてもなんら解決にはならない。そのような病む心を生み出した原因こそが取り除かれなければならないと言えよう。

教育における経済的目的を重視する考え方は、こうして六〇年代から七〇年代はじめにかけて日本社会の基本的方向として政策の中に位置づけられていった。文部省は『日本の成長と教育』（一九六三年）で、「教育の拡充をはかるための経費は、生産の上昇を引き起こすための投資と見ることができる」と述べた。[27]この教育＝経済的投資論は、社会的なレベルのそれからそのまま個人的レベルの教育観として国民の間に浸透し、拡大再生産された。言ってみれば、それは「教育とは、社会的に見れば、社会全体の成長のための投資であるが、その経済的成果は市場における個々人の能力に応じて分配される。そのような能力を養うものとしての教育費は、個人によって負担されるべきである」という考え方である。もちろん、このように極端にすべてを受益者負担とすべきであると述べるわけではないが、教育活動における社会的な共同事業としての性格、それが目指す基本的な目的、すなわち社会を維持し、平和的に協力するための能力を養うことが教育の第一の、また基本的な目的であるという見方を、この経済的投資論と、その個人レベルへの拡張論は浸食せざるをえない。

こうして「受益者負担の実際額は、…個人経済的には有利な投資と見なしうる限度内で適当な金額とすべきであろう」（中央教育審議会、一九七一年）、[28]義務教育「以外の教育、特に高等教育については、学生またはその家庭にフルコストを負担させることを原則とすべきである」、「なぜなら…高等教育は現段階では決して必要財とは言えないし、これを享受しているのは相対的にいって富裕な階層だからである」（日本経済調査協議会、一九七二年）との見方が日本社会の前面に出ることとなった。[29]これと反対に、義務教育は「社会的便益が大きい」のだから、「公費負担による無償」制が当然であるとされる。（同、一一三頁）だが、そもそもこの「社会的便益」とは何か、初等、中等、高等教育の各段階において、それは異なるものであるのか。ここでもまた、この最も重要かつ根本的な問題についての考察がないままに、経済的利益のみを強調、重視するという偏った判断が示されているといわざるを得ない。とはいえ、実は、上の中教審答申は、次のように「受益」について検討することの本質的な重要性をある程度認識してはいた。「財政援助を教育費のどの程度の割合について行うかによって、教育を受けるものの授業料その他の負担額は大きな影響を受ける。そこで高等教育における受益者負担額をどの程度とするのが適当か」。「教育費は、社会的には一種の投資であるとみることができるので、その投資の経済的効果のうち当事者個人に帰属するものと社会全体に還元されるものとが区別できれば、それを考慮して受益者負担の割合を決めるのが合理的だという考え方もある。しかし実際には、そのような区別を立てることが困難なばかりでなく、教育投資の効果は経済的な利益だけでないことも明らかであって、経済効果だけから受益者負担額を決めることは適当でない。」(傍線、引用者)ところが、この困難な論点には目をつぶり、論理的検討はここで脇に置かれ、ともかくも学生の、あるいは個別の家庭の負担額＝授業料は設定せねばならないとして、「受益者負担額の実際額は、教育政策の立場から、その経費の調達が大部分の国民にとって著しく困難でな」い範囲で決めるべし、として先の結論に至っている。(30) ここに見られるように、そこには何ら「受益者負担額の実際額」を導出するための方法を示すことはできなかったし、経済的効果とその他の効果の間の区別、測定をすることもできなかった。それなのに「教育政策の立場から」という無意味な言葉を隠れ蓑にして「家庭があまり負担と感じない程度の授業料」を徴収すべしという結論が「決定」されていることがわかる。ここでは問題はなんら解決されることなく終わっている。受益者負担額の正当性を支持する論拠もそこには示されていない。

この中教審答申では、こうした「授業料などの受益者負担額が適当な金額となるよう配慮する」とし、そして「受益者負担の実際額は、…個人経済的には有利な投資と見なしうる限度内で適当な金額とすべき」(同、四八頁)であるという根拠のない主張に立ち、具体的な目標として、一九八〇年度の「高等教育の受益者負担額の水準を、国民一人あたり個人消費支出に対して、国立では二〇%、私立では四〇%となるよう、四八年度(一九七三年度)から漸進的にその水準に近づける」ことが提言された。(31) その結果、国民一人あたり個人消費支出における学費(授業料と入学金)の割合は、七一年度で国立三・七%、私立三四%であったものが、八〇年度にはそれぞれ二一・一%、四四・二%と、ほぼ目標数値の通りとなった。(32) 国立大学授業料の一九七〇年代における急激な引き上げ過程は、こうして経済成長という社会的目標を重視する動きの中で、教育の経済的効果を強調する雰囲気の中で、不十分な論拠のまま進められたものであった。そこでは、教育の基本的目的としての社会の構成員となるための能力を育成するという任務と教育の経済的効果との関係に関する十分な議論がないままに、後者の立場に立った政治が進められてしまった。

こうして、日本の社会において、戦後しばらくの間その導入が試みられた、民主的な社会の担い手の育成、主権者の育成のための教育は、一九六〇年代以降は、経済成長を第一とする社会風潮の下で経済的な利益を第一とする教育へと変質していった。それに伴って国立大学の授業料も一九七〇年代に急上昇した。そして、中央教育審議会と並んで、またそれよりもむしろ強力に教育のもつ私的利益に貢献する効果を強調して授業料の受益者負担の方向を初めて強く打ち出したのは、一九六五年の財政制度審議会の答申であった。それは同年の戦後始めての赤字国債の発行を背景として、財政緊縮のための歳出節減のための一方法として受益者負担主義の導入を提言した。六六年度後半から始まった第二次高度成長期はしばらくの間歳出節減の姿勢を緩和させたが、七一年のドルショック、七二年の石油ショックに伴う高度成長の終焉は、教育支出をも財政的視点からの歳出の全般的な抑制の波の中に巻き込んでいった。

七三年の財政審の報告は次のように述べている。「（先進諸国と対比して、）…なお、就学前教育から高等教育、さらに社会教育・体育にいたるまでおよそ教育の全分野にわたり一層の拡充を求める声はきわめて強いものがある。」「こうした要請に対し一定の財政規模の中で対応していくためには、従来以上に制度の合理的運用に配慮していく必要があると思われる」。（一二月「農政問題、地方財政問題、社会保障、文教予算及び中小企業対策についての報告」より。）文部省幹部は、先のように、一九七〇年に国立大学協会との話し合いの中で、「授業料は財源としては六〇億円程度であり、…、問題は私学との関係である」と述べていた[33]。財政審はこれに関し、七四年の建議で国立大学授業料と「私立大学における学生納付金との間に著しい格差」があると指摘した（一二月建議）。七〇年代中葉以降、財政審では財政収入それ自体を増やすためとして授業料値上げの必要性を強調するようになる。七五年には、まず、医療などにおける行き過ぎた受診を改善するための「適切な受益者負担の導入」が提言された（七月「安定成長下の財政運営に関する中間報告」より）。そして七七年には、広義の受益者負担概念からの節減合理化の議論が行われた。「財政支出については、これを受益するものとその費用を負担するものとの公平を確保することが必要な性格のものがある。この点で、特に（イ）受益するものが特定している制度、施策等については、他の類似の制度、施策等とのバランスにも配慮して、受益者負担の水準について見直すこと（ロ）所得水準等により、給付対象の範囲につき一定の限度を設けているものについては、その基準等に絶えず検討を加え、他とのバランスに留意しつつ、対象範囲の適正化を図ること」とし、制度等の合理化の検討事例としては義務教育教科書の無償給与制を、費用負担の公平の確保の検討事例としては、国立大学授業料を指摘している（「歳出の節減合理化に関する報告」より）。そこでは、「受益者負担格差」が私学側に不満を生じさせ、私学助成の要望を強めているので格差縮小が必要であると述べ、また、私学の学部間格差にふれながら、国立大学においても学部間で格差のある授業料を設定することを検討する必要があるとしている（一二月報告・建議）。七九年には、一般的に「相当な水準の所得階層まで、財政支出からの受益の方が、その家計の負担を上回っている」（一二月「公債に関する諸問題及び歳出の節減合理化に関する報告」より）として、受益者負担の適正化を求める姿勢を一層明らかにし、八〇年には、受益者負担の引き上げを租税負担引き上げに優先させよとのべ、典型例として国立大学授業料を取り上げている（一二月「昭和五六年度予算の編成に関する建議」より）。一方、政府財政赤字はその後一層悪化し、八〇年度には一般会計の国債依存度は三三％に達し、同年一二月には臨時行政調査会法が成立した[34]。財政審議会はこの調査会の活動を支援し、八一年一二月には、「財政の関与すべき分野についての報告」の中で、財政が関与している財を、純粋公共財とメリット財に区分して示した（前者：警察、消防、外交、防衛など。後者：医療、教育、産業助成など。そこでは後者は温情主義的動機から行われるものと理解されている）。同報告の中ではまた、私学助成について、すでに「相当の水準に達しており、…主要な経常費につき、国の基準の二分の一が実現されていること、また「私学の教職員の給与水準が最近相当高水準になっていると見られる等の問題」もあると指摘された。

一九八〇年代前半の臨時行政調査会の答申では、「国立大学…学生納付金の引き上げ」（第一次答申）、「国公立大学の授業料（は）…教育に要する経費や私立大学との均衡等を考慮」すべし（第三次答申）、「国公立の大学等…私学との均衡等を考慮し、順次授業料等学生納付金の適正化を図る」（第五次答申）[35]との考えが示された。これらの答申部分の起草者の公文俊平氏は、解説論文の中で、「国立、私立を問わず、大学運営の経費は、…直接教育に関わる経費…は授業料で賄われてしかるべきだ」、「大衆化した高等教育の費用を税金で賄えと要求するのは、理屈に合わない」と述べた[36]。この主張をするためには、ではなぜ、大衆化すると税金で賄ってはいけないのか。逆に言えば、エリート養成のためならば税金で賄ってよいのか。そうだとするならばそれはエリートの養成は公的なメリットが大きいが、大衆のための高等教育は公的メリットが小さいということなのか、と言う疑問に答えておかなければならないが、この点についての公文氏の論及はないままである。こうして、財政制度審議会も、臨時行政調査会も、大学教育に関しては、その目的と効果について明確な認識を示すことができず、またそれゆえに授業料負担の原則を示すことができないままであった。それにもかかわらず、すなわち教育の目的・効果という費用負担原則の根拠を示すことができないまま、ある具体的な負担方法、すなわち学生・家庭がより多くそれを負担すべきだとの主張を行っていくのである。こうした不十分な考えの上に、一九八三年七月には臨時行政改革推進審議会が発足した。そのもとでこうした提言の具体化が一層押し進められ、それは大蔵省の教育財政への方針にも反映されていく。たとえば九四年版の大蔵省による財政の解説では、「私学助成については行革審で総額の抑制、内容の効率化・重点化等の提言がなされて」いることを考慮せねばならないと説明されている[37]。

そもそも臨調の二大理念は、活力ある福祉社会と国際貢献の二つにあった。前者はすなわち政府が大きくなりすぎたのでそれを見直す、いわゆる民活の方向での社会の改善であり、高度成長以後の新しい社会像形成への一つの方向を示すものであった。だが、それはまた、高度成長期と同様、日本社会の、中でも企業の成長力維持を最優先課題とするものであった。経済成長第一の政策は高度成長期に目に見える社会問題を公害・環境問題の形で生み、それは目に見えるがゆえに対応策も採られた。だが、成長と効率第一の社会体制は、同時に、教育の場面では経済的能力を基準とした人間の序列化という、目に見えない社会病理の基盤を形成しつつあった。それは特に子供社会の変容として、いじめ、登校拒否、校内暴力などの形で広く国民の間に感知されつつあった。

これに対し、一九八四年八月には臨時教育審議会が設置され、戦後教育の諸問題が審議された。臨教審は、その基本的課題の一つは、こうした戦後社会の学歴主義に従属した画一的教育（その内実は受験教育）と一元的序列化にあると認識していたかに見えた。しかし、臨教審に呼ばれ講演を行ったこともある大田尭氏は、臨教審答申は結局のところ、教育荒廃をもたらした経済効率優先主義の社会全体の質を問うことなく、その延長線上で「改革」を行おうとしていると批判するに至った(38)。競争主義的な教育は、すなわち競争のみが前面にでた教育は、確かに教育そのものの中身を無味乾燥なものとする。「人間という動物は、」そもそも「外から来た刺激に対して、早くかつ正確に反応するのは不得意な動物」であり、それができるのは「むしろ下等な動物に多い」。「人間の学力の在り場所は問いと答えとの間にある」。「正答の出来高だけに目を向けがちな、今の選抜原理に支配された教育実践は、人を育てる立場からは改められなくてはならない(39)」。確かに、学ぶ過程の感動なしに、テストで答えるためだけに勉強をしていては、「できる」子にとっても「できない」子にとっても、学校は無味乾燥な場所となってしまうであろう。競争がまったく無用なのではないが、それが教育の中でいわば他の重要な目的を押しのけてまで「主導権」を握ったときに問題が生ずるのであり、それが実際に現実化したのが高度成長期以降の日本の教育政策と教育実態の中身であったといえよう。

このような問題点を持ってはいても、教育現場の問題点に答えるべく設置された臨教審であったがゆえに、教育財政に対しても、臨調、行革審の認識と臨教審のそれとの間には若干の相違点が生じた。一九八七年八月の臨教審最終答申（第四次答申）では、受益者負担の適正化等の視点から教育財政の見直しが必要であると述べつつも、そこでは義務教育費国庫負担のあり方、学校給食のあり方等が例示されるにとどまった。(40) そして家計の教育費負担の軽減の必要性が指摘され、それは教育の機会均等の確保という観点から重要であると指摘されている。(41) すでに第三次答申（八七年四月）において、「授業料をどのように考えるかについては種々の立場があるが、受益者負担の原則の他、高等教育の社会的効用、大学在学中の機会費用、父母の家計負担能力、さらには教育の機会均等、…などの総合的観点を排除することはできない」と、一九七一年の中教審答申の考えと同様、学費負担原則の検討のための総合的視点を提示している。(42) 臨調、行革審は基本的には七〇年代に拡大した政府規模と財政赤字に対する切りつめ策の検討が課題であったが、臨教審はその点を一つの問題として検討課題に含みつつも、教育それ自体の視点から教育全般の問題に対処しようとするものであった。だが、残念ながら、その後の子供たちの問題現象の一層の悪化を見れば、(43) 先に述べた「見えない病理現象」に対する十分な対策を打ち出すことができたとは言えない。そして、臨教審ではその改善が求められた教育費の軽減の課題も、政府全体としては、先の臨調、行革の引き締め基調の中で実現せず、国立大学の授業料も依然として上昇し続けている。(44) また、八四年九月には日本育英会法が改正され、受益者負担方針に沿ったもう一つの施策として、有利子貸与制度が併設された。(45)

金子氏は、「一九八〇年代に入っては、このような対価主義的な主張が授業料増額論のむしろ基調になる傾向が見られる。一九八三年の第二次臨時行政調査会の第三次答申は『国立大学の授業料については、教育に要する経費や私立大学との均衡等を考慮し』と述べ」、「『経費』が『均衡』よりも前に置かれている」、そして、「わが国においては高等教育の機会均等の理念が正面から政策目標とされたのは戦後になってであって、…機会均等の実現がすでに問題でなくなりつつあるという最近の認識は幻想にすぎないとすれば新しい理念は、機会均等を高等教育体系全体の中でどう保証するかという問題に密接に関わって提起されることになろう」と述べ[46]、高等教育における機会均等の問題が近年前進を見ていないことを指摘する。上で見たように、近年強調されてきた財政的視点からの教育費の受益者負担の議論は、決して教育の目的論と、そこからの系論としての負担原則論という基本的論点に正面から取り組み、それを覆したものではない。それは単に財政的余裕のなさという現実から、直ちに、他の支出の重要性との比較もせずに、その一部として教育への財政支出も切りつめよ、またその不足部分は家庭が支出すべし、という結論を自明のものとして提示したものにすぎない。七〇年代以降、三〇年近くにわたって進められてきた国立大学授業料の引き上げ傾向は、以上の過程を見るならば決して真に十分な「財政的」、あるいは社会的根拠に基づいているとは言えない。

こうした理由の下に高等教育に対する公的支出が抑制される一方で、家計負担だけが増大している[47]。一九八一年以降、「増税なき財政再建」の下で、高等教育に対する公的支出の伸びが止まった一方、家計の負担は伸び続け、八二年頃から家計のそれが政府のそれを上回り始めた。だが、これをもって「大学教育は、『社会のために』必要なものという価値判断から、『個人の好み』の問題に変質したことになる[48]」と判断するのは早急にすぎるであろう。それは結果としてそのような支出状況になったということだけであって、国民の考え方が根本的に変わったことを示しているとは言えないからである。

第五節　負担原則論の焦点
――高等教育の社会的意義――

前節で我々は近年の受益者負担の増大の論拠としての財政的議論を見たが、それは第三節に示した高等教育の社会的意義を十分に論じた上での説得力ある議論ではなかった。教育費は誰によって負担されるべきか、また、そもそも「教育は誰のために、何のためにあるのか[49]」。ある財の費用を誰が負担すべきかという問題に対して、私たちは通常、その利益が誰に帰属するかによって答えようとする。「それによって利益を得るものがその負担も担うべきである。」これ自体は当然の考え方である。受益者負担主義というのも、字義通りに解釈すれば、そもそもこの考え方を言い表したものである。その点では、社会の負担論も、その「受益者」が社会全体であるときの受益者負担論の一種であるということもできる[50]。こうした、受益者という言葉に個人も社会もどちらも含む場合には、これを広義の受益者負担主義と呼んでよいだろう。とはいえ、通常、受益者負担論が主張されるのは、受益者が特定の個人に限定される場合が多いので、これを狭義の受益者負担論と呼ぶことにしよう。

近年の受益者負担論は教育の効果のうちで個人に帰属する部分を明確にし、その分は個人に負担させよと論ずるものである。しかし、前述のようにこの部分を切り離すことは不可能である。したがってまた、個人的効果と社会的効果の量を区別して示すことは不可能である。そうだとすれば、それは広い社会的効果、利益を生み出すという点を重視して、他の公共財と同様に税で賄う、すなわち社会が負担すべしと考えることができよう。

基本的には上の点が本章での基本的な結論となる。以下ではこの視点に立って、教育、特に高等教育の社会的効果、利益の大きさについてより詳しく考えてみたい。まず、教育は政治制度や司法制度と同様に、生まれてくる新しい国民にその国の社会を機能させるための能力を与えるものである。その意味でそれは「社会を始めさせ、維持させる」ものであり、それは間違いなく社会構成員全員の最大の利益となるものであるから（社会がなければ個人的努力は意味を持たない）、それは個々人が個人的努力によって教育から引き出す個人的利益を圧倒するほどの社会的利益をもたらすものと見なすことができる。つまり教育は人間が現行社会に入っていくための重要な前提財、社会的な基礎財であると考えることができる。社会的基礎財、前提財としての教育であるならば、それは当然、社会の共通資産、共通費から賄うべきものとなる。

さらに社会が始まった後は、教育は一国内と国家間の平和の維持という最重要の財をもたらすための能力を育てる手段でもある。先の国連関連の宣言、規約等に示されている「平和の達成のための人格形成のための教育」はこの考え方に立っている。そこには平和を作り出すための基礎的財としての教育の重要性が謳われている。その重要な一部としての人格の完成と他者を尊重する態度を作り出すことは個人的利益とは見なされていない。それが目指すものは世界の、すなわちすべての社会的集団間の平和的協力であり、そのための資質の育成は社会的な共同事業である。それは社会の存続、発展のための最も重要な前提的作業である。教育がそもそもこのような「社会の基礎を作るもの」であること自体は、先の人権規約の批准の際に日本政府、日本国民によって承認されていると言ってよい。先の批准の際に留保されたのは、あくまでも中等、高等教育における漸進的無償化の考え方のみであったと考えられる。先の国会審議での園田、内藤両大臣の発言にあったように、日本国民はこの基本的な目標を堅持しつつ、事情が許すようになれば、大学教育を含むすべての教育の無償化に向かって前進すべきであるということは、国会でも合意されていると言ってよい。その後の国会の議論において、同規約の批准時の議論を巡って示された政府の見解が取り消されたことは未だかつてない。ゆえに、このような基本的見解はいまだに有効であるはずである。

この目標それ自体を認めた上で、そのための手段としての教育の無償化を留保しているのは、上で見てきたように、唯一つ、財政的な制約の理由のみによるものであると言ってよい。

教育の効果には、確かに上のように、共通の利益・全員の利益となる部分と個人的利益となる部分の二つが存在していると言えよう。前者は、市民社会成立期以降、その社会の担い手としての市民となるために必要な知識を社会の共同責任によって与えることがその社会の成立・維持をはじめて可能にするという理解に立っていた。さらにまた、市民社会の一定の進展の後に生じた二つの大戦への反省から、平和的世界の形成のための人格の育成を目指して再度その必要性が世界的規模で強調された。そこからは当然、それだけの重要な公共的利益を達成するためであるのだから、社会全体の負担によってこれを行うという考え方が生まれ、それは国際人権規約などの無償あるいは無償制の漸進的実現の規定として結実した。

後者、個人的利益論は近年、またとくに日本で強調されるようになった考え方であった。だが、この考え方はそもそも教育の公的な効果とは何かという問題を十分吟味した上でのそれではなく、むしろ、その背景には先のように、私学との均衡論と財政的余裕論という論拠しかなかった。ただ、日本でこの主張が一定程度受け入れられているように見える背景には、おそらく戦前、戦後を通じた強固な学歴社会の存在があったと言えよう。つまり、日本では高等教育、また教育一般の目的が、それ自体がもたらす人格の育成あるいは市民社会の担い手の育成と言うよりも、明治以降の社会秩序の位階制の中で、自らの子弟を官僚機構の中でどれだけ高い地位、高い収入の位置につけるかという目的のための手段としてより多く見なされてきたということである。国民が教育の目標を、社会作りのための子弟の育成と言うよりは、そこにある社会秩序の中で上昇するための資格の獲得に置いた理由は、おそらく、江戸から明治へという封建社会の解体期において、いくつかの欧米諸国の例のように下層庶民がその変革に主体的に加わったという経験を経なかったこと、そして明治以降昭和二〇年までの七八年の間、国民は天皇制と地主制下の半封建的な社会の中で、相当程度制約された、いわば「半」市民社会の中で暮らすしかなかったという状況によるところが大きかったであろう。

この官僚制をはじめとした既存社会の位階制の中で上昇するための手段という教育の目的構造は、戦後日本社会でもそのまま今度は会社秩序の位階制の中で、大中小の会社序列、また会社内での序列の中での昇進のための手段として再生産された。それに戦前どおりの官僚制機構における昇進手段としての学歴主義も継続していた。こうした状況下では教育は文字通り個人の高収入、高い地位を得るための手段と見える。この点が特に強調されて見える。このことがおそらく近年の日本での受益者負担の考え方を支え、受容しやすくさせる土壌であったと言えよう。だが、このような大まかな日本的特徴が一つの背景にあるとしても、受益者負担の考え方を支えるための議論はいまだ不十分であることは上に述べたとおりである。その是非を明らかにするためにもやはり先の根本的な問題、すなわち教育とは何か、それは誰にどのような効果をもたらすことをねらって行われるものかという問題を解決することが必要なのである。(51)

教育一般の、また高等教育＝大学教育の目的、その社会的意義についてより詳しく考えるため、さらにいくつかの見解を検討してみよう。

経済政策の原理の見地から教育費の負担、機会均等の問題に対して言及している数少ない論者の一人として、熊谷尚夫氏は次のように述べた。彼は教育費の公費負担が望ましいとし、その理由を次のように述べる。「すべての人材に能力にふさわしい教育の機会を保証することは、単に分配上の見地から望ましいだけでなく、経済全体の生産性の上昇のためにも必要とされる」(52)（傍線、引用者）。「分配上の見地から望ましい」とする理由を彼は、公費負担が、

「すぐれた教育の機会を享受すること自体が富裕な家庭の子弟のみの特権とな」ることを防ぐから、すなわち「稼得能力の不均等がまた世代をつうじて固定化される」ことを防ぐからであると言う。つまり彼はここで教育費一般の無償化は教育の機会均等のために必要であるとし、その理由として、それは分配上の見地から望ましいことと、また、それは全体の生産性を上昇させる効果をもつこととを挙げている。そして分配上なぜそれが望ましいかについてはそれが稼得能力の不均等が固定化されることを防ぐからとする。ではなぜ固定化されてはいけないか。この点についての説明はないが、ここでは、それは日本国憲法の教育の機会均等の規定の中ですでに広く認められている事柄であると考えておこう。なお、彼は「両親の paternalism をさらに国家の paternalism によって補う必要があるかもしれない」と述べていることからして、彼自身の社会観として、貧者に対して国家は温情主義的に行動すべきであるという理解がその背後にあるのかもしれない。

「経済全体の生産性が上昇するから」とのもう一つの理由づけについてはどうか。なぜそうなることが望ましいのか。誰にとってそれは望ましいのか。一般的に生産量の総量が増えることは減ることに比べて、多くの場合、望ましいと考えられる。ここで注意すべきは、熊谷氏がこの全体の生産性上昇分の分配方法について述べていないことである。かりにある政策によって社会全体の生産物が増えたとしても、たとえばその分配方法が以前より富者に有利に、貧者に不利になった場合は、その社会成員全体の意思としてはそのような変化を望まないかもしれない。よって、生産性の上昇への効果ということだけならば、それは、その社会成員の総体がその社会の満足の総計の増大を唯一の行動基準とする形式的な功利主義を採用しない限り、教育費無償化を支える十分な論拠とはなりえないであろう。ちなみに、功利主義一般に対しては、たとえばジョン・ロールズ等によって、それはそのままでは個人の基本的な、不可侵の権利・自由を侵害する危険性をもつことが指摘されている。経済全体の生産性が上昇することは、教育の公費負担論にとって有利な条件ではあるが、そのままでは十分な条件とはならない。

政府側からの見解としては、大蔵省の小原栄夫氏は、平成六年版の財政の解説書の中で次のように述べた。教育は「ある個人の消費がこれらを直接消費しない人々にも便益を及ぼす」ものである。しかし、「近年の厳しい財政事情の中、」「私学助成については行革審で総額の抑制…等の提言がなされている」、また、「私立大学との格差の現状及び…国立学校特別会計における自己財源の必要性等を総合的に勘案して、」授業料を引き上げる。[53] ここでは教育の持つ広範囲の便益が意識されてはいるが、その意義の十分な検討はなされないまま、単に行革審の提言、財政的視点、私学との均衡の視点のみがそれに優先されて、結果としての受益者負担の方向が選択されている。経済同友会は一九九四年に「大衆化時代の新しい大学像を求めて」と題する提言を発表した。そこでは教育を受ける利益は受けた者が享受するが、研究の利益は国民全体に及ぶとの考えを示し、教育に受益者負担の原則を導入することを求めている[54]（傍線、引用者）。一方、一九九二年には国立大学協会では、すでに一九八五年一一月に第六常置委員会は、国立大学の授業料の受益者は国であるから、授業料は本来国が負担すべきであるとの見解を示していたが、財政制度審議会が国立大学授業料に学部間格差を導入すべしと提言したことを契機として、さらに同委員会で授業料問題に正面から取り組むこととなった。[55] 受益者は誰なのか。問題はやはりここに行き着く。

市民社会における経済学の始祖の一人であるアダム・スミスは、公教育が必要な理由として、それが時代の流行が必要としない基礎的な科学を存続させうること、武勇の精神を育て、国を守るために必要であること、また、極端な無知を防ぐことは、社会の安全に関わる重大問題について、人が気まぐれな判断を下すことを排除するがゆえに必要であることを述べている。[56] 特に社会の安全に関わる判断の箇所では次のように述べている。「分業が進展するにつれて、労働によって生活する人々のはるか大部分、すなわち人民大衆の職業は、少数のごく単純な作業に…限定されるようになる。…それゆえ、彼は自然に、…およそ創造物としての人間がなりさがれるかぎりのばかになり、無知にもなる。」「国家はかれらの指導からすくなからぬ利益をひきだしているのである。彼らは指導されればされるほど、無知な諸国民の間ではしばしばもっともおそろしい無秩序をひきおこすところの、狂信や迷信にだまされることがそれだけ少なくなるのである。」「自由な国々、すなわち政府の安全性がその行動についてくだされるであろう人民の好意的な判断に依存するところがひじょうに大である国々では、人民がそれに関して性急な、または気まぐれな判断をくだす気にならないということが、確かに最高の重要事であるにちがいないのである。」この最後の理解は、二度の大戦の経験を思い起こさせる。スミスの主張から一世紀半の後も、われわれは人種や民族間の優劣等といった「狂信や迷信にだまされ」、「気まぐれな判断をくだした」ことに対して深刻に反省せねばならない結果となった。戦後の日本の大学教育において、偏った専門技術者でなく、人間社会のあり方についてバランスのとれた判断力を持った市民を育てることが今後重要であるとされ、教養教育を重視しようという姿勢を取り入れるに至ったのはこのような反省に立った上でのことであった。このような教育目的に関しては、スミスの時代においてはそれを「優れた市民を育てる教育」、第二次大戦後の世界においてはそれを「優れた主権者を育てる教育」（少数の、ではない、すべての国民を）と言い換えることができよう。(57)

さらにつぎに大田尭氏の見解を見よう。氏は、基本的に、教育とは種の持続のための営みであるとする。氏は拾遺和歌集（一三世紀）にすでに記されている言葉「ひとなる」、そしてかつての私たちの祖父母の時代の「ひとねる」との言葉を引きながら、人間の子が人間に育つためには、実の親だけでは足りない、それは人間社会の、周囲の人々全体による作業であり、それによってのみ可能であったと述べる。「…地域共同体、近隣、血縁の中での一人一人の子どもに即しての綿密な子育てと教育の秩序に守られて、種の持続が行なわれてきた」、「すべての子に人間としての資格が与えられなくてはならない、一人前の人間になってもらわなくてはならない、そういう教育の目的がしっかりすわっているのです」、「実の親は、数ある親の一種類にすぎない…実の親だけでは、人間の子に育ちきれない」、「弱い人間の子を人間にまで育てるねんごろな営みは、種の持続のための営みとして、我々が今日、教育と名づけるものの、もっとも根底にあるものとして、長く持続してきた」、「かけているのは、今の大人たちがばらばらで、大きな共同の課題に生き、子ども・青年が内面からの共感でそれにすすんで参加していける条件を提供することができないでいるということです」、「種の持続の営みとしての教育を問い続けたい[58]」。「子育て自体は、種の持続のための共同事業であり続けてきたと私は思います。親権自体も種から委託されているものと私は考えるのでして、それは自然の掟のようなものではあっても、私事ではないのです。[59]」このような見方は、日本におけるここ二、三〇年ほどの特徴に見られるような、子育てが「人類のかつて経験したことのない」「孤独な両親に委ねられている」状態に対する警鐘となっており、その何百、何千倍もの長い間、人間社会がその子孫たちを育て上げてきた基本的な方法を私たちに思い起こさせてくれるものであろう。

これと似た見解は矢野真和氏にも見られる。「教育は…未来への投資である。…未来に生きる見知らぬ他人の普通のこどものための投資は、大人世代から子ども世代への利子つきの贈り物である。[60]」氏はここからただちに「家計負担が必要ないと主張したいわけではない」と付記するが、同時に、「大切なのは、『未来』の『全体像』についての息の長い専門的議論と調査研究の蓄積である」と指摘する。[61]

広重力氏も「一国の未来への最大の投資としての人材育成に、短期的な財政均衡論がまかり通るとしたら、その国民に未来はあるのであろうか」という表現で、教育の基本的目的を再考することの必要性と、それなしの近視眼的な教育財政論の危険性を指摘している。[62]

これらの論者の危惧の延長上において、もしもこうした本来的な教育の意義に反する教育が行なわれたときはどうなるかについて、堀尾輝久氏は次のように述べる。「それを逆に一人ひとりの利益にだけつながるものと考えれば、それは容易に受益者負担論と結びつきます。」「教育や学問を受益者がお金をだして買うのだという発想になれば学問や文化を身につけた人がそれを自分の利益のために利用するのは当然だ、…ということにすぐなってきます[63]」。また、前出の井深氏も経済的コストの増大の視点にも論及しながらこの点を次のように表現する。「受益者負担主義は、子供・青年を父母に依存させ、教育を経済的成功の手段として、教育における競争秩序を是認する傾向を促進する。…今日の学校教育における病理の根本原因の一つは受益者負担主義にあるといっても過言ではない。その意味で、経済的効率性を追求する受益者負担主義は、あたかも教育公害をもたらし、その対症療法に要する経費が嵩む結果、反って経済的にも不効率になるといえるのではなかろうか。そのことは、一兆円産業といわれる教育サービス産業に流れる家計支出を、租税の水路を通じて公教育に振り向けたと仮定した場合に広がる可能性に目を向ければ容易に想像できよう。[64]」

以上の大田氏から井深氏までの主張で強調されているのは教育の公的性格であり、その社会的効果の重要性である。それは教育の中心的な性格として、ほとんど唯一といってよいほどの重要な性格として扱われている。たしかに、貨幣換算したときのその効果から見れば、こうした効果は数値としては明示されにくいものである。しかし、「人間の子どもを人間として社会全体が責任を持って育てるのが教育だ」という主張は、先に示した市民社会の構成員を育てるという教育の基本的任務の、そのまた基礎的部分を述べたものといえよう。先に教育の基本的性格とは、教育とは「社会を開始させ、その平和的維持を可能とするための大人たちの基本的共通活動」であり、「人格の完成と他者への尊重を作り出す」ためのものであり、そしてそれは単に初等教育のみならず、高等教育に至るまで一貫して重視されるべきことであるとの理解を述べた。右の諸論者の見解からも、教育の眼目は人間が人間となること、人間が人間社会の中で協力していける能力を養うことであると考えてよいであろう。今、教育にとって必要なのはまさに、個人の稼得能力の伸張のみならず、むしろその前提としての他者への理解、尊重という態度を通じた、平等な市民社会における一個人としての人格の完成にあるといえよう。

以上の議論を振り返るとき、教育の目的は何か、という基底的な問いは、実はわれわれが教育に何を期待するか、どのようなものとして教育を作っていくか、という問いでもあったといえよう。その目的が、人間の子供たちが社会を形成し、平和的に協力していく能力を身につけることにあると考えてよいとすれば、それはまさに社会の形成・存続のためのもっとも前提となる共同活動であり、それゆえにその費用負担は社会全体の共通費から賄うべきであると言えよう。

小　括

以上の各節の検討から、現代社会においては、教育とは一人一人の人間が社会を形成し、維持していくための能力を養うことを目的とする活動であり、それはすなわち市場経済社会に一人一人の人間が入っていくための前提であり、そこでは各人の人格の完成と他者への尊重の態度を養うことをその最重要な目的としており、それゆえにまたそれは社会の共同作業であるということになろう。そうである以上、そのための必要物、負担は社会の共同負担となるべきであり、税金で賄われるべきである、すなわち、高等教育・大学教育を含めた教育費の無償化が実現されるべきであると言えよう。

人格形成の一半としての各人の個人的能力の伸張によって、社会全体の生産性の上昇という、可能的には社会成員全員に利益となるという教育の性格と、また、他者の尊重という、社会的協力のためには最も重要な財であるものを生み出し得るという教育の性格を前提としながら、逆に、その費用負担方法を個人的なものとする方向を選ぶならば、それは逆に各人に対して、教育の成果・自己の能力の伸長の目的を個人の利益にのみ奉仕するものと理解させ、社会の意義・重要性を軽視させる危険性を生むであろう。これとは逆に、もし各人の能力が公費によって伸張させられるとしたら、すなわち高等教育に至るまでの教育の無償化による機会均等が実現したとしたら、社会全体の生産性が上昇する部分のどれだけを個々人に帰属させ、どれだけを社会に帰属させるかは、過剰な利己性にとらわれることなく判断されるようになるであろう。（その重要な一つである利潤と賃金の分配の問題は第六章で扱っている。）

子どもが成長し、社会的な生産活動に入るまでの能力成長期間は、そしてその能力の核心は生産能力と他者を尊重する能力のふたつであるが、社会が共同責任でそのための作業＝教育を行なうこと、これが現代の、そしておそらくは今後長期にわたる人間社会の正しい教育費負担原則であろう。日本よりも市民社会としての社会の形成の重要性がより早く、より強く認識され、そのもとで高等教育が無償かかなりの低水準にある欧州と、そしてまた、若干の様相は異なるが奨学制度によって高等教育の社会的支援の体制が日本よりも格段に大きい米国と比べ、その市民社会の形成の点で遅れをとる日本社会は、この現代市民社会における教育本来の任務、すなわち人間社会の担い手としての子供達の育成と、そして特に現代社会において、平和的な協力関係を築くことのできる国民、また地球市民を育てるという基本的な教育の任務を軽視しやすく、そのことが高等教育に対する公的負担の弱さとなって表れてきたといえよう。

しかしながら、この遅れを取り戻すべく、この本来の教育の目的観は、一九四五年敗戦後の新生日本において、憲法と教育基本法の目標のなかに明示されていたはずであった。しかしその後の目覚しい経済成長の中での市場経済システムの急成長・肥大化は、私的利益をめざす孤立した人間の行動が人間と社会のすべての基本となるかのような幻想と促迫感を日本社会に、そして世界の多くの国々に醸成した。だが、それが教育に、子育てに、子供達の世界にいくたの問題現象をも生み出していることもまた今や明らかである。こうした問題も、戦後提示された教育の基本的目的が経済成長の過程で軽視されたことから生じたものであろう。大学学費の高騰もまた、こうした教育目的の誤認から生じた一つの誤りであった。その誤りは正されなければならない。上に示した教育の目的と教育費のあり方に関する検討は、このような改革の正当性、必要性を示していると言えよう。

(1) 本書第二章参照。

(2) 二〇〇八年秋に世界不況とともに日本の不況も深まる中で、国立大学法人の中には内定取り消しにあった学生たちの学費を減免することも始まっている。学費水準が一九七〇年ごろと比べ急上昇したことがその背景の一つにあろう。

(3) 筆者は学費負担の問題を市場経済機構を内包する社会システム全体のあり方の中で考察しようと考えている。このほかに、日本社会において、そしておそらくは多くの先進資本主義諸国において、いまだ、またはあらたに多くの国民がその選択において悩んでいる共通の重要な問題としての軍事問題とマクロ的な経済運営の二つの問題についてここで若干ふれておきたい。

軍事問題とは平和財の生産方法と言い換えてもよい。いかにして平和という最も貴重な財を生産することができるか。欧米先進国は歴史的にこの問題の考察の量において日本社会よりも一歩先んじていると言えよう。良かれ悪しかれ、彼らは現代的な戦争と平和の問題、すなわち同一民族を主体とする国民国家の成立以降の国家間紛争において日本社会よりも多くの経験を積んできたからである。それに比べ、日本社会は、戦前は一部の指導者に平和と軍事の問題を独占させ、または独占され、戦後は平和憲法と日米同盟との奇跡的な「併存」の中で、国民全体として日本と世界の平和のための当事者としての苦しみと責任を実感することが少なかった。この宿題を、今日本国民は短期間に解決することを迫られている。

マクロ的な経済運営の問題とは、急激に進みつつある経済のグローバル化の影響と、旧来の国民経済との整合性をどのように見つけるかという問題がその中心にある。個人的生活は個人的選択によって決まる部分が多いが、現代社会においては政府の強制力を伴った生活基盤作りと生活の方向付けが、各人の生活の中で大きな割合を占めるようになっている。それは各人が、医療、年金、教育、あるいは軍事、公共事業などといった様々な財については共同の事業としようと選択したことの結果である。こうした個人的選択と政府による枠組み作りが合体して、戦後半世紀にみられるような国民経済が成り立ってきたと言える。しかし近年、このような国民経済としての国家、あるいは社会が、「グローバルな市場」の要請という力によって大きく変貌させられて行きかねない情勢が生まれている。これまではほぼ、市場とはあるまとまりをもった一つの社会の内部の一構成要素であった。それがいわばそれぞれの社会、国家の「外に抜け出て」(企業活動のボーダーレス化という言葉はその一つの象徴であろう)、それらに対立するほどの力を得ているように見える現状をどうとらえるか。この点が現在の多くの国々が早急に解決を迫られている共通の問題となっている。

(4) これは公費の比率の大きさに比例するであろう。

(5) 昨今の小中学校における暴力事件をみると、一見して、とても公費による教育が社会的靭帯を強化しているとは思えないかもしれない。（いじめ、自殺、校舎の破壊、教師への暴力、地域社会での暴力など。）正確には、公費による教育は、その強化のための一つの要素であると理解すべきであろう。それのみでは目的を十分に達成できないが、それが大きな助けとなることは否定できないであろう。公費による教育が社会的靭帯の強化を促進することで、それに応じて上に記した子供社会における病理的現象は抑制されるであろう。

（6）有斐閣『ポケット六法』一九九二年、一〇〇六頁。なお、「条約は、我が国の場合、批准され、発行すると、効力的には国内法に優位するという体制がとられており、条約と抵触する法律は、その限りで効力を失う。」（芦田健太郎編訳『国際人権規約草案注解』有信堂高文社、一九八一年、「はしがき」より。）

（7）同、有斐閣、一〇〇八頁。

（8）伊ヶ崎暁生編『教育基本法文献選集三　教育の機会均等』学陽書房、一九七八年、一一頁。

（9）真野宮雄「公教育思想における公正と不公正－アメリカ独立初期の公教育思想を中心に－」（高倉翔編著『教育における公正と不公正』教育開発研究所、一九九六年所収）参照。

（10）チャールズ・ビアード著、岸村金次郎訳『アメリカ合衆国史　上巻』岩波書店、一九四九年、二三三－四頁。

（11）I. L. Kandel, *Comparative Education*, Greenwood Press, 1933, p. 78. 彼は世襲を排して才能と徳にだけ基づく指導者能力の育成をめざした（「自然的貴族制（natural aristocracy）」）。

（12）以上、条文からの引用は前掲『ポケット小六法』からによる。また、アメリカ独立宣言、フランス人権宣言については「憲法・宣言・条約集」福音館小辞典文庫、一九七二年による。

（13）伊ヶ崎、前出、四九頁。（OECD, *Review of Student Support Schemes in Selected OECD Countries*, Paris, 1978.）

（14）井上孝美「大学における授業料等学生納付金の現状と国際比較」から。（『現代の高等教育』一九八三年四／五月号所収）

（15）阿部美哉「大学授業料の比較文化」、同上所収、二六－七頁。

（16）本間政雄「フランスの高等教育財政」、『現代の高等教育』一九八六年七月、二七三号所収。

（17）大崎仁「英国高等教育のゆくえ」、『現代の高等教育』三一九号、一九九〇年一一月号所収、二一頁。）

（18）第八七国会外務委員会議事録より。以下、会議議事録の引用には、官報の号数と頁のみを付記する。

（19）金子元久「受益者負担主義と『育英』主義－国立大学授業料の思想史」『広島大学大学教育センター　大学論集』第一七集、一九八七年。また、「国立大学授業料の理念と現実」矢野眞和編『高等教育の費用負担に関する政策科学的研究』一九九四年。（以下、前者を「思想史」、後者を「理念と現実」と表す。）

(20) 金子「思想史」の序、また「理念と現実」の一、二を参照。

(21) 金子「理念と現実」第三節「受益と所得税の生涯負担」の項参照。また、小川正人氏によれば、所得階層と大学進学機会については、『国民生活白書』一九八八年版によれば「一九八六年には、各分位がほぼ均等」な機会を得ており、文部省学生生活調査（総務庁統計局家計調査年報に依拠）「高収入階層に大きく偏っている」と、逆の結論が示されている。氏自身はおそらく現実は両者の中間ではないかとの菊池氏の以下の見解を支持している。（小川「大学の授業料政策と教育の機会均等問題」『季刊教育法』一〇三号、一九九五年九月、九八頁。）菊池氏の分析によれば、大学学費への公的支出に関する所得階層別の受益と負担の分布は、家庭所得階級別の学生数比率分布と国税、地方税納税額比率分布とを対比したとき、そもそも、便益が当人以外に広がる部分の考慮も必要であるがこれに対する推計は難しいという点を留保した上での結論は、受益と負担の関係に大差はないというものであった。「わが国の大学においては、勤労者世帯に関する限り、公費支出から受ける受益にほぼ見合う割合でその費用を租税として負担する方向にむかっている。個人レベルでみれば、低収入層の学生の方が家計の納税額に比較して公費補助におる受益額は大きい。しかし、収入が高まるにつれて在学率が高くなるので、収入層別に受益と負担を比較すると、低収入層が著しく有利ということにはならない。」
（菊池城司「高等教育における受益と負担」、『日本教育行政学会年報』一五、一九八九年、四四－四五頁）

(22) 国立教育研究所『日本近代教育百年史』文唱堂、一九七三年、四五三頁。

(23) 『大学問題・資料要覧』文久書林、一九六九年、三一一、三三一頁。

(24) 金子「思想史」八二頁。

(25) 黒崎勲『現代日本の教育と能力主義』岩波書店、一九九五年、一四頁。

(26) 井深雄二「教育費の節減合理化と受益者負担論」『名古屋工業大学紀要』第四七巻、一九九五年、四四頁。以下、財政制度審議会に関する検討部分の多くは同氏の著述によっている。また、竹内常一『日本の学校のゆくえ』一九九三年、三八－四一頁参照。

(27) 三省堂『資料日本現代教育史』一九七九年、四六頁。（淀川雅也「教育投資論と『教育計画』」、柳ヶ瀬、三上編『教育費を見直す』大月書店、一九八六年、一八一頁）

(28) 『今後における学校教育の総合的拡充整備のための基本的施策について』文部省、一九七一年、七四頁。

(29) 『新しい産業社会における人間形成』、一一三－四頁。ただし高等教育機関への進学率は一九七〇年代当時の二割程度から二〇〇〇年代後半の現在では四〜五割程度へと増加した。したがって現在では高等教育を相対的に富裕な層が享受する奢侈財であるということはできないであろう。
(30) 前掲『今後における学校教育の総合的拡充整備のための基本的施策について』、七三―四頁。
(31) 一九七一年中教審答申、第一編第三章第二「高等教育改革の基本構想」の一〇、「国の財政援助方式と受益者負担及び奨学制度の改善」より。
(32) 三輪定宣、「臨調行革と私学・大学」、『国民教育』一九八四年一一月、九二頁。
(33) 金子「思想史」八三頁。国大協、『会報』一九七〇年一一月、一二三頁。
(34) 三輪氏によれば、「臨調行政改革や臨教審教育改革のねらいは、経済の停滞、少年非行の増大など、〝先進国病〟として噴出した資本主義社会の病理現象、体制的危機の緊急対応策」であったと表現される。（前掲、九四頁）だが、少なくともその後の子供社会における諸事件の推移を見る限り、そのような狙いに対応した有効な対策を打ち出し得ていないといわざるを得ない。
(35)『臨調緊急提言』（第一次答申）、『臨調基本提言』（第三次答申）（『臨調最終提言』一九八三年、行政管理研究センター、一三六頁、六五七頁、六六七頁。）
(36)『現代の高等教育』一九八二年九／一〇月号、一二―一八頁。
(37) 尾原栄夫編『図説日本の財政・平成六年度版』東洋経済新報社、一九九四年、一六六頁。
(38) 大田尭『教育とは何か』、岩波書店、一九九〇年、一六四頁。
(39) 大田尭、堀尾輝久『教育を改革するとはどういうことか』岩波書店、一九八五年、一三八頁。
(40) 同審議会最終答申『教育改革に関する答申　第一次〜第四次』大蔵省印刷局、一九八八年、一三四―五頁。
(41) 同、三〇四頁。
(42) 同、二一六頁。大川政三氏は「国の政策への奉仕という点で、国立大学に特にきわだったものはない」、「大学の果たす社会的効用、公共利益性は、国・私立大学間に本質的な相違としては存在しない」と述べる。（「大学学費論の非経済性を正す」、『現代の高等教育』一九八三年四―五月号、一一頁。現状の国公私立の大学の状況を見るならば、これは正しいであろう。問題は、では大きな差のある学費の水準を無償、有償、いずれの方向とすべきかにあろう。
(43) 第一五期中教審の第二次答申（一九九七年六月）では、ものの豊かさは実現したが心の豊かさを失っていると問題を指摘している。同答申ではその対策として大学、高校の入試改善を提案している。臨教審あるいは中教審は、子供たちの問題現象の原因を学歴偏重社会と画一的な教育に求めている。だが、五〇年代、六〇年代においても学校教育の現場ではそれ以後と同様な入試をめぐる競争があったが、子どもたちにはそれほど大きな問題状況はなかったように思える。変わったのは、それよりもむしろ、先の大田氏の指摘にもあるように社会全体の雰囲気、教育を取り巻く、子供たちを取り巻く社会それ自体にあると言えないだろうか。学校教育を受けて出て行く社会が希望に満ちたものであるならば、たとえそこで入学試験という競争があろうとも、それに積極的に取り組む姿勢を持ちうるのではないか。学校のみでなく、社会全体に目を向け、それ自体が健全な姿、姿勢を取り戻すことが根本的な解決策になるのではないだろうか。

(44)　堀尾輝久氏は次のように述べている。「臨教審の持っていたもう一つの問題は、現状の競争主義・テスト主義的な教育、偏差値輪切り的な教育を変えてほしいという父母や子供たちの願い、あるいはいじめや登校拒否問題を解決してほしいという願いと正面から向き合い、それに答えようとしなかった点である。」(『現代社会の教育』岩波書店、一九九七年、一七九－八〇頁)。臨教審の設置の動機の一つに、これら現場での問題状況を解決すべきだとの動機が含まれていたとしても、それ以降の教育現場での問題状況がいっこうに改善せず、それどころか悪化している現状からは、このような批判が生じてもやむを得ないといえよう。

(45)　井深、前掲、五〇頁。

(46)　金子「思想史」、八四頁。

(47)　矢野『高等教育の経済分析と政策』玉川大学出版部、一九九六年、一一－一三頁。

(48)　同、一二頁。

(49)　教育費は誰が負担すべきかの問題は、教育は誰のためにあるのかの問題である、と矢野眞和氏は述べている。(『高等教育の経済分析と政策』一九九六年、玉川大学出版部、八頁。)

(50)　たとえば梅木晃氏は次のように述べる。「教育投資は、…その個人が属する社会全体に波及する便益をも有している。しかも、社会的便益の方が、私的便益よりもはるかに大きいものと考えられる。」(国民金融公庫総合研究所編『子供の教育費と家計の動向』、一九九四年版、四三頁。)では、このような直観的判断を支える論拠は何かが次に問題となる。

(51)　近年の経済界からは、世界で通用する、広い教養を持った人間を大学は養成してほしいとの声も聞かれるし、高レベルの技術者がほしいとの経済的要請も並行して語られる。広い教養と高い専門能力、これは確かに大学教育に期待される二つの中心的課題であろう。現在の経団連も税制から社会問題まで広く政府に対する提言を頻繁に行っているが、経済界は資金提供力が大きく、それゆえ政界に対する発言力も大きい。特に経済界は当面の企業の存続、成長を重視せざるを得ない立場にあるがゆえに、その政策提言は短期的視野となりがちである。したがって、そうした提言にあたっては、それらが長期にわたる全社会的活動としての教育に与える影響について細心の注意を払いながらこれを行うことが必要であろう。

(52) 熊谷尚夫『経済政策原理』岩波書店、一九六四年、三四八頁。

(53) 小原栄夫『図説日本の財政・平成六年度版』東洋経済新報社、一九九四年、一六四頁。

(54) 日本経済新聞一九九四年一一月六日社説より。

(55) 広重力「国立大学と学費」『現代の高等教育』三六一号（一九九四年一一－一二月）、一五頁。

(56) 『諸国民の富』岩波文庫、第五編第一章第三節「青少年のための諸施設の経費について」より。一五六－一六九頁。「…公共社会は人民の教育になんの注意も払ってはならないのであろうか」。「もし教育のための公共的な諸施設がなにもないならば、多少とも需要のない体系や科学…は、まったく教えられなくなるであろう。」「あらゆる社会の安全性は、…必ずつねに人民大衆の武勇の精神に依存するものである。」

(57) 増田孝雄氏は『主権者を育てる教育』の中で、義務教育段階をさして、それは主権者として生きていく力を身につけるための教育であり、社会の責任であると述べている。（一九九四年、光陽出版社）

(58) 大田尭『教育とは何かを問いつづけて』岩波書店、一九八三年、二〇八－二一五頁。

(59) 大田尭『教育とは何か』岩波書店、一九九〇年、一八一頁。

(60) 矢野真和、日本経済新聞、一九九七年一一月七日付。

(61) 矢野真和「社会変動と教育費」、『教育と情報』第四一六号（一九九二年一一月）、六頁。氏は、日本の奨学金の不備に言及し、その将来は、教育に対する公的負担を「充実すべきだという価値判断及び政治的判断が国民の中にどれほど浸透しているかが決め手になる」とする。

(62) 広重力『現代の高等教育』三六一号（一九九四年一一－一二月号）、一七頁。

(63) 堀尾輝久『教育基本法はどこへ』有斐閣、一九八六年、二〇七頁。

(64) 井深、前掲、五〇－五一頁。

（参考資料１）　国立・公立・私立大学の授業料及び入学料の推移

年度	国立大学		公立大学		私立大学	
	授業料	入学料	授業料	入学料	授業料	入学料
	円	円	円	円	円	円
昭和50	36,000	50,000	27,847	25,068	182,677	95,584
51	96,000	↓	66,582	74,220	221,844	121,888
52	↓	60,000	78,141	80,152	248,066	135,205
53	144,000	↓	110,691	90,909	286,568	157,019
54	↓	80,000	134,618	104,091	325,198	175,999
1980　55	180,000	↓	157,412	119,000	355,156	190,113
56	↓	100,000	174,706	139,118	380,253	201,611
57	216,000	↓	198,529	150,000	406,261	212,650
58	↓	120,000	210,000	167,265	433,200	219,428
59	252,000	↓	236,470	178,882	451,722	225,820
60	↓	↓	250,941	179,471	475,325	235,769
61	↓	150,000	252,000	219,667	497,826	241,275
62	300,000	↓	290,400	230,514	517,395	245,263
63	↓	180,000	298,667	261,639	539,591	251,124
平成元	339,600	185,400	331,686	268,486	570,584	256,600
1990　2	↓	206,000	337,105	287,341	615,486	266,603
3	375,600	↓	366,032	295,798	641,608	271,151
4	↓	230,000	374,160	324,775	668,460	271,948
5	411,600	↓	405,840	329,467	688,046	275,824
6	↓	260,000	410,757	357,787	708,847	280,892
7	447,600	↓	440,471	363,745	728,365	282,574
8	↓	270,000	446,146	371,288	744,733	287,581
9	469,200	↓	463,629	373,893	757,158	288,471
10	↓	275,000	469,200	375,743	770,024	290,799
11	478,800	↓	477,015	381,271	783,298	290,815
2000　12	↓	277,000	478,800	383,607	789,659	290,691
13	496,800	↓	491,170	387,200	799,973	286,528
14	↓	282,000				

平成16年度（2004年度）から国立大学は独立行政法人となり、授業料については文部科学省より授業料標準額が示されることとなった。

平成20年度（2008年度）の額は、授業料535,800円、入学料が282,000円となっている。

（注）

1．公立大学及び私立大学の額は平均額である。また、公立大学の入学料は、他地域からの入学者の平均額である。

2．年度は入学年度である。

（出所）　平成14年度までは中央教育審議会議事録資料（http://www.mext.go.jp/b_menu/shingi/chukyo/chukyo4/005/gijiroku/011201/011201e1.htm）より。

（参考資料２）　各国における大学授業料の学生負担額[1]

（自国学生の場合の平均値、2004/2005学年暦）

（購買力平価によるUSドル換算・フルタイムの学生）

ここでの大学は、通常の３年制以上の大学を意味する。授業料と集計された学生の比率は、主な大学課程の加重平均によっており、すべての教育機関を網羅していないので、その点に注意されたい。しかしながら示された数値は主な教育機関と大多数の学生に関して、国ごとの授業料の違いをほぼ正確に表している。2005年購買力平価レートは、１ドル＝130円。

		フルタイム学生の割合内訳			年平均授業料(USドル、教育機関の徴収額、全日制学生の場合)			補注
	フルタイム学生の割合	公的な教育機関	政府に依拠した私的な教育機関	独立した私的教育機関	公的な教育機関	政府に依拠した私的な教育機関	独立した私的教育機関	
OECD 諸国		(1)	(2)	(3)	(4)	(5)	(6)	(7)
Australia	87	98	a	2	3,855	a	7,452	公的機関に在学する自国学生の95％は補助金を受けており、3,595USドルの授業料を支払う。補助金にはHECS/HELPも含む。
Austria	83	88	12	n	837	837	n	
Belgium (Fl.)	m	x (2)	100	m	x (5)	574	m	
Belgium (Fr.)[2]	m	32	68	m	661	746	m	
Canada	m	m	m	m	3,464	m	m	
Czech Republic	83	93	a	7	無償	a	3,145	公的機関の授業料は標準期間＋１年を超える在学生(全学生の４％)からのみ徴収されるので、その額はわずかである。
Denmark[3]	89	100	n	a	無償	m	a	
Finland	100	89	11	a	無償	無償	a	学生組合への会費を除く。
France	72	87	1	12	160～490	m	m	教育相管轄下の大学課程。
Germany	87	98	2	x (2)	m	m	m	
Greece	61	100	a	a	m	m	m	
Hungary	90	88	12	a	m	m	m	

（次頁に続く）

	フルタイム学生の割合	フルタイム学生の割合内訳			年平均授業料(USドル、教育機関の徴収額、全日制学生の場合)			補注
		公的な教育機関	政府に依拠した私的な教育機関	独立した私的教育機関	公的な教育機関	政府に依拠した私的な教育機関	独立した私的教育機関	
OECD 諸国		(1)	(2)	(3)	(4)	(5)	(6)	(7)
Iceland	97	87	13	a	無償	1,750～4,360	a	登録料を除く(全学生)
Ireland	74	99.6	a	0.4	無償	a	無償	教育機関によって徴収される授業料は平均して公的機関で4,470USドル[1,870から20,620ドル]、私的機関で4,630USドル[3,590から6,270ドル]だが、政府がお金を直接諸機関に支払うので学生は払わなくてよい。
Italy	97	93.7	a	6.3	1,017	a	3,520	授業料の平均年額は授業料全額をカバーする奨学金や助成金を考慮していない。また、授業料の部分的な減額は表示していない。
Japan	72	25.0	a	75.0	3,920	a	6,117	初年度に学校が徴収する入学料(公的機関の平均2,267USドル、私的機関の平均2,089USドル)、また、私的機関の徴収する施設使用料(1,510USドル)を除く。
Korea	61	22	a	78	3,883	a	7,406	第1学位課程(学部、修士)の授業料のみ。入学料を除く。支援費を含む。年に二回奨学金を受ける

(次頁に続く)

	フルタイム学生の割合	フルタイム学生の割合内訳			年平均授業料(USドル、教育機関の徴収額、全日制学生の場合)			補注
		公的な教育機関	政府に依拠した私的な教育機関	独立した私的教育機関	公的な教育機関	政府に依拠した私的な教育機関	独立した私的教育機関	
OECD 諸国		(1)	(2)	(3)	(4)	(5)	(6)	(7)
								学生は二人と数えている。
Luxembourg	m	m	m	m	m	m	m	
Mexico	96	66.2	a	33.8	m	a	11,359	
Netherlands	100	a	100	a	a	1,646	a	
New Zealand	78	98.4	1.6	x (2)	2,671	x (4)	x (4)	
Norway	96	87.0	13.0	a	無償	4,800〜5,800	a	
Poland	96	86.6	a	13.4	無償	a	2,710	
Portugal	94	74	a	26	m	m	m	
Slovak Republic	96	99	n	1	m	m	m	
Spain	81	90.9	a	9.1	795	a	m	
Sweden	89	92.9	7.1	n	無償	無償	m	学生組合（必ず加盟）の組合費を除く。
Switzerland	84	95	5	n	m	m	m	
Turkey	69	91.9	a	8.1	276	a	14,430 [9,020〜20,445]	公的機関は学部生と修士生のみ。
United Kingdom	88	a	100	n	a	1,859	1,737	
United States	81	68.5	a	31.5	5,027	a	18,604	他国籍の学生も含む。
Partner countries								
Brazil	94	28	a	72	m	m	m	
Chile[4]	67	39	16	44	4,863	4,444	5,644	
Estonia	62	a	86.0	14.0	a	2,190〜4,660	1,190〜9,765	

（次頁に続く）

		フルタイム学生の割合内訳			年平均授業料（USドル、教育機関の徴収額、全日制学生の場合）			補注
	フルタイム学生の割合	公的な教育機関	政府に依拠した私的な教育機関	独立した私的教育機関	公的な教育機関	政府に依拠した私的な教育機関	独立した私的教育機関	
OECD 諸国		(1)	(2)	(3)	(4)	(5)	(6)	(7)
Israel	76	a	87	13	a	2,658〜3,452	6,502〜8,359	機関が徴収する授業料は1番目の学位より2番目の学位に対しての方が高額となる。
Russian Federation	73	91	a	9	m	a	m	
Slovenia	64	99	n	n	m	m	m	

a：対象項目なし、x：他の項目にあり、m：データ存在せず、n：値ゼロ、n…：無視できる値

1．学生が受け取るかもしれない奨学金と助成金は考慮されていない。

2．公的機関と私的機関の授業料は同額だが、両機関の学生分布が異なるので加重平均の結果は異なる。

3．全4(3)年制高等教育機関の加重平均。

4．2006年の数値。

出所：OECD, *Education at a Glance 2008: OECD Indicators*
(http://www.oecd.org/document/9/0,3343,en_2649_39263238_41266761_1_1_1_1,00.html).

購買力平価は総務省統計局 HP より。(http://www.stat.go.jp/data/sekai/03.htm #03-12)。

（参考資料３）　高等教育における対する公私の支出割合（％，2000，2005）

（公的財源からの移転支出後の数値）

	高等教育								
	2005					2000		2005年の2000年に対する割合	
	公的財源	私的財源			私的財源中の公的補助	公的財源	全私的財源[1]	公的財源	全私的財源[1]
		家計支出	他の私的財源からの支出	全私的財源[1]					
	(1)	(2)	(3)	(4)	(5)	(6)	(7)	(8)	(9)
OECD countries									
Australia	**47.8**	36.3	15.9	**52.2**	0.7	51.0	49.0	115	130
Austria	**92.9**	5.5	1.6	**7.1**	2.3	96.3	3.7	129	255
Belgium	**90.6**	5.0	4.4	**9.4**	4.6	91.5	8.5	101	113
Canada[2,3]	**55.1**	22.3	22.6	**44.9**	0.8	61.0	39.0	105	134
Czech Republic	**81.2**	9.4	9.4	**18.8**	m	85.4	14.6	147	199
Denmark[3]	**96.7**	3.3	n	**3.3**	n	97.6	2.4	115	161
Finland	**96.1**	x (4)	x (4)	**3.9**	n	97.2	2.8	114	162
France	**83.6**	10.3	6.1	**16.4**	2.3	84.4	15.6	106	113
Germany	**85.3**	x (4)	x (4)	**14.7**	m	88.2	11.8	102	131
Greece	**96.7**	0.4	2.9	**3.3**	m	99.7	0.3	228	2911
Hungary	**78.5**	6.9	14.6	**21.5**	n	76.7	23.3	129	116
Iceland[3]	**91.2**	8.8	m	**8.8**	m	94.9	5.1	170	307
Ireland	**84.0**	14.1	1.9	**16.0**	4.8	79.2	20.8	109	79
Italy	**69.6**	18.0	12.5	**30.4**	4.6	77.5	22.5	100	151
Japan[3]	**33.7**	53.4	12.9	**66.3**	m	38.5	61.5	93	115
Korea	**24.3**	52.1	23.6	**75.7**	0.3	23.3	76.7	136	129
Luxembourg	m	m	m	m	m	m	m	m	m
Mexico	**69.0**	30.6	0.5	**31.0**	0.9	79.4	20.6	119	206
Netherlands	**77.6**	12.0	10.4	**22.4**	1.2	78.2	21.8	110	114
New Zealand	**59.7**	40.3	m	**40.3**	m	m	m	118	m
Norway	m	m	m	m	m	96.3	3.7	117	m
Poland	**74.0**	26.0	m	**26.0**	m	66.6	33.4	193	135
Portugal	**68.1**	23.4	8.5	**31.9**	m	92.5	7.5	101	582
Slovak Republic[3]	**77.3**	9.1	13.6	**22.7**	0.4	91.2	8.8	127	387
Spain	**77.9**	18.7	3.4	**22.1**	1.8	74.4	25.6	119	99
Sweden	**88.2**	n	11.8	**11.8**	a	91.3	8.7	111	155
Switzerland	m	m	m	m	m	m	m	133	m
Turkey	m	m	m	m	m	95.4	4.6	m	m
United Kingdom	**66.9**	24.6	8.4	**33.1**	n	67.7	32.3	148	153
United States	**34.7**	36.1	29.2	**65.3**	m	31.1	68.9	132	111

（次頁に続く）

	高等教育								
	2005					2000		2005年の2000年に対する割合	
	公的財源	私的財源			私的財源中の公的補助	公的財源	全私的財源[1]	公的財源	全私的財源[1]
		家計支出	他の私的財源からの支出	全私的財源[1]					
	(1)	(2)	(3)	(4)	(5)	(6)	(7)	(8)	(9)
OECD average	**73.1**	～	～	**26.9**	**1.4**	**78**	**22**	**126**	**286**
EU19 average	**82.5**	～	～	**17.5**	**1.3**	**85**	**15**	**127**	**334**
partner countries									
Brazil	m	m	m	m	m	m	m	118	m
Chile[4]	**15.9**	83.0	1.1	**84.1**	3.9	19.5	80.5	92	117
Estonia	**69.9**	26.9	3.3	**30.1**	6.0	m	m	113	m
Israel	**48.7**	34.9	16.5	**51.3**	5.3	56.5	43.5	93	127
Russian Federation	m	m	m	m	m	m	m	228	m
Slovenia	**76.5**	17.2	6.2	**23.5**	n	m	m	m	m

a：対象項目なし、x：他の項目にあり、m：データ存在せず、n：値ゼロ、n…：無視できる値

1．公的財源から教育機関に対して支払われた助成金を含む。

助成金を除いた私的財源については、第4項の私的財源から第5項の公的助成を引くこと。

公的助成を含む全公的財源については、第5項の公的財源を第1項の直接的公的財源に加えること。

2．2004年の数値。

3．教育のいくつかの水準は他の水準の中に含めている。

4．2006年の数値。

出所：OECD, *Education at a Glance 2008,* Table B3.1.

(補注)

・日本の2005年は、2004年4月から2005年3月の学年度となっている(参考資料3も同じ)。

・「公的財源」は、学校のために直接支出された経費のみであり、学生生徒に対する給与奨学金及び私立学校以外の民間機関が行う教育訓練等(商工・労働団体による成人教育、見習い訓練における企業実習等)への補助金を含まない。後者は私的財源への公的補助に含まれている。したがって、公的財源の額は、参考資料3の学校教育費と一致しない。

・「私的財源」は、授業料等の家計負担分及び寄付金等の民間機関による教育費で、私立学校における事業収入など独自の財源による教育費を含む。家計負担の教育費には、授業料のほか、教科書・教材費、スクールバス、給食費、寄宿費などが含まれる。民間機関による教育費には、商工・労働団体が行う教育訓練費、見習い訓練における企業側支出、企業の大学への委託研究費、企業・非営利団体による寄付金、民間奨学金が含まれる。

・私費負担のうち公費補助は、学生生徒に対する給与奨学金のうち、授業料などとして学校に支払われた金額及び民間機関が行う教育訓練等への補助金である。

・高等教育以外の中等後教育は、国際的な観点からは後期中等教育と中等後教育の境界線上にまたがるもので、6か月以上2年未満のプログラムである教育を指し、2年以上のプログラムである高等教育と区別される。日本は高等学校専攻科、盲・聾・養護学校専攻科及び大学・短期大学の別科が相当する。

・日本の「初等・中等・高等教育以外の中等後教育」は、小学校、中学校、高等学校、中等教育学校、専修学校高等課程及び盲・聾・養護学校(幼稚部を除く)、「高等教育」は、大学、短期大学、高等専門学校及び専修学校専門課程についての数値である。また、「就学前教育」は幼稚園及び盲・聾・養護学校幼稚部、「その他」は専修学校一般課程、各種学校及び教育行政についての数値である。

(以上の補注は文部科学省『教育財政の国際比較』平成20年度版(http://www.mext.go.jp/b_menu/toukei/001/index40.htm)の第3部教育費15学校教育費の公私負担区分、また13国内総生産(GDP)に対する学校教育費の比率、18学生・生徒1人当たり学校教育費の補注を参照した。)

（参考資料4）　教育費の対GDP比率：教育レベル別、財源別（2005）

	初等、中等、中等後教育（高等教育を除く）			高等教育			全体		
	公的財源[1]	私的財源[2]	合計	公的財源[1]	私的財源[2]	合計	公的財源[1]	私的財源[2]	合計
OECD countries									
Australia	3.4	0.7	4.1	0.8	0.8	1.6	4.3	1.5	5.8
Austria	3.5	0.2	3.7	1.2	0.1	1.3	5.2	0.4	5.5
Belgium	3.9	0.2	4.1	1.2	0.1	1.2	5.8	0.2	6.0
Canada[3,4]	3.2	0.4	3.6	1.4	1.1	2.6	4.7	1.5	6.2
Czech Republic	2.7	0.3	3.0	0.8	0.2	1.0	4.1	0.6	4.6
Denmark[4]	4.4	0.1	4.5	1.6	0.1	1.7	6.8	0.6	7.4
Finland	3.8	n	3.9	1.7	0.1	1.7	5.9	0.1	6.0
France	3.8	0.2	4.0	1.1	0.2	1.3	5.6	0.5	6.0
Germany	2.8	0.6	3.4	0.9	0.2	1.1	4.2	0.9	5.1
Greece[4]	2.5	0.2	2.7	1.4	n	1.5	4.0	0.3	4.2
Hungary	3.3	0.2	3.4	0.9	0.2	1.1	5.1	0.5	5.6
Iceland[4]	5.2	0.2	5.4	1.1	0.1	1.2	7.2	0.7	8.0
Ireland	3.3	0.1	3.4	1.0	0.1	1.2	4.3	0.3	4.6
Italy	3.2	0.1	3.3	0.6	0.3	0.9	4.3	0.4	4.7
Japan[4]	2.6	0.3	2.9	0.5	0.9	1.4	3.4	1.5	4.9
Korea	3.4	0.9	4.3	0.6	1.8	2.4	4.3	2.9	7.2
Luxembourg[4]	3.7	m	m	m	m	m	m	m	m
Mexico	3.7	0.7	4.4	0.9	0.4	1.3	5.3	1.2	6.5
Netherlands	3.3	0.1	3.4	1.0	0.3	1.3	4.6	0.4	5.0
New Zealand	4.0	0.7	4.7	0.9	0.6	1.5	5.2	1.4	6.7
Norway	3.8	m	m	1.3	m	m	5.7	m	m
Poland	3.7	0.1	3.7	1.2	0.4	1.6	5.4	0.6	5.9
Portugal	3.8	n	3.8	0.9	0.4	1.4	5.3	0.4	5.7
Slovak Republic[4]	2.5	0.4	2.9	0.7	0.2	0.9	3.7	0.7	4.4
Spain	2.7	0.2	2.9	0.9	0.2	1.1	4.1	0.5	4.6
Sweden	4.2	n	4.2	1.5	0.2	1.6	6.2	0.2	6.4
Switzerland	3.9	0.5	4.4	1.4	m	m	5.6	m	m
Turkey	m	m	m	m	m	m	m	m	m
United Kingdom	3.8	0.8	4.6	0.9	0.4	1.3	5.0	1.2	6.2
United States	3.5	0.3	3.8	1.0	1.9	2.9	4.8	2.3	7.1
OECD average	**3.5**	**0.3**	**3.8**	**1.1**	**0.4**	**1.5**	**5.0**	**0.8**	**5.8**
OECD total	**3.3**	**0.4**	**3.7**	**0.9**	**1.0**	**2.0**	**4.6**	**1.5**	**6.1**
EU19 average	**3.4**	**0.2**	**3.6**	**1.1**	**0.2**	**1.3**	**5.0**	**0.5**	**5.5**
Partner countries									
Brazil	3.3	m	m	0.8	m	m	4.4	m	m
Chile[5]	2.4	1.0	3.4	0.3	1.5	1.8	3.0	2.7	5.7

（次頁に続く）

	初等、中等、中等後教育(高等教育を除く)			高等教育			全体		
	公的財源[1]	私的財源[2]	合計	公的財源[1]	私的財源[2]	合計	公的財源[1]	私的財源[2]	合計
Estonia	3.5	n	3.5	0.9	0.3	1.1	4.7	0.3	5.0
Israel	4.2	0.3	4.5	1.0	0.9	1.9	6.2	1.8	8.0
Russian Federation	1.9	m	m	0.8	m	m	3.8	m	m
Slovenia	3.9	0.4	4.3	1.0	0.3	1.3	5.3	0.8	6.2

a：対象項目なし、x：他の項目にあり、m：データ存在せず、n：値ゼロ、n…：無視できる値

1．家計への教育費助成金と国際的財源からの教育機関への直接補助金を含む。

2．教育機関への純助成額。

3．2004年の数値。

4．いくつかのレベルの教育は他のものと合算されている。

5．2006年の数値。

出所：ECD, *Education at a Glance 2008,* Table B2.4.

第六章　成果分配ルールの再構成（一）：利潤と賃金

――公正性基準分配ルールの補強の問題（3）――

"Of course, liberties not on the list, for example,…freedom of contract as understood by the doctrine of laissez-faire, are not basic; and so they are not protected by the priority of the first principle."
(John Rawls, *A Theory of Justice*, p.61. (from an amendment for Japanese translation))

「…自由放任説によって理解されるような契約の自由は、基本的ではない。…こうした自由は、第一原理の優先性によって保護されはしない。」

はじめに

私は本章で自由市場経済における成果分配ルールの公正性について考察する。この問題をめぐっては、市民社会の成立以来、賃金と利潤の対立を軸として長い論争が繰り広げられてきた。この問題は市場経済システムを受容するか否かの判断を左右する重要な問題であるが、一方の「搾取」論と他方の「限界生産力説」の両者の間での、「正当な賃金」、「正当な利潤」をめぐる議論が必ずしもかみ合わぬまま現在に至っている。

本章では〈貢献度基準による分配〉の概念を基軸として両者の考えを再検討する。このことを通して、現段階の市民社会、市場経済社会における公正な分配ルールの一側面を解明することが課題である。

以下、第一節で市場経済における分配基準としての「貢献度基準」と「契約の自由基準」との対立を取り上げる。次に第二節で分配の対象となる商品価値の内容は「効用」か「労働」かを考察する。次に第三節で企業家〈労働〉と被傭者〈労働〉への報酬としての利潤と賃金の正当な大きさの原理的測定を試み、現行市場経済のもとでの現実の分配がこれと一致するかを見る。最後に第四節でそこでの原理的基準と現実の水準とのかいりを是正する方法としての「交渉力格差の是正」について論ずる。

第一節　問題の所在

1　市場経済と支配関係

まず最初に、旧来の社会主義的経済学派による資本主義経済と市場経済に対する批判について見よう。その批判的学派の創始者としてのマルクスは、私の理解によれば次のように考えた。

①資本主義経済は、当初は経済力を発展させる。

②これは、人類全体の視点からみれば、物質的富の総量の増加によって、人口を増やし、彼らに豊かな生活をおくらせ、各人の能力を発達させることにより、人類全体にとっての利益となる。

③だが、それは同時に、資本による労働者の搾取を伴い、上述の人類の生産力発展の成果を不公正に分配する。（ここで不公正とは不等価交換のことを指す。）

④しかし、〈絶対的利益＝生活水準上昇による満足感〉が〈相対的不利益＝不公正な分配による不満足感〉を上回っているか、あるいは、この不公正、不当性が十分強く、あるいは少数者にしか理解されないか、あるいは多数に理

解されていても彼らが政治的強者となり得ない間は、この体制が存続する。
⑤だが、資本の集中は独占的資本を生みだし、それは価格と生産を支配する力を持つことによって、経済の循環的成長をとくに困難とし、生産力の発展を抑えるものとなる。
⑥同時に、資本の集中の過程で、社会成員の大多数は生産手段を持たない無産労働者となり、「社会の不当性」を解決しようとする勢力が十分に大きくなる。
⑦社会の不当性とは、上述の不等価交換のことであり、それは生産手段が少数者のもとに集中することによる力関係の不均衡＝経済的強制から生ずる。これが「搾取」、すなわち不払い労働の奪取である。
⑧これを解決する方法は生産手段の公有化である。
⑨これによって真の公正な社会が生まれる。これが共産主義社会、社会主義社会である。(1)

この考えを現代の経済社会の実態をふまえてあらためて再検討すると、次のように考えられる。

まず、⑧の生産手段の公有化についてであるが、生産手段を誰が所有するにせよ、その所有者はその使用方法を決定せねばならない。その方法としては市場経済による方法と計画経済による方法がこれまで試されているが、少なくとも、現存の自然的（資源の希少性）、人間性的な条件（私利追求を第一とする人間像）下では、いわゆる混合経済、すなわち、前者＝市場経済を中心とし、それに後者＝計画経済を部分的に付加するという方法の方が優位にあることが実証されているといえよう。(2) したがって、仮に現時点で公有化を言う場合でも、その具体的機能形態としては市場経済を前提としながら、そこにこの要素（＝公有化）を組み入れるという形をとる必要がある。すなわち、生産手段の具体的使用方法の決定に際しては、その決定権を相当程度細分化され分権化された個別企業に任せ、同時に、その決定権を与えられた企業（具体的にはその企業の責任者）は、すでにその権限の程度に応じて、それに対する一定の所有権をもつという形態をとる必要がある。このように、公有化といえども現在では一定の「私的」処分権

＝所有権が前提となることが注意されるべきである。

ところで、先の主張を通じて何よりもマルクスがその廃絶を望んだのは、「人間による人間への暴力、その経済的形態としての搾取」であったと言ってよいであろう。彼はこの欠陥が資本主義経済から不可避的に生ずると考えた。ここで資本主義経済とは資本－賃労働関係という経済関係のことであり、あるいはその体現者である資本家が他の社会成員の運命を実質的に支配できる社会のことである。

ところで、この資本主義的な経済社会とは、歴史的には封建制社会を打倒して登場したものである。そのとき人々がめざしたものは、やはり、他人からの暴力的支配の排除であった。各人は、自らの望むように、すなわち暴力的な支配を受けることなしに各人の生存内容を、また他の人々との関係を作り上げていきたい、これが封建社会から市民社会、資本主義社会へと歴史を動かした原動力であり、当時の人々が望んだ目標であったはずである。

それを実現するための重要な社会的ルール、方法として、封建制社会に続く新しい社会の構成員としての「市民」たちは、〈財、商品の自由な交換〉という社会関係、ルールを生みだした。これが市場経済のルールの核心である。この新しいルールが現実の社会の歩みの中でどのような内実、有用性を持ちうるものとなるかが、また、それは果たしてそもそもの資本主義社会の目的とした「人間による人間の支配」を排除できるものとなり得るのかどうかが、それ以降現在に至るまでの市民社会の歩みの中で問われてきた問題であった。

マルクスの願いがこのように人間による人間への支配の排除にあったとすれば、もしもかりに、その願いが市場経済システムのもとで実現し得たとすれば、彼もまたこの体制の正当性を認めることになったであろう。それは西欧においては一九世紀までは、労働者全般に対する過酷な支配関係として機能した。その後それは、一九世紀の労働運動と一九二九年大恐慌を顕著な契機として一定の変化を遂げてはきた。しかし、それは、二〇世紀末の現在に至るも、「資本―賃労働関係」という人間の人間に対する支配関係と、さらにまた成長の不安定性という二つの大きな欠陥を克服しきれていないとしばしば指摘されてもいる。しかしまた、人間社会はこれに代わるより優れた体制を生みだし得ていないことも確かである。歴史的には、市場経済はそれ以前の諸経済体制に比べれば、封建制以後に登場した、わずか二、三〇〇年を経過したばかりのものであり、この点からみればそれはまだ形成途上の社会システムと言ってよいかもしれない。果たして、市場経済システムは、今後、これらの問題をその内部において解決して行く力を持っているのであろうか。

以上の歴史的脈絡においては、人間関係における支配関係、「強制関係の排除」が市民社会において最も重視されねばならない社会的目標であることは疑い得ない。人間が一七―八世紀に新しい社会＝市民社会を作り始めたそもその目的がそこにあったとすれば、「さらに進んだ」市場経済システムがめざすべき中心観念もまたそこにあろう。問題は、直接的暴力によってであれ、経済的強制によってであれ人間が他の人間を支配しないことであり、人間間の強制関係を排除した、真の意味で「自由な」人間社会を形成することにある。これが「市民」の目的とする社会像であったはずである。

市民社会は、それを自由な「契約」＝市場経済社会という新しい関係によって創造しようとした。では、「強制関係を排除した市場経済システム」ははたして眼前に存在しているか。万一、それに対する答が現状においては否であるとしても、それは未来において可能か。〈資本―賃労働関係という人間の創造物がひるがえって人間そのものを支配するという転倒した社会としての資本主義経済〉とは、市場経済システムが十分整備される前の一時期だけのものであり、このシステムはその中でこの問題を解決しうる、マルクスよ安心せよ。こう言えるような新しい市場経済システムの構築ははたして可能であろうか。（補論1：自由と隷属のパラドックスについて…章末参照）

マルクスは、資本主義社会がこの問題を解決することは不可能であるとした。この社会においては「競争社会」の中で労働者は資本家から強制され、そして資本家自身は自らの内なる「資本の魂」によって、誰もがすべてを利潤極大化のために犠牲にする社会だと理解した。だが、かつての多くの社会主義諸国が、人間間の支配のない社会を望みながら、歴史的条件に制約されていたとはいえ、やはりその支配関係を排除できなかった経験をもまた我々は目の当たりにしてきた。

いったい、そもそも、このような強固なものとしての人間間の支配関係とは何なのか。そもそも、いったい我々はどのような関係ならば望ましい人間関係、社会関係として納得しうると考えているのであろうか。

まず第一に、ある人が自然環境の中で一人で生きるとき、そして自らの判断で自分の生き方を選ぶことができるときは、そこにはどのような強制関係も存在しない。強制関係とは社会、複数の人間の存在、相互関係の発生と共にのみ生じうる。その時でも、その社会が自ら選んで作り上げたものであるときは、それは強制とは無縁の、自発性の上に成り立つ社会である。そのもとで彼が選んだ生き方には、誰からの何の強制も存在しない。ゆえに、社会的強制、人間関係における強制とは、社会構成員の一部、あるいは全員が、自らの選択の結果ではない社会関係、社会ルールに従わねばならないときに生じうるものである。そのようなルールの下で、彼が自らの利益に反した行動を強いられるとき、それが、社会的な強制として感知される。市場経済においても、そのありかた、ルールをめぐる根本的問題は、そのルールとそのもとでの各人の行動の選択が自発的に行われているか否か、強制が存在しているか否かにある。ルール決定における自発性、これがまず、望ましい社会関係形成のための第一の要件である。

なお、ここで「強制」の含意について注意すべきなのは、強制とは希望と結びついて初めて生ずる感覚であるということである。その社会のルールが彼が同意したものでなくとも、それに代わるものが選択肢として存在しないときは、彼はどのようなつらい生存条件の下に置かれても、現存の、他人から与えられただけのルールを「強制」的なものとは感じないであろうということである。彼は単にそれを運命として甘受するのみであろう。人は困難な状況に対してはいつもまず「苦しい」、「辛い」という感情を持つ。だが、それに代わる生き方を展望できない限りは、それを変えようとする意識は芽生え得ない。この時、「辛さ」は「諦め」に変わる。展望が見えたとき、苦しみ、「辛さ」は、現状を「強制」と捉え、それに代わるルールへの前進＝希望を見いだす。それが彼を「新しい」行動へと導く。

だが、我々は自発的なルール決定を望むだけでは足りない。次の問題として、我々はでは自発的にどのようなルールを選択するであろうかが解明されねばならない。

マルクスは、資本主義的な社会ルール、その核心としての「搾取の自由」は社会成員大多数の選択するものではないはずだと考えた。彼は、代替ルールとして、社会主義的分配ルール＝真の意味での労働に応じた分配（＝不払い労働を排除したそれ）というルールがある、そしてそのルールは生産手段の公有化を必要とする（そしておそらくその下でも生産効率、生産力は上がり続けるだろう）、と考えた。公正なルールとしての等価交換、これが彼の提案であった。

公正なルールに対する人々の欲求の強さについては疑問の余地はないものとしても、しかし、一般論としては、前もって注意すべきは、人間は、究極的には自らの〈総合的な満足の増大〉を目指して社会を選択するのであるから、等価交換、あるいは「公正な支払」のみでは行動選択の基準としては不十分であるということである。ある社会の生産の効率性が旧社会のそれよりも増大し、その結果として自己の取り分が増えれば、たとえそこに不公正さが継続していようとも、その不公正さからの不効用をそれによって埋め合わせることもあり得るのである。また逆に、社会の生産の効率性が低下し、その結果個々人の絶対的取り分が若干減っても、公正性からの満足度の増大がそれを上回るという場合もありえよう。

さて、歴史的にみれば、マルクスの時代には、労働者の置かれた状況が非常に過酷であったことから、社会的生産効率への配慮よりも、ともかく労働者の現状（＝労働環境、分配分）を改善したいとの意欲の比重の方が大きかったであろう。

しかし、この動機がそれ以後も同様の比重で存続しているか否かは検討される必要がある。マルクスの時代にこのような過酷な状況を生みだした大きな要因は、農民の農村からの追放にあった。領主達の囲い込み運動がその典型例であり、産業資本家の要請に応えた政治的支配層による浮浪者への罰則がこれを助けた。つまり、本質的にはそれは、賃労働者となることなしには生活できない状態を作り出すことであり、具体的にはそれは農民たちの生産手段からの排除によって達成された。もちろんそれは「不当な排除」と呼びうるものであった。入り会い地を不当に取り上げるなどの領主達の行動はその典型である。これを「不当な無産状態」と呼ぶことができる。不当な無産状態に対しては、人々は当然、それを補う他の条件がない限り、これに対する現状の回復を正当な要求と考えるであろう。しかし、このような歴史的経験から生じた動機の長期間にわたる継続性についてはあらためて再検討される必要があろう。

だが、もう一つの動機はその後も確実に存続している。それは不等価交換への不満である。正当な売買などによって生産手段をなくした場合には、それに対して不満を言うことは正当な行為とは認められない。しかし、「正当な」無産状態における者、すなわち自らの責任のみによって生産手段を失ったものが、（あるいは、数少ないであろうが、有産者であっても、）他人の企業において労働者として働きたいと望むときでも、そこに、その社会が正当と認める公正な交換関係（現在ではそれはおそらく貢献度原則、能力原則による分配であろう）を損なうような強制的労働をもたらす「不当な」契約関係は生じてはならないであろう。

では、「正当な無産者」に対する不当な契約関係はどのように生じうるか。それは生活手段の所有格差による。上記の無産者と企業家との契約関係では、生存能力という力関係の格差をもってすれば、無産者への分配分は最低限度にまできり縮めることが可能となる。（後掲第三節「企業家利潤の根拠の検討」参照）この意味での力関係の格差は確かに一貫して存在してきたと言えよう。その意味では市場経済の現行ルールが、この生産手段と、なかんづく生活手段の所有格差という理由によって一般的に搾取を生みだしうる、そしてそれは等価交換という市民社会の基本ルールに反するものであるから、それに対して労働者はこれに代わる社会主義的分配ルールを選択すべきであるし、するであろう、これがマルクスの理解であった。

しかし、この考え方はそのまま、まったく正しいと言えるであろうか。ここで先にふれた満足の合計の問題が考慮されねばならない。現在のいわゆる先進資本主義国では、労働者の状況は、労働運動の力もあってかつてと比べて相当改善されている。この現状の労働環境と生活水準を前提すると、労働者の選択基準において、等価交換ルールの完全な実現という公正基準に対して、現行の絶対的生活水準からの満足という基準がより大きな比重をもつ可能性が考えられる。したがって、この新しい状況の下で彼らがどのような社会ルールを選択するかは、最終的には公正と効率の無数の混合状態からの選択という複雑な問題となる。(3)

本章の中心問題は、実際に市場経済における雇用契約関係において何らかの不公正な取引関係が存在するのか否かにある。だが、前もって付言しておけば、上述のように、人々が公正か効率かの二者択一ではなく、公正と効率の混合状態を選択する可能性を認めるならば、仮にある社会においてある種の搾取が存在するとの答が出ても、それだけでは、搾取されている人々が現行システム＝社会ルールを変更することを選択するはずだとの結論には至らないこともまた留意されねばならない。

以下では、以上の問題視角にもとづき、自由市場経済における生産物の分配場面において実際に「不払い労働の搾取」が行われているのか否か、もしそうであるとしたとき、そこでは人々はそれに対するどのような代替ルールを選択する可能性があるのかを考察する。ただし、右のようにそこでの答に対して、人々が実際にこの代替ルールを選択するか否かが、上述の効率性の問題＝総合的満足度の基準に照らして次の問題となるが、それは別稿の課題とする。

2　市場経済の分配基準
――「貢献度」基準と「契約」基準――

従来、公正な分配の原理として、いくつかの基準が示されてきた。能力（貢献度）原則、必要原則、そして平等原則などがそれである。これらのうちで、現行の市場経済システムにおいては、まず、「貢献度基準」（能力原則とも呼ばれる）が重要とされてきた。そしてこの貢献度の測定基準としては、経済学理論ではしばしば限界生産力説が用いられてきた。「社会の生産における貢献度に応じて生産物を分配することは、公正な分配の一つの考え方であるだろう。市場における機能的分配、すなわち各生産要素の限界生産力に応じた分配は、その意味で公正と主張されることができる。(4)」

右の三つの原則のうちで平等原則は、「結果の平等」という意味においては、現段階の人間の主たる行動動機としての利己心、慈恵心のいずれによっても支持されうるものではないと考えられる。また、必要原則は、同じく現在の生産力段階、人間性理解からすれば、能力＝貢献度原則という公正段階の問題が解決された後に検討されるべきものであろう。確かに現行社会では、労働能力の欠如者で必要原則に頼る者は、労働能力の所有者からの一定程度の再配分を期待しうる。だが、このとき、労働能力所有者の間での公正な分配原則が成立していない場合には、彼らの労働能力欠如者に対する贈与動機さえもが弱められてしまうであろう。したがって、我々の社会においては、これらの諸原則のうちでまず貢献度分配の原則を確立することが重要となる。

ところが、実は現行の市場経済社会システムにおいては、上の貢献度原則に加えて、もう一つの重要な分配基準として、「契約の自由」による分配基準が存在する。現行の市民社会では、各人は自由に自己の幸福を追求する権利を与えられている。（たとえば日本国憲法第一三条参照。）そこでは各人は奴隷的拘束の排除を条件とした上で（一八条）、どのような職業活動を行うことも自由とされている(二二条)。貢献度原則も契約の自由原則もどちらも、市民社会の基本原則である個人の人格の自由に立脚したルールであるように見える。一見、どちらの原則も、自由な市民が同等に望み、認め得る原則のように見える。しかし、後に見るようにこれらは現実の市場経済においては実際には必ずしも一致するものではない。とするならば、その不一致はいかにして解決されるべきであろうか。(補論2：アリストテレスと貢献度原則について…章末)

以上より、以下では問題を市場経済における貢献度による分配と契約の自由による分配の二つの分配方法におけるそれぞれの内実と両者の整合性の問題として設定する。そこでの問題は次の三点である。

1：貢献度基準における最大の問題と通常理解されている労資間の分配問題の基本であるところの、企業家、労働者の貢献度とはそもそも何か。

2：それに対して、現行の契約ルールの下では、どのような分配が行われているか。

3：その不一致はどのように解決されるべきか。

第二節　商品の価値の分配方法
——市場経済と貢献度——

1　商品の交換比率——商品の価値とはなにか——

現行社会では貢献度の問題はすべて商品の生産と販売の過程で表われる。そこでまず、分配されるべき価値としての商品の価値の内容、出自を明らかにしておく必要がある。

価値説には、労働価値説と効用価値説がある。前者は社会的平均的必要労働を、後者は各人の得る個別的効用をその内実とし、両者は互いに他を否定するものであると理解されている。[5] しかし次にみるように実は両説は必ずしも他を排斥するものではない。[6]

マルクスは次のようにいわゆる蒸留法によって、商品は労働の投入量を基準として交換されると理解した。交換関係は、「二つの等式で表すことができる。たとえば一クオーターの小麦＝aツエントナーの鉄というように。この等式は何を意味しているのか？同じ大きさの一つの共通物が二つのちがった物のうちに…存在するということである。」「この共通なものは、商品の…自然的属性ではありえない。」「そこで商品体の使用価値を問題にしないことにすれば、商品体に残るものは、ただ労働生産物という属性だけである。」[7] こうして、交換比率を決めるのは労働の量なのであるが、それは「社会的に必要な労働時間」としてのそれである。

しかし、この方法による論証は説得的ではない。交換とは彼の言うような「＝」、等式ではない。[8] 記号で表現するならばそれはそれ以外の記号で表わされるべきものである。そもそも等式とは相互に等しいものを表わしている。しかし、相互に等しければそれぞれの交換当事者にとってそれらははじめから交換される必要はない。したがって、交換は等式では表わしえない。では交換とはそもそも何か。相互の有利化、これが交換の本質である。交換当事者双方にとっての不等式、これが交換の内実である。

では、相互の有利化の基準として彼らが採用するものは何か。それは効用量か、それとも、労働量か。以下、まず、一、各生産主体は単一、一人の独立生産者のみからなると想定し、また、二、各生産主体は各産業間で自由に移動できるだけの各種労働能力を備えている、としてこの問題を考察する。

まず注意すべきは、マルクスのいう社会的必要労働という考え方の中には、すでに、「市場の需要」による〈当該労働の有用性＝効用〉への評価が含まれているという点である。以下に見るように、商品価値の問題は、労働か効用かではなく、労働と効用の関係こそが実は重要なのである。

市場における交換の場面では、一見して労働は無関係のように見える。彼らが自らの商品にどれだけの労働量を投下したかは問題ではなく、問題となっているのはただ相互の交換希望の強さ、つまり効用判断のみであるように見える。だが、このような解釈はあくまでも偶然的な交換を説明できるだけである。長期的に見て、彼らがもしも互いに、自らが所有している商品のみでなく、今相手の所有する商品をも生産する力を持つ場合、交換当事者の判断の中には次のように労働量という要素が入ってくる。すなわち、恒常的な交換関係の場合には、交換当事者は、自らの同量の投下労働に対しては、孤立労働の時と比べて、分業のもとに労働し、生産物を交換する時の方が純効用が大きくなることを期待する。つまり、社会の全構成員が、投下された労働量＝不効用に対して、得られる効用がより大きくなるように期待する。

この時、各人の生産物（a）は、通常、他の同種生産物（n人のそれ）と合計されて市場に提供され（a×n）、それに対する購買者もまずはやはりある生産物（b）をm人が提供するという形で市場に現れる（b×m）。この時各人の労働は、需要者の提供する生産物によって評価される。この交換比率を、互いに同一の第三者の商品（c）によって表わすとき、この時生ずる各生産物の交換比率（a＝xc、b＝ycのときのx：y）はそのまま各人の投入した労働の交換比率を表すと言ってよいし、この比率の大小は、同種生産物の、つまりはそれを生産する労働の社会的需要度を表わす。これが価格である。これによってある生産物への投下労働は他の労働と比べてより大きく（いわゆる「価値がより大きいもの」として）、あるいは小さく（いわゆる「価値がより小さいもの」として）評価される。生産者はこれを指標にして、自らの同一時間労働に対してより高い評価が得られるように生産物の種類を変更する、すなわち労働者の産業間の移動が生ずる（一産業は一商品を作っていると考える）。それは各種の商品の生産量を変動させ、それによって価格が変化する。各人の間に、より多くの消費財を求める、すなわちより大きな満足を求めるという一般的共通性を想定できるとすれば、この過程を通じて、各人は各人の労働から得られる最大の消費財を手に入れられるように各労働場面に自らを配置する結果となる。（前述のように、各生産主体は各産業間を自由に移動できる能力を持つとの前提に留意されたい。）

このような過程を「先導」したのは、各労働者にとっての、彼の生産物によって得られる他の生産物がもたらす効用量と、そもそも彼の生産物に投下された労働量＝労働の不効用量との比較であり、その差額である。このように考えると、まず第一に、ある商品の価値＝交換比率は、供給者にとって供給側の商品に含まれる投下労働量＝労働の不効用量と、需要側の商品が供給者に対して与える効用量との差額としての純効用量を最大化するように決まる。しかし同時に、そこではすべての商品の生産者が産業間を移動してこの純効用量を最大化するのであるから、そしてこの純効用量は、売買差額＝貨幣量として、どの生産者にとっても、産業間移動の結果、最大となるように決まるのであるから、どの労働も同一の純効用を、そしてその表現形態としての同一の貨幣量を表わしていることになる。ここにおいて、投下労働量は貨幣形態で表わされる効用量と同一のものとなる。すなわち、同一の投下労働に対しては同一の効用量が貨幣形態で対応することになる。

こうして、ある商品の価値＝交換比率は、その商品がもつ社会的効用量（需要側の提供する交換対象となる商品量）と供給側の不効用量（供給商品量）の比率によって決まる。その場合、各生産者は、自らの商品、すなわち自らの投下労働に対してできるだけ高い評価を、すなわちできるだけ多くの、「彼らの望む」他の商品を手にいれようとし、そのように産業間を移動する。だが、人々が望む一連の商品種類は互いに似通っており、また、それゆえにであろうが、彼らは自らの労働不効用に対応する効用量を個別商品名と量によってよりは貨幣量によって、一般的な形態で入手しようと望む。それによって、誰もが、よく似通った個別的消費財を手に入れることができる。すなわち、各種の異なった投下労働に対して各労働者が望む見返りの効用、すなわち望む商品種類と量は、できるだけ高く自分の商品を販売したい＝できるだけ多く他の商品を、すなわち他の商品の効用を入手したいという形で、個別商品の個別的形態を取り去った量的形態としての貨幣形態で表現されることになる。

このように、純効用の最大化を目ざして各生産者が行う労働と産業間移動は、各人の労働を、等量の効用を、つまり同量の労働に対しては等量の効用、ただし貨幣形態でのそれ、をもたらすものとして同質化する。ここに至れば、もはや商品価値＝交換比率は効用によって決まると言っても労働によって決まると言っても同じである。同量の投下労働は、貨幣形態によって同量の効用を表現しているのだからである。

各人の投下する労働が表わす、貨幣形態としての社会的効用評価は均一となる。こうして、この均衡状態に至ったとき、各商品の交換比率は〈同一の社会的効用量を表現するところの投下労働量〉によって決まっていることになる。

ただし、ここではあくまでも前述のように各人の労働能力が均質なことを前提している。これが現実社会のように不均質な場合には、産業間移動能力の少ない労働者は、それに応じて、社会的需要度の低い産業にとどまらざるを得ず、彼の投下労働の表わす効用も低位のものとなる。

こうして、価値＝交換比率は、市場における売買の瞬間という短期においては、各財がもたらす効用を指標とした需給関係によって決まるが、労働力移動を考慮した長期においては、それは効用量、あるいはそれと比例的に対応する投下労働量によって決まると言える。

以上より、長期的均衡状態における商品価値の規定要因が「効用＝労働量」であることが明らかとなった。

さて、そこで次の問題は、こうして決定された当該労働への社会的評価としての価格が、現行市場経済システムにおいて、そのまま各生産者（ここでは生産者とは労働を投下した者とする）に正当に支払われているかどうかである。

以上では、生産主体はそれぞれ単一の独立生産者と想定されていた。だが、現在私たちはすでに数百年にわたり、市場経済的な分業生産の時代に、すなわち企業家が労働力を始めとする複数要素を購入して生産活動を行う企業的生産の時代にいる。この時、私たちは各要素所有者間での〈生産物＝所得〉分配の方法・ルールを必要とする。だが、このルールについては、たとえば雇用者、被傭者間でのそれをはじめとして、必ずしも現行社会において安定した合意が成立しているわけではない。現行の市場の仕組みにおいては、そこから賃金が支払われる原資としての商品価格（＝供給商品に与えられる社会的効用評価）は生産物市場で決まる。他方、労働支出に対する評価としての賃金は労働力市場で決まる。これら二つの評価の間の整合性が重要な問題となる。(9)

そこで、次に、この生産が企業家と被傭者によって、あるいは「資本―賃労働関係」によって行われている現代社会、現行の市場経済システムにおいては、この供給された商品の獲得する効用＝収入が、各要素間で、特に企業家と被傭者との間で、それぞれの貢献度に応じて正しく分配されているかどうかを検討しよう。（補論３：労働価値説と利潤：完全なオートメーションの問題について…章末）

2　現行市場経済社会における商品価値の分配と貢献度
――企業家に対する「利潤」と被傭者に対する賃金――

現行の市場経済においては、実現した販売収入＝価格から支払われるところの企業家労働と被傭者労働の両要素への分配分は利潤と賃金の形をとる。そこでは、まず、生産物価格＝商品価値は消費者によって決められる。各生産要素の価値（＝価格）の決定場面において、労働力の価値、すなわち賃金の決定においては、通常、企業家が主導権をもつ。この商品販売収入が次に各要素に分配される場合、賃金もその他の生産要素の価格もほとんどが市場における売買を通じて決まるが、利潤だけは市場を通さないで決まる。サイモン・クラークは、限界主義者は、賃金も地代も利潤も共働する生産諸要素それぞれの価格であると言うが、利潤を手に入れるためにどのような商品が売買されたと言うのか、と問う。[10] 前述のように、各要素への所得分配のうち、確かに利潤のみが市場の評価を受けない部分であることから、このような疑問が当然生ずる。ここに、完成品市場と要素市場との間の分配をめぐる整合性の問題が表われることになる。

このとき、最終消費者によって、各要素の貢献分に応じて各要素すべての価格（賃金、地代、利子、利潤）がすでにつけられているのであれば、「二つの市場」間の分配をめぐる不整合の問題は生じない。しかし実際には、一方では、完成品市場における評価＝価格づけは全要素の貢献度に対して一括してなされる。そこでは各要素の働きが結合され、総合されて生み出される商品の効用が一括して評価されるのみである。他方、各要素それぞれの価格は、企業家労働を除き、企業家と各要素所有者との間の要素市場における売買契約、交渉によって決まる。そこで当事者たちが求め、納得し得る基準となるのは、各要素が最終効用の生産において生みだした貢献度であるはずである。したがって、そこでの基本的な問題は、当該商品の効用＝価格のうち、どれだけがその要素によって生み出されたのか、現実の要素市場における交渉は、その貢献度を正確に反映したものとなっているか否かである。

問題：企業家がつける各要素価格はそれらの貢献度を正確に表わしているか。特に、「価格から費用を引いた残差」としての利潤という決定方法は、利潤のよってきたる要素である企業家労働の貢献度を正確に表わしているか。

〈現状の形での利潤〉の根拠に対する一般的批判としては、利潤は「企業家の貢献分以外の、他の生産要素のいずれか、またはすべての貢献分」の一部を、生産手段の独占的所有という根拠に基づいて企業家が手にいれたものである、というものがある。言い変えれば、この批判は、「企業家労働に対する報酬は、現行市場経済の下では過大に評価されている＝他の要素への報酬は過小に評価されている。その理由は生産手段の独占的所有によるものである」

というものである。

この批判に対する、利潤が正当な根拠をもつという説としては、企業家労働への報酬説（監督賃金説など）、危険負担への報酬説、時差説あるいは将来財割引説がある。たとえばサミュエルソンによれば、利潤の構成要素は次のように整理されている。(11) 1：暗黙的要素収益…労働賃金、提供自然資源へのレント、提供資本への利子。2：新機軸開発による収益。3：危険負担への代償説。4：独占的収益説（不完全競争のもとでは人々がその要素の供給をある程度制限することが得になる。）このように整理した上で、彼は通常企業家の手に残る利潤部分のうち、上記の利潤を構成する各要素のとり分を分けることは困難であるとする。しかし、あるものの所有根拠が複数あるという場合、それらがそれぞれどれだけの比重を占めているのかを説明できなければ、そもそもそれらが果たして所有根拠を形成しているか否かは疑わしい。

彼は、『『利潤制度』について語ることは誤りに導きやすい。われわれのは利潤及び損失の制度である」とするが、(12)これは「危険負担の代償」の強調を意味する。利潤を企業家利潤と資本提供者に対する利潤＝利子とに分けると、企業家利潤の根拠にあたるのは、上のうち、企業家労働への報酬説と、企業家労働の一部を特にとりだしたものとしての危険負担説との二つである。サミュエルソンの要素収益説のうち自然資源のレントについては、本稿で考察している取得根拠としての貢献度基準とは離れた別の根拠に関する検討が必要であると考えられるのでこれを除くと、企業家利潤の根拠は「企業家労働への報酬」説に還元される。また、新機軸収益説について、ここでは新機軸の開発が生じなくても存在する一般的な利潤部分のみを考えることとすると、この部分は除くことができる。独占的収益説も、ここではまず望ましい状態としての完全競争を前提とすることとすると、これも除くことができる。こうして、上述の利潤根拠説は、企業家労働への報酬説として考察し得る。はたしてそれは企業家の受け取る利潤の正当な根拠であるのか。また、仮にそれが正しい根拠であるとしても、現実の市場システムはその根拠を正しく

反映し、実現する制度となっているのであろうか。（補論4：利子の根拠説について…章末）

第三節　労働一般の、あるいは企業家労働の貢献度と、現行の賃金、利潤

1　企業家労働の内容と、貢献度の本質

企業家労働の内容のうち企業家に特有なものは次の二つである。

1：起業労働…これは起業にあたっての労働すべてを意味する。企業生産物、資本、労働力の調達方法、販路などの決定とその実行がそれにあたる。

2：危険負担労働…これは起業労働のうち、リスク負担労働の部分を特に取りだしたものである。企業家労働に特徴的なのは、企業家労働中のこの側面である。（この他に運営上の指揮・監督労働があるが、これらは被傭者に任せられることもあるように、被傭者労働と同種の労働であり、それゆえ被傭者労働に含めて考えることとする。）

危険負担補償説の従来の考え方は、市場経済においては投資活動はいつでも危険を伴うがゆえに、危険負担への補償なしには投資活動は行われない、ゆえにそこでは利潤という誘因が不可欠である、というものである。ブローグは、F・H・ナイトの言う、将来についての不確実性の存在が企業者に正の利潤の存在を許す、との見解を引きながら次のように述べる。「利潤は事前的収益と事後的収益との間の差額である。大多数の企業者が将来について弱気の見解をいだいているときには、契約に基づいて雇用される諸要因は、それぞれの限界生産物の実現された価値よりも、少ないものを受け取るであろう、したがって、企業者の利潤は、事実上、生産諸要因自身から引き出されるが、これは搾取ではない。企業者が存在しない場合には、諸要因自身が将来について賭をしなければならないで

あろう。[13]」

たしかに、どのような社会体制にせよ、完全な計画経済を除けば、すべての新しい企業活動は不確実性の負担の問題に直面する。この負担が後に私見として述べる社会的貢献度の考え方と結びついたとき、利潤に対する正確な報酬部分が定義されよう。しかし、従来の危険負担説は、この社会的貢献度の概念を欠いており、企業家労働の貢献度を、単に市場で決まる商品価格と費用価格との差額として表現するのみにとどまっている。しかしこれはあくまでも消極的な証明方法にしか過ぎない。たとえば、二つの毒素が結合してある被害を生んだとき、それぞれを個別に調べ、個別毒素の強さのみを合計しても、被害量全体を説明できるとは限らない。そこには結合したがゆえに生じた、いわば「結合力としての新しい害毒」が存在しているかもしれない。ここでの生産における貢献度にしても同様の可能性を含んでおり、成果全体から他の要素の費用価格を差し引いたもの、すなわち「残差」が、すべて、残る生産要素である企業家労働の貢献から生じたものであるとはそのままでは結論されえない。企業家労働の貢献度は、あくまでも単なる消去法によってではなく、積極的な貢献度測定の結果として示されねばならない。

利潤決定過程に関する通説は、各要素の費用価格の決定プロセスにおいて、一方では各要素価格は市場においては各要素の限界生産力に基づいた需給関係によって決定されているといいながら、他方で企業家労働という要素についてはその限界生産力の測定方法を全く欠くという欠陥を持つ。そして、このような一見整合性を欠く方法の結果として入手される企業家利潤が彼の実際の貢献量と一致するか否かが当然未答のままとなる。

「資本主義社会におけるリスク発生の主要原因は私的・分散的決定にある」との考え方がある。[14] だが、分散的決定は、資本主義のもとでのみ行われるのではなく、計画経済のもとでも、市場価格機構による需給制御を取り入れるならば、各生産主体の分権的決定は不可避であり、危険負担は避けられない。この時、損失の危険をかりに社会が担うこととすれば、生産主体の行動は浪費的なものになりやすいであろう。また逆に、成功の報酬を社会が受けることとすれば、生産主体の行動は抑制的なものとなるであろう。

いずれにせよ、それが社会的に認められた公正な機会のもとで生ずるものであるならば、確かに危険負担の代償としての報酬という考え方は受容し得るものであろう。しかし、この理由から、もしもリスク負担への補償として、企業家に対する報酬が「利潤」(の一部)として必要だと言えるのならば、それはどれだけの大きさとなるべきであろうか。まず、その上限は、その投資活動によって生じた社会の富の生産増分となろう。そして、その正確な値は、その〈増分中の純増分〉であろう。ここでの純増分とは、彼の投資によって市場から追い出された他の資本家の損失を補ってさらに生じている、社会全体の純増分のことである。これを「危険負担補償額＝社会的純増分」説と呼ぼう。[15] 彼がその行動――危険を伴う選択――を行わなければその増分は生じなかったという因果関係からして、この取り分が彼の貢献によるものであり、彼に帰属すべきであるということは正当性をもつであろう。少なくともこの危険負担行動の機会が誰にも開かれている度合いに応じてそうであろう。

こうして、彼の貢献分は、起業労働、なかんずく危険負担労働によって社会全体が入手した利益(＝生産物の純増分)によって測定されると言えよう。ただし、これすべてを彼が入手すると、他の社会構成員の利益増分はゼロとなり、社会全体としてこのルールを新たに採用することのメリットがないと判断されるかもしれない。したがって、企業家の入手分はこれより若干は低い水準となり、この差額は他の要素提供者に分配されるであろう。では、この社会的利益純増分としての企業家利潤は、まさにそのような大きさのものとして、――それより多くもなく、また少なくもなく――市場経済において実現しているであろうか。

以下ではこの問題を、まず、通説としての限界生産力説による企業家労働の貢献度の測定方法について見た後、それが右の「危険負担補償額＝社会的純増分」と一致するものであるか比較する、という順で考察しよう。

2　企業家労働の貢献度の測定方法
――限界生産力説の有効性の検討――

所得分配基準に関する限界生産力説は各要素、なかんづく労働の貢献分と賃金の大きさの決定過程を明示しようとする重要な試みの一つである。労働価値説は価値増分＝剰余部分はすべて労働の貢献分として説明するが、それ以上に被傭者労働と企業家の危険負担労働の貢献分の説明には進まない。

前述のように、市場における生産物に対する価格評価の中には、当該企業の全生産要素の活動に対する社会的評価が総合されて含まれている。限界生産力説によれば、企業家の貢献度は、この完成品の価格評価から、企業家が各要素に支払った費用を引いた残差＝「利潤」として間接的に定義され、この要素費用は限界生産力によって決定される。したがって、限界生産力説によって決まる賃金が、（すぐ上で触れたように、要素の結合力から生ずる貢献分をも正しくそれぞれの要素に帰属させたとした上で）被傭者の貢献度を正しく表わしているならば、その残差としての利潤も同時に正しく表現されていることになる。そこで次に、企業家労働、被傭者労働の貢献度測定の方法としての限界生産力説の有効性を検討しよう。(16)

（1）被傭者労働の貢献度＝平均生産性
――〈各労働単位あたりの限界生産量〉が低下していく事情――

（イ）クラークの説明

まず、限界生産力の考え方によって分配ルールとしての「賃金法則」を定立しようとしたジョン・ベーツ・クラークの議論を見よう。後に示すように、彼の考えの基本部分は現在に至るまで多くの論者に引き継がれている。彼は生産物（＝所得）の分配ルールは、次のように、「最終生産物」と一物一価の法則とから導き出せると考えた。[17]

そこではまず、限界的労働生産物、すなわち、一定資本に労働者を追加していくとき、以前から存在する労働者と追加された労働者を合わせた全労働者が生産する量が、一人あたり資本の減少によって低下していく事情が述べられる。この点をやや詳しく引用すると次のようである。

〈一億ドルの資本と一千人の労働者〉

「一千人の労働者が労働の各増加分を構成するものとし、そして農夫、大工、鍛冶屋、職工、印刷工等が注意深く案配された割合でそのうちに代表されているものとする。…労働の生産力が諸種の職業において或一様性にもたらされるように、異なれる群並びに第二次群の間に労働を割り宛てる…」。（二二九頁）

この社会に「一億ドルの値打ちの資本を与え、そしてこれと結合する労働力をだんだんに導入」する。「これらの条件の許す豊富な環境のうちへ一千人の労働者を」おく。（同頁）

〈第二の一千人と、平均生産量の低下〉

「…その労働力に第二の千人の者を付加せよ、そうすればより多くの人数の使用に適応すべく形態を変化された…用具を使用して得られる各人についての生産物は、以前よりより小となるであろう。労働のこの第二増加分は各人につき、五万ドルの資本しか自由にし得ない。そしてこれは以前これを使用しつつあった人々から取り上げたものである。資本の使用においては、新労働力も既にその分野にあった労働力と同等に分けられる。最初の労働者の一人は精巧な機械を持っていたのが、今はより廉価なより能率の低いものを持つ、そして彼の傍の新労働者もまたより安い種類の機械を持つのである。最初の労働者の使用していた器具の能率上のこの減少は、新労働者が産業の生産物にいかほど付加しえるかの評量において考慮されねばならぬ。彼の存在は、第一の組の労働者の使用していた器具を安くし、そして彼らの能率を幾分奪ったのである。」（二三〇－一頁）

なお、クラークは直接そのように表現してはいないが、ここでの生産物は正確には労働と資本財＝用具の結合生産力によるものであることに注意する必要がある。ここに生産される量をもって、そのまま労働のみの貢献度を表わすものとすることはできない。ここで、次のような図が描ける。

図１

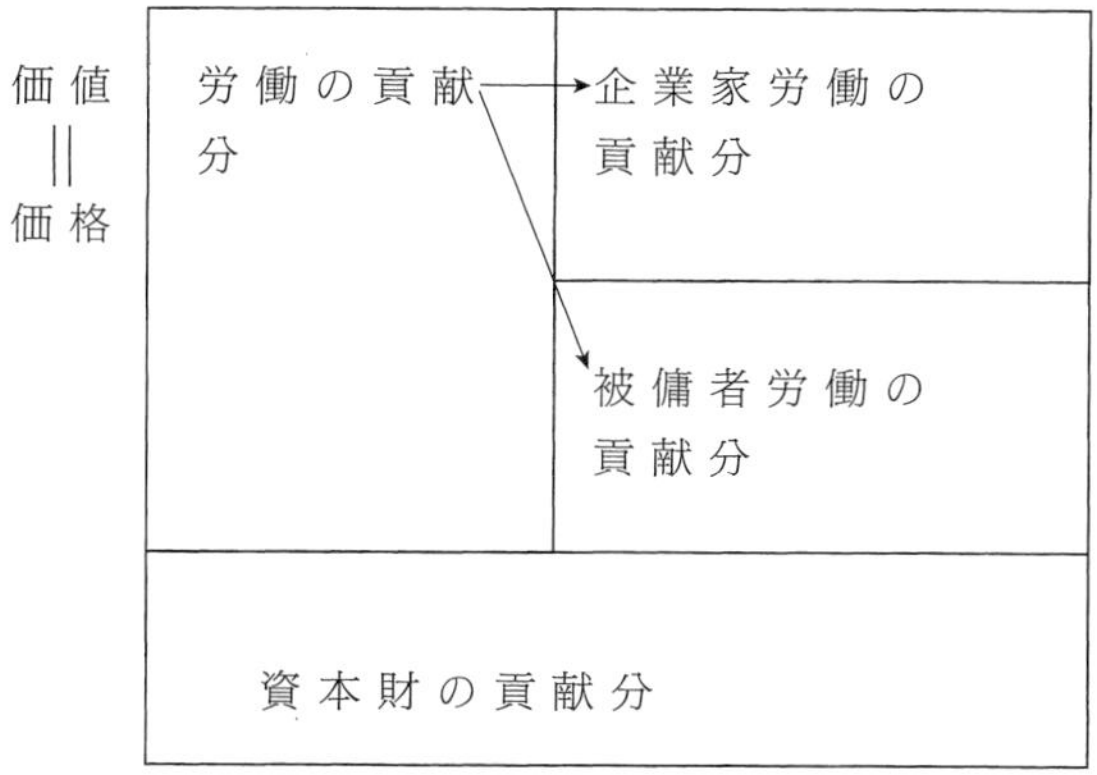

ここで資本財の貢献分とは、「その生産財なしの場合に生産された量に対して、それが加わることによって生じた生産増量分」を意味する。本来は、本稿での論理によれば、この増量分の大きさも、その生産財が生産場面に適用されて生じたそこでの貢献分を測定することによって初めて明らかになるのではあるが、ここでは、問題を利潤と賃金の両者の間の分配に絞るため、仮に、この資本財部分の貢献分はすでにその購入時に、企業家から資本財提供者に支払われる価格部分によって決定されているとする。したがって、本稿の問題場面における労働者（企業家労働と被傭者労働）の生産量＝貢献分とは、この資本財の貢献部分をすでに差し引いた量として考える。

この点に留意した上で、先のクラークの議論を要約すると、結局、彼は各労働単位の貢献度を全労働者の〈平均的生産量〉として等しく扱っていることがわかる。クラークは、貢献度としては平均的生産量を想定している。これがまず第一に確認すべき点である。

ところが、彼は次のように、賃金決定に際しては、貢献度ではなく、「企業家にとっての限界生産量」が基準となると論ずる。（ただし、これは、「現実の市場では賃金決定はこのように機能せざるをえない」ことを表現しただけのものであり、社会的ルールとしての正当性を論じたものではないことに注意する必要がある。）クラークは次のように、各単位の労働者が追加されるごとに生ずる限界的生産量が賃金として決定されるとする。

〈最終的限界生産物によって賃金が決まる事情〉

まず、「最終単位の労働者に帰属すべき生産物」が、次のように規定される。「全資本を使用しつつある一千の労働者を以ってすれば、その生産物は価値の四単位であった、二千人を以ってすればそれは四プラス幾つかである、そしてこのプラスの量はそれが幾何であるにせよ第二労働増加分にのみ帰属し得べき生産物を測定する。」「労働の最終単位に帰属し得べき生産物の計算において考慮さるべきマイナスの量がある。若し最初、それに譲り渡された資本の助けによって創造される全部を得、次に新労働者に譲渡した資本の分割の結果以前の労働者と彼らの資本との生産物から取り去られたところのものを差し引くならば、我々は新労働者が産業の生産物に為した純付加分を得るであろう。」(二三二頁。)

「利用される莫大なる資本を以ってすれば、労働の新単位が、これなしに得られたであろう生産物に付加する生産物は、第一単位によって創造されたよりもより少ないではあろうが尚お、極めて大であろう。新労働力中の各人は好運な金鉱の探検者と匹敵するに充分なほど生産する。さてその労働力が十倍となるまで一増加分づつ附加せよ、そのとき附加分の最後のものに負うところの生産物は尚大である。形態は変ずるも依然一億ドルの値打ちある資本を持ちつつ、引き続きその数が十万となるまで労働力を増加せよ。そのとき労働者は現在合衆国のそれと殆ど同一な設備を有する。」(二三二―三頁)

「労働のこの増加分は、それの助けなしに社会が実現するであろう生産物に対して、この国の同じ大きさの労働力が既に使用されている労働力に付け加わるとき単独に創造し得るのと殆ど同じだけを附加すると考え得るであろう。」(二三三頁) "The last increment of labor may be supposed to add to the product that the society would have realized without its aid about as much as a working force of the same size, in this country, could seperately create, by adding itself to the force already employed.”（*The Distribution of Wealth*, p.177）

ここで彼が最終単位の労働者に帰属すべきものとして規定した大きさは、明らかに彼が先に述べた〈労働者の貢献量〉とは異なる。先には最終単位の被傭者の付加によって生じた全労働者の平均生産量が各単位の貢献度として示された。ところが、ここでの市場における賃金決定のメカニズムによれば、〈生産物総量の増減比較からの差額〉が最終単位の労働者に「帰属すべき生産物」とされる。そして、それは次に、以下のように、一物一価という市場メカニズムが働くがゆえに労働単位一般の賃金となるとされるのである。

〈「最終単位の生産物」が一般的賃金となる事情〉

「労働の最後の合成単位－最後の千人の一組－はそれ自らの識別し得べき生産物を創造したのである。（“The last composite unit of labor - the final division of a thousand men - has created its own distinguishable product.” ibid.）それはより以前のいづれの一組に帰属し得るべき生産物よりも少ない、けれども労働力のこの部分がその分野にあるからには、如何なる一組も有効的にはこの一組よりもより多くの値打ちは有しない。もしその労働力中のより以前のいづれかの部分が、最後の部分の生産するよりもより多くを要求するならば、雇い主はそれを解雇してその後へ最後の部分の人々を置き得るであろう。彼がいづれかの一千人の一団の脱退によって蒙る損失は、労働させられる最後の一団の作出する生産物によって測定されるのである。」（二三三頁）

〈その根源的理由：市場経済における「雇い主の利益」という基準の存在〉

「然らば労働の各単位はその雇主に対し最後の単位が生産するところのものだけの値打ちがある。…労働のいづれの単位の有効価値（effective value）も常に全社会が、そのあらゆる資本を以って生産するところのものから、若しその単位にして取り去られたならば生産するであろうところのものを差し引いたものである。これは普遍的支払標準を設定する。」（二三三－四頁）

「吾々は吾々の生産するところのものを獲得すべきである――と、これ嚮導的生活通則である、そして吾々が労働の手段によって生産し得るところのものは労働の最終単位が、この単位の助けなしに創造され得る生産物に付加し得るところのものによって決定される。最終生産性が賃金を支配する。」（二三六―七頁）

なお、彼は、雇主間の競争が被傭者に対してこの限界的生産量には等しい賃金を保証する事情を、次のように述べる。「人々がこの量を得るであろうことは、雇主間の競争によって保障される。最終の千人の組は、雇主にその役立ちを提供するとき、自己の掌中に一定の可能的生産物を持っている。若し一組の企業家がそれの価値を彼らに与えないならば、競争にして完全なる限り、他の者が与えるであろう。」（二三五頁）

こうして、以上の考察の結論として、クラークは各単位の労働者が追加されるごとに生ずる〈限界的生産量〉が賃金として決定されるとする。

彼はまた、地代と賃金の間の分配問題を同様に図５によって説明する。（二五五頁）

全図形「の面積は、吾々の例証的農業社会における労働全体及び資本全体の生産物を測定するであろう。その資本は実際上すべて土地の形においてある、ここに初めて吾々はその土地に対して事実それが創造する生産物の部分を帰属させることができる。」（二五五―六頁）

「雇用者の目に映る仕方で表現すれば、」「労働の最終単位はＤＣで言い表される生産量を創造し、従って労働の各単位は有効的には雇用者たる農業者に対して丁度その量だけの値打ちを有し、そして各単位はその量を賃金として受け取る。」（二五六頁）

「労働の一単位がその土地と結合するとき、その生産物はＡＢであった、というような記述の形態において吾々はその全生産物を労働に帰せしめるのである。さて労働の第二単位が、資本に助けられないで、その田地に来て、素手でその労働力に付け加わるとする。それは何程生産するにせよ、それはその田地が一人の耕作に対して与えた

図 2
（平均生産量）

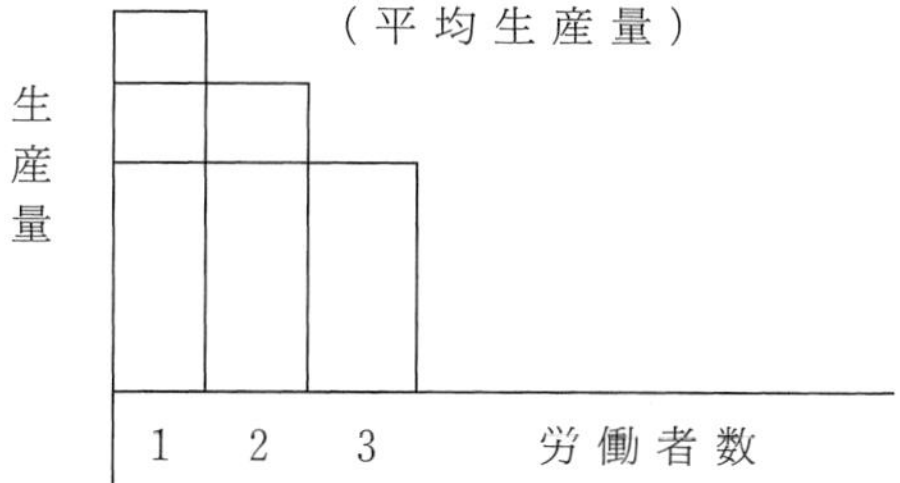

図 3
（要素量）

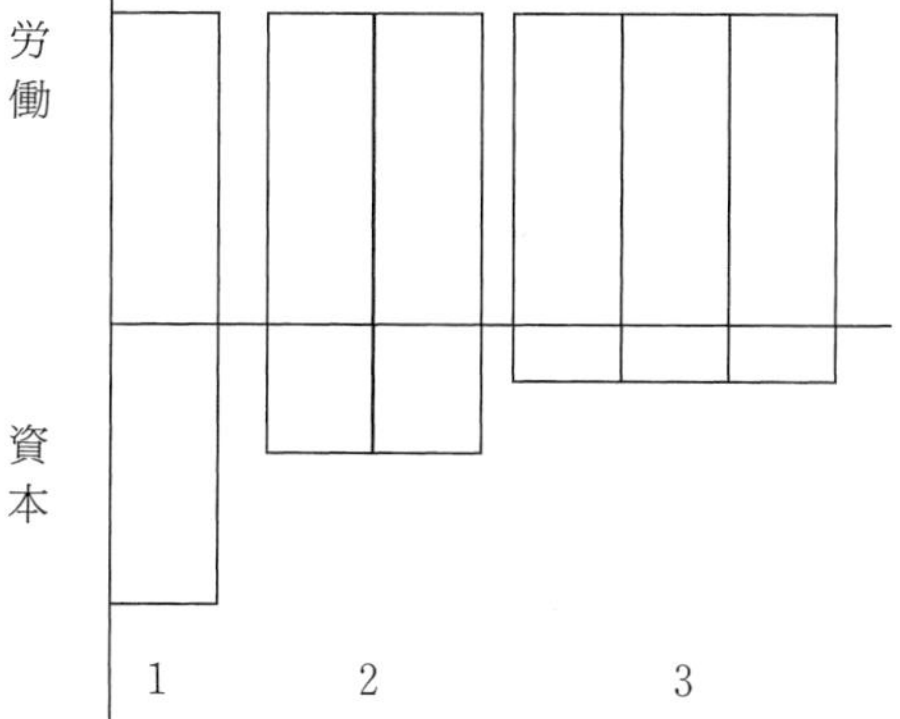

クラークの最初の考え
＝平均生産量
＝貢献量

図 4
（限界生産量）

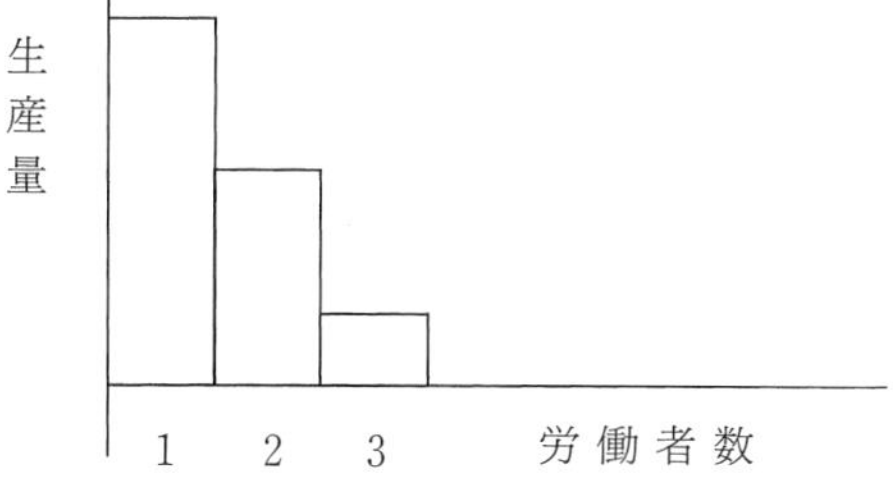

クラークの第二の考え
＝限界生産量
＝賃金

図 5

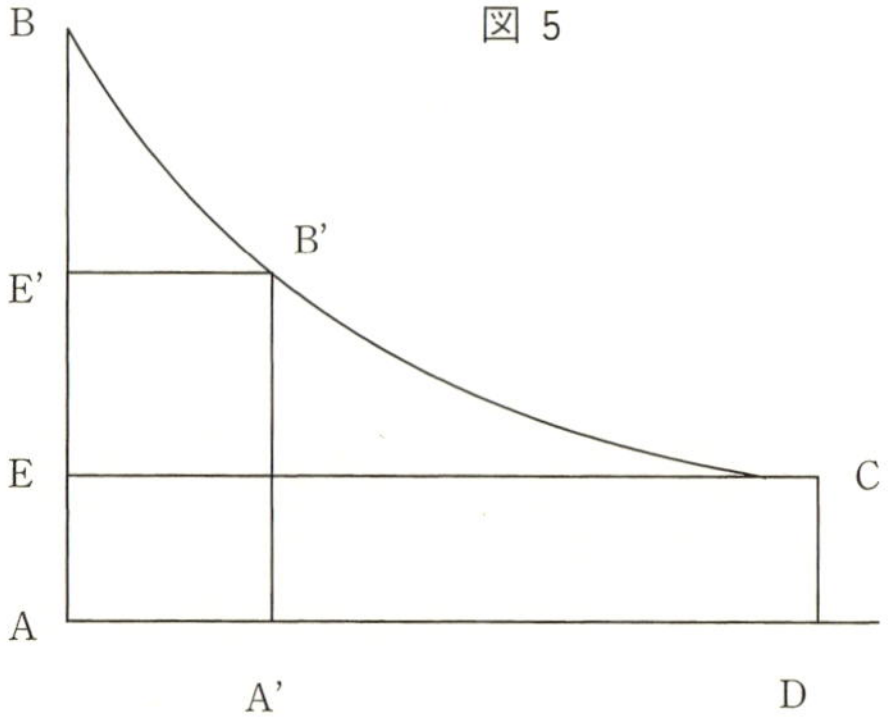

ところのものにさらに附加することによって作出されるのである。資本を増すことなくして為される労働の一附加分が、かようにして創造する生産物はA'B'である。AB及びA'B'の差、すなわちE'B線は、一人の人がその田地全体に助けられて生産し得るところのものが、助けられることなしに創造し得るところのものを、超過する剰余を測定する。最後の人は生産的結合に対し労働を附加するけれども土地は附加しない、然るに第一の人は既に土地を持っていた、そしてその土地そのものが労働のみの生産物に対して為した附加は、その土地の賃料たる差額を構成するのである。」(二五七頁)

「AECDは総賃金を測定し、EBCはその土地の全賃料を測定する。この量をば吾々は剰余または差額生産物の一系列より成るものとして述べたのであって、吾々はそれを、労働のより以前の増加分の一の生産物と吾々の呼んだところのものから、各場合に最後の増加分の生産物を差し引くことによって測定したのである。ABから引くDCはかような一の剰余を与え、そして賃料の一部分である。」(二五六頁)

「不注意にこれをみれば、土地が労働の生産物の一部分を切り離してそれを自分のために要求する能力を持ってでもいるかのように見える–すなわち、労働のより以前のあらゆる増加分の生産物の剰余部分が、その土地の賃料であるかのように見える。」(二五六頁)

「実際にはこの剰余は、その土地の与える助けの果実であって、土地にのみ帰属し得べきものである。いかなる賃料にもあれそれの性質についての正しき観念によれば、それは他方の生産要因に帰属し得べき生産物に対して一方の生産要因がなし得る具体的付加である。土地は、最後の単位を除く以外の労働の各単位の生産物に対し自己自

らの付加をなす。」（二五六―七頁）

「その系列中のより以前のあらゆる人々は最後の人の創造する量以上の剰余生産物を創造する。その土地の所有者に行くところのものは、より以前の人々の一人に帰属しうべき生産物を被減数とし、その最後の人に帰すべき生産物を減数として、それぞれに作られる残余額の一系列の合計である。」（二五四頁）

以上より、第一に、彼の限界的生産物による賃金決定論は、図らずも、現実の市場メカニズムは彼自らが先に述べた労働者の実際の貢献度とは異なる報酬を生み出すものであることを示している。第二に、彼の決定論は賃金全般を扱ったものであり、さらにその内部で企業家労働と被傭者労働の貢献度がどのように分けて評価されるか、という問題を扱ってはいない。したがって、彼の理論は、企業家労働の貢献度をどのように測定できるか、企業家利潤はどう評価されるかという問題には答えられない。クラークによっては被傭者労働も企業家労働も区別なく、労働全般の総合的貢献度のみが扱われている。

しかし、企業家は、現実には、被傭者への賃金分配と自らへの取り分＝利潤とを区別する。それはどのようにして行われるのか、行われるべきなのか。この問題に対してクラークは、利潤とは各要素にその貢献分を支払った後の残余である、「…だから利潤の語と残余所得（residual income）の語とは同義語である」（二六七頁）と述べるだけで、その内実としての企業家労働の貢献分という視点から利潤を解きあかそうとはしていない。彼の限界説によっては、貢献分に関するより重要な問題としての企業家労働と被傭者労働の貢献分の分離という問題は議論できない。

クラーク説の評価：まず、労働者の貢献分に関する彼の議論についてみよう。最初に、上でみたように、労働者総数の生産する生産物総量の変化だけを見れば、各追加的労働者の限界的貢献度は減少していく。だが、労働者の雇用量が増加するごとに、資本財（土地を含む）は再分配され、実際にはどの労働者も、追加分を加えて新しく決まった労働者総数の全員が同一の資本を使用する。したがって、限界的貢献度は実は全員が等しくなる。こうして、貢献度を正しく反映した彼らの個々の賃金は、この時の全労働者の貢献度の合計を被傭者数で割ったものとなり、それは全員が等しいものとなるのである。このことより、クラークの平均的貢献度の考え方の部分については正しいものと評価される。

次に、企業家による起業労働と危険負担労働による貢献度の問題について。これはクラークでは扱われていなかった。企業家の貢献分は、本質的には、先に触れたように、彼が危険を負担してあえて行ったその企業活動によって社会の生産物をどれだけ増加できたかによって測定される。この増加分が、社会的にみて彼の正当な取り分となる（＝「社会的純増分」）。それは具体的には物質的な生産物量で、すなわち生産量の増量部分として表わされる。商品価格を一定とすれば、それは結局、ある企業活動が行われたときの市場における全販売額、言い換えればその社会の総生産量の増分として表わされる。この点を我々は後で詳細に検討する。

（ロ）サミュエルソンの説明

P・A・サミュエルソンは、基本的にはクラークの考え方を踏襲して、分配原理を次のように述べる。[18]

まず、消費者需要が商品の価格を決定する、そして、そこから派生した需要が生産各要素への需要となるとし、次にこの各要素への収入分配＝所得分配の方法が問題となるとする。「労働運動の指導者達は『労働がなければ生産物もゼロである。だからすべての生産物を労働に帰属させるべきだ』と言ったものである。資本の代弁者たちも同じく間違った論理を使って逆の結論を引き出すのを常とした。」（『経済学』八七二頁。）

彼もまた、クラークと同じように、所得分配の問題を次のように考察する。生産要素を土地と労働だけとする。「もしも土地と労働がいっしょになってトウモロコシの収穫をもたらすのであるなら、いったいわれわれは、需要と供給がそのそれぞれに分配することになる各自別々の貢献をどのようにして解きあかしたらよいのであろうか。」（同頁。）

「今やスフィンクスの謎―二つ（またはそれ以上）のお互いに協力し合う要素が結合して生産する総生産物をそれら要素の間にどのように配分するかという問題―は、限界生産物の概念を使って解くことができる。」「最初の一人の男は、結合して働く土地が非常に多いから、大量の限界生産物を生み出す。第二の男はそれよりはいくらか少ないが、依然として相当量の限界生産物を加える。」（八七九頁）ここでの限界生産物とは、先のクラークの考え方からすると、彼と彼の使用する他の生産要素が結合して生み出す生産物すべてである。サミュエルソンもクラークの紹介にあたって、この点についてはなんら注釈、変更を加えておらず、当然この考え方を踏襲していると思われる。ゆえに、これはサミュエルソンにおいても、被傭労働者のみの生産物ではないことに注意する必要がある。

「しかし、この二人の男に差はないのだから、彼らは全く同じ賃金を受け取らねばならない。ところで、それはどの賃金であろうか。第一の男のＭＰ（限界生産物）か、それとも、それより低い第二の男のＭＰか。あるいは、この二つの平均であろうか。」（八七九頁）

サミュエルソンは、明らかにここで、上でみたクラークの議論の後半部分のみを採用し、「各単位の限界生産物」という概念のみに依拠している。先のクラークの議論の前半部分、すなわち「各労働者の貢献度」の概念は全く考慮されていない。しかし、いったん、「真の貢献度」という視点を採用するならば、「限界生産力」とは労働者すべての平均生産力となるというクラークの前半の議論こそが注目されねばならない点であろう。

サミュエルソンは、一物一価の原則についてもクラークを踏襲し、賃金が「最終限界生産物」として決定される過程を次のように描いている。賃金はどの水準に決まるか。「土地所有者が多くも少なくも自分の好きなだけの労働を雇い得る自由競争のもとでは、その答ははっきりしている。地主は、第二の男を雇うにあたり、彼に支払わねばならぬ市場賃金が彼の限界生産物を超えるのであったら、自由意志では雇うことをやめるに違いない。したがって、労働に対する需要曲線DDが、雇われるすべての男が最終の男の最低限界生産物を受け取るよりほかないようにするだろう。」「公正であるとかないとかは別として…すべての労働者が最後の一人のMPに等しいだけを支払われるということは不可避である」。（八八二頁）[19]

こうして、クラークと同様、サミュエルソンによっても、賃金水準を決めるのは、市場機構、価格機構のこうした働きであって、それはクラークの示した労働者の貢献度とは異なるものとなるのである。

サミュエルソンは、こうして理論的正当性を与えられた利潤追求は、競争が完全であれば十分な抑制が働くとして、結局問題となるのは完全競争という条件の実現だけであるとする。（一〇二〇頁）こうして彼もまた、「公正性」の観点からすれば、現行の市場経済システムにおける所得決定システムは容認されるべきものと判断していると考えられる。

ところで、このような理論の背後において、彼にとっては、社会においては一般に市場機構による価格決定の実現がまず第一に必要なのであり、「平等性」という――おそらく、その背後にある種の博愛的理念をもつところの――理念は、それに対する若干の修正を求める程度のものとして位置づけられていると考えられる。彼はこの点に関して次のように述べる。市場における公正な分配ルールであるところの限界概念によって実現する分配状況に対して、「民主主義の国が自由放任制の結果として生ずる〈誰のために〉のパターンにあきたらない場合には、そのパターンを変えるよう、税制を利用したり、教育費やその他支出で策を講じたり、あるいは命令を発し、あるいは補助金を支給するという方法をとる。そのため、ある種の所得は得をし、またある種の所得は損をする。」「もしも市民達が衡平の理念とか機会や所得の平等化とかを信ずるのであれば、彼らは、ある程度までは、十分承知でこの種の費用を負担することになろう」、「われわれの知る現実の世界の姿を考慮に入れるなら、近代の経済について学ぶ人は、なぜそれが――…その本性そのものからして――混合経済でなければならないかを諒解すると思う。市場を通じての価格付けが、社会の〈何を〉〈いかに〉〈誰のために〉という問題を解決する仕事の大部分を受け持たねばならない。しかし、制度を競争的な状態に保ち、個人の創意が社会共通の善を達成できるような好環境を提供するためには、建設的な公共政策が必要なのである。」（二〇二三―四頁）これらはすべて、彼がこの種の公共的行動を、いわば「余徳的善行」（supererogatory good act：後述、第六章を参照のこと）と考えていることを示すものであろう。

彼はこのように、「市場経済、利潤」は「衡平、平等などの理念の程度に応じて是正できる」と述べるにとどまり、現行市場経済のシステムにおける所得分配ルール、分配機能は、結局のところ基本的には最善のものであるとしてその微調整のみが課題であるとする。サミュエルソンにおける限界生産力説の紹介の箇所で芽生えるかに見えた、このような所得分配ルールそのものが「公正であるか否か…」との疑問[20]はいつのまにか消え去っている。彼は、市場における分配の後に、「衡平であるか否か」の判断によるそのシステムの微調整を論じ始める。しかし、市民社会を構成する人々にとっては、まさにその市場経済のもとで、日々、まず最初の所得分配ルールとして存在している分配過程そのものの衡平性こそが問題なのである。そこでの分配結果は、すでにその時点で人々の生活と判断に大きく影響する。その影響をまるで受けないかのように、サミュエルソンはそれは後で是正されればよいと述べるが、これは因果関連を持って生起する一連の人間の活動と判断を、あたかも前後関係がないものであるかのようにとらえるという認識上の誤りを示している。

こうして、市場における分配ルールが「公正であるか否か…」の疑問こそが実は分配問題にとって最も重要な問題なのであり、サミュエルソンによっても、単なる示唆的言及にとどめずに、一段と深く追求されるべき課題であったのである。「限界生産力説は、しばしば分配理論とみなされている。しかし、…要因の価格形成の理論であり、…厳密に言えば、これは要因に対する需要理論であるにすぎない。[21]」需要者側が、現実にはある種の経路によって賃金を決めるということ、あるいは「決めることができる」ということは、同時にそれが公正であるということ——

ここでは各要素の貢献度を正確に表しているということ——を必ずしも保証しているわけではないのである。

（八）サローらの説明

サロー、ガルブレイス、ハイルブローナーらは、クラーク、サミュエルソンと異なり、次のように、平均的生産力の概念と、最終単位の付加によって生ずる限界的生産量としての限界生産力の概念との違いを認識しているように見える。「労働の限界生産力」について「注意して欲しいのは、（われわれが、ときどき犯す不注意であるが）一番目の人の限界生産力とか、「二番目の人の限界生産力と言うべきではないということである。…したがって、個人の限界生産力ではなく、労働の限界生産力なのである。」（五一八頁）だが、この認識は、次のように所得分配理論の箇所ではやはり消え去ってしまう。「生産要素の所得は、常にそれが購入者にもたらす限界収入に等しい」。したがって、「いかなる生産要素に対しても、搾取は存在しない」。（六一六頁）「それぞれの生産要素は、その報酬として、収入に対するちょうどその貢献分を受け取ることになる。」（六一八頁）問題はただ、このメカニズムを完全に実現するための、各人の能力開発への援助を含む完全競争のための条件を実現することである。（六一六頁）[22] ここにおいても、「限界生産物」と当該要素の平均的貢献分との間の矛盾は見過ごされたままである。

以上より、生産物中の被傭者労働への報酬（利潤、賃金）を彼らの貢献度によって正確に測定するならば、それはどのような大きさとなるか。

上でみたように、労働者総数の生産する生産物総量の変化だけを見れば、各追加的労働者の限界的貢献度は減少していく。だが、労働者の雇用量が増加するごとに、資本財（土地を含む）は再分配され、実際にはどの労働者も、追加分を加えて新しく決まった労働者総数の全員が同一の資本を使用する。したがって、限界的貢献分は実は全員が等しくなる。これが先にみたクラークの議論にも含まれていた内容であった。こうして、貢献度を正しく反映した彼らの個々の賃金は、この時の全労働者の貢献分の合計を被傭者数で割ったものとなり、それは全員が等しいものとなるのである。

土地以外の資本財については、その生産＝提供者に対して、それら用具の貢献度と等しい所得分配が行われねばならない。これらは人間の労働から生じた物であり、これは、それらを使用して行われる直接の生産労働と同じく、やはり貢献度に見合った報酬を期待する人間労働の結果であるからである。原理的にはその貢献分はおそらくその財の投入によってそれなしの場合と比べて増加した生産物部分で測定されるであろうが、労使間の分配を中心問題とするここではこの問題は先述のように一応所与の額としてすでに決定されているものとする。（補論5：労働者間の貢献度の測定方法について…章末）

なお、次に、土地についてであるが、実は「土地の貢献部分」という分配分はある意味では存在しない。土地は自然物である。しかし、要素提供に対して報酬を求めるのは人間だけである。土地の貢献への報酬と見えるのは、実は土地＝自然力を独占してそれを「資本」として利用することを考えた人間への貢納分である。土地それ自体に、「自らの貢献分に対して」報酬を求める意志はない。地代とはあくまで土地の排他的占有ゆえに要求される土地所有者への貢納分なのである。それはなんら「地主の貢献度」の範ちゅうに入るものではない。その根拠は独占的所有以外にはない。それは所有の独占力に応じて変化する。その根拠の強さは「使用料」を支払う側と要求する側の力関係（＝それなしに済ますことのできる期間がどちらが長いか）以外にはない。封建制下の極端な高地代の背後には、経済外的強制力＝暴力をともなった土地所有の独占力の高さがあった。現代社会における地代の水準は、独占力と、現代における力関係、すなわち他の生産要素と比べての土地所有そのものの実質的な重要性の変化を反映したものである。(23)

だが、競争関係を内包する市場経済においては、確かにまた、「天与の土地についても地代をつけることが、こうした希少性のある土地を正しく配分するためには必要である」。（サミュエルソン、八八五頁）これ自体は資源の公正な使用のためには必要なことである。この問題は資本主義、社会主義、どのような体制の下でも、企業活動の分権制を前提する限りは確かに重要なことである。だが、これはあくまでも社会的な公正性を実現するための地代の問題であって、これと私的独占を根拠とする現行の地代のありかたとは区別されねばならない。

（2）企業家労働の貢献度の測定

次に、企業家による起業労働と危険負担労働による貢献度の測定の問題を考えてみよう。

（イ）原理的規定

企業家の貢献分は、先述のように（第三節の一「企業家労働の内容と、貢献度の本質」）、本質的には、それによって社会の生産物をどれだけ増加できたかで測定される。この増加分が、社会的にみて彼の正当な取り分となる（＝「社会的純増分」説）。この部分はどのように測定できるか。

企業家労働に対する報酬も、他の労働と同様、それが生みだした貢献部分で測られるとすれば、その貢献度は、〈その起業活動がない場合と比べて、社会が蒙った利益の増大分〉で測定できる。それは具体的には生産量の増量部分として表わされる。商品価格を一定とすれば、それは結局、〈ある企業活動が行われたときの市場における全販売額、総収入の増分〉として表現される。

これを図示すると、当初の社会の総生産量はＯＡＢＣであったものが、ある企業の登場によりＯＡＥＤに増加した。このとき、ＢＥＤＣが企業家労働の貢献度となる。

では、現実の市場経済システムは、利潤（企業家労働に対する賃金としての）と被傭者労働に対する賃金の決定・分配において、このような貢献度を正確に表現するように機能しているか。（重ねて、ここでの利潤の用語はこの意味で、すなわち企業家労働の貢献分に対する正確な報酬として用いられていることに留意されたい。したがって、これらは、企業家報酬と被傭者報酬と呼ぶこともできる。）

この問題に関して、現実の市場経済機構で重要なのは、被傭者が真の意味で自由な状態で契約関係に入れるか否かであろう。利潤は上記のような意味においては、確かに「社会的差額」によって表現される。だが、これは、売買される商品価格が、すなわち企業にとってみれば商品販売が、そして労働者にとってみれば労働力販売が、なんらの不当な強制もなく、それぞれの価値、あるいは貢献度に一致して行われる場合に限られる。このような条件が実現してはじめて、利潤は公正な、社会的に正当なものとして実現し得る。(24)

以下、まず現実の市場経済システムにおける利潤、賃金の決定過程を見、その後でこの契約上の自由度の問題を考察する。

(ロ) 現行市場経済における報酬決定のメカニズム
——現実経済の利潤量は企業家労働の貢献度を表わしているか——

図 6

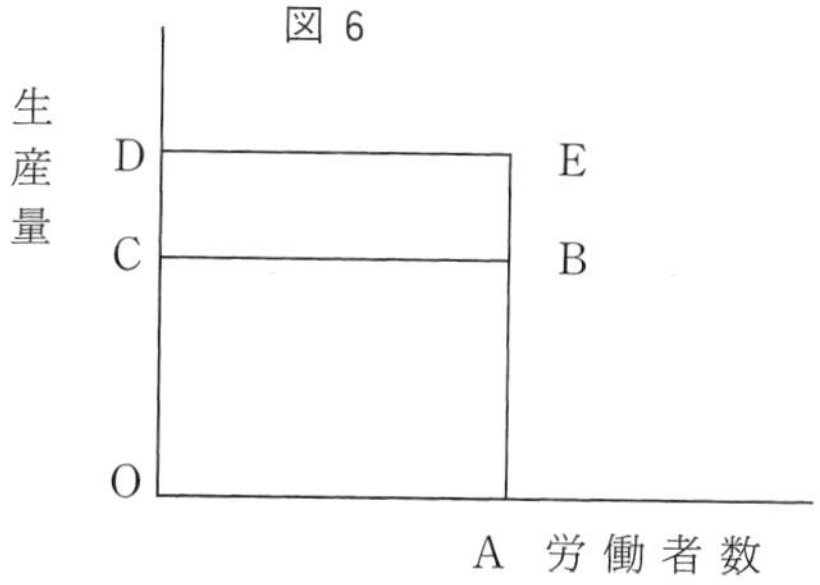

(i) 貢献度基準からみた利潤と賃金

ここでは競争的な産業における企業の状況について考える。(25)

この企業にとっては、価格は所与であり、限界収入（MR）と平均収入（AR）は一致している。企業の産出量は財の市場価格に影響を与えることができないのであり、この企業にとって需要曲線は水平線に見える。限界費用曲線は下に凸の曲線となり、その上昇する部分はその企業の供給曲線となる。この時企業は利潤を極大化するために、限界収入と限界費用（MC）が一致するところまで生産量を拡大する。

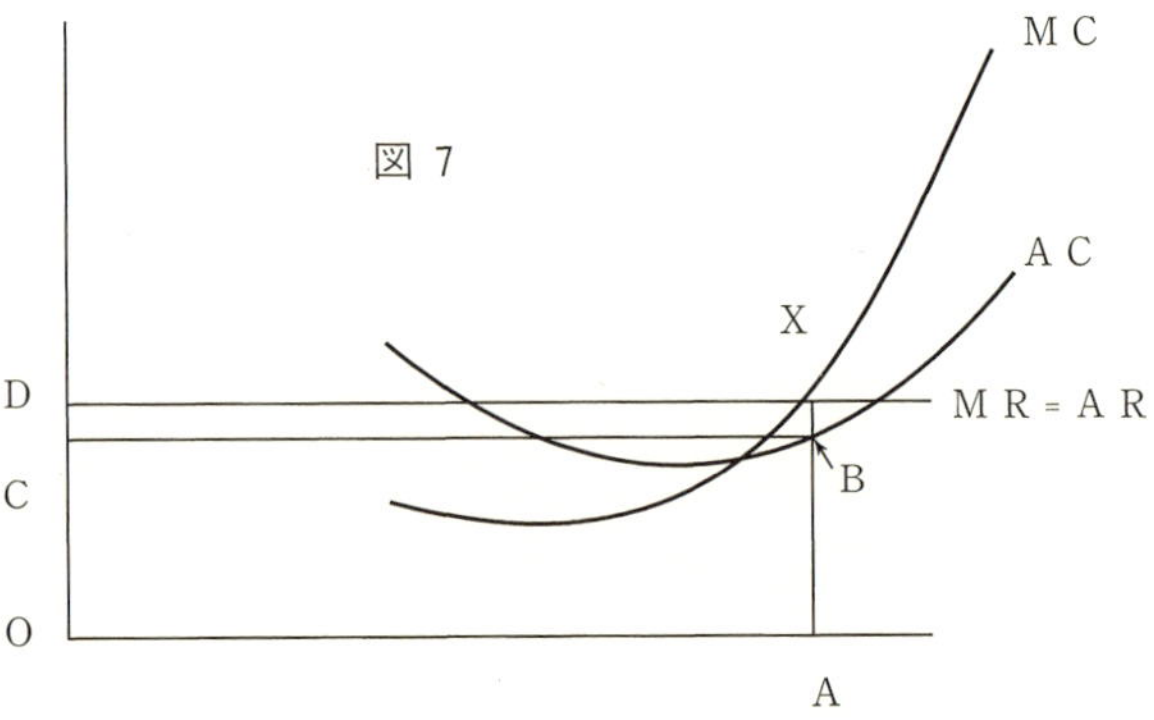

図 7

　ここで、総収入は産出量に平均収入を掛けたものとなる。（このとき、平均収入は前述のように限界収入と一致している。）総費用は産出量に平均費用（AC）を掛けたものである。この差が総利潤BXDCとなる。これが現実経済における企業家労働への報酬部分（＝利潤）だとするとき、はたしてこの差額部分は、上に考察した正しい貢献度＝貢献部分としての「社会的生産量純増分」と一致するか。

　サローらは、先にもふれたように「生産要素の所得は、…それが購入者にもたらす限界収入に等しいのであり、利潤極大化を求めるすべての企業家は、限界収入生産物が限界費用に等しくなるまで生産要素を賃借し続ける」、その結果、「真に競争的なシステムにおいては、すべての生産要素は、生産に対するその貢献に比例して報酬を受ける」として、少なくとも原理的には、限界収入＝限界費用の基準に立った企業家の生産決定が、同時に各要素の貢献度を正しく表すものとする。（ただし、このことを前提とした上で、現実の社会においては所得格差は大きすぎ、これは各要素の生産性では説明できないとして、「限界生産力理論は、純粋競争の諸条件のもとでのみ妥当する」のであり、その条件を作り出すことが残された課題であるという点も付記している[26]）。はたして、問題は本当に競争条件の不備のみなのか。純粋競争のもとにおいてさえ、限界生産力理論に基づく利潤量の決定という考え方そのものに問題はないのか。

　この問題は、上のような限界概念によって決まる利潤量が、前記の企業家労働の貢献分と一致するか否かという問題として考察できる。

図８

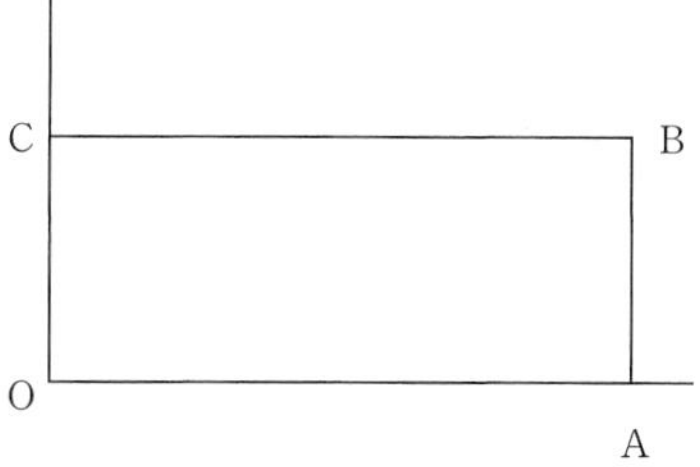

独立生産者の社会

図９

企業社会

まず、再度、企業家労働の理論的に精確な貢献分を、独立生産者からなる社会と企業社会とを比較することで原理的に表現してみよう。

企業社会では生産量がＢＥＤＣだけ増加している。ある社会が新しい経済システムに移行するためには、少なくとも全体の生産量が増加することが条件となるであろうから、ある社会が企業社会に移行する際にはこの増加部分は必ず生ずる。この新しい社会、企業社会が公正な分配を実現している社会であると言えるためには、企業家が登場したがゆえに実現したところの彼の貢献分ＢＥＤＣがちょうど企業家の利潤となっていること、あるいは、旧独立生産者＝現在の被傭者となっている人々がその残額のＯＡＢＣを正確に受け取っていることが必要である。

次に、企業社会が始まり、さらに生産量を拡大するように変化していくとき、利潤、賃金の分配はどう変化するか。利潤量はたとえばＢＥＤＣか、ＥＦＧＤか、ＢＦＧＣのいずれかのかたちを、あるいは他のどのような形をとるのか。

図10

企業社会　1

図11

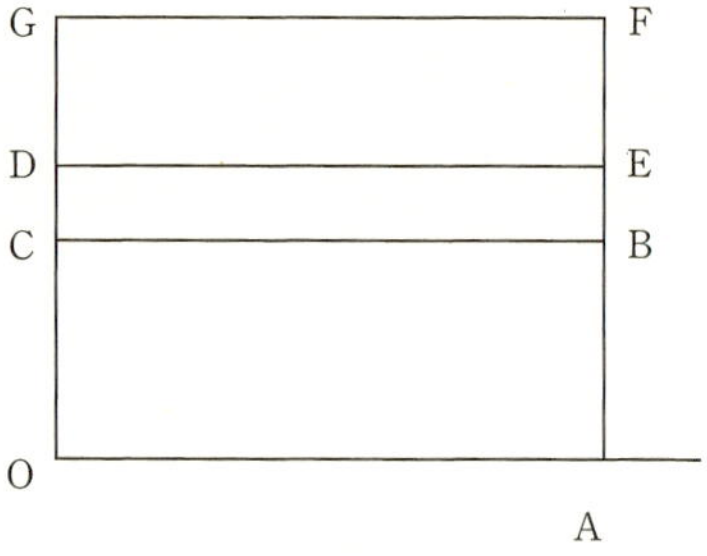

企業社会　2

貢献度基準からすると、他の条件が変わらず、企業家労働の変化のみによってこの生産量の拡大が生じたとすれば、利潤量はＢＦＧＣとなる。だが、現実には、労働者の貢献度も同時に拡大する場合が多い。すなわち、企業家の新しい企業活動のアイデアを実現するためには、通常、技術革新が伴う。それとともに被傭者の側においても機械化、情報化に見合ったより高い労働能力が必要となる。そして彼らは、その能力を身につける教育期間の長期化に応じて、自らの生活手段をより多く必要とする。その結果、等量の労働時間における労働は以前よりも大きな貢献分を表わすことになる。こうして、通常、より多くの生産量の実現のためには、企業家、労働者、共にその貢献度が上昇する。その結果、通常、利潤と賃金の分配は、これら両者の貢献度に見合って、たとえばＥＦＧＤとＡＥＤＯという形でともに増大していくという方向で決まることが公正であるということになろう。

(ii) 現実の市場メカニズムによる利潤決定との比較

次に、上のような貢献度原則による本来の利潤量と、先にみた現実の市場メカニズムによって決まる利潤量とが一致するか否かを考えよう。

社会的純増分としての貢献度概念によれば、企業家の労働に対する利潤は図12によって表わされる。

他方、限界概念によれば、利潤（また賃金）は13、14の両図による表わし方がある。

限界概念における利潤部分について（図13と図14の比較）

図14の利潤をＥＣＢと理解すれば、両利潤ＢＸＤＣとＥＣＢは一致する。ここに示されるクラーク、サミュエルソンの考え方による限界概念では、ＡＤＣＥが賃金に、残りのＥＣＢが利潤となる。しかし、ＥＣＢは被傭者の貢献部分を過少に評価した残差であり、企業家の貢献度とは一致しないことはすでに見た。では、図13における利潤部分はどうか。これは図12の利潤部分を正しく表しているか。

図15による検討

企業家の本来の貢献度である図12のＢＥＤＣと市場における限界概念による企業家利潤の評価（図13のＢＸＤＣ）とは一致しないことを、新たに図15を描くことによって確認しよう。

これは社会全体の生産・分配を表わしたものである。ここでは、横軸に社会全体の被傭者数を、縦軸に生産量をとっている。N^*は完全雇用点である。N^1は企業以前社会の生産者（独立生産者）数、N^2は企業社会のそれ（被傭者数）である。N^2がN^1より左にあるのは、企業社会では何％かの失業者の存在が常態だからである。$Q-AR^1$は企業以前社会の生産者（＝労働者）の平均的貢献量、$Q'-AR^2$は企業社会のそれである。後者は新生産技術を体現することにより、前者よりも上方に位置する。ＭＲが企業社会における各追加的被傭者の限界的貢献量である。企業数は一つとする。

このとき、ＯＸを、企業の登場以前の社会の各生産者＝労働者の平均的生産量とする。ON^1にＯＸを掛けたものが、そのときの総生産量である。企業社会においては、$Q'-AR^2$上の点Ｚにおいて、N^1の雇用量が対応していると

図12

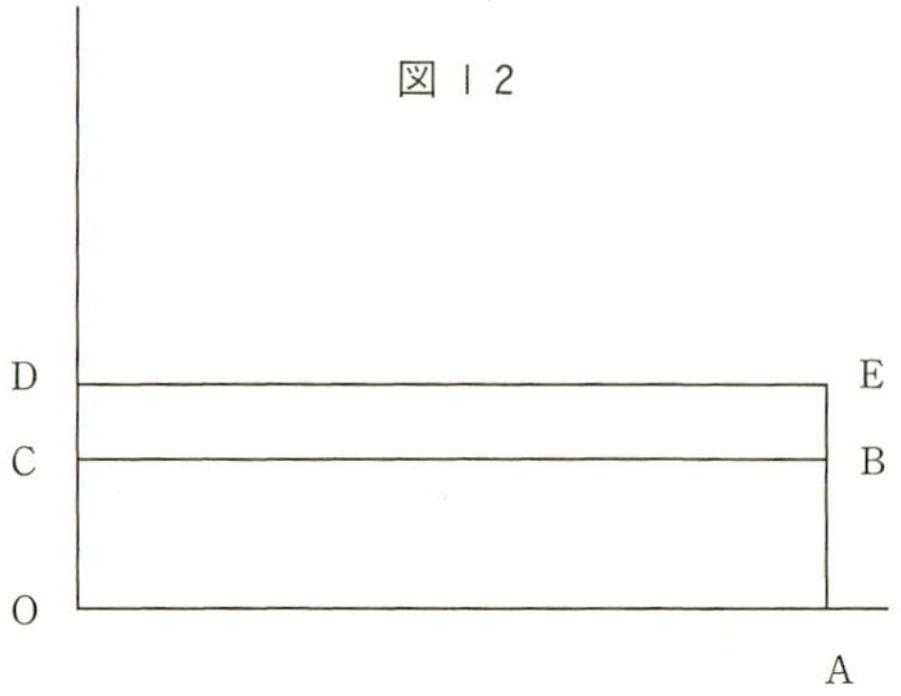

企業社会の図

図13

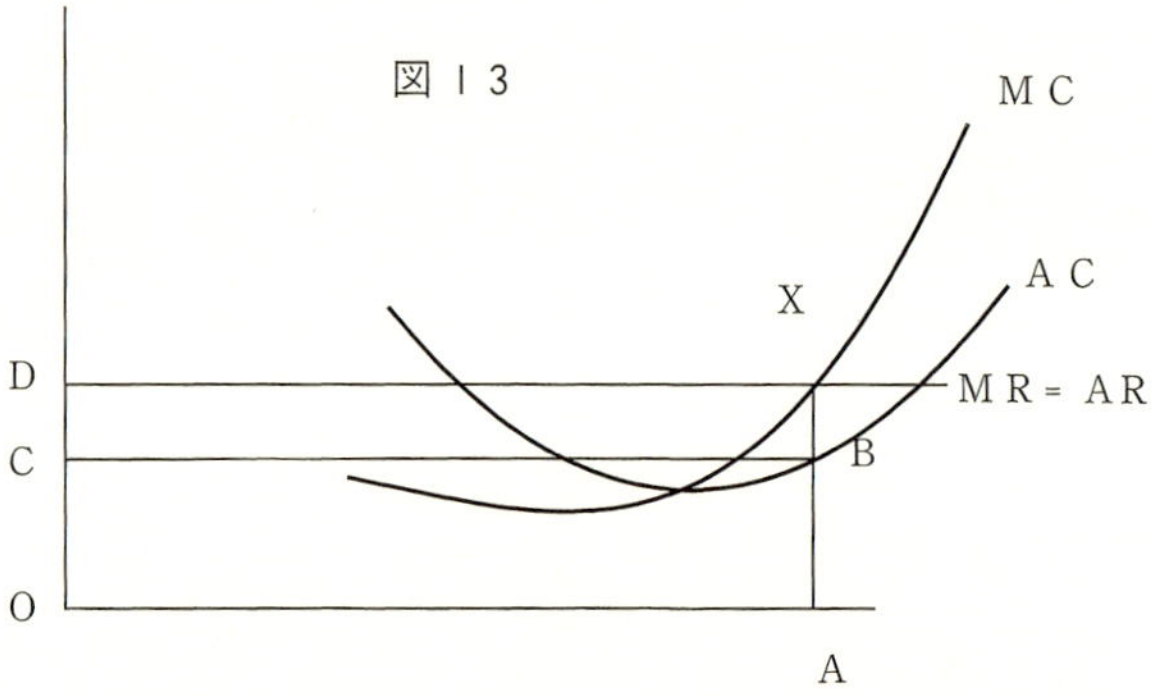

前掲　限界概念による生産・分配図（1）
（サローらによるもの）

図14

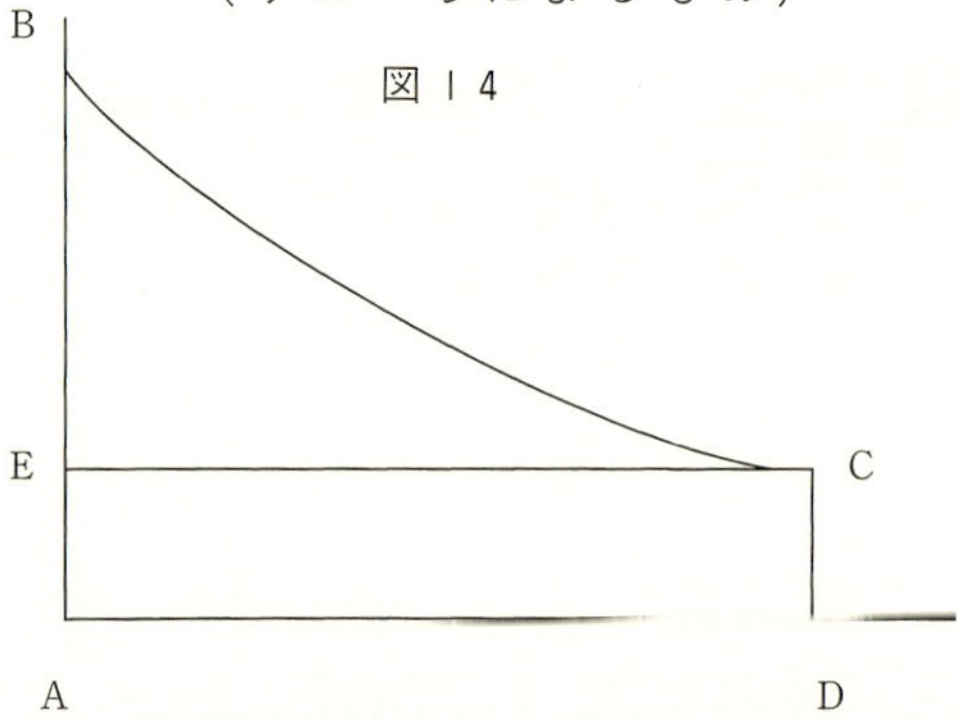

前掲　限界概念による生産・分配図（2）
（クラークによるもの）

図15

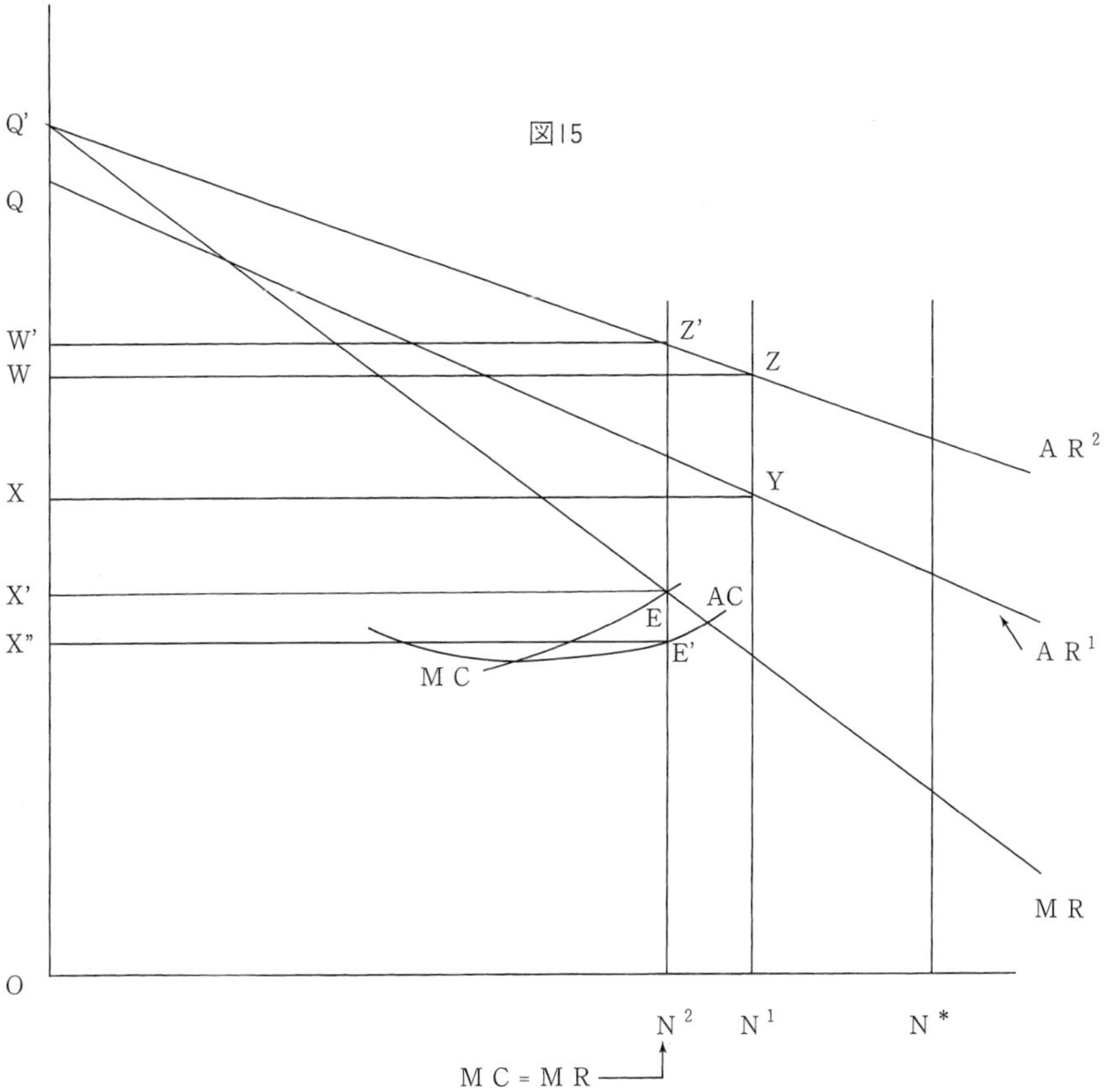

AR¹：企業なし
AR²：企業あり

する。このとき、N^1の労働量とON^1ZWの生産量が実現し、このとき企業登場以前の社会と比べて、企業活動の下ではXYZWの生産量がつけ加わっていることになる。貢献度基準からするとこれが企業家労働の貢献分となる。

この貢献分＝企業家労働の賃金＝「利潤」は、図13のメカニズムによって決まる利潤量CBXDとは異なる。図13ではMC＝MRの点に対応して利潤が極大量となり、これは図15においてはE点として、また利潤量はE'Z'W'X"として決定される。これに応じて雇用量N^2と生産量$ON^2Z'W'$が決まる。だが、図15では社会全体の生産物の純増分としての本来の利潤(＝XYZW)極大となる雇用量はQ'－AR^2の切片と傾きに応じて決まり、ここではN^1の雇用量の時であった。N^2の雇用量に対しては、企業以前社会と比べた時の企業社会の生産増分、すなわち企業家の貢献分＝利潤は$ON^2Z'W'$からON^1YXを引いたものであるが、これは右のXYZWと必ずしも一致しない。利潤量、生産量、雇用量ともに両者の場合には異なった数値となる。この違いは、両図が異なった原理で生産量を決めているがゆえに当然生ずる。また、これはEZ'W'X'とも一致する保証はない。EZ'W'X'はMC＝MRという原理で決まる。そしてこの時MCの一部は先にクラークのところで見た「労働力に適用された限界生産力原理」、すなわち交渉力の格差に基づく恣意的原理によって決まる。

さて、図15では、本来の利潤極大を実現するのはN^1の雇用量の時であり、これは必ずしも完全雇用量であるN^*とは一致しない。しかし、そもそも、以前の社会において完全雇用が実現していなければ、仮に新しい企業社会において完全雇用が実現していなくとも、それは企業家の責任ではない。企業家は、旧来と同様のN^1の雇用を実現すれば、その点での社会的責任を果たしていることになる。少なくとも雇用量を見る限り事態を悪化させてはいない。

正当な利潤からの賃金部分への移転の可能性について：ここでは企業数を一つと想定したが、企業数が増えると、企業間での労働者の獲得競争のために、賃金水準は上昇する。そこでは労働者の貢献度それ自体が増えるわけではないが賃金は上昇する。[27]この部分は正当な利潤からの賃金部分への移転として実現する可能性がある。

〈本節の小括〉

以上にみたように、従来の限界概念においては、利潤は生産要素を収入から差し引いた差額として決定されるので、その決定主体は実質的には企業家であると言ってよかった。それゆえ、そこでは彼が購入する要素のみを可変的と想定できるのみであり、企業家労働それ自体の貢献度に応じて彼の利潤を決定する方法は存在しなかった。そこで、本章では、企業家労働の貢献度を表わすもう一つの方法として、社会に対する生産純増分としての企業家労働の貢献度（＝「社会的純増分」）という考え方を提示した。これが図15にＸＹＺＷとして示した考え方であった。市場経済社会における公正な分配分の基準を貢献度において利潤を決定するというメカニズムが採用されるならば、それは利潤、賃金、雇用量、総生産量のすべてに影響を及ぼすであろう。

これを、企業家の購入する要素の限界生産物に焦点をあてた旧来の限界概念と区別して、企業家の労働それ自体の生産純増分に焦点をあてるもう一つの限界概念＝「社会的限界生産力」説と呼ぶこともできよう。

ブローグは、危険負担・起業労働としての企業家労働の貢献度はどれだけか、という問題視角と同様に、「利潤を、危険負担や不確実性負担とともに究極的調整および意思決定という諸用役を含めた『組織』とか『企業』とか呼ばれる独自の第四の生産要因に対する報酬として」説明できるか、あるいは、「標準的な限界生産力説を適用して、『正常利潤』を、企業者の限界生産物として定義」できるかを問い、ある要因が「無限に分割可能であり、しかも厳密に等質的でない限り、その要因の限界生産物について正確に定義することはできない」のであり、「企業にとっては、企業者は分割可能な要因であるとは見えないし、…企業者たちは余りにも異質的であるために、企業者投入量という単位について、云々することはできない」と述べている。[28]本章ではこれに対し、限界生産力概念を「社会的限界生産力」として把握することによって、利潤の根拠と大きさを正確に理解できるという視点を提起している。

これはすなわち、企業活動がつけ加わったことにより、「旧来の、企業活動なしの社会の生産量」に、どれだけの生産物がつけ加わったかに注目し、これを企業家の貢献度とするというものであった。それは上のように、原理的には測定可能な概念である。確かに、ここで扱われている概念には、「ある企業の登場以前と以後における社会の生産量」という、実際には計量しにくい要素が含まれてはいる。しかし、以上の概念的な検討過程とその結果は、旧来の限界概念による利潤測定の誤りを明らかに示しているのであり、利潤、賃金間の公正な分配の問題を解決するためには、この新しい分配基準概念の採用が有効となるであろうと考えられる。

第四節　現行の分配メカニズムの是正策
――現行の市場システムにおける「限界的な賃金決定」を可能としてきた要因とその是正策――

生活に不可欠の生産物であれ、それを超える剰余生産物であれ、生産物の一部がその部分の生産に貢献した人の意図に反してその人以外の手にはいることを「搾取」と呼ぶとすれば、上述のように、現行の市場経済システムはその状態が出現することを許すルールを伴って機能しているといえよう。[29]
このような「搾取」を伴う現行ルールは、現行社会における社会構成員の、〈そのより底流をなす基本的な、共通の合意された分配ルール〉としての〈貢献度基準〉に一致しないものである。それゆえ私たちはこの不一致の是正のために、まず、現行ルールをこの基本的ルールに反して機能させている要因を明らかにする必要がある。
ただし、現実の変更の可能性、必要性の問題においては、もし現行ルールを貢献度原則に近づけうる、あるいはそれを完全に実現できる他のルールで置き換えた場合、社会構成員の得る総体的満足度がどのように変化するかというもう一つの問題も詳細に検討されなければならない。もしも現行ルールを変えたとき、社会を構成している他の諸要因の機能もそれとともに変わるならば、かえって社会成員の得る現行の満足度さえ達成できなくなる恐れもあり得るからである。

この点に留意しつつ、ここでは貢献度基準による分配が効用の最大化をもたらすと前提した上で、それと異なる現行ルールを生みだし、支えてきた要因と、それへの対処方法とを検討する。

これまでの不正確、そしておそらくはまた不公正な現行ルールを支えてきた基本的要因として、一つには、本稿で明らかになった貢献度基準の内容がこれまでは明確に認識されてこなかったことが挙げられよう。従来は限界概念によってそれが正しく表現されていると誤解されてきたこと、とくに需給システムの外で決まってきた旧来の利潤概念でさえも、あたかも限界概念と市場メカニズムの内部で公正に決定されてきたかのように誤解されてきたことがその原因であったと考えられる。

もう一つの要因は、財所有の不均等による、労働力市場における需要者側の強力な力の存在、賃金契約の場面での交渉力の格差の存在である。先にサローらが指摘していた「生産性以外の要因による所得格差」も、ブローグの言う「需要要因」の強力な作用も、つまりはこのことを意味するものであった(30)。この場合の交渉力の格差とは、つまりは生活手段の所有格差を意味する。交渉過程においては、交渉過程を早く終了させなければならない立場の者が不利な契約をのまざるをえない。現実にこの交渉力格差が存在する限り、――そしてそれは市場経済システムの誕生以降、そのシステムに絶えず影の様に寄り添ってきた条件なのであるが――、現行の市場経済システムはただ単に形式上の意味においてのみ、「自由な、平等な」システムであるというしかない。

このことからは、次のような、「資本主義」経済、そして本質的には市場経済に対する批判が成立し得るであろう。すなわち、自然的能力の格差を認めた上での生産手段の私的所有制度は、不可避的にそれら手段の少数者への集中を招き、それが非所有者の所有者に対する契約上の隷属を招く余地がある、そしてまたその結果として繰り返し生ずる交渉力格差が貢献度とかいりした不公正な生産物分配（＝「搾取」）を可能とし、このことがますます財の所有格差を拡大する、との批判である。(31)

だが、このような実態に対して、従来の市場経済、資本主義経済批判が、企業家労働の貢献分を正確に定義しないままの批判にとどまった限りでは、それらは充分に科学的とは言えない素朴な批判でしかなかった。が、素朴ではあれ、実際の分配が現実の貢献度に照らして余りにもかけ離れていると誰にも感じられた時代には、このような批判でも、本来の貢献度に見合った成果分配の方向に格差を是正する上で一定の役割を果たすことができたのであり、それが二〇世紀半ばまでの労働運動のもつ「拮抗力」としての役割への人々の共感を支えてきたと言えよう。だが、生産力と全般的生活水準の上昇は分配問題の認識を複雑化させ、このような素朴な動機を弱めるように作用するであろう。そこにおいて、人々はより正確な公正性理解を求めるようになる。このような市民社会の発達段階において、上で解明した内容をもって貢献度基準がより明確な形で理解され、適用されるようになれば、成果分配の分野における市民社会の制度づくりが一層高い段階に進むことができるかもしれない。これによって社会構成員のすべてが、現行社会の認める最も基本的な、公正な分配ルール＝貢献度基準に依拠した分配を、より高い精度をもって実現することが可能となるのではないであろうか。

このようなより正確かつ精確な分配ルールを現実に実現するためには、上に示した財所有の不均等からくる交渉力の格差の是正が必要となる。現行社会の到達した基本的な第一の分配原理である貢献度・能力原則に立脚すれば、正当な対価を払って入手した財を使って行う企業家労働から企業家がその貢献度に見合う利潤を得ることと、その結果生ずる富裕格差に対しては、誰もがそれを公正なものと認めるであろう。だが、要素市場における交渉力格差によって、労働力という要素の提供者が作り出す貢献分以上を企業家が入手してしまうような経済システムは公正

とは認められないであろう。(32)

一方で、働きに応じて分配するという能力原則の結果として生ずる正当な財所有の格差を認めながら、自然的能力格差の結果として、他方で労働力市場においてはこのような歪みが生じてしまうという矛盾を防ぐにはどうしたらよいか。一つの方法は、交渉力格差を生み出す原因となる財所有の格差部分をなくすことであろう。貢献度原則を第一の分配原理と認める立場からは、たとえ自らの労働能力の乏しさによって財所有の乏しい状態に陥った被傭者であっても、彼が不当に自らの貢献分を奪われることなく、労働力市場において社会が認める公正な基本的分配原則としての貢献度基準にかなった分配分を入手できるような何らかの社会的保証が必要である。そのためには、当該社会として、彼らがこのような交渉力を身につける水準まで、すなわち「正当な貢献度以下の支払しか提示されないのであれば、自分はこの契約を結ばない」とそれを拒否できるだけの財所有を保証することが必要となる。

その具体的な方法は所得再分配によるしかない。社会が認める最重要なルール、権利を実現するために一定の財の保有が必要であり、それを個々人の自然的能力に期待することができない場合には、それらの人々に対してそれを社会的に保証するしか方法はない。所得再分配は、これまで主として生活保障のためとして論じられてきた。しかし、もう一つの機能として、交渉力格差を防ぐことが新たにそれに付加されるべき役割となる、というのがここでの政策的含意である。

しかし、この再分配分はある程度の限度内のものとなろう。まず、上にみた平均的生産力としての被傭者の貢献度概念、また社会的限界生産力としての企業家労働の貢献分概念が正しいとするならば、これとかいりする現実の分配水準の決定に対しては、社会＝政府は被傭者の交渉力を強化するための、所得再分配以外の、たとえば労働組合立法などを通じたなんらかの調整的介入を行うことができよう。それにより、雇用者・被傭者間のそれぞれの交渉力が正常な水準のものとして実現するにつれて、現行の市場における利潤と賃金の分配ルールは貢献度原則を正確に適用する方向で是正されていく。これによって現行の〈交渉力格差＝生活手段保有上の格差〉はすでに相当程度是正できるであろう。それでも残存する交渉力格差の部分についてのみ、社会は所得再分配による是正措置をとればよい。そこでは財供与の行き過ぎという過剰保障の問題は抑えられるであろう。

小　括

〈問題〉

自由市場経済において、不当な、過大な利潤が、または不当な過少な賃金が実現しているか。

〈考察と結論〉

（1）まず、ある商品が販売されるとき、そこで分配されるべき収入となる商品価値とは、長期的均衡状態においては「効用＝労働量」のことである。

（2）市民社会において合意されている基本的分配ルールは〈貢献度基準による分配〉である。

（3）問題は、企業家がつける被傭者の労働力の価格＝賃金と、企業家が入手する企業家労働への対価＝利潤は、それぞれの貢献度と一致するか否かである。

（4）現行の市場経済における被傭者の労働の価格づけは限界生産力概念によってなされている。そこにおいては、被傭者労働の貢献度が、労働力市場における企業家の優勢な交渉力によって過少に評価されて表われる。つまり、その残額としての企業家労働の貢献度＝利潤は過大に評価されて表われる。正当な利潤とは、販売収入中の、企業家労働による「社会的限界生産物」に対応する部分である。

（5）市場経済制度が公正な分配ルールを伴って機能するためには、この、被傭者貢献分からの企業家貢献分への不当な移転部分を抑えることが必要である。そのためには、第一に、労働立法等によって社会＝政府が貢献度に見合った利潤、賃金分配の実現を保証すること、第二に、貢献度に見合った賃金を入手し得ても、それが低水準であるがゆえに契約上の交渉力が不利となる人々に対しては、貢献度にあった契約以外は拒否できるだけのところまで、社会的財供与＝所得再分配によって被傭者の交渉力を高めることが必要である。

（補論1） 自由と隷属の「パラドックス」について

古来、自由と隷属についての「パラドックス」が指摘されている。自由な意志決定はその反対物としての不自由な関係をも選択しうるという問題がそれである。確かに、民主的な市民社会における人間も、古代ギリシャの市民たちと同様、常に、自由な民主的投票の下でその反対物としての独裁制度を選択し得る。こうして、自らと相入れないいわば自己否定的選択をなす可能性を我々は否定できない。

しかし、人間の選択肢には、実はそもそもパラドックスは存在しない。上の例でも形式的な点からみればある種のパラドックスが存在するかに見えるが、それは実は「新しい選択が古い選択を否定する」という事態を意味するだけである。このような視点からみるならば、これはパラドックスではない。そこにはなにも矛盾するものはない。

人間の知的能力の有限性を前提すると、どのような制度、人間関係のルールであれ、ある時期に選択されたそれが永遠に人間にとって同様の利益を与え続けると結論することはできない。その意味では、上のような選択を「パラドックス」と呼ぶことは無意味である。人間の新しい選択には何らの制限もない。その意味で実は、ここには問題は何も存在しない。人間は、ある時、ある制度を選ぶ。それが自由を重視するものであれ、隷従を是とするものであれ、とにかく選ぶ。それは彼が、そのとき、所与の条件下で、その制度こそが彼に最大満足を与えると考えたからである。人間は、自らの利益の最大化のために、環境の変化に応じてどのような制度も選ぶことができる。

（補論2）アリストテレスと貢献度原則について

有江氏は、貢献度原則の分配ルールに関する基本的視角をアリストテレスの考え方に基づきながら次のように整理している。このように古代から貢献度分配ルールが注目されていたことは、このルール（貢献度分配ルール）が人間のもつ公正感に訴える力がいかに強いものであったかを示している[33]。

分配の本質的基準としての「値打ち」：アリストテレスは、国有財産、共有財、たとえば、役職についた市民への報酬、植民地の土地などの「分配における正しさはなんらかの値打ち（akseea）にしたがって、定められなければならない」と考えた[34]。ここで（akseea）とは、値打ち（worth）、価値（value）、功績（merit あるいは desert）をさす[35]。これらの財は、すべて何らかの生産あるいは獲得のための活動＝労働の結果として生ずるものである。したがって、それらの分配の基準としての「値打ち」も、本章で議論している貢献度のことであり、後述の、企業活動における商品の販売収入の、各要素間での分配方法の問題もこの一部となる。

商品の交換比率：もう一つ、アリストテレスが問題とするのは、「何足の靴が一軒の家に…等しいか」という交換比率の問題である。これについてアリストテレスは、「まず最初に両者の所産の間に比例的な均等が定められ、その後に相互的な応報が行われるなら、…人々の結びつきが実現する」[36]と考える。ここで問題とされているのは、後述の商品価値、交換比率の決定要因である。

この比例性の内容が何であるかが、後世、効用価値説と労働価値説の対立として議論されていく。この比例性とは、それが維持されないなら、「人々の関係は維持されなくなる」ほどの結果を生むほどの、社会関係の維持にとって最重要なものである。したがって、この比例性に対しては、それが満たされるならば人々が分業関係を維持し続けることに同意できるほどの公正性を持ったものであることが求められている。

有江氏は、ここでアリストテレスによって示される比例性の基準は、「生産者の価値性・貢献度」と「なるのは当然である」とし、「マルクスは、…労働契約…のもとでは、…あるべき『分配的正義』（労働に応じた交換＝等労働量交換）が実現していないことを主張しようとした」とする。[37][38] だが、この「価値性・貢献度」の内実こそが実は問われているのであり、その内容が従来は効用と労働という両極的な内容として議論されてきた。この問題の解決が本章の一つの課題をなしている。

（補論3）完全なオートメーションと利潤の存在について

労働なしに、つまり投下労働の搾取なしに利潤は生じ得るかという問題に対し、置塩氏は生じ得ると答える。[39]

置塩氏によれば、まず、労働価値説では生産物の価値は投下労働で決まる。ゆえに、労働者なしの「生産」では価値は生産されず、ましてや増殖もしない。よって、利潤は生じ得ない、とされているとされる。

これに対し、氏は、オートメーションを論じて、「生きた労働が仮にゼロになったとしても利潤率はゼロとはならない」と考える。そこでは、氏は、前提として、（完全なオートメーションの結果）生産財産業、消費財産業ともに、生産財1単位は、それ以上の生産財、消費財を作り出すとの条件を設定する。

さて、利潤とは、投下資本量を超える資本家の取り分である。氏は完全なオートメーション設備のもとで、労働者を雇わなくとも、投入財を上回る生産が生ずるとする（この場合、自らの企業家労働さえも不要になる点があり、それ以降は完全な自動生産が行われるとしよう）。明らかにここでは文字どおりの「財の自己増殖」が起こり、もしそうであるならば、それは確かに企業家の利潤となり得る。企業家、あるいは資本提供者としての資本家総体の所有する生産財が、自動的に（被傭者、あるいは企業者いずれの労働もなしに）財を増殖させるのであるから、社会総体として、必ず増殖分としての財＝利潤が生ずる。この時被傭者としての労働者は存在していないのであるから、ここには搾取は存在しない。

だが、明らかに、これはもはや希少性が問題とならない世界の話である。分配の根拠、正当性、貢献度等が問題となるのは財の希少性があるからこそである。完全なオートメーションの世界では、(それが本当に実現可能か否か疑問が残るが) もはや分配制度、所有制度、社会体制は問題とはならない。それはマルクスの言う共産主義社会の段階を支える高度の生産力の世界をも超える社会であろう。そこでの企業家は、もはや何等の希少性もない財＝富を独占しようという動機すら失うであろう。そこにはもはやどのような分配問題もない。こうして、置塩氏の「完全なオートメーションの世界」の議論は確かに成立するが、それは現実の社会とはほど遠い、もはや経済問題が消滅した理想的な世界における議論としてのみである。

しかしまた、現実の世界が、方向性としてだけは、このような省労働力化の方向に向かって徐々に進んでいくこともまた否定できない現実であろう。氏の議論は、このような「中間的歴史過程」の問題に対する、極端な事例の提示による示唆として受け取るならば検討に値する。生産力の増大は、財の希少性を低めていく。労働力でなく自然力の利用によって、必要な財の生産がより多く行われるようになっていく。この時、労働を根拠にした分配ルールのみを堅持するならば、資本所有者と非所有者との間の財の分配格差は顕著なものになって行く。

仮に、ある、生産力の高いオートメーション装置が作られたとしよう。いくら被傭者がその生産に貢献したものであったとはいえ、彼はその対価を得た時点でその使用からは排除される。それを企業家のみが運転できるのであれば、そしてそれによってもはや企業家の望むだけの財が十分に生産されるのであれば、被傭者は生産に関わることはできない。彼は生存できない。

財の希少な時代の分配ルールと、財の希少性が消滅する時代の分配ルールと、そしてその中間の時代の分配ルールとは、同一のものであってはならない。希少な時代には、人間個々人の生存順位をつけねばならぬという問題を避けることはできず、そのために必要となる分配ルールとしてはおそらく貢献度分配が中心的ルールとなる。希少性が消滅する時代には、問題なく、必要度がそれに代わる。では、希少性が、そして労働の必要性が低下していく中間の時代にはどうなるであろうか。このような問題を提起するものとして、オートメーションの問題は位置づけることができよう。

ただし、現実には、現行社会の生産場面では労働力は相変わらず不可欠の、また中心的な要素であり続けている。人間労働は、人間の必要物（それが一次、二次、三次のいずれの産業の産物であれ）を生産する際の重要な要因であり続けている。本章では、とりあえず、この大前提の問題に対して、現段階はいまだ上述の貢献度分配が中心的に要請されている段階であるとの立場に立って考察を進めている。中間の時代（現代もすでにその一部に踏み込んでいるのであろうが）については、貢献度基準の段階の問題を解決した後にあらためて考察する必要があろう。

（補論４） 利子の根拠説としての資本の生産力説（節欲説、時差説）について

これは、資本の物的生産力から利潤が生ずるという見解である。労働者（ここでは被傭者と企業家双方を含む）は確かに生産設備を使って生産をする、その意味では主役級の人物であろうが、彼が使っている生産財は彼のものではない。そこでの問題は、ここで資本提供者は、——ここでは資本を提供するという役割のみを負った人物を考えている——、彼が資本を提供したがゆえに、生産物の一部を入手する資格はあるのかというものである。これに対しては次の二つの根拠が考えられている。

節欲説：これは、彼が提供する資本が彼の節欲ゆえに生じたのであれば、それに対する報酬は当然必要であるというものである。これは彼のこうむる不効用という貢献に対する報酬という性質を持つ。

この説が正しいとされるならば、生産財の私的所有が認められる社会では、一般に、節欲による利潤入手という根拠が成立し得る。しかしまたそれゆえに当然、ある資本が節欲からではない根拠によって—たとえば遺産相続、宝くじなど何等の不効用もこうむることなしに—手に入った場合には、それが資本として提供された場合には利子払いは不要ということになる。しかし、現行の市場においてはこのいずれの根拠からその資本が所有者の手に入っ

たかは問われない。すなわち節欲説が正当なものと評価されたとしても、現行の市場はその不効用の有無、多寡を評価できない。(多寡を、というのは、節欲の量の多寡のことである。)

時差説＝将来財割引説：これは次のようである。人間は本性上、将来財を現在財より割り引いて評価する。資本家が企業家に貸し付ける資本(すなわちその一部はたとえば企業家が労働者に支払う消費財となる)は、将来、より多くの財(消費財あるいは資本財)として返ってこなければならない。そうでなければ、彼はその資本を現在の消費に使ってしまうであろう。また、そのような増分が期待できるからこそ、資本家は投資をする。したがって、資本家は当然この資本投下の際に、将来の取り分が増えるように契約を結ぶこととなる。この増分が利潤であるとされる。[40]

これは直接生産活動に対する貢献とは見えないが、現在の消費をやめるという節欲によってその増加分の生産活動を生ぜしめたという点からは、生産活動への貢献となっていることになる。ゆえに、この説は結局は節欲説の一部となる。

(補論5) 労働者間の貢献度の測定方法について

本文では、同質の貢献を行う被傭者を想定した。ここでは、異なった貢献を行う被傭者の貢献分をどのように測定できるかという問題を考える。

〈考察：車の生産の例〉

車は一人だけでは作れないとする。二人以上が協力して初めて作れるとする。

A、B、Cの三人で車を生産している。

A、Bは協力して一生産期間に一台作る。

A、Cは協力して一生産期間に二台作る。

B、Cは協力して一生産期間に二・五台作る。

ここで、X、Y、Zを各人の貢献分として、連立方程式を作ることができる。これを解くと、各人の貢献度がでる。

つまり、被傭者間で貢献度が異なる場合には、それぞれの貢献度は、連立方程式を解くことによって明らかになる。ただし、要素（労働者）数と同数の方程式が必要である。

（1）　なお、当然マルクスも、人々がこの体制の変更を選択する基準として、上述の絶対的利益と相対的不利益の合計としての純利益を増大しようとするということを想定していたはずである。したがって、生産手段の公有化という代替案を提出する際にも、この純利益増大という基準が採用されているはずである。ところで、この基準に従うならば、当然、公有化による生産効率の低下の可能性の問題が考慮に入れられなければならないが、この点はマルクスによっては不問とされている。

（2）　ここからは、「では、現存条件が変われば、他の可能性が生ずるのか」、という新しい問題が生まれる。現存条件の中でその将来の変化に注目すべき重要な要素の一つとして、人間性あるいは人間性理解の変化、すなわち労働動機（＝誰のために、何のために）の変化があげられよう。が、その変化とその影響についての考察は第六章で行うこととし、ここでは常識的な理解（＝利他を加味しつつも、利己が中心）を前提として考察を進めることとする。

（3）　小泉信三氏は一九四九年に、マルクスが一八九一年のエルフルト綱領で提起した現実的政策は、労働者の貧窮を緩和し、革命は生じにくくなるはずである、また、実際に、生産力の増進と民主政治の進歩、社会政策思想の浸透は労働者階級の利益になったので、現実にも歴史はその方向に進んでいると述べた。（『共産主義批判の常識』講談社、一九七六年、四七－四九頁。）だが、問題は、同氏の表現が図らずも示しているように、労働者の選択が複雑なものとなった点にこそあるのであって、このような歴史的特徴から直ちに、「だから革命は（＝社会システムの変革は）生じない。人々は何らかの別のシステムを選択しない」と結論してしまうわけにもいかないという点にある。この複雑な選択の行方の分析こそが現在求められていることである。現状の市場経済社会の変化、発展の方向に対する選択肢を、マルクスが描いた経路のみに求めるならば、小泉氏の言うこのような結論も成立しようが、問題はそれほど単純ではなく、社会システムの改革はより多くの選択肢を含む複雑なものとなっているのが現状である。

（4）　藤井弥太郎「市場機構と公共選択」、稲毛、牛嶋、藤井編『現代社会の経済政策』有斐閣、一九八五年、一五四頁。

（5）　小泉信三、前掲、一五六、一六六、一六七頁。だが、「効用」のみでは価値＝交換価値は生じないことは明らかであろう。通常、空気は労せずして得られる。だが、水は労せずしては得られない。両者ともに効用は高いが、通常、価格が生ずるのは水という労働投下物のみである。水は希少財である。その意味は労働しなければそれは得られないということである。ダイヤモンドでも、それがどれほど美しくとも、道ばたにゴロゴロ転がっていれば、すなわち労せずして得られるのであれば、高い価格はつくはずもない。その意味で、人が交換に出すことができるのは、効用を持つ財のうちの希少財、すなわち労働の成果としての財のみである。

（6）　「利潤論は、疑いなく、資本主義の合理性を実証しようとする限界主義的な試みにおける最も弱い環となっている。」Simon Clarke, *Marx, Marginalism and Modern Sociology - from Adam Smith to Max Weber*, 2nd ed., Macmillan Academic and Professional ltd, 1991, p.228.

（7）　Karl Marx, *Das Kapital*, Bd I, S. 51 – 53. 岡崎次郎訳『資本論』国民文庫版、大月書店、第1分冊、一九七二年、七四－七八頁。

（8）　森岡真史氏は、交換式を次のように解釈しなおして、通説的な労働価値説が、マルクスのいうように、交換における同質性から価値の本質を労働としているのは誤りであるとする。鉄一キロ＝米一キロにおいて、同質的単位となるのは労働ではなく、「貨幣との交換比率、すなわち価格」である。つまり、「鉄一キロと交換される米の量」＝「米一キロ」が正しい表現である、とする。（森岡、「労働価値説の批判的検討」『経済理論学会年報第三〇集　日本資本主義の現代的特質』一九九三、青木書店、九一－九三頁。）それでは「…と交換される米の量」という表現が何を意味するかが次の問題となる。

（9）　そもそも「…我々は労働・土地・知識・および資本をば、全生産物の結合的条件と見なすべきであって、その各々を生産物の一定部分の原因と見なすべきではない」。「各労働者が二つあるいは四つの一切の生産要素を所有する初歩的社会状態においては、賃金・地代あるいは利子のようなものは全く存在しないであろう。分配なるものは、考えにすら浮かんでこず、生産物は単に総合条件の総合結果にすぎない。分配が始まるのは、生産要素の個々の所有者が彼らの財産を結合し相互に交易するに至る瞬間であって、いったん始まれば、価値の諸原理と需要供給の諸法則に支配されるのである。」William Stanley Jevons, *The Theory of Political Economy*, 1871, Fourth ed.『経済学の理論』一九八一年、小泉信三、寺尾琢磨、永田清訳、日本経済評論社、x一頁。

（10）　Simon Clarke, op. cit., p.222.

（11）　サミュエルソン、前掲、一〇〇五－一〇一八頁。また、置塩信雄、鶴田満彦、米田康彦著『経済学』大月書店、一九八八年、そして、「価値の諸原理と需要供給の諸法則」によって、各所得範ちゅうがいかに説明され得るかが、実は問題の焦点なのである。

四五－四七頁。

(12) 同、一〇一七頁。

(13) ブローグ、前掲、七四四－五頁。F.H.Knight, *Risk, Uncertainty and Profit*(1921)、奥隅栄喜『危険・不確実性及び利潤』一九五九年。

(14) 置塩他、前掲、六〇頁。

(15) 類語として、A・C・ピグーの社会的限界純生産物 marginal social net product がある。そこでの考えを要約すると、ある生産資源の限界的投下分がある用途または場所で生産する純生産物の総額を資源の社会的限界純生産物と呼び、その限りでは、それが誰に帰属するかは問わない。そして、それがその資源を投下した人々に帰属する部分を、資源の私的限界純生産物と呼ぶ。この考えには資源投下に伴う外部効果が織り込まれており、両純生産物のかいりを解消する方法として、ピグーは課税と補助金を提唱する。(A.C.Pigou, *The Economics of Welfare*, fourth ed., 1932. 邦訳、気賀健三、千種義人他訳『厚生経済学』一九五三年、東洋経済新報社、第二部「国民分配分の大きさと各種用途間の資源の配分」、また、熊谷尚夫、篠原美代平他編『経済学大辞典』東洋経済新報社、一九八〇年、五二九－五三〇頁参照。) 本稿で表現している「企業の社会的限界純生産物」とは、ここでいうピグーの社会的限界純生産物とはその趣旨においては異なる。ピグーはこれを外部経済に焦点をあてた社会の厚生の最大化のための一条件という視点から扱っているのに対し、本稿ではそれを公正な所得分配ルールの一部としての企業家労働の貢献度把握のための用具として使用している。

(16) 「限界生産力説の立つ仮定［＝なかんづく完全競争、塚田］は、必ずしも現実に十分当てはまらないが、それらの仮定が満たされる限りにおいては、分配の機構を最もよく説明し得るものである」。(山田雄三、高橋長太郎、山田勇、小泉明、小島清『現代の経済原論』四訂、一九六二年、春秋社、一一四頁。) また、ここでの議論の抽象次元については次の点に留意すべきである。「伝統的な経済学的思考法を機械的に適用するならば、企業内部の労働者・従業員や管理者たちの賃金・俸給は、それぞれの限界生産力を反映したものであるだろう。」しかし、現実の社会では、必ずしも限界生産力説が各個別企業でそのまま適用されているとは限らない。「…実際に観察される賃金・俸給体系は、各階梯ごとに制度的に定められた一定の労働時間のサーヴィスにたいし、一定の給与を対応させるものが主軸をなしている。」(青木昌彦『分配理論』筑摩書房、一九七九年、一七三頁) 本章では、このような、要素費用の現実的諸形態の、そのまた基本原理としての限界原理という次元で分配問題を考察している。

(17) J.B.Clark, *The Distribution of Wealth*, 1899. 林要訳『分配論』一九二四年、岩波書店。

(18) P.A.Samuelson, *Economics*,8th ed.,1970. サミュエルソン『経済学』都留重人訳、一九七一年、岩波書店、「第四部所得の分配－生産要素の価格付け、第二七章生産の理論と限界生産物」より。

(19) 原書第一三版、一九八九年、訳一九九三年版、岩波書店、六五六頁でも同様に議論されている。また、この時、地代はクラークと同様、次のように決定されるとする。「では、最初の男が生みだしたMPの超過分や、それに続いて最終の男の前までのすべての男が生みだした超過分は、どうなるのであろうか。それは地主の手許に残る。それは彼のレント、すなわち地代である。」(八八〇)

(20) サミュエルソン、前掲、八八一頁。

(21) Mark Blaug,*Economic Theory in Retrospect*, The Cambridge university Press, 一九七八、訳『新版経済理論の歴史 III 限界理論の展開』宮崎犀一、関恒義、浅野栄一訳、一九八五年、東洋経済新報社、六九〇－一頁。

(22) 「限界生産力理論は、所得分配のスペクトルの両端については説明できない。極度の貧困は、低生産性以外の理由、あるいは低生産性の背後にある理由から生じている。」(Lester C.Thurow, Robert L. Heilbroner, James K. Galbraith, *The Economic Problem*, 一九八五、中村達也訳『現代経済学』(下)、TBSブリタニカ、一九九〇年、六四〇頁。)

(23) 土地所有のあり方に関する若干の私見については、本書第四章を参照のこと。

(24) ここでは生産要素を企業家労働と被傭者労働のみとしているが、前述のとおり、現実社会に近づけて考えれば、利子、地代などの要素所有権の貸与に対する報酬の正当性、また原材料を提供する企業からの要素提供に対する適正価格といった問題も含まれる。

(25) サロー、ハイルブローナー、ガルブレイス、前掲、五二六－五二九頁参照。

(26) 前掲、六一四、六一六、六二四頁。

(27) 「付加的な労働が費用より以上に収入を上げる限りにおいて、より以上の労働を雇うために賃金が支払われるだろう。したがって雇い主の間の競争は、賃金を労働の限界価値生産物までせり上げることになろう。」(ブローグ、前掲、六九〇頁。)

(28) ブローグ、前掲、七三九、七四一、七四二頁。

(29) しかしもしも「意図に反して」いなければ、それは公正なルールである。すなわち、何らかの理由によって搾取を認めるルールが合意される場合は、それは公正なルールとして社会的に認められる。ある企業を共同所有する労働者たちが稼得し、貢献度に応じて分配する剰余労働部分を利潤と定義するならば(三土修平「搾取論の解雇と展望」(『経済理論学会年報第二九集：市場と計画』経済理論学会篇一九九二、青木書店、二〇五－六頁)、それは必ずしも「搾取」に結びついてはいない「利潤」部分となる。

(30) サロー他、前掲、六四〇頁。ブローグ、前掲、六九〇－六九一頁。

(31) なお、近年、搾取の議論を所有権の視点から検討し直そうとの議論がある。(Roemer, J.E., *A General Theory of Exploitation and Class*, Harvard University Press,1982. また、有江大介『労働と正義』創風社、一九九〇年、三五三－四頁。三土修平「搾取論の回顧と展望」、『経済理論学会年報第二九集　市場と計画』一九九二年、青木書店、森岡真史「労働価値説の批判的検討」『経済理論学会年報第三〇集　日本資本主義の現代的特質』一九九三年、青木書店、を参照のこと。)たとえばレーマーは、資本主義社会以外の社会をも対象とした、「新しい」搾取の定義を示そうとしている。それは、経済的場面については、剰余生産物の不当取得という、旧来の定義と実質的には同一のものである。それはいまだ、財所有の不均等が、経済活動における「自由な」選択の下にどのような「搾取」を生むか、という視点にとどまっている。しかし、結局は、この問題の考察は、以下で検討している所有権の正当性の範囲はどこまでかという、より精確な(precise)問題に行き着かざるをえないであろう。そこでは、搾取の根拠として、初期資産の分配原則が歪められている状態が問題であると言ったときに、その「歪み」をどのような根拠から定義でき、測定できるかが問題とされるのである。

(32) ただし、生活水準がかなり上昇し、社会的弱者に対する福祉政策が高水準になった段階では、かえって、社会構成員の多数が積極的にある程度の「搾取」を認めるルールを選択するようになるかもしれないという可能性は残されている。「もはや下方には安全なネットが張られている」との認識が、「では一か八かの賭をしてみよう」という気持ちを生み、搾取を認めた上で、自らが極端な富裕者になる可能性を許す社会制度を選択するという場合である。だが、このような賭に社会の大多数が踏み込むという程の高水準の福祉が実現するのは相当先のことであろう。

(33) 有江大介『労働と正義』創風社、一九九〇年。

(34) 有江、二五頁。

(35) 有江、五一頁の注。氏は akseea について「価値」を使う。

(36) 有江、二九頁。

(37) 有江、二八頁。

(38) 有江、三三四頁。

(39) 置塩信雄「労働価値説の主要命題と現代の問題」(『経済理論学会年報第二七集：労働価値説の現代的意義』経済理論学会篇、

一九九〇年、青木書店）

(40)　しかし、将来、不足が見込まれる財については、逆に将来財の方が高く評価され、現在財が割り引いて評価されるはずである、との批判がある。（越村信三郎『経済学図説』春秋社、一九五九年、二三五頁。）　だが、これは、生産力が低下するという、人間の歴史上希な場合に起こることでしかなく、これをもって時差説への強力な反論とはなし得ないであろう。

第七章　成果分配ルールの再構成（二）：社会保障

――慈恵性基準分配ルールの補強の問題――

「社会は人間によって、人間は社会によって研究しなければならない。政治と道徳とを、別々に扱おうとする人たちは、このどちらにおいても、決して何事をも理解しないだろう。」
……………………ルソー『エミール』

はじめに

先に、序章と第三章において、目的主体観の問題として、利己の「己」の拡大の可能性という問題が存在すること、またこの「目的主体観」、なかんずくそこでの慈恵性のありようの問題は分配ルールの第三分野としての社会的弱者に対する再分配のあり方を規定する重要な要因であることに言及した。この慈恵性のあり方を現代の市場経済社会に即して考察することが本章の課題である。

日本は今、社会・経済・政治すべての面で大きな変動の時代にいる。その内実に迫ることが緊急の課題である現在、一九九三、九四年度と日本経済政策学会の全国大会では「日本の社会経済システム」が共通論題として取り上げられた。一九九四年度では三つのサブタイトルのうちの一つとして「価値観と社会経済システム」が提示された。そのねらいは「日本の社会経済システムの在り方を判断する基準」の問題に正面から取り組んでみようというものであった。本章ではこの政策判断基準の問題に関する一考察として、近年その欠如が指摘されるところの政策基準としての慈恵性とは実際にはどのような内実を持つものであるのか、そして現行の「自由経済体制」というシステムそれ自体と「慈恵性の欠如」とはどのような関係にあるのかの二点を明らかにしたい。

正村公宏氏は一九九三年の同学会の共通論題報告の中で、日本の社会経済システムには「安心感と公平感を十分に保証し得る制度・政策の体系が用意されていない」と指摘した。また加藤寛孝氏は一九九四年の大会報告において、社会とは慈恵の美徳を必要とする、それは最高の美徳であり、それが欠けると潤いのない社会となる、だが自由経済体制の原動力としての自愛心は利己主義のみを促進する、として、慈恵の美徳を社会にもたらすために道徳教育（ハイエクのいう「非難と称賛」）の強化が必要であると論じた(1)。

慈恵心の欠如が生ずるとたしかに潤いのない社会となる。「潤いがあるかないか」は社会に対する満足、不満足という「効用」把握に関することであり、それを明確に認識することは困難なことではあるが(2)、あえて言えば、それは直観的には次のような現象として把握できる。まず、潤いのない社会とは、弱者に対して、余裕のある富者が手をさしのべないか、あるいはさらに彼らを攻撃さえする社会であると言えよう。ここで弱者とは、広義における心身の能力における相対的な弱者であり、狭義には最低限の人間らしい生活を送ることのできない、その能力に絶対的に欠ける人間のことである。

このような弱者に対する冷遇、あるいは攻撃は、現在の日本社会のあちこちで見られるといってよい。それは小中高の教育過程で見られる死にも至るいじめであり、浮浪者に対する少年による殺人であり、普通の市民に対する銃による残酷な殺傷である。さらに、「拝金主義」がもたらす労働現場での過労死も、強者すなわち雇用者側からの、弱者すなわち被傭者に対する攻撃の結果とも見ることができよう(3)。

また、一九九五年の、記憶に新しい二つの出来事、某狂信的宗教集団による無差別大量殺人事件と、阪神大震災後の日本社会の対応の経過もこの問題に深く関連している。前者はその動機が上述の拝金主義的な社会に対する反逆として生じた部分がある。[4] また、後者は、震災後の被災者に対する援助のあり方をめぐって、「日本社会の慈恵性」の有無についての両極からの議論をもたらしている。とくに被災者の住宅復旧に対する援助については、個人的補償か公的補償かが国会においても議論された。[5]

さらにまた、国際的にも貧困が広がっていること、「六〇年に三〇対一だった」「世界の最富層二〇％と最貧層二〇％の所得分配の比率」が「今では六〇対一」に広がった[6]ことは、慈恵性の次元を通り越して、人間関係における問題性が世界的なレベルでの「敵対性」にまで転化する危険性があることをも示唆していよう。これらすべての問題を通じて、自由市場経済のもとで効率性と慈恵性をいかなるバランスのもとで実現すべきかが、そこで究極的に問われていることである。[7]

しかし、そこでその欠如が感知される慈恵性、慈恵心とはそもそも何であるのか。またそれは道徳教育の強化によって実現しうるものなのか。この点を解明するためには、我々はまず第一に、その根源的な問題に立ち帰り、慈恵心とさらにもう一つの行動動機、それもその存在が現在過剰なまでに感知されている行動動機である自愛心との関係にまで掘り下げて問題を検討する必要がある。[8]

第一節　ロールズと慈恵性

慈恵心とは何か。この問題を考えるために、まずロールズの見解を取り上げてみたい。ロールズは『正義論』において、現代人が求める社会的協力ルールはいかなるものとなるかを考察するために、ルール構築の際にそのルールの決定主体となる人々の特性の一つとして前提すべき〈対人的理解、対人的感情〉をかなり詳細かつ多面的に考察している。この問題は彼の結論部分における二原理ほどには注目されてこなかった点であるが、実はルール形成の動機、方向を示すものであり、まさに彼の全考察の出発点となるものである。その意味で、ロールズによるこの問題に対する考察を検討することは、我々が今、慈恵心の問題を検討する上で一つの重要な材料を与えてくれると考えられる(9)。

特に彼の動機に関する議論の中で注目すべきは、彼が想定するルール決定主体が持つ対人的性格として、結局のところ、利己的性格あるいは慈恵的性格のいずれが付与されているのかという点である。以下に示すとおり、彼の理解の中には、主体の性格規定としてこの両者が混在していると思われる。この点を明らかにすることと、同時に、そこに至るまでの彼の議論の枠組みから、この問題を検討する上での有益な視点をすくい上げることがそこでのねらいである。

〈前提としての近代民主社会〉

なお、ロールズがここで想定している人間と社会は、近代の民主的な社会とそこに住む人々である。ロールズはすでに『正義論』において、「自由で平等」な構成員という表現によって、実質的にそのことを前提している。だが、そこではいまだこの点を十分に明示的に表現してはいなかった。その後、彼の批判者たちとの議論を通じて、彼は正義論の対象を、正義の「政治的な」概念・構想（a political concept of justice）の形成に求めようという方向に転換（あるいはそもそもそれを求めようとするべきものであったことを強調）するようになっている。

その背景にある彼の中心的な考えはおそらく、「正義の行動ルールとは、不寛容なものであってはならない」というものであると言ってよいであろう。もともと彼は『正義論』においても、人間の基本的性向（善と正義の概念を持ち得る存在）と特徴（自由で平等な存在）に関する想定に立脚した演繹的な推論と、現実社会における慎重な道徳的判断との内省的均衡を通じて、ある正義のルールに到達するという方法を取っていた。この方法自体が、「人間本性に関するある想定」と「現実の慎重な判断と思われるものの想定」という、個々の思考者にとって、各人の個性的な想定、偏差を持った想定を許すものであったことからすでに、彼はその結論が必ずしも全員一致の合意を生みだし得るものとはなり得ないことを認識していたはずである。（それゆえにまた彼自身、その書名を「A」Theory of Justice としていたのであろう。）

だが彼は、『正義論』での議論の次元については、のちの *Political Liberalism*（一九九三年）では反省の余地があるものとした。そこでは、彼の言葉で言う「包括的世界観」（comprehensive doctrines）を前提として彼の議論が構築されていることを明示していなかったと言うのである。従来のいかなる正義論も、功利主義しかり、社会契約論しかりであるが、ある種の包括的世界観を議論の前提としてきた。正義のルールの議論においては、かりにそれがある形而上学的な、哲学的な（metaphysical, philosophical）人間像を想定するかぎりは、そのような構成をとらざるを得なくなると言うのである。

となればロールズも、今や彼自身の包括的世界観の部分を彼の正義論の中で区別する必要がある。彼によれば、これらの諸種の包括的世界観は、「両立不可能ではあるが、それぞれまったく否定されるべきものではない」（incompatible, yet reasonable）ものであり、そもそも、そのような見方を許容することが近代民主社会の存立要件なのであるとされる。となれば、いかなる包括的世界観に立脚した現実的な正義ルールの提起といえども、それは他の包括的世界観に基づく他種の正義のルールの存在を、それが民主的条件―おそらくは自由と平等がその核となる―に合致するかぎりは許すものでなければならない、このような立場に立つに至ったのである。となれば、現在彼が示す「他と並ぶ一つの正義のルールとしての」公正としての正義（justice as fairness）は、その性格を当然に「a」conception of justice とせざるをえないのであり、それは、結局のところ、現代の社会に生きる人々の様々な信念（convictions）と合致する程度によって支えられるものであり、また、それだけの正当化を与えられるものでしかないのである。しかしまた、そこで、各包括的世界観をもつ社会構成員たちが共通して支持する現実的場面での正義のルール、すなわち重複的合意（overlapping consensus）が存在するとき、それがその社会の〈政治的な正義の構想〉（a political conception of justice）となる。このような性格をもつものとしての a conception として、彼はあらためて「justice as fairness」を提示する。

その導出方法は、以前と同様に原初状態を前提とするのであるが、そこで原初状態の設定がなぜ正しいとされるのかは、現状の社会は「民主的社会」、「自由で平等な人々から成り立つ社会」であって、そこで人々が共通して合意しうるルールを導出する方法はこれ以外にない、という点に求められる。

以前のロールズは、たしかに同じくルール決定主体に対して「自由」、「平等」という性格づけを与えてはいたが、これは、人間が普遍的に善と正義という二つの道徳的能力をもつものであるがゆえにそうであるとされていたのである。しかし、現時点でのロールズにおいては、彼らが自由で平等なのは、自由と平等が「現実に」、そのようなものとして「制度的に実現されているがゆえに」そうなのであり、これが、彼の言う、「形而上学的ではない、政治的意味での」（not metaphysical, but political）の意味であるといえよう。すなわち、以前では、「善と正義の感覚をもった者」という性格づけのみをもつ普遍的人間像から構築されていた主体像が、ここではこのように歴史的に規定された性格づけを出発点とするに至ったのである。現にそのような条件が実際に（physically）存在しているのであるから、それをすべての主要な世界観（main doctrines）は否定しようもなく、彼らが共通に是認（endorse）できる、重複的合意としての政治的構想として、justice as fairness が成立しうる、彼はこう考えるのである。

ルール決定主体の性格づけをこのような歴史的視点から行うことは、正義論の、また分配ルールの構築作業における一歩前進であるといえよう。そしてそこでの重要な問題は、そのような、歴史的に規定されて現存する、現実社会における人間が、今、どのような性格を持って登場、存在しているかにある。

〈慈恵心の用語法〉

ロールズにおける「慈恵心」を考える際に、はじめに慈恵心にかかわる彼の用語を整理しておく必要がある。ロールズは、「他人の善を促進する」ところの諸行為を「善行」(good act)と定義するが、彼によればそれは beneficence, benevolence, supererogatory good act, fraternity という、それぞれ異なった四種類の行為からなっている。

これらの用語をあえて訳すとすれば、beneficence は慈善、benevolence は慈悲、supererogatory good act は余徳的善行、fraternity は友愛と訳せよう。(10)

beneficence, benevolence はともに他人の善を促進しはするが、前者は単に結果としてそれが生ずればよいのに比べて、後者は行為者が望んでそれが行なわれるという違いがある。すなわち、beneficence に関しては、a good act であって、one which advances and is intended to advance another's good であるとされ、benevolence については、a good action であって、a benevolent action is done from the desire that the other should have this good と説明されている。(*A Theory*…, p. 438.) beneficence も他者の善の促進を意図されて、と説明されているが、ここでは単なる意図であり、願いではないことに、両者の区別が生ずると考えられる。

supererogatory good act は、benevolent な行為のうち、自らの相当程度の損失と引き替えにそれを行なうものである。(ibid.)

fraternity は後述するように、「家族的、兄弟愛的、友愛的な感情」であって、「他のメンバーが利益を得られないのに自分だけが有利性を得ようとは思わない」感情である。(p. 105) ロールズは自らの正義の原理を fraternity に対応したものと考えている。(The difference principle..does seem to correspond to a natural meaning of fraternity..*A Principle*.., p. 105) もちろん、友愛的感情には、他の主体の善を増進したいとの感情も疑いなく含まれるであろうが、上の意味では、fraternity は、他者の利益の増進がないときには、自己の有利性の増進を控えるという、自己抑制的な性質をさえ持つ感情、対人的行動動機であるというところに、benevolence という、他の善の増進という行動動機のみに焦点を絞った積極的性向を表す言葉と比べての違いがある。

本章で使用する「慈恵」は、benevolence と fraternity の両者を含む行為とする。すなわち、「他者の善の促進を意図する行為」と、「他者を差し置いて自らのみが豊かになろうとする行為を控えようとする行為」とを、ともに慈恵的行為であるとする。そこで以下では、特に断らない限り、慈恵の内容としては、benevolence あるいは fraternity としての「他者の善の促進、あるいはその意図」を意味するものとし、この両者を human fellowship と呼ぶ。

これと比べて、beneficence・慈善的行為は、それが単に結果としてのみ他者の善に寄与するものでしかなく、根源的意味では他者の善を「意図」しているとは言えないことから、他の条件次第で容易に消え去りやすい不安定なものであるという性質がある。社会的ルールを検討する本書では、ルールとは相当程度長期にわたって安定的なものであると期待すべきものであると考えるので、beneficence をここに含めることは適当ではないと考える。

以上より、以下では、現代社会においてその欠如が感知されることとなった対人的感情を表現する言葉としては、human fellowship、慈恵性を用いることとし、慈恵とは、他者の善の増進を期待して行われる行為をさし、慈恵心とはそこにおける期待の感情そのものを意味し、慈恵性とは、そのような感情を人間が安定的性質として持つ状態という意味で使用することとする。

1　正義の原理の必要性と慈恵性

慈恵心にかかわるロールズの考えは『正義論』の中のいくつかの箇所に述べられている。これを以下、正義の原理の必要性に関わる部分、正義の原理の構築に関わる部分、正義の原理の現実性に関わる部分に分けて見ていこう。

まず、「第一部理論」、「第一章公正としての正義」、「第一節正義の役割」と他の関連箇所における正義の原理の必要性についての彼の考えを整理し直すと、それは次のようになる。

①人間的共同体が生き残っていくためには、社会が必要である。
②直観的確信によれば、正義は社会制度の第一の徳目である。
③だが、基本構造の全徳目の複合的構造、すなわち社会的理想、理念はこれ（＝正義という徳目）に優る。（第二節）

ここに、社会と正義と社会的理想の相互関係に関する基本的理解が示される。

次に、正義の内容に関する理解が示されるが、ここではすでに一般的な正義の要件(concept)とは異なるところの、各人が近代民主社会という条件のもとで、その許容範囲の中で、各人の「包括的世界観」に立って構想するところの、ロールズという個人による、特定の正義の構想としてのそれ（conception）が示される。すなわち、

④正義は各個人へのある種の不可侵性を付与する。（＝平等な市民権。）これは「社会全体の福祉」に優る。その権利に由来する自由の喪失が他人の善の増大によって補償されるということを、この不可侵性は認めない。

明らかにこれは、「功利主義としての正義」の対極としての正義の構想を提示したものである。

これらの基礎的合意を前提とした上で、さらに次の諸点が共通の合意が可能な内容として提示される。

⑤社会には、相互の行動を制約するルールが必要である。
⑥分配分に関する請求権のルールによって人々は何をなすかを決め、また、この「何をなすか」が彼の分配分を決める。（第一四節）
⑦その目的は、各人の善の増進である。
⑧善とは、合理的願望の充足である。（第一五節）
⑨その手段は、協働である。

この⑤から⑨までの五点において最も重要な問題は、各人の善という目的における他の人々の存在の位置、比重である。この内容如何で、そのための手段として存在する各社会の分配ルールの優劣が判定されるからである。

しかしロールズはこの点を明確に問わぬまま、ある一つの人間の態度を一般的なものと想定する。それは、各人の目的は独立しており、その各個人の目的のために各人はできるだけ多くの分配分を得ようとする、というものである。すなわち、

⑩各人の目的は独立しており、互いに影響されないでいる（mutually disinterested）（第三節）。

⑪善の増進において、協働による生産性の上昇は全員にプラスとなるという点で、利害の一致がある。が、プラス部分の分け前に差が生ずるという点で、そこには利害の対立がある。

⑫利害の対立が生ずるのは、各人が、自らの目的のため、その手段となる基本財を多く得たいからである。

「各人の目的が独立している」ことと「手段としての基本財をできるだけ多く得たい」ことは、ロールズにおいては目的の相違性と、それゆえの手段の対立性として理解されている。一般的次元の問題としてはこれは正しい。確かに、現代という歴史的到達点に住む我々にとって、おそらく、かりに各人の目的の内容（目的となる人間と、その生き方）を統一しようという行動があったとしたなら、それは全体主義的な危険性を持つものと映るであろう。現代社会においては、我々が誰のために生きているのか、自己のためか、家族、友人、人類全体のためかといった目的観を、我々は自己自身で決定すべきであると理解されているであろう。さらにまた、その「誰のために」の理解の相違性のうえに、その目的主体がいかなる生き方をしたら最も幸福かについても、我々は異なる理解をもっているであろう。このように各人の善観が異なるもとでは、その異なる善を実現するために必要な「基本財」の分配、すなわち善のための共通の手段の分配をめぐって対立が生じ得るという可能性は、一般的次元の問題理解としては正しい。

こうして善観は各人で異なると想定した後、ロールズは次に、次の想定も一般的に妥当なものとして提示する。

⑬各人の善観は異なるが、これは彼らがエゴイストであることを意味しない。（各人の善は他者の善の増進［愛、慈恵性］をも

含み得る。）（第三節）

なお、次の叙述を見ると、ロールズは愛も一つの個人的善観であり、それもまた「各人の善の対立」の状況を生み出し得る、と理解している。「愛は、他人の善の増進[他人の善を増進したいという自己の欲求－引用者]である。だが、他の人々の善に関する想定が対立状態にあるとき、愛は動けなくなる。」したがって、複数の善観が、たとえ愛のためという目的を持ってであれ対立する場合には、彼の示す二原理が必要とならざるを得ないとする。（…[So,] …a love of mankind that wishes to preserve the distinction of persons, to recognize the separateness of life and experience, will use the two principles of justice to determine its aims when many goods it cherishes are in opposition.）（第三〇節、p. 191）[11]

⑭だが、善観は各人の間で異なるとはいえ、他人の幸福を気にしない、妬まない（no envy）のはある限度までである（第二五節）[12]。

しかし、以上の考察で問題とされる「対立」は、あくまで一般的次元の話である。ここではまだ分配をめぐる対立が「生じ得る」にすぎないのであって、直ちにそれが現実的に必ず生ずるとは言えない。かりに、「いかなる対立であれ対立を回避する」という善観が支配的であったならば、対立が生ずるという想定は不要となる。では、現実的な想定とはいかなるものであるのか。たとえば、全員が対立を回避することを第一の善観とするならば、その結果として生じ得る分配ルールは均等分配から大幅な格差のある分配まで多様でありうるけれども、そのルールの決定過程並びに施行過程はかならず平和的なものとなるであろう。また、かりにほとんどの構成員がこの対立回避という善観を持つが、少数者がそうでない場合には、少数者に極端に有利な分配ルールがかならず成立するであろう。現時点において現実的に妥当な想定はおそらくこの中間にあり、誰もが「対立は回避したいが、あまりに大きな不利益は甘受しない」という態度をとるであろう。ロールズはこの点について、単純に「対立」という想定を置くのであるが、正しくは、対立とその回避との損益の比較が事態を決定すると理解すべきであろう。

もう一つの重要な問題点は次のとおりである。ロールズはここでは、慈恵的行動は、いったん対立的分配の問題が解決した後で、各人の慈恵性に応じて行なうことであると想定している。ロールズは言う。「ある人が、一定の財貨を、彼の知っている困っている人々にどう分配したらよいかを考えているといった状況は、諸原理の範囲外にある。」(第二節)[13]だが、このように、慈恵性の社会的ありようの問題を個人に任せたままでは、分配面における対立を想定した上で選択される具体的分配ルールが、本来異なった程度であれ存在しているとされる目的面における各人の慈恵性を抑圧するという逆説的結果を生みかねないという問題が生ずる。(第二節の議論を参照のこと。)善観の対立性から議論を始めることは前述のように正しいと考えられるが、そのままその対立性を、そしてそれのみを分配ルールという手段選択の基礎とすることで足れりとするならば、それは「出発点の一部としての慈恵性の否定」、手段の目的への反乱に終わる可能性を内包している。

この問題が生ずる可能性に留意した上で、ロールズの想定に戻ろう。彼が基本財の分配という手段面における対立の可能性を防ぎ得るものとして示す分配ルールの特徴は次のとおりである。

⑮まず、(基本財の分配における)利害の対立を解決するために、有利性(権利、義務、便益、負担)の分配ルール(原理)が必要である。これが社会的正義の諸原理である。

⑯そこで求められるのは、

一　こうした有利性の分配に恣意性がないこと、

二　有利性の分配に、適切なバランスがあること、である。

つまりは、基本的社会財(primary social goods)の生産、分配の場面において各個人に与えられるべき機会と成果(負担も含む)の分配ルールにおける合意が形成されることが求められているとするのである。[14]

これが最も基礎的な正義の概念(concept)であり、正義の問題においてはこれらの問題が解かれなければならないとロールズは述べる。これは解かれるべき問題は何かという問題のみに対するロールズの見解である。だが、真の問題はもちろん、この、「恣意性がなく、適切なバランスのあるルール」とは何かにこそある。これこそが正義の問題の核心であり、そこで真に問われているのは、どのようなルールがこのような恣意性の排除と適切なバランスとを実現し得るものであるのかということである。

この問題を考察するにあたって、ロールズは次の条件を導入する。それは各個人が「何らかの資格に応じてある分配分を受け取る」という権利を否定するという条件である。この、「受け取り資格の否定」をロールズは次のように論ずる。（第二節「正義の主題」）

⑰事実として社会の基本構造には様々な社会的位置（social positions）がある。これらは各人が生まれつくもの、人生の最初の機会に影響するものであり、真価（merit）、受酬性、報奨性（desert）で正当化されえないものである。[15]

⑱ゆえに、当初の条件に対する「受取資格」がない以上、「正しい分配結果」についての独立した基準はない（第一四節）。あるのは、結果に向かう過程の正しさ、すなわち［手続きの］公正性の確保という問題のみである。（同）公正としての正義は、また、分配根拠となる諸条件の多様性を回避できるというメリットを持つ（第一五節）。

⑲ここでの分配上の正義とは、生産に加わった人々の間での分配としての分配的正義（distributive justice）であって、生産に加わらない人にも分けるという配分的正義（allocative justice）ではない。

2　正義の原理の構築と慈恵性

以上の条件のもとで、このような自然的運といった恣意性の排除、適切なバランスの実現は、いかなる方法によって、（＝いかなるルールによって）可能となるか。ロールズはこれが原理の決定主体を次のように想定することによって可能となるとする。（第三節「正義論の中心となる観念」）

①原理の決定主体の特徴は、自由、合理性、平等、である。すなわち、自由で合理的な人々が平等な初期状態で合意するところの、社会の基本構造に関するルールが正義の諸原理である。これが、結果状態を基準としない、手続き的正義としての公正としての正義（公正に作られたルール）を生み出す。

これはいわば現代的な民主社会における人間関係を特徴づけたものである。

②次に、道徳人としての個人は、善観（自らの目的としての何らかの善の設定）、合理性、正義感をもつ。善観と正義感の保有は、平等の基礎としての類似性を形づくる（第四節）。

これは決定主体の内的、本性的特性の描写である。以上の二点については、すでに「1　正義の原理の必要性と慈恵性」で若干言及されている。これらの条件を前提にした上で、この段階でロールズが新たに示す決定主体の特徴は「無知のヴェール」である。

③ルール決定の場面における平等な自由のもとでは、結局「平等な原初状態」が必要となる。そこでは、各人は、社会内の位置・階級上の地位・社会的身分、生来の資産・能力・知性・体力、自分の善・心理的性向、を知らない。（＝無知のヴェール）

④これは公正な合意＝満場一致の合意を保証する。ここでは、誰もが自分に都合のよいルール（＝恣意的ルール：第二四節）を作らないので、各人が争わないですむ。

⑤社会的協働に十分に参加できない人は、正義のこの次元での主体ではない。憐れみと不安とは、われわれの道徳的知覚を混乱させるからである。（pity and anxiety distract our moral perception）（日本版への追補 p. 5、第一六節）

この最後の理解が含意するものは、結局、分配的正義の問題は、第一に、社会的に正常な人々の間での分配方法への合意という問題である、という考えである。だが、ロールズは「道徳的知覚を混乱させる」ということの中身を説明していない。一の①の、人間が生き残るために社会が必要となる、との理解からすると、第二節で述べるように、それは結局、「人類全体の類的生存への貢献度からみた優先性を実現することがまず必要である、しかし、憐れみの情を最初から導入すると、この重要な事実＝必要性が軽視されかねない」、ということであろうと推測される。すなわち、当面の希少性の下で、「強者」がまず生き残るべきである。そして、労働能力喪失者・低次元者も、能力保有者の生存に余裕があるときは、生存を保証されることが可能である、ということを表していると理解してよいと考えられる。(16) すでにこの原初状態の時点での決定主体のなかに、生産に貢献できない者も入れるべきかという問題は、決定主体の構成いかんによって、決定されるルールが変化するであろう以上、重要な問題である。

この点について、ロールズは後に「友愛」の動機を入れており、この問題はそれによって解決されるかに見えるが、決してそうではない。友愛動機は後述のように彼の論理体系の中での矛盾の原因となっているのであり、これによってこの問題を解決することはできない。ここでの「能力欠如者」の排除は、まさに、原初状態とそれ以降とを問わず、彼らに対する永遠の排除へとつながりかねないのである。

さて、④でロールズは、「満場一致」をルール形成の必要条件としている。これは果たして正しいであろうか。第四節「原初状態と正当化」で、ロールズは無知のヴェールの必要性について、「人々を争いの渦中におき、偏見のままに行為することを許すような偶然性に関する知識を、人は排除する」という。「自分の境遇という環境にあった諸原理を仕立てあげることが不可能であることも、広く合意されているように思われる。」(p. 14) 協力によるメリットの入手という自愛心に基づく初発的なルール形成の動機を前提として、ここで第二の目的動機とされているのは「争いの回避」である。大きな、長期的な自愛心（協力のメリットの入手）のために、小さな、短期的自愛心（自己に有利なルールの形成）を回避するというのである。

しかし、争いを回避するためにという動機が、無知のヴェール、満場一致のルールづくりという方向に進むかどうかは、現実の条件次第で異なるということに注意せねばならない。予想される争いの程度によって、ヴェールをかぶるか否か、あるいはどの程度の厚さのヴェールをかぶるか、満場一致をあくまで求めるのか、不満な少数者を残したルール決定でも大丈夫と判断するか、そこには様々な選択肢が存在するのである。

上述の決定主体が必要としているのは、実際には「そのもとで現実に行動できる」ルールであり、その限りでのルールである。ある人が、多数によって決定されるルールに合意できなくても、彼は結局それに従うことを選ぶかもしれない。社会的ルールとして必要とされているのはこの消極的合意のみである。考察の出発点である手段としての「人間社会の存続」という目的のためには、「満場一致の合意」は不要な条件である。この条件を入れるとすれば、それは極端に特殊か、極端に一般的な理論になってしまうであろう[17]。

ロールズにおいては、争いの回避という出発点にある動機から出発したとき、なぜ諸種の選択肢の中で無知のヴェールという最も強力な選択肢が選ばれるのかが、現実的根拠に基づいて説明されていない。それはあたかも当然のことと理解されているかのようである。

ここでのロールズの論理的飛躍の背後には、おそらく人間の対人的性質に関する彼のもう一つの理解が暗黙のうちに想定されていると考えてよいであろう。利己的動機からだけでは、無知のヴェールに直ちに行き着くことはできない。では、この飛躍の根拠となっているものは何か。それは上の論理の中で彼が示している、生来の個人的能力を恣意的なものとして排除するという理解（1の⑰）と、そしてもう一つ、彼の後の議論の中にでてくる友愛の精神の保有という理解とにあると考えられる。

しかし、現実の人間行動を見れば、我々は、ロールズの恣意性否定の見解よりは、ロックに示される、自己の肢体への所有権と、それゆえのその生産物への所有権の神聖という見方を一般的に受け入れていると言ってよい。こうして現実の事実が彼の論拠を否定するとき、ロールズにおいて格差原理の論拠として残るのは友愛の精神のみである。

では、友愛の精神はいかに存在しているのか。今や社会的ルールの基本問題として解明されるべきはこの点である。しかし、ロールズの演繹的推論過程においては、友愛の精神は直接には組み入れられていない。それは現実からの「内省的均衡」の段階で初めて登場する。それゆえ、我々はこの点を次の3「正義の原理の現実性と慈恵性」における考察まで待たねばならない。

⑥ここでは、全員が同一思考をする。（第二三節）

これはヴェールの性質上、当然の帰結である。

しかし、ヴェールの想定それ自体が上のようにその根拠の点で難点を持つものである。各人は取り分をめぐって衝突するものである、そこで取り分の根拠を決めるルールが必要になる、一つの案としての各人の貢献度は生来の能力という本人の努力の結果でないものを大きな根拠にしているから恣意的になりやすく捨てるべきである、となれば、ヴェールをかぶって、ルールを決めるという方法しかない、これが彼の論理である。しかし、これはロールズが、前述のように人間の利己的性格と、それゆえの利益の衝突という単純化された発想に立っていることから生ずるものである。この難点からの脱出は、第二節で見るように、人間の個体としての存在と類的存在との両性を統一的に把握するという視点から可能となるであろう。

⑦公正な合意は、自発的協働を保証する。

これは分配ルールが目的とするものを再度述べている。問題はもちろん、この「自発性」を引き出し得る分配方法とは何かにある。

⑧無知のヴェールのもとでも知っている情報として、各人は、二つの地位、すなわち、平等な市民権の所持者という地位と、権限と責任の相違に関係するところの、所得と富の不平等な分配における地位（ただし、ありうべきその不平等の程度は、ここで選択されるルールによって新たに決定される）とについている、というものがある。(18)（第一六節「社会的地位」）

以上の前提の下で選択される原理は次のようになる。

⑨以上の条件下で選択される原理は、

1　基本的権利・義務の平等、

2　格差原理による、成果（社会的基本財）分配の不平等、である。また、これは最も恵まれない人の便益の最大化を達成するという最大化原理である。

［生来の］健康、知性等は、社会的基本財とは別の「他の基本財」（other primary goods）である。（第一一節）

⑩「恵まれない人」の定義については、「すべての人、ことに最も不利な人」、「最も不利な集団の長期的期待」（第八節）、「あらゆる人」（第一一節）といういくつかの表現がある。

鎖状結合（chain-connected: 第一三節）を前提すれば、「最も不利な人、集団」で十分であろう。「あらゆる人」からたった一つの集団に視点が移ることには、原理の適用のための複雑さが減少するという長所がある。

⑪「不利」の判定指標は、生まれ落ちる家族・階級、生来の資質、人生の巡路の運である。（第一六節）

⑫「最も不利」の比較の基礎は「期待」にあり、現実にはそれに不可欠なもの＝社会的基本財の量にある。（第一五節「期待の基礎としての基本財」）予想される反論として、「基本財からの満足の大きさとすべし」との見解があり得る。しかし、第二節のとおり、結果状態からの判定基準はありえない。よって、我々は、「（それらの財の）使用の結果については考慮しない。」（第一六節）。

⑬なお、正義のより一般的な概念は、「全ての社会的価値は、全ての人の有利にならぬ限り、平等に分配されるべきである」というものである。（第一一節「正義の二原理」）この社会的価値の間に優先順位を導入すると右の二原理になる。

⑭次に、両原理の性質を見ると、

第1原理について：社会環境が、基本的権利・義務の内容を決定する。すなわち、「特定の環境から、つまりある与えられた社会の社会的、経済的、技術的環境から独立に、これらの自由を完全に明確に定めることは困難である」。また、この基本

的な権利には生産手段の所有権は含まない。（第一一節）

第2原理について：運の恣意性を排除したときには、全員の自発的協働が可能となる。人は、すべての社会的基本財が平等に分配されている「基準点」より豊かになるのであれば、格差があってもよいと思う。（第一一節）

この格差容認の判断は次のようになされる。基準点において平等に分配されるべき基本財は、それ以前にすでに生産されていなければならない。ところが、ロールズの想定では、生産活動は、ある公正な分配ルールが決まり、それにしたがって、自己の労働に応じて予想される取り分をめざして行われる。この基準点という想定で仮定されているルールは、どのような生産活動が行われても、成果は平等分配されるというものである。これはすなわち、この出発時点において人々がこの分配方法を公正なものとして合意しているということである。この時点と比べて、次の段階として、成果の不平等分配を許したとき、より多くの成果が生産されると考えることができるのは、実は、ロールズの想定によれば、成果の平等分配では伸ばすことができなかった高能力者の能力が、不平等分配によって初めて伸ばすことができたことによってなのである（⑯参照）。

⑮また、1は2に優先する。これは個々人の基本的自由が総効用に優先するとの考えを表わしている。（第一一節）[19]

⑯妬みの問題（no envy）**：許される格差の幅の問題について。ロールズは、格差が許される項目、幅、そして現実のその幅の見通しについて次のように述べる。**

許される項目：「ただ、訓練と教育の費用を償うためにのみ」。（only to cover the costs of training and education）（pp. 101-2）[20]

許される幅：「自尊心が不平等の程度に限度を設ける」。（self respect…limits…the degrees of inequality）（p. 107）すなわち、格差が大きすぎると、低位の側の人々の自尊心が崩壊し、協力関係を維持できなくなる、ということであろう。

現実の見通し：「開放的な階級システムをもつ競争経済は、過大な不平等を生まないであろう」。（in a competitive economy…with an open class system..no exessive inequalities)。(p. 158)

ここで、両原理の受容可能性を考えてみよう。

ロールズが、第1原理において基本的権利・義務に関してそれらを「基本的」と言えるのは、それらが希少財ではないからである。すなわち、誰かがそれを持てば他の人の取り分が減るという性質の財ではないからである。したがって、この原理は問題なく受け入れられよう。

だが、第2原理については次の点に留意すべきである。⑯に見られるように、第一に、ここでの許される格差の幅とは、まず、「恵まれぬ」人の状況を改善するために必要なかぎりでの、「恵まれた」人の能力育成に必要なコスト分のみであり、さらに、それが恵まれぬ人から見て彼らの自尊心を破壊するほどの大きなものであれば認められない、というものである。そして実際に、この前者の「育成費に限る」という条件のもとでは、後者の自尊心の破壊という状況は生じ得ないであろう。[21]

3　正義の原理の現実性と慈恵性

①こうして成立した二原理の「正しさ」の確認の方法は、(推論の前提の正しさ、推論過程自体の正しさの証明の他に)現行の慎重な確信と合致すること(例：宗教的不寛容や人種差別は不正義である、といった確固たる確信)、現行の動揺する判断に解を与えること(例：富と権限の分配方法)、である。(第四節「原初状態」)

②これらの現実的な暫定的不動点と契約環境条件との間で調整を行い、内省的均衡に到達できる。それは「多数の事由の相互支持」の状態であり、正義の構想への到達である。

③だが、日常生活で原初状態を仮想しようとするとき、判断は現実に持っている自己の個性、諸特徴に影響されうる。が、これは別の次元の問題である。(第二五節)

こうして、正義の原理の現実性、現実との適合性が、その理論の正しさの一半の証明となるとされる。その重要な試金石となるべきものが第一七節「平等への傾向」においてロールズが示す人間の現実的性向としての慈恵性・友愛性との適合性に関する議論である。彼はそこで、彼の示す二原理が実力主義の社会（冷酷な社会）へは向かわず、むしろ平等主義的方向（友愛的社会への方向）を持つと論ずる。

彼はまず、補償原理と格差原理を対比させ、彼の二原理が補償原理よりも平等主義的であることを論ずる。

④補償原理と格差原理の対比は次のようである。（第一七節）

	補償原理	格差原理
目的	競争条件の平等 (genuine equality of opportunity)	恣意性が排除されていること
判断	生来の不平等は不当である	生来の才能は受けるに値しない
結論	補償されるべし。 その後は、公正なレースを行う。 貢献度原則の実施。	補償の必要はない。 （能力を共通資産と見る。） 公正なレースはない。 格差原理の実施。

次に彼は、格差原理は互恵（reciprocity）を表わしており、友愛に対応するものであると述べる。

⑤友愛とは、

・**社会の基底となる観念である。それなしでは、民主的諸権利もその価値を失ってしまう。**(an underlying idea (of society)/ not in itself defining any of the democratic rights but conveying instead certain attitudes of mind and forms of conduct without which we would lose sight of the values [of democratic rights] . p. 105)

・格差原理は、友愛の一つの自然な意味合いに対応しているものであるように見える。（The difference principle..does seem to correspond to a natural meaning of fraternity.. ibid.)

・友愛の一つの自然な意味とは、もしそれがより恵まれない人たちの利益とならないならば、より多くの利益を求めたいとは思わないということである。（natural meaning of fraternity .. not wanting to have greater advantages unless this is to the benefit of others who are less well off. ibid.)

では、「対応している」とは、どのような意味であるのか。

・格差原理にしたがって行動したいと思うことは、まさにこれと同じ結果をもたらす。より恵まれない人たちの利益のためだけに、より大きな利益を得ることに同意することである。（wanting to act on the difference principle, has precisely this consequence./ willing to have greater advatages only...for the benefit of the less fortunate. ibid.)

〈仮設的状況設定と現実的検証の矛盾〉

争いの回避のため、格差原理に従いたい、ところでそれは、友愛的な行動と同じ結果をもたらす。そして、友愛とは社会の基底的な要素であり、どのような正義の原理もこれと合致するものでなければならない。これがロールズの理解である。

ところで、これは一見、利己的動機からの行動が、友愛的動機からの行動と合致する、との理解であるように見える。結果としての合致であればそれは単なる偶然にすぎないが、ロールズにおいては、案出される正義の原理は、現実の慎重な判断（considered judgments）と合致するものでなければならない。そして、友愛の状態は、彼においては社会に不可欠の基底的理念なのであるから、正義の原理は、結局は、最初から友愛的な精神を持つものでなければならないのである。この意味では、その外見性とは異なり、彼の理論には、はじめから友愛的な人間性、対人的行動動機が前提されているのである。決して、結果として友愛的な結論、原理となったというものではない。

明らかに、彼は、格差原理の必要性の「基底的」理由として、友愛の動機、家族的愛情を前提していると言わざるをえない。そしてそれは、彼の当初の議論の前提、広く受け入れられる条件として設定したはずの「互いの善への無関心」という心性（distinterestedness）を大きく逸脱すると言う論理矛盾に陥るのである。

もしも、当初の前提と整合性を保とうとすれば、彼の議論が正当化されるためには、格差原理にしたがって行動「したい」との動機は、私益追求の手段として必要なかぎりでのそれであると理解する必要があろう。しかし、もしそうであるならば、その行動は、単なる効率的手段の一選択肢としての、「擬似的友愛的行動」にすぎず、それに優るもの（＝行動）があればそちらを選択する、というものでしかなくなる。つまりある目的のために当初選択された一手段でしかないものとしての格差原理は簡単に捨て去られてしまう、そのようなものでしかなくなってしまうのであり、その意味での格差原理は、とても社会に不可欠の「基底的」性格としての友愛心をもつものとは言えないであろう。また、実際に彼の論理の中で両動機を奇跡的に結びつけている「全員一致」と「無知のヴェール」の論点は現実的根拠に乏しいものであることもすでに述べたとおりである。

こうして、ロールズのもつ友愛に関する「二元性」、すなわちそれを決定主体の第一の心性として認める立場と、それを否定する立場とは、彼の論理内に重要な矛盾を生み出している。第一の立場、この心性を認めるという第一七節の立場は、ロールズの方法の一半をなす、「現実の慎重な確信」から導き出されたものであった。第二の立場、友愛的心性を一般的心性としては認めないという当初の立場は、主体の利己的性質から設定されたものであった。

（ただし、利己的性質の立場を認める場合でも、全員一致の必要がない場合もあり得るのであり、従って、全員一致を保証する分配原理としての格差原理も不要となる可能性もあることは前述の通りである。）

ロールズの考察方法は内省的均衡であり、原初状態からの結論と現実の慎重な判断とが一致しない場合には、両者ともに調整を試み、その結果として均衡状態を達成することが期待されていた。しかし、ここでの友愛という問題点に関してみる限り、そこでは明らかに調整の余地はない。「それ（友愛）は社会の基底的な条件である」との、ロールズによる現実に対する理解は、彼の「相互無関心」というもう一つの理解と整合させることはできない。

このような明確な背反関係が存在している場合には、もはや人間本性に関する現実的確信を優先させる以外にないであろう。他の要件ならばともかくも、ここで争われているのは人間の心性に関する理解である。いくら全員一致が重要な課題であるとはいえ、その重要性をもってしても、人間の心性そのものを変えることはできないであろう。この理由をもって、この矛盾については、方法論上の重要性は人間の心性に関する現実的把握に道をゆずらざるを得ないと考えられるのである。

ロールズの内包する問題点を、このように、人間の心性に関する現実的設定を優先するという方向で打開すべきであるとすると、次に問題となるのは、果たして、ロールズがそこで暗黙のうちに「社会の基底的理念」として設定している友愛的心性は、本当に現実的なものであるのか、どの程度現実的なものであるのか、我々は、この社会が友愛的、「平等主義的」なものであることを望んでいるのか、どの程度望んでいるのか、という点である。それとも、この論文の冒頭で示した現実的な諸病理現象が示しているかに見えるように、我々はその反対に、この社会が単に「実力主義的」なものであることだけを望んでいるのか。ロールズにおいてはこの点で、単純に、友愛的心性、家族的心性が、普遍的な、他を圧する強力な動機として想定されているように見える。しかし、もしもそれを基底的な現実的実態として想定するという立場に立てば、始めに触れたごとくの現実の幾多の否定的現象はいかに説明できるのか。

彼はこうして、結局、人間の「動機理論」の問題に、未だ十分な答えを出していないように見える。ロールズにおけるこのような難点は、従来、社会的ルールのあり方に関する議論の中で、自愛心と慈恵心のありよう、あり方という本稿の中心的問題が、利己心あるいは相互無関心という性向と慈恵心、友愛の精神という性向との間で、二者択一的な扱いしか行われてこなかったことの結果であるといえよう。以上のロールズの検討より、我々は現実的な対人的行動動機に立ちかえって考察を再開すべきであろうことが推測される。自愛心、あるいは利己心と慈恵心、友愛の精神は、現実には我々の中でどのように存在しているのであろうか。二者択一的な把握が必ずしも成功してこなかったことはすでにみた。我々は一見相反する両要素が人間の内部でいかに存在しているのかという問題を、もう一度すべての先入観なしに、より深く検討する必要があろう。[22]

第二節　自愛心と慈恵性

それでは、人間の心性としての慈恵性とは、現実には、いったいどのようなものであり、自愛心といかなる関係にあるのか。最も一般的に言って、「他人の幸福に積極的に貢献する」ことが慈恵の美徳である（加藤）としても、それではそもそも、そのような動機、感情はどこから生まれ、それは自愛心とどのような関係にあるのか。これが結局のところ、ロールズの検討から残される問題点である。以下は、自愛心と慈恵心との関係という点に焦点を絞って考察を進めよう。

1　自愛と慈恵のバランスの視点

慈恵の問題は、いつも必ず自愛との対比という形で現われる。したがって、一般的な「他人への貢献」という視点ではなく、この両者のバランスという視点から問題を考えることが、慈恵性を解明するうえで有効であろうと考えられる。この視点からの問題への接近は、次のように方向と強さ（あるいは量）の二つの側面から考えることができよう。

まず第一に方向についてであるが、〈他人の不幸せを助けてあげられる時に自分だけが幸せになることは、その人を後ろめたい、情けない気持ちにさせる〉。これが慈恵心の具体的表現として適当なものと考える。つまり我々は、「自分より不幸せな人を幸せにできた時」に、慈恵心、友愛心の満足を感ずると考えられる。では我々はなぜその感情を持つのか。それは人間の持つ類的性質ゆえであると考えられる。人間の類的共通性という視点からみれば、同類が繁栄するのは「類としての自己」が繁栄することでもある。それゆえに、他の同類を助けられない、あるいは彼らを傷つけているという、まさに慈恵性が欠如した状態が出現している時は、自ら自身の類性の否定という点から、人間は相互に社会を「潤いのない社会」と感じ、その是正を強く求めようとするのである。

次に強さについてであるが、同類の繁栄を我々は〈どの程度〉強く自らの繁栄と感ずるのか。根本的答は、人類の生存と繁栄が多様な仲間の生存を保証することによって達成されるという事実に求められると考えられる。人間の生存をとりまく厳しい自然環境の変化に対応して人類が生き延びていくためには、人間間の多様性を保持し、仲間の誰かが多様な環境変化に対応して生きていけるようにしておくことが、類としての生存の確率を最も高くしよう。

とはいえ、仲間を助ける動機がこのような根源的根拠を持っているとしても、通常、人は自分とまったく同程度にまでは他の人を助けようとは思わないであろう。そこにみられる「自」と「他」の間の優先関係は、上の類的存在であることとどのような関係にあるのか。通常、そこにみられる「自」の「他」に対する優先関係は、上述の「類性の存在」という考えを否定してしまわないか。そうではない。まさに、この優先関係は、類としての人間という性質のゆえにこそ生み出されているものなのである。「類としての人間」という理解においては、異なった様々な環境に生まれ落ちる各人間個体は、いわば「類から派遣された全権大使」である。彼は何よりもまず、その地点、時点において、自らの生を最も繁栄させることを求められている。ある生命体の欲求を最も良く感知できるのはその生命体自身である。そうである以上、ある生命を最も生かすことができるのはその生命自身であることは明らかである。それゆえ人間が各個体として慈恵心に優る自愛心を持つことは、この各個体の類性からして、合理的かつ当然のことなのである。

2　社会生物学の視点の批判的検討
――「二つの動機のバランス」の視点へ――

この見方は、その結論部分、すなわち慈恵心に勝る自愛心の存在という部分のみをとってみれば、ウィルソン、ドーキンス等の社会生物学者の、慈恵心なしの自愛心という見方と類似するものがある。だが、彼らは人間の行動目的、行動動機のうちの、「多様性の確保」という本性的動機に基づく慈恵心の存在を基本的には認めていないという点で、上述の私見と異なっている。彼らは、基本的に、生物とは遺伝子の生存のために存在する機械である、遺伝子は自らの増殖を唯一の目的とする（selfish）のであり、「利他的」（altruistic）に見える行動でさえも、利己的動機ゆえにそうである、と考える[23]。

この点での欠陥は補われる必要があるとしても、彼らの提起したもう一つの議論、すなわち、人間の行動ルール（正義のルールはその重要な一部）を規定する原因の考察において、従来の哲学者らが議論の前提としていた「普遍的と考えられる人間性」は、実は人間の文化的歴史の発展の中で歴史的に規定されるものであり、そのもう一つ基底には、生物としての人間ゆえに保有する根底的行動動機がある、という議論は重要な問題提起であろう。

ウィルソンによれば、哲学者たとえばロールズは、たとえば平等な市民権といった倫理の起源を考察しない。彼らは単に自分の個人的感情的反応を根拠とするが、この感情こそが実は長期にわたる自然選択の結果である。加えて、人間は文化環境からも形成されるが、遺伝子の保存という生物学的な行動動機がそれに影響する強さは大きなものがある、とされる。[24]

このような「社会生物学」的見方は、実は必ずしも新奇なものではない。ルソーがすでに二〇〇年以上も前に示していた次の理解は、第一の当然の出発点と思われている「自然の権利」、あるいは「普遍的権利」を求める欲求は、実は、人間の、もう一段深いところにある「自然の欲求」から生ずる二次的なものなのだ、という見方を示している。「《正義》と《善意》とは…理性によって導かれた魂の真の情愛、われわれの原始的情愛の、秩序にしたがって進歩したものに他ならない」。「良心から独立して、理性のみによっては、いかなる自然法則をも打ちたてることができず、自然の権利も、人間の心にとって自然な欲求のうちに立脚していなければ、妄想にすぎないのだ」。人間の社会的行動ルールを創造する際には、それはこのような「人間の社会的情愛」、「自然の欲求」がいかなるものであり、それをいかに実現するものであるかを解明する必要があるのである。[25]

だが、遺伝子の力が強いからといって、彼らは、人間が、結果として非利己的に協力しあうことがまったく不可能であるとは述べていない。ドーキンスによれば、「われわれの遺伝子は、われわれに利己的であるよう指図するが、我々は必ずしも一生涯遺伝子に従うよう強制されているわけではない。」とはいえ、「利他主義を学ぶことは、遺伝的に利他主義であるようプログラムされている場合よりはずっと難しいであろう」が。（『生物＝生存機械論』一九頁[26]。）少なくともこれまでの社会生物学の主張の問題点の一つはここにある。我々は本当に「利他的であるようにプログラムされていない」のであろうか。

まず、彼らの言う、われわれが利己的でありながら、利他的に振る舞うとはどういうことなのか。ウィルソンによれば、人間の、遺伝子に基づく行動原則は、あくまで遺伝子の存続にあるのだから、第一に自らの個体生存率の上昇、繁殖率の増大、そして第二に近縁個体のそれを求めるものである。（前掲書、五五頁）ゆえに、利他的行動も、この視点からはあくまで利己的動機に基づくものと理解される。「甥や姪の数で比べるなら、自己犠牲を示す個体の方が、自己犠牲を示さない個体よりも、はるかに多くの血縁個体を持つことができる」。(同、二二五頁)それゆえ、自己犠牲と見えるものは、他の個体の中にある自己と同一の遺伝子の存続のため、すなわち自己の利益のためということになるのである。こうして、われわれが考察を開始した、自愛心と慈恵心の問題は、社会生物学の見地からは、遺伝子の存続という同一目的のために各個体がとる「形を変えた同一行動」、すなわちまったくの自愛的行動となるのである。

普遍的人権も、他の人々への配慮からではなく、長期的にみれば、その否定がその一時的な受益者にとっても危険な帰結を招来するがゆえに、人々に求められるのである、と説明される。(同、二九一頁)

しかし、ウィルソンは、この、「利己的遺伝子」の行動戦略が内発的なものとしての慈恵的行動に変化していく可能性をも示唆している。その変化の理由として推測されているのは、「全体としての人間という種の生存」(entire human species) を目的として設定した個体による「多様性」(diversity) の確保への欲求であり「遺伝子プールの保存」という目的設定である。「人間の本性には、我々自身を、利己主義と部族主義の至上命令の方向へ傾斜させる働きがあるのである。しかし、進化の長い歴史をもう一つ突き放して見渡すなら、我々は、自然選択の盲目的な意志決定過程を超越して、人類という種全体を背景とした構図のもとに、我々自身の遺伝子の歴史と未来を見渡すことができるに違いない。我々の使ってきた言葉の中に、このような視点を直観的に特徴づけるのにぴったりした言葉がある。高邁、という言葉がそれである。／進化理論が正しく適用されるなら、人類の遺伝子プール内の多様性を確保することも、基本的な価値目標の一つとされるはずだと私は信じている。」(同、二八八－九頁) (..human nature bends us to the imperatives of selfishness and tribalism. But a more detached view of the long-range course of evolution should allow us to see beyond the blind decision-making process of natural selection and to envision the history and future of our own genes against the background of the entire human species. A word already in use intuitively defines this view : nobility. / I belive a correct application of evolutionary theory also favors diversity in the gene pool as a cardinal value.)（Wilson, ibid., pp. 197-8）

こうして、彼はここで、人類全体を視野にいれた広い視野から人間行動を見ることができれば、社会生物学の結論は、「遺伝子プールの多様性」に行き着くであろう、と期待する。しかし、では、我々はどのようにしてそのような「広い視野から人間行動を見る」という視点を持つ状態にいたるのか。また、そのような状態におかれたとして、いかなる判断経路によって「遺伝子プールの多様性」に行き着くのか。

この多様性の確保にいたる経路は、一つは人類全体にわたる生存の困難性が認識されたときであろう。それはたとえば核戦争の脅威であり、環境の悪化であり、そして本章の直接の対象となっている社会的敵対関係の悪化である。これらを認識したとき、人間の根本的本性である自愛心と慈恵心（多様な人間存在への欲求）のバランスの欠如が関知され、「遺伝子プールの多様性」への関心が強まるのである。

次に、このような視点をいかに持ち続け得るかであるが、ウィルソンは、この多様性への欲求がいかなる状態で表われるのかに、「広い視野から人間を見るとき」と言う以外には言及していない。しかし、実はこの欲求は、右のように、バランスの回復への欲求として表われるものであるから、いったんバランスが回復された後は、我々は再び、あたかも自愛心のみが行動動機であるかのように「自覚」して生活する状態に戻るという、いわば螺旋的行動の繰り返しと映る行動を取るであろう。（だが、将来、経験則よりこのバランスの重要性を学習することによって、このバランスを恒常的に維持しようとする状態に移行できる可能性がありうることは否定されてはいない。）これも、我々が、まず第一に自己の生命を生かすことによって人類の多様性を確保しようとする存在であることからすれば、当然のことである。『遺伝子プールの多様性」の確保の必要性は、それが危機に瀕したときにのみ、自己の行動動機として自愛心以外のものがあったことを感知するに十分なほど強く認識されるのである。

してみれば、かりにウィルソンが、広い視野にいたったならば、人間は遺伝子プールの多様性を確保することを重要な行動動機とする「段階に至る」であろうと考えていたとするならば、それは誤りである。我々の行動動機が、「従来は利己的であったものから」、「今度は利他的なものに変わる」のではない。始めから存在する両者のバランスへの欲求が、後者の比重が弱まったときに、その回復の必要性を感知させるのである。

社会生物学者の基本的前提によれば、個体としての遺伝子はあくまで自己の存続を望むはずであった。しかし、正確に言えば、これは、「まず第一に自己の存続を望む」のであり、同時にそれは「種としての類から課せられた役割としてのそれ」であって、それは同時に全体としての各個体の多様性を不可欠とするものなのである。しかし、そのこと、いわば目的主体観の二面性を、これまでの歴史上において人間の各個体が意識して行動してきたとは言えない。それは後述のように各個体の自愛心によって、盲目的にではあるが、各個体相互間の生存のための闘争を通じて、結果として、実現、確保されてきたにすぎないのである。しかし、もしも我々が歴史上の現段階において、これらの盲目的行動の中に、両心性のバランスを求めるという根底的な性向が存在していたことを理性において認識することができるならば、我々の行動は、これまでと比べて一層効率的になりうるであろう。

この「類性」の視点からいえば、かりに、ある個体が、「最高の遺伝子」をすべて備えていることが証明されたならば、この個体の有利性のための優生学的な方法に他の個体がしたがうこともありえる。[27]だが、この証明の可能性は現実にはありえない。未来のいかなる事態においてもある特定の遺伝子が最優秀に対応できるとの「証明」はそもそもありえない。すると、「遺伝子の優秀さ」とは、ある、短期的な期間における、ある種の環境条件に対するそれでしかない。とするならば、遺伝子プールの多様性が許す状態とは、歴史的条件に応じて、その条件のもとで、それに適応性の高い個体の、「相対的にある程度強いだけの繁栄」が、他の個体との共存という条件のもとで確保されるというものでしかありえない。とするならば、われわれにとっていかなる分配が望ましいのかという当初の問題に答えるためには、この、現存する諸条件に適応性の高い個体が、そのルールのもとで、他の個体の生存を確保しつつ、ある程度の優位性を持ちながら生存し、かつ、両者が適度に共存しているかどうかを判断基準とせねばならないのである。

これに対しては、ウイルソンが述べるように、社会生物学においては、「これ以上の価値の探求は、もはや遺伝的適応度の功利的計算ではとても扱いきれない領域（二次的な、人間社会における歴史的な諸々の価値：引用者）に入ってしまう」（二九一頁）のであり、社会生物学者の見地からは、この問題はここで終わることになる。しかし、社会科学においては、まさにここからが問題の始まりである。人間は自らの生存を基本的目的とする。だが、上述の多様性確保という要求が自らのもう一つの目的として意識されるに至ったとき、その両者の欲求のバランスを適切に反映する分配ルールとはいかなるものであるのかが、人間の意識的、理性的行動の次元において解明されねばならないのである。

以上の議論が正しければ、我々は、社会科学で通常問題とする我々の利己的欲求における「己」の範囲には、「他者の生存＝多様性の確保」という意味での「他者」をも無意識的に含んできたし、またできるならばそのことを理性的にも意識して考えねばならないことになる。では、われわれは、現時点において、この両者のバランスの問題をどのように認識し、実現したら良いのか。

3　バランスの喪失と回復の経路

この問題を考えるに当たっての、現実的、歴史的条件として考慮すべきは、第一に、人間社会の、つまりは生存のための協力関係の歴史的な変化の中で、生産力の発展ゆえに、人間の協力範囲は広がり、強まっていくという法則性である。そして第二に、前述のごとく、現在おそらくそうであるように、環境問題、核問題などを通じて人間の相互関係がますます「運命共同体」的に変化していくことが、人類の利益共同体的な性格を一層強化、顕在化していくことである。これら二つの条件は単なる一時的なものとしてではなく、長期にわたる、恒久的とさえ言えるほどのものであろうことから、これらの認識に立って、人間は、利害関係という人間関係を通じた他者の重要性の認識を強めてゆくであろう。

だが、しかし、実はこれらの事象は、本章の問題である自愛心と慈恵心のバランスの問題の一部にすぎない。利害関係を通じた結びつきは、あくまで自愛心の分野を中心としたそれである。自愛心による「他者の必要性」は、自らの善＝欲求の満足に必要な限りでの他者の生存をのみ望むものである。「己」の拡大の問題はさらに次の問題分野も含んでいる。それは、このような利害関係ゆえの協力関係が展開していく中で、それが要求する他者への関わりかたが、本来の「多様性」への欲求と反していることが感知されたときに発現する問題である。すなわち、慈恵心とのバランスを欠いた自愛心が、上述の類的繁栄の二側面であるところの、〈自己の発展と多様性の確保の同時的実現〉を妨げるにまで至った時、それは自己の類的本性の否定となり、そのバランスを回復する必要性が感知され、そのための行動が緊急に必要となるのである。(28)

まず、近代市民社会以前におけるこのバランスの実現は、次のように行われてきたと考えられる。そこでは、この自愛と慈恵の適切なバランスは一人一人の人間の内部でとられてきたのではなく、個体間、集団間でとられてきたと考えるべきであろう。奴隷制社会、封建制社会と現在を比較すればわかるが、当初の、個が血縁共同体と一体という関係の中で生存していた人間集団においては、分業に基づく生産力の発展とともに、指導的役割についた個体が支配者に転化していった。この〈指導の支配への転化〉は、各個体の自愛心の相対的強さを表わしている。そこに生じた生存手段の分配における格差構造が他の個体をも同様に有利にしている間は、そのような支配体制は集団全体に支持される。古代の呪術的指導者、封建時代の武力的指導者の支配体制が続いていた期間がその例である。封建時代においては生産性の上昇速度が緩やかであり、かつ、また、それゆえに、異種集団間の領土、生産物をめぐる争いが相対的に重要な問題であったため、それらを解決し、自らの集団を守ってくれる「武力」担当集団が、全体の繁栄にとって重要かつ必要とされた。

だが、こうして成立した支配・従属体制とはいえ、支配者層が無限度に被支配者層から収奪を行い得るわけではなかった。まず、最低限の歯止めとして、被支配者層が生存可能な分を彼らに残しておかねばならず、さらに、被支配者層の抵抗力がそれ以上のある程度の収穫部分を自らに残すことを要求する場合には、それが収奪の限度となった。こうして、封建体制下であるとはいえ、他より優越する「力」をもった個体でも、自らの自愛心の発揮には、他の個体集団、すなわち被支配集団からの抵抗という抗力があったのであり、その抗力の存在が、結果として集団内の個体の多様性としての慈恵性を実現していたということになろう。

しかし、封建制の下で被支配者層が自らの「富を守る」過程において、さらに生産性の上昇速度が大きくなり、「富を作り出す」こと、そしてそれを生産性の上昇に応じた広範囲な地域で自由に行なうことの方が集団全体の繁栄に重要になったとき、―そしてそれはとりもなおさず従来の固定的支配階層、武力階層の存在が不要物となったときであるが―、その時以降、新しい「生産力」を生かすことのできる新たな人間関係が登場することとなった。そこでは、世襲的な暴力的な支配体制はもはや存在しない。こうして成立した新しい人間関係の最も基本となるものは、自由であり平等な市民からなる社会というものであった。

これまで、この近代市民社会における人間の協力関係の中心となって発達してきたものは「自由な市場経済」であったと言えよう。しかし、それが、果たして現在持っている形において、人間のもつ自愛心と慈恵心のバランスを適切に実現できるものであるのか否かが、今問われていることである。それが内包する問題性は、現在、冒頭に示したように、「人間関係の潤いのなさ」、「連帯感の欠如」として感知され、そしてさらには「人間間の敵対的関係」といった現象として表われているのである。

それは、そこに、冷戦時代のような明確に想定された「敵対的集団」が存在しているという問題ではない。それはその機構それ自体、そしてそこに生きる我々の誰もが、その仕組の中で、加害者にも被害者にもなり得るという、つまりは過度の自愛心の持ち主になり得るという、自由な市場経済システムの現在のあり方そのものから生じている普遍性を持った問題であると言えよう。

このような問題把握に立つとき、我々は現代の問題の構図を、自由市場経済における自愛心と慈恵心のバランスの欠如とその再生という視点から描きだせると考える。かつての封建時代には、前述のように、自愛心と慈恵心のバランスが、集団間における「抗力」という点から結果としては実現されたとするならば、現代社会におけるそのバランスはいかにして実現され得るのか。そもそも、我々の現行体制のどこに、この問題、すなわち過度の自愛心を促進するという、それも単にある一部の人々のそれではなく、集団全体としてのそれを促進するという問題の原因が潜んでいるのか。すなわち、「自愛心を過度に促進する自由経済体制というシステム」（加藤）の欠陥は具体的にはどこにあるのか。

4　現代社会におけるバランス喪失と回復策

それに対する回答の骨子は次の通りである。

1：「不安」：現行の自由経済体制は、そもそもそれが持つ効率性のメリットゆえにこれまでその発展を支持されてきた体制である。反面、自由経済体制あるいは自由市場経済は、同時に低価格競争による企業の興亡、労働者の雇用と失業をもたらすところの優勝劣敗のシステムでもある。後者は個々の社会構成員にとって生活不安の根源となる。この負の側面をいかに抑えるかがこのシステムの存続にとって不可欠の課題である。基本的には、これへの対策としては、景気変動そのものをできるだけ抑えるというマクロ的政策と、生じてしまった失業状態に対して何らかの保障を行うというミクロ的政策の二つが考えられてきた。自由経済社会がこれらの対策によって十分に機能している限りは、それはそのデメリットを抑えることができ、その面からの大きな社会不安は生じない。

2：「不満」：第二に、現行の自由経済体制は、公正な競争ルールが完全には実現していないというデメリットを伴っている。公正な競争ルールとは、基本的には成果と負担の公正な分配ルールのことである。自然資源と労働負担、成果をいかに分けるか。土地という自然資源はそもそもどのように分配されるべきか、労働能力は完全にその人のものか、生来の能力を伸ばすための費用＝教育費は誰が負担すべきか、noblesse oblige には（たとえば高能力者の高率の税負担といったことへの）根拠はあるのか、企業における結合労働の成果としての所得は、雇用者と被傭者の間で、また被傭者間で、貢献度に応じて適切に分配されているのか、等々をめぐっては、必ずしもいまだに広く社会構成員全員の間で安定的な合意、ルールが成立しているとは言いがたい。その不備から生ずる感情は不満の感情であるが、時としてそれは、たとえば「金持ちへの反感」、あるいは「怠惰な者への反感」となって、結果としての社会不安を呼び起こす要因となり得る。そこにもし、社会の全員が合意できる公正な分配ルールが明確に成立しうるならば、この面からの社会不安は防ぐことができる。

以上の二点における不備が、慈恵性の欠如、潤いのない社会の最も基底的な要因であろう。また、第一の負の要因は、経済社会の変化の速度が速まると、たとえ失業救済のための保障制度が以前と同じであっても、変化に適応できるか否かに対する不安は倍加して行くため、経済社会の進歩・変化の加速度的増大とともに拡大して行くであろう。また、たとえば、変化速度の早い都市型社会からの一時的な脱落者を受け入れることのできた農村社会がますます消滅していくという状態も、このマイナス要因を強化していると言えよう。

自由経済体制のもとで、慈恵性の欠如という社会病理的現象が拡大しているのが現行の状態であるとすれば、それは上記の諸マイナス要因に対する解決策が不十分であることを意味していると言えよう。(29)

さて、上記の不安、それも不満に加速された不安は、基本的に次のようにして慈恵性の欠如をもたらすであろう。すなわち、この不安は「生活の将来への予測」の排除を意味する。そこからは、現在と将来のますます予測しがたい不安に対する備えとして、現時点における自己の取り分をできるだけ多くしようという「貯め込み」行動が発生せざるをえない。これがすなわち自由経済体制にともなう利己主義の醸成、慈恵心の排除の最も基本的な経路であると考えられる(30)。

ところで、失業状態の解消は失業率ゼロと言う指標で明確に認識できるとしても、失業者に対する所得などの保障措置としてはどれだけのものが適切かというのは回答の困難な問題である。そこでの課題が社会不安を解消することにあるとしても、どの程度の保障をなすべきかは現時点でまえもって明確に示すことはできない。その効果は「不安」、そして「本来の慈恵心の回復」と言った、数量化の困難な指標で測るしかないものだからである。おそらく、「貯め込み」行動がもはや発生せず、それゆえ本来の類的慈恵心が発揮でき、本来の自愛心と慈恵心のバランスが保たれている状態のもとで、またそれゆえに社会的不安も解消されたと言える状態のもとで、十分な保障措置の程度、内容は初めて認識され得よう。どこからが適切な状態かにたいする答は、このような「バランス」が感じられる状態が生じたときに、はじめて、「それを生み出す競争をめぐる諸ルール、諸条件がそれである」として把握されることになろう。この均衡状態に欠け、「貯め込み」行動が生ずる状態、すなわち、慈恵性の不自然な切り詰め行動が生ずる状態が、競争社会における負の側面が優越している状態であると言えよう。

とすれば、それは道徳教育の強化という対症療法のみによっては解決されえず、先の「不安」と「不満」の二つの面でのシステムそのものの修正をも必要としよう。そこでめざすべきことは、一つは慈恵性に見合った公正な分配ルールの確立による不満感、敵対感の解決であり、もう一つは競争社会にあっても十分な生活の安定性を確保できるだけの完全雇用政策、あるいはそれが不十分なときは社会保障体制の強化によって、「貯め込み」行動の必要性を排除することである。

ところで、社会保障体制の強化の中には失業者に対する所得保障のほかに、社会福祉、所得再分配などの、「社会的弱者に対する再分配行動」が含まれている。これは一部は相互扶助としての保険的動機、すなわち利己的動機から行われ、他方では純粋な慈恵的動機からも行われる。前者の動機は、失業救済体制の不備から発する生活不安が利己的動機に作用して生ずるものであるが、後者の動機部分は、人間の本質的な心性的欲求から生ずるものであり、社会システムが生み出す否定的影響が深刻なものとなったとき、各人の内部にそれに対する「抗力」として生じずにはいられないものである。

この意味で、いわば結果としての「下流」からの対策として、慈恵的な分配ルール、社会的弱者に対する内発的な社会保障体制の強化が生ぜざるを得ないのである。こうして、たとえ前述のような公正な生存・競争条件が整備されたとしても、我々はその本性上、弱者に対する配慮を忘れ去ることはできない。我々が類の多様性の確保を望むという基本的立場に立つかぎりは、社会的弱者に対する慈恵的な行動を、弱者集団が存在する限りは、それ自身の動機ゆえにこそとらざるをえないのである。それは前述のように、自愛心という短期的な「類の代表者」としての生存と繁栄に並ぶ、「多様性の確保による類の繁栄」という長期的生存戦略という強い動機によるものだからである。

なお、このような対応策の実施に当たっては、競争社会の長短にどのような比重を持って対処するかが重要なことである。封建時代においては、各人と集団全体の繁栄は、基本的には家族単位の生産・分配という狭い社会内での問題であったが、現在では、生産力自体は世界的規模での分業体制によって当時とは比較にならない規模の富を生みだしている。この富を可能としたのが、自由な分業、すなわち私有財産制度のもとでの自由市場経済であることから、その生産力の発展を促進する機能と、需給調節機能については、これをできるだけ生かし、残すことが、この問題の解決の際の一半の重要な条件であると言えよう。さらに、将来世代に残すべき資源、並びに環境問題との兼ね合いがそこでの「外枠」としての制約条件となることは今日広く認められている。

先の二つの動機のバランスの回復のために必要な対策、保障措置が、かりに上の効率性すなわち生産力の発展を促進する機能と需給調節機能に悪影響を与え、全体としての富の生産を縮小させる結果となる場合には、再度、集団の全体としての繁栄の具体的あり方という、先のロールズの言葉で言う「社会的理想・理念（social ideal）」の視点から、この保障・矯正措置をどこまで行うべきかの検討が必要になる。しかし、社会病理現象の拡大、その重要な一部としての慈恵性の欠如が広く指摘されている現時点で必要とされているのは、おそらく、まずは現状のバランスを、不安、不満を内包する不安定な競争体制から、本来の慈恵性の発揮を許容し得る競争体制の方向に是正することであろう。この、望ましい競争体制に向けた具体的措置について、節を改めて整理するならば以下の通りである。

第二節への補論：ルソーによる人間の心性の理解について

ルソーは、慈恵心の比重の大きさを、ロックに比べ、より正しくとらえていた。彼は「同胞の苦しむことを見るのが生まれながらに嫌いな」感情、すなわちあわれみの感情を人間は持っているとして[31]（『人間不平等起源論』訳一四二頁）、この感情は、「できるだけ他人の不幸を少なくして、汝の幸福をはかれ」という格率となるとし、これは「他人からしてもらいたいと思うように、他人に対しても行なえ」という合理的な正義の崇高な格率よりも実際には役立つものである（一四五）と、その重要性を指摘している。そしてそれは「各個人においては自己愛の活動を和らげ、種全体の相互保存に協力する」（一四四）として、その役立ちを種全体の生存と結び付けている。もっとも、別の箇所では、彼は「あわれみが快い」のは、自分がそのようには「苦しんでいないという喜びを我々は感じるからだ」と述べてもいる（四七四）が、「あわれみ」の感情をこのようなものにまで拡大するのは、上述の彼のもう一つの正確な理解をあいまいにしかねないものであるが、この点はせいぜい補足的説明として理解することができよう。

しかしまた、彼は憐愍と正義との関係について次のように述べている。「…悪人に対する憐愍は、人類に対するきわめて大きな残酷行為である。」「…憐愍が弱さに堕落しないようにするためには、それを一般化し、人類全体のうえに及ぼすことが必要となる。そうすれば、我々は憐愍が正義と一致するかぎりにおいてしか、その感情に身をゆだねない。あらゆる美徳のうちで、正義が、いちばん人々の共通の利益のために貢献するものだからだ。」（四八二）ここでは一見、〈慈恵－憐愍〉が、〈自愛－正義〉に従属させられあるいは包括されているかに見える。しかし、正しくは、問題は一方の他方への包含関係の発見ではなく、両者のバランス、それも歴史的条件に応じてその重要性認識が変化するそのバランスを見つけることにあるのである。

第三節　慈恵性発揮のための政策

では、現在その欠如が感知されるいくつかの国々において、本来の慈恵性発揮のために求められる政策は何か。求められる政策の第一は、前章までで論じた資源と成果（貢献度基準）の分配における公正なルールの確立である。これによって対人的不満感、自らが社会において不当に扱われているとの感覚は解消し、本来の慈恵性が表出しやすい環境が形成される。（第四、五章参照）

第二は、貯め込み行動を防ぐための生活の安定のための政策である。以下ではこの第二の内容のみについて論述する。

1　基本的政策＝競争に伴う生活不安の緩和、解消

①望ましいことの一つは、完全雇用と経済全体の安定的成長である。しかし、自由市場経済においては、十八、九世紀の規則的景気循環、二十世紀の完全雇用政策に伴う政府赤字の累積という困難を見る限り、直ちにその実現を期待できるものではない。

②第二に、これらの政策が効果を発揮しても、経済成長のもとでの絶えざる技術革新が産業の盛衰を伴う以上、小規模な失業、労働者の吸引、排出は必ず繰り返される。これに対してはもしも労働力の瞬時的流動化、あるいは十分な所得保証が可能であれば、所得の面での予測性＝生活の安定性は保証される。もし社会全体として、従来と同様に技術革新と成長を求めるとするならば（そしてそれは基本的には自由経済体制のもとでは当然生ずる状態である）、この流動性あるいは所得保証の実現を強化することが重要な政策となる。

2　緊急避難的措置

①しかし、これらの対応がそれに追いつかない現行の状態が解消できないのであれば、技術革新の導入を労働力の流動化に見合うかぎりでのそれに抑える、または労働者間での労働時間短縮によるワークシェアリングといった後ろ向きの政策が必要になるかもしれない。ここでは技術革新そのもの、あるいはその動機としての創業者利得といった勤勉動機の重要性を否定してはいない。だが、そこで生ずる技術革新の導入を社会的にある範囲内に制限する必要が生じ得るのではないかというのがここでの考えである。

②対外事情と対症療法：さらに、もしもこのような一国における不安定性の緩和は、それを単独で行った場合に

は対外的にはその国の競争力を弱め、マイナスが生ずるというのであれば[32]、もう一つの条件として、世界の同時的な政策協調が必要となる[33]。

③さらに、それらが実現せずに、社会不安がますます拡大したときは、それに対するまったくの対症療法としての慈恵「的」政策の強化、すなわち流動化の中で失業した人々に対する臨時的な社会保障制度の強化が、現行の慈恵性の欠如から生ずる社会内対立を緩和するための唯一の可能な方策となろう。

④ただし、これはその動機としては、あくまで性質としては慈恵「的」政策にとどまるものであって、「対立を恐れる利己的動機」から発している。

だが、これらの政策が万一不備に終わり、通常の労働能力の保有者における不安と不満が解消されず、それゆえにまた彼らの側での「貯め込み」行動が顕在化し、労働能力に欠ける社会的弱者に対する慈恵的行動、制度が一時的に弱まるかに見えたとしても、「類の多様性の確保」という、利己性と並ぶもう一つの人間の類性は、真に慈恵的な動機から発する保障政策の強化をもたらさずにはおかないであろう[34]。

小　括

現行の形での自由市場経済を核とする日本（そしておそらくはまた多くの先進的工業化諸国）の社会経済システムは、慈恵性の欲求を満たすには十分な構造となっていないがゆえに、「慈恵心の弱さ」の問題が生じており、これが「潤いのない社会」、「敵対心が前面に出た社会」を生み出している可能性が大きいというのが、上述の議論からの本章での結論である。社会成員全員が自分の生活の不安定性ゆえに「貯め込み」行動をとらざるをえない状況にある＝過度の自愛心の発現を求めざるをえない状況にあるのが現状であるとすれば、それをシステム全体として、体制的、制度的に和らげることが第一の課題となろう。そして、この方向への是正は単に必要とされているというだけではなく、人間の類的本性の一半からして、その方向への前進が不可避でもあるというのが本章での結論である。

（1）日本経済政策学会編『日本の経済社会システム』一九九四年一五頁。加藤寛孝、一九九四年日本経済政策学会大会報告「自由経済社会の倫理的基礎―スミスとハイエクに則して」。また、「自由経済社会の倫理的基礎」（創価大学『比較文化研究』第一一巻一九九四年三月：後論文と呼ぶ）も参照。加藤氏によれば、人間の生活は、経済生活と価値追求生活とからなる（経済体制と道徳体制）。（「自由経済体制の倫理的基礎」五二頁、以下同じ）。人間は二つの本能的感情、自愛心と博愛心を持つ（五〇）。慎慮は自愛心から、正義（他人を傷つけない）と慈恵（他人に貢献する）は博愛心から生ずる（五〇）。慈恵の美徳は最高級の行為である（五二）人間の行動は、他人からの尊敬によって導かれるべきである（五一）。伝統的道徳のうちで最重要なものは、他人の財産を尊重することである（五一）。自由経済体制は、慎慮の美徳を強化し、利己心を抑制する（五一）。だが、自由経済体制は慈恵の美徳を生まない。生むのは慎慮と正義のみである（五〇）。自由経済体制は、生産力を増大させ、慈恵の条件を、だが条件のみを作り出す（五二）。だが、自由経済体制は、自愛心を推進力としているので、利己主義と拝金主義を促進する（五〇）。自己規制と慈恵の実践がそれを抑えられる（後論文、六七）。通常、人は物質的富への関心が強い（五四、五〇－五一、七二－七三）。よって、慈恵の実践のためには、「称賛と非難の圧力」が必要である（五五）。また、所得分配の不平等は、「分配的正義」という曖昧な観念によっては扱い得ない（五二）しかし、深刻な物質的窮乏に対する限定的保障は必要であり、可能である（五三）。その程度（基本的自由と生産効率を損なわない程度の）は、「制限された混合経済」が許す程度である（五四）。目を日本社会に転ずると、日本社会は真に豊かではない（五五）。そこには、倫理的堕落、公共道徳の衰微としての各界の汚職、不祥事が見られる（後論文六七）。また、この社会には潤いがない。人々は真の幸福、真の豊かさを実感していない（五五）。慈恵の美徳が実現していないことがその理由である（五五）。敗戦前は「国のため」という利他主義的価値観があった。敗戦後は「会社のため」という一元的局所的な集団主義的価値観が登場した。だが、必要なのは普遍的な友愛心と連帯感情である。また、一個の人間としての独立心・自尊心・価値観の所持である。これを実現するためには道徳教育の振興、多様な価値観の宣伝、社会的表彰制度、総合的な人間社会研究の振興が必要である（五六）。

（2）その直観的な例の一つとして、大野忠男氏の表現を引用すると、「この秩序を維持する正義は社会存立のミニマムな条件にすぎないから、交換的正義のみが厳格に施行される社会は、むしろ苛酷で、よい社会とは言えない」。「したがって、自由な社会の課題は、」社会的弱者に対して「特別の配慮を加えることでなければならない」とされる。（『自由・公正・市場』創文社、一九九四年、一八七頁）また、ここ数年の日本社会の状況に焦点を絞った表現として、次のような指摘がある。「近年の日本人が失いつつあるものの多くが無形の財産だった。銃器犯罪によって『安全』を失い、リストラによって日本型労使関係の『信頼』を失い、過度な競争によって『共生』を失う。恐ろしいことに、無形の財産は失ったことを自覚しにくい。」（井尻千男、日経一九九六年一月二八日付け）私は本稿では、これらの否定的諸現象の中で、人間生活の基盤をなす経済面での「過度な競争」（これは直観的把握としての、現実への第一次的理解としては適切な言葉であるが、その内実としての原因部分の分析においては「競争システムの不備」という表現が適していると考えられる。本文後述部分参照）に根源的な問題点があると論じるつもりである。

(3) 近年、中年世代の自殺者が増えている。（一九九四年には、四、五〇代の男性の自殺者数は約六三〇〇人であった。交通事故死者総数の過半にあたる数字である。）戦争中は自殺者数は急減し、戦後のピークの一九五八年には、一〇代から二〇代で約五割を占めていた。この時代の「不安世代」と「頑張り世代」について、「将来への不安で命を絶ったのは、若い世代で、むしろ生活苦を訴えていた中年世代は、家族のために頑張っていた」が、「今の時代は中年世代から生きがいや目標を奪い、社会が死に追いやっている」と、大阪府こころの健康総合センターの医師夏目誠氏は分析している（日経一九九六年三月三日付け）。過度に仕事にのめり込んで、自己破壊への道を歩むことを、聖路加病院の河野友信氏は「慢性自殺」と呼ぶ。河野氏は「中年世代から生きがいや目標を奪っている」背景として、仕事のプレッシャーを指摘している。ここにも戦後数十年間を通じて醸成されてきた、後に述べるところの「過度に」強化されてしまった競争社会の圧力が現れていると言ってよいであろう。（同）

(4) そこから発した行動が全くの反社会的、自己否定的でさえある結果をもたらしたとは言え、その動機部分に関する元オウム真理教信者の井上嘉弘被告の陳述は、この関連を鋭く示すものである。「戦後五〇年を経て、経済的勝利とともに物質主義がまん延し、それと引き替えに精神のよりどころを見失った日本の現状を踏まえ」、また、「煩悩的情報によって、自己の正常な思考が生活のあらゆる側面で悩殺され、蹂りんされていくという不透明さや底無しの不安を現代社会に感じ、自己の覚醒と人々の救済をめざして」「オウム真理教が存在した」とされる。（日経一九九五年一〇月二三日付け）

(5) 武村蔵相（当時）は「個人の財産は個人の責任で」（一九九五年一月二六日）、橋本首相も「自然災害の被害は自助努力で」（一九九六年一月二五日）と国会で答弁し、震災のための特別予算枠は設けないとの方針を示した。島田晴雄慶大教授も、「公的資金は…私的財産には適用できない」が、「住宅保有者による住宅版自賠責保険を創設し、そこからの前借りの形で阪神の被災者に適用する道を開くことは可能である」と述べ、公的資金の使用可能性についてはこれを否定している。（日経一九九六年一月二一日付け）しかし、住専問題という私的損失に対処するために公的資金を使うという政府の方針そのものが、自らの「私有財産＝自力更正」論の根拠の弱さを証明している。ならば、問題は、私的損失に公的資金を使用できるか否かではなく、「いかなる場合には」使用できるかということになる。これについて個人補償を適用すべしとの論者の挙げる根拠は、住宅は生活の根本であり、また、個人で再建するにはあまりに高額であるという点、またまさに生存そのものに関わるという点にある。その後の被災者に対するアンケートをみても、最大の困難は住宅にあり、ただでさえ家族を失うなどの打撃を受けた後で、住宅問題という重い課題を背負いきれず、希望を失う人々が多いことが示されている。（『放送研究と調査』ＮＨＫ放送文化研究所、一九九六年三月号）

なお、たとえ憲法第二五条に国民は健康で文化的な生活を保障されるとあっても、もちろん我々はこの解釈を単に「政府の姿勢」の問題として済ますことはできない。それは結局は国民が被災者に対して、彼らがまさにその生存権を脅かされていると認識するのか、さらにそう認識するとして、そのような彼らを助けようという意識が自らの内部に生ずるのか否か、その住宅を補償すべしと選択するのか否かという、まさに一人一人の国民の認識の問題なのである。そのような動機が存在するとしたならば、そこから先は、その動機の強さに応じて、あるいは島田氏のように、相互扶助としての保険的動機で対処する道もあろうし、また、見返りは期待せずに、単に慈恵的動機からする援助を行なおうという道もあろう。後者の道は、一年間あまりの間の一七二七億円の義援金にその一部が現われているが、中でもいま国民に問われているのは、借金をして住宅をたてるという方法さえ開かれていない（貝原兵庫県知事、前掲日経）中、高齢者などの弱者集団に対する慈恵性の問題であろう。彼らに対して、個人的住宅再建を残りの国民が援助するのか、「金銭的な補償が難しければ、公的住宅を大量に建設」（同）すべきなのか。これはまず第一に、援助する側の大多数の国民の意欲、動機にかかっているのである。

（6）　信濃毎日新聞一九九六年一月三日付け。一九九五年三月の国連主催の社会開発サミットでは、「ヒューマン・ディヴェロプメント」というキー概念が打ち出された。市場の論理にしたがった結果としてのこの世界規模での貧富の格差の広がりは、もはや「人間の保持」という最低限の要求という形でその是正を迫らねばならないところにきているとの認識がそこで示されているといえよう。そこでは、「南北格差」に限って言えば、「先進国の人々は、…ある程度の貧しさをも分かち合える」のか、（同）が問われているのであり、これはすなわち、世界的な規模での慈恵性のありようが問われているのである。

（7）　米国のクリントン大統領は九六年一月の一般教書演説の中で、アメリカが当面している価値の問題として、「三つの問いに答えなければならない」と述べた。いかにアメリカン・ドリームを現実化するのか。古きよき価値をどう維持していくのか。どのようにこれらの挑戦を一つに束ねていくのか」。一九九七年一月二九日付けの日経社説では、大統領選挙に関して、現在の米国の政策上の争点は「経済活力や競争を重視するか、広い意味での弱者への配慮を優先するか」にあるとまとめているが、これは上の三つの問いの内実となる問題を示したものと解釈できよう。「競争」のデメリットが多くの人々の意識に上ってきたことは次のことからも推測される。米国では、多くの企業が好業績のもとでもレイオフを進めることに批判的な空気が広がっており、共和党の大統領候補は相次いで産業界の雇用削減の動きを批判した。米デュポン社は、一五〇〇人の人員削減発表に際して、担当副社長をして「悲しいことだが競争環境が許さない」と釈明させざるをえなかった。(日経一九九六年三月二日付け)

　中国でも、蔓延する拝金主義に歯止めをかけようと、共産党指導部が「英雄」づくりに力を入れていると報道されている。(日経一九九六年一月二四日付け)日本でも、橋本首相の施政方針演説にもこの効率と慈恵＝弱者への配慮の二点の両立の必要性が言及されている。二十一世紀にふさわしい政府とは「市場原理を最大限発揮させ、…簡素で効率的なものでありつつも、真に国民が必要とする施策に対しては十分な配慮を行ない得るような存在でなければならない」。「こうした一見相反するような性格を併せ持った政府」を実現するためには、「常に何のための政府であるのか、だれのための政府であるのかを」問わねばならない。(日経一九九六年一月二三日付け)たしかにここに述べられているように、この一見相反するかに見える二点の適切な実現が必要であり、そのバランスこそが今問われていることなのである。

(8)　人間のもう一つの行動動機である「妬み」と自愛、慈恵との関係について簡単にふれておく。妬みとは、自分のよりも大きな他人の幸福に対して持つ否定的な感情である。それは、他人の幸福を自分が奪うことが可能な場合には、自愛心の発露として理解され得る。客観的にみて自らに利益がなくとも、他人の幸福を破壊しようとする行動もみられるが、これも実は何らかの利益を期待してのことではないかと推測される。

　なお、慈恵心と「コミットメント」の関係についてもふれておこう。アマルティア・センは、コミットメント、あるいは社会的コミットメントを、共感からの行動と並ぶ人間行動の一つとして指摘する。(A・セン、『合理的な愚か者』大庭健、川本隆史訳、勁草書房、一九八九年、一四五－六頁。)共感においては他者への関心が自分の効用に影響しており、これと異なり、コミットメントは、自分の効用に影響せずとも正義感から行動することをさす。(川本隆史『現代倫理学の冒険』創文社、一九九五年、八三頁)しかし、人間が行動する場合、それは自己にとっての必ずある種の善をめざしてのことであり、その意味で、センのいうコミットメントは、つまりは共感による行動を指すものであるといえよう。

(9)　なお、ロールズの立場は、系譜的に見れば社会契約論の流れに属し、それも、ロックからは、各個人のもつ「自由」を、ルソーからは「あわれみの情」を受け継ぎ、カントからは「自由で平等な人間からのみ出発して、普遍的協力ルールに至る」という方法を受け継いでいるように見える。ロック自身は、十六世紀イギリスの神学者であるリチャード・フッカーから、自然の状態から人々の同意によって政治組織と政治的権力が成立するという社会契約説を受け継いだ。ロックはそこで、慈愛について次のように述べている。「あの賢明なフッカーは、人間の平等な姿をまったく明白で疑いもないこととみなし、…そこから正義と慈愛という偉大な原理を導きだした」。「彼は次のように述べている。『…他人の同じような欲求を満足させてあげるように心がけなければ、どうして自分の欲求を少しでも満足させられると期待できようか。…もし私が危害を加えれば、私も危害をこうむるものと思わなければならない。…本性上、平等である他人からできるだけ愛してもらいたかったら、彼らに対してもまったく同じ愛を与える自然の義務がある。』」(John Locke, *An Essay concerning Human Understanding*, 1690, edited by J. W. Yolton, 2 vols. Everyman's Library, 1961.『人間知性論』大槻春彦訳、中央公論社、『世界の名著』二七、一九八〇年。一九五頁）だがロックの理解は、正義と慈愛とを論じながら、結局のところ、人間本性として自愛心を強調するものとなっている。

しかし、本章で論じていることから推測されうるように、私見によれば、ロールズは、これら社会契約論者の理解をそれぞれ切り離されたものとして受け継いでいるかに見える。本来これらを総合するものは、人間の基本的な行動動機の総合性、つまりは「自愛心」と「慈恵心」の結合形態のありようにこそあるのだが、この点が意識されず、前者＝自愛心が、封建的拘束への反動として出発したがゆえに、それはそのままではややもすれば無限定となりやすい「自由」と結びついて、そのまま人間行動の中心的動機として理解されてきたのである。ロールズは、慈恵性、友愛の必要性を強く意識してはいるが、それの重要性、比重を理論的に解明するところにまで至らず、「暗黙の理想状態」として、あちこちにそれを無前提に織り込んでいるにすぎない。

自由論を、そしてほとんどそれのみを大きく受け継ぎ、拡大させた自由至上主義の論者たち－ロールズ等の流れのリベラリズムに対してリバタリアニズムと呼ばれるが－にハイエク、ノズィック等がいるが、彼らもまた当然、上の基本的な問題視角を意識していない。しかしながら、ノズィックは、後の著書（Robert Nozick, *The Examined Life*, Simon & Schuster, 1989. 井上章子訳『生の中の螺旋』青土社、一九九三年）において、「かつてわたしが提案した自由意志論の立場は今のわたしにはひどく不適当に思える。その理由の一部は、それが十分に人間らしい考慮を織り込んでいなかったこと、それが残した共同の諸活動にはもっと緊密に生地に織り込まれねばならない余地があったことである」（訳、四五〇頁）、と述べ、かつての自らの見方を、いわば自愛心の側に偏った狭量なものであったとして訂正している。ハイエクの古典的自由主義は、自らの幸福のためには、すなわち「各個人の目的をもっともよく達成するために」は、「それぞれの個人において…経験のストックを最大限に使用する以外に途はない」（*The*

Constitution of Liberty, 1960, Routledge & Keganpaul, p. 226) という考えを基底としており、これ自体は、ロールズの言う、いかなる political conception of jusitce とも矛盾せず、それらの基礎の一部となりうる認識である。むしろ、そこからさらに一歩進んで彼が考察すべき積極的な問題は、第一に、「各個人の目的」における目的主体は誰か、さらに彼らの目的は何か、であり、そのための手段は何か、また、これら三つの分野における人間各個体間の共通性はないのかである。スミス以来の経済学の展開のなかで、近年それに対する取り扱いの不足ゆえの弊害が際立つに至った、この目的動機という第一の問題への取り組みこそが今求められていることなのである。

(10) 「余徳的善行」の訳語については、藤川吉美『ロールズ哲学の全体像』成文堂、一九九五年、一七六頁によった。

(11) 性愛としての love は、自己の子孫を残したいという自己の欲求である。本文で言う愛とは、どのような動機であれ、他人の善を増進しようとする行動はすべて愛として含む、そのような広義の一般性をもったそれである。

(12) これはこのままではほとんど意味がない。ここでは格差への「嫉妬なし」の「ある限度」が未解明のままであるが、この限度の程度こそが、実際の社会の動きを決めるからである。この点は第3節「正義論の中心となる観念」で詳しく見る。

(13) ロールズは、感情と情愛を通した結びつき (ties of sentiment and affection) を共通の前提とするのは強すぎる前提であるとする。(*A Theory*..., p. 129)

(14) ここで「恣意性がない」とは、実は「争わないですむ範囲で」という条件つきのそれである。ある種の恣意性があっても、それが当事者間での争点とならなければ、「恣意的である」との問題関心がそもそも発生することはないのである。

(15) 市井三郎氏は、「不条理な苦痛を減らすこと」を人間の対人的行動ルールとして提案した。(『歴史の進歩とは何か』一九七一年、岩波書店。)「各々の人間…は、自らの責任を問われる必要のないことからさまざまな苦痛—略して〝不条理な苦痛〟と呼ぶ—を負わされているが、その種の苦痛は減らさねばならないという理念」。(一九六頁。) これはロールズの言う「受取資格のないこと」(undeserved) と通ずるものがあると言えよう。しかし、このような行動ルールも含めて、いかなる行動規範においても、「しかじかのように行動せよ」の前に、まず第一に、しかじかのごとく行動「したい」との意欲が存在しなければならない。この「意欲」の問題、人間の基底的な行動動機の問題にまで遡らない議論は、一見していかに魅力的な響きをもつものであれ、他の、それと同次元の選択肢、たとえば「不条理な苦痛はだれにもある。ゆえに他人のそれにかかずらう必要はない」といった選択肢を前にしたならば、いずれを選ぶかの判断基準をもち得なくなってしまうのである。

(16) しかし、この点に対して、周知のごとくセンによる、「basic capabilities の保証」を正義ルールの目的とすべしとの反論がある。この両者の主張は、そのままでは結局同次元における見解の相違にとどまってしまう。この問題の解決のためには、まず本章の中心問題としての、人間の心性における自愛と慈恵のありようについて理解を深めることが必要であろう。

(17)　この「全員一致」という希望自体は、ロールズの住むアメリカ社会の歴史的、地域的特殊性に規定されて生じているのではないかと思われる。かりに米国以外のある国をとり、そこでルールの決定方法として多数決を採用した場合に、この国では、すでに、この多数決ルールによる問題解決の必要性が生ずる前に、米国以上の程度の、すなわちより多くの重要事項に関するより多くの人々の基本構造への合意、一致が事前にあるかもしれない。あるいは、この国では自らの望まないルールが実現しても、それに従おうとする人々が多いかもしれない。ならば、この国では、諸問題に対する満場一致の解決が実現しなくとも、そこから生ずる対立から人々が失うものは少ないであろう。この場合、もしロールズがこの国に生まれていたとしたなら、彼は満場一致でなく、多数決を提起していたかもしれないのである。（さらに、問題解決のための哲学的視点と政治的視点の問題については、David Mapel, *Social Justice Reconsidered*, Illinois University Press, 1989, pp. 137 ff, democratic politics を参照のこと。塚田広人訳『社会的正義論の再検討』成文堂、一九九六年。）

(18)　平等な市民権は、また、共通の利益に資する財の、公共的な方法による効率的提供の必要性を規定する。（公共秩序の保障と保持、公衆衛生と安全、国防）（第一六節）

(19)　だが、自由と効用の取引は、現代では、ある範囲内では生じうるかもしれないとの疑問が残る。

(20)　足立幸男氏はロールズの平等主義には裏付けがないと次のように批判する。「「彼は、そうした予測［格差原理のもとでの不平等がかなり小さなものになるという平等主義…塚田］の正当性を裏づけるための努力をほとんどしていない。」（「ロールズの経済的平等論」『思想』一九八六年八月号、四七頁。）しかし、本文で述べた許容される格差の幅の明示を見れば、この批判が当たっていないことが理解されよう。

(21)　訓練と教育の費用をまかなうためだけであるならば、それがいかに大きくなったからといって、それを受けない人が自尊心を傷つけられるということはないであろう。ロールズの見解をこのように理解し得るならば、次のようなロールズへの批判は、すなわち、「第二の原理は、たとえ恵まれぬ人の利益を、平等分配時に比べて増やせるからといっても、結局、生来の、あるいは人生の巡路における各種の運の恣意性を、すなわち、当初のルール選択の段階では、それを受けるに値しない（undeserved）として排除された恣意性を認めるものとなっている。すなわち、ロールズが当初それを排除した段階の決定主体の性格は、自らの運は分配根拠としては不当なものとしてそれを捨て去ったものであったはずなのに、選択された原理はそれに反している」、との批判は当たらないであろう。それはここではすでに「合意された恣意性」としての地位を得ているのである。

(22)　ロールズの批判対象である功利主義も、ロールズ自身の立場である社会契約論も、そしてまた社会契約論の代表者の一人としてのルソーから大きな影響を受けたアダム・スミスも、自愛心と慈恵心を心性の両端として対立的に考えるにとどまり、それらを同一の本質をもった統一物としてとらえようとはしなかった。功利主義は全体的な視点からのみ行動基準をたてようとするものととらえられ、契約論においては、「個体の不可侵性」のみが強調されてきた。

　しかし、ベンサムに代表される古典的功利主義は、そもそも当時の歴史的状況から生み出されたものであり、苦境にあった多数の国民の抵抗、革命の必然性を解明したものであった。さらに、社会契約論も、その次の段階、近代市民社会の成立した段階で必要とされる新しい社会のあり方、ルールをいかにして決定するかという人類史的な緊急な問いに答えようとするものであった。

　しかし、「抵抗する」個体という当初の考え方に内包されていた、〈各個体の主体性にまず立脚する〉という視点を欠いたその後の抽象的、観念的功利主義は、今度は逆に、容易にその反対物に、すなわちその内実は少数個体の支配体制であるところの「全体主義」に転化し易いものとなった。他方、社会契約論も、その後、長期にわたって、単に、その間の経済的資源の豊富さ、破滅的戦争手段の未熟さから、各個体の自愛心の発揮を保証するための協力体制を作ることのみが主要目標として意識され、これはさらにその反作用として上に述べた功利主義の不正常な展開にも資する事となった。こうして、市民社会成立以後の社会的協力関係は、個人主義と全体主義の間を往復するものとなった。しかし、それが生み出す否定的諸現象が各個体の自愛心と慈恵心の適正なバランスに関する問題意識を感じさせ、この問題が正面から扱われざるを得なくなる時がくる。個と類との両性のバランスを保つものとしての「個人」が、相互から孤立した「孤人」となってしまう時代は、今や多くの人に否定的なものとして感じられるようになった。自愛心と慈恵心のバランスの問題には、近代民主社会のもう一段の形成、真の個人への発展という課題が託されているのである。

　岩田靖夫氏は、一方で無知のヴェールを、暗黙のうちに社会を「家族共同体」ととらえるロールズの立場からの「慈悲心の発露そのもの」であると理解する。(「正義論の基底」、『思想』一九八六年、八月、三七、三五頁)が、他方では、この〈運命を分かち合うこと〉への同意の理由は、それによって「より恵まれない人々の協力と同意を期待できる」という点にあるとし、自愛ゆえの慈悲心であるとして、自愛心を主たるものとするロールズの一半の考えに賛同しているように見える(三六頁)。ここにも、自愛心と慈恵心の二元論的発想ゆえに突き当たった解決困難な矛盾が見られる。問題は、いずれが主であり従であるかではなく、量的バランスなのであり、解決の方向は「あるバランスをもった両者の均衡」というとらえ方から見いだし得るのである。

（23） E. O. Wilson, *On Human Nature*, 1978, Harvard University Press, 岸由二訳『人間の本性について』思索社、一九九〇年。Richard Dawkins, *The Selfish Gene*, 1976, Oxford Univ. Press. R・ドーキンス『生物＝生存機械論』日高他訳、一九八〇年、紀伊国屋書店。彼らは、類的繁栄について、それは各個体の目的とはなり得ないと考える。（たとえあったとしても）「…集団の繁栄は偶発的なもので、本来の目的ではない。」（ドーキンス「利己的遺伝子と生物の体」河田雅圭訳、『日経サイエンス』一九九六年一月、三四頁。）

（24） ウイルソン、前掲、第一、二章。

（25） *Emile*, 1762, Classiques garnier, Emile, ou de l'Education, par fraancois etPierre Richard 1951.『世界の名著三〇』一九八二年、中央公論社、戸部松実訳、四七六。

（26） ただし、生存が危ぶまれる厳しい自然的環境においては、いずれかの個体が類としての生命を存続させるためにいわゆる自己犠牲を行なう時代があったことも、このような二元的視点からは無理なく理解できよう。ただ、それはあくまで旧来の歴史的条件のもとでの短期的、極限的な生存の仕方であって、生産力の発展に応じて長期的な人間の多様性の確保が可能である段階ではそれをこそ実現することが根本的に求められていることなのである。なお、慈恵「的」行動はもう一つの利己的動機からも生ずる。すなわち、「自愛心第一でよい。だが、協力する他人も必要である。」そこから手段としての他人の必要性がでてくる。ここでは自分から見れば他人は手段である。だが、生存を守ってもらう他人から見れば、自分の生存を守ってもらうことは取りもなおさず自分自身の存在を目的としてみなされているということである。ただし、それはいつその位置から滑り落ちるかもしれないという不安定性を伴ったそれである。慈恵「的」行動は、こうして、類的繁栄を共通目的とする各個体が相互に他人を手段として扱うことからも生ずるのである。この意味においては、ここでの疑似的「慈恵心」、「友愛心」は自愛心の延長であり、beneficence に近いものであろう。

（27） ウイルソンは、「優生学的方法が可能となったとき、人間は何を選択するだろうか」と述べる。（前掲著三〇五頁）だが、本文で述べる予測不可能性の理由によって、この心配は不要となる。

（28） 現実には、この考え方とまさに正反対に、一九八〇年代はＯＥＣＤ諸国において、「他人を犠牲にしても自分が豊かになる」ことを政府が奨励した時代だった、すなわちそれは「博愛なき不平等」の時代だったと、オックスフォード大学学長のラルフ・ラーレンドルフは述べている。それを推し進めた指導者たちは、「それを『自由』と呼びました。サッチャーお気に入りの言葉で言えば、『選択（の自由）』です。彼らは、博愛は競争社会の障害になるとしか考えていないのです。」「一九六〇年代は博愛なき平等の時代でした。国家による経済と社会への介入が増大するとともに、個別化が進んでいったのです。」八〇年代から九〇年代にかけて、「生活のあらゆる面での個人間の競争が、社会の連帯感を破壊しています。」「所得格差の急速な増大。実質所得の低下…。」「労働市場に受け入れられず、社会から阻害された下層階級が存在し、それとともに連帯が崩壊してしまいました。…いま法と秩序は、もっとも重要な政治テーマになっています。」(“Gibt es ein liberales Zukunftskonzept?”, Zeit-Punkte Nr. 1／95、「『ツァイト』シンポジウム　未来へ向かう新しいコンセプトは可能か」『世界』九六年二月号三七頁) ラーレンドルフの意味する博愛は本章での慈恵性とそのまま完全には重ならないかもしれないが、そこで問題とされていること、また打開の方向は共通する部分が多い。

(29) この問題に関する全体的問題構図に関する私見については序章を参照のこと。

(30) M・ヴェーバー『プロテスタンティズムの倫理と資本主義の精神』の問題提起は、倫理と精神の関係性いかんにあった。ヴェーバーは前者が貪欲という後者に変わっていってしまった過程を描いていた。だが、その理由は解明していなかった。それへの回答は、実はここ、自由市場経済という競争システムの長期にわたる生育期に生じた制度の不備がもたらす将来への不安からの貯め込みにあったのである。時代とともに、経済生活の流動性が高まるほど、単なる自由な経済活動の保証というルールのみでは、この個人生活のレヴェルでの不安の高まりを抑えることはできない。たとえば、本文でふれたように、いまだ農民層の両極分解が進んでいなかった、自由市場経済、資本主義経済の発達初期においては、社会全体の富の量は少なくても、「いざとなれば帰れる農村がある」という形で、この「不安」はやわらげられていたであろう。

(31) *Le Discours sur l'orgine et les fondements de l'inegalite parimi les hommes*, 1754. Oeuvres completes de J. J. Rouseau, III. (La Pleiade) 1964.『人間不平等起源論』小林善彦訳、『世界の名著』三〇、中央口論社、一九八二年。

(32) 一九九〇年代後半の日本経済は、これまでの米国への輸出競争力の強化という道から、アジアとの生き残り競争へという、相手地域は異なっても、基本的には同一の「競争・生き残り」路線を歩もうとしているかに見える。その道を歩まざるをえないとの強力な古典的見解の一例として、瀬島龍三氏のそれを次に示しておこう。「日本は資源のない国である。その半面ぼう大な資源を必要とする、資源なしには一日も動かない大工業国家である。…これはいい悪いの問題ではなく後戻りのきかない問題である。日本は資源を約六億トン輸入している。その最大は原油である。そして、製品を年間約七千万トン輸出している。その最大は自動車である。／この循環の中に日本の生産があり、これを離れてはありえない。…これらがあるから国民大多数の雇用がある。…日本はこのしくみの中で生きている。これ以外では生きていけない。この仕組みをどう安定させ機能させるかが原点である。」(一九八

四年の講演より。『高校生の現代社会資料』一橋出版、一九九二年、一六二頁）

そのいずれを選択するかにおいては、本章で提起している競争性の緩和・それによる日本社会の慈恵性の増進がもたらすものと、国際競争における勝利とそれまでの過程がもたらすものとの効用比較についての国民的判断が必要となろう。本章は、慈恵性とは何か、それは現行経済システムといかなる関係にあるかまでを中心的考察対象としており、そして、それを強化することが現行の日本社会では相当程度強力に必要とされているとの暫定的理解に至っているが、厳密な意味でそれと他の経済的、あるいは社会的価値との比較までを行ってはいない。（前述の「社会的理想」の議論参照。）結局はその判断は国民全体が行なうものであるにせよ、そのためには、本章の対象から一歩進んで、この効用比較と、また、そのために必要とされる技術的諸問題の解明が必要となる（比較基準の解明、その基準による効用測定そのもの）。本章ではとりあえず、問題の一半とその解決の方向にふれるところまでに議論の対象を限定せざるをえない。

(33)　宮崎義一氏は、国民経済からトランスナショナルな経済への現在の動きについて、それは福祉国家への道に対する重大な脅威となっていると指摘し、「新しい経済的枠組み（トランスナショナルな経済）…は、ただちに全人類に対して自由、平等、友愛という理想」を「実現し、国境もなく人種差別もない民主的な世界国家が誕生」するものではないとする。とりわけ日本については、「ＡＰＥＣには、いまだ『国民経済』の枠組みになお手の届かない発展途上国が多数含まれている」がゆえに、「福祉世界のヴィジョンを実現するためには」、「すでに『国民経済』を超えた先進資本主義は、ナショナリズムに固執することなく、発展途上国に自国市場を開放するとともに、反面、発展途上国に対しては『国民経済』の枠組みを目指した保護主義を容認する」ことが必要である、と提案する。（『エコノミスト』一九九六年一月九日号、六三頁）このようなとらえ方は、おそらく現行の国際的協調のあり方への一つの重要な問題提起ではある。しかし、「自由、平等、友愛」という、一般性を持つがそれだけに現実的な選択基準としてはまだあいまいな次元にある目標概念（concept）にとどまるものをそのまま使用しようとしても、それは現実的な議論の基準として耐え得るものとはならないであろう。この問題を真に解決するために必要なのは、そもそも我々は「自由、平等、友愛」の、あるいは「福祉国家」のどのような仕組みを求めているのか、という基底的動機の解明なのである。

(34)　森嶋通夫氏は、社会福祉政策の必要性を次のように述べている。大量の失業者が存在するという事態に対しては「…福祉厚生活動を振興し、手厚い救貧対策を講じなければならない。・・・良質の福祉、厚生、文化、教育部門の構築に成功しない限り、資本主義は永続することができず、暴動が起こるであろう。今まで経済学者は、社会の物質的基礎構造の分析だけを彼らの課題と考えていたが、基礎構造の存命力（viability）を彼らが問題するに至れば、彼らは上部構造を無視しえなくなり、上部構造の研究も

また資本主義分析の主要問題になる。」（『思想としての近代経済学』岩波書店、一九九四年、九頁）

が、これらの政策は、本文第三節でも述べたとおり、いまだ対症療法的な性格を持つものにとどまる。現状における不十分な社会保障体制と分配の公正性とが人間の類的本性のありのままの発現を抑え続けるとき、結果として、逆説的に、そこで行なわれる福祉政策には、ますます、利己的動機からではなく、慈恵的動機からの性格がつけ加えられざるを得ないであろう。また、それに応じてこの政策の具体的内容も変化しよう。近年の、子供社会から大人社会までを通じた幾多の社会病理的諸現象は、この意味での慈恵的社会の構築を急ぐ必要があることを強く示唆するものであると言えよう。

補　章　資源分配ルールと公正性基準：土地分配ルールに関する事例研究

――フィリピンの土地改革にみる公正性の問題：一九八七～二〇〇四――

はじめに

本章の基本的課題は現代の経済社会における自然資源の分配ルールの解明にある。これまでの諸章で、私はこの分配ルールの体系をその骨組みといくつかの応用面について考察した。私の最終的関心は現行の経済的ルールを体系的にとらえた上で、さらにそれらが具体的にどの方向に変化して行くのかを解明することにある。本章では第四章で論じた土地分配の基本的あり方に関する理解に立って、現行の土地分配の事例をいかに把握することができるかをさらに具体的に考察してみたい。検討対象となるのはフィリピンにおいて現在進行している土地＝農地の再分配政策である。

第一節　問題の所在

一九八〇年代後半から、フィリピンでは、その歴史上で最も強力かつ包括的な土地改革・農地再分配政策が試みられている。本章で考察するのは、「この改革が成功するか否か」という問題のみならず、そもそもそこにおける「公正な土地改革とは何か」という問題でもある。

ここで「公正な土地改革」とは、第二章で論じた基準にしたがって、社会諸集団間の力関係に応じた改革を意味する。それは力関係に応じたものゆえに、各集団間の力の均衡の上に成立する改革であり、それゆえに長期間存続しうるものである。いかなる改革であれ、すべての社会において、このような「力の均衡の上に立った改革」がその社会にとって安定的なものとなり得るのであり、その意味で「最善」であり、「公正」なものである。それはこの均衡という意味で公正であるがゆえにこそ、その時代のその社会にとって最善な、正しいものとなるのである。

ここで改革とは社会のルールの変更を指す。ある行動主体があるルールが公正であると判断することは、そのルールに従うことが、自らの利益を最大化できると認識することである。それは、しかし、必ずしも永久にそうであると認識するというわけではない。自らの目的理解が変化したり、またはその点での変化がなくても、従前と同様の諸目的を達成するための自らの力が変化したと認識すれば、そのための手段としての各種分配ルールの中で彼にとって自らの力で社会的に実現しうると考えるルール、すなわち公正なルールと考えられるものは変化する可能性がある。

そこで、このような視点からフィリピンの土地改革というルールの変化を考察するとき、問題の焦点は、この改革が、現存する諸関係集団の力関係の均衡状態と一致しているか否か、あるいはそもそものような均衡点はどこにあるのかにある。現行のそれが本来のそれと一致していなければ、一致している状態までこの「改革」を変更していく必要がある。さもなければ、現行の改革は、均衡状態に向かってさらに変動し続けるしかない不安定なものとなり、社会不安が避けられないままとなる。

しかし、この均衡状態を見つけることは簡単ではない。それは単なる武力の均衡、あるいは議会での議員数の一時的な均衡関係ではない。それは、関係諸集団の目的観とその達成手段としての力の自己認識に基づいたものである。そこでの目的観には前述のように、大別して〈集団主義、功利主義〉と〈個人主義、利己主義〉の二つがあり、さらにそれぞれは内部で多くの亜種に分かれる。前者、功利主義は後者、利己主義の一発現形態であることはすでに述べた。また、力関係とは、集団の所属成員数、各集団の教育程度、武力等からなる総合的なものからなる。これらの要素は絶えず変化するものであり、それを真に詳細に、正確に把握することはかなり困難である。しかし、現実社会に対してこの力の均衡としてのルール＝公正なルールという考えを適用するためには、ある程度の不正確さをも伴いつつ、有用な範囲として許容されうる程度の正確さを達成できることをめざしてこの均衡点の考察を進める以外にない。このような視点から、本章ではあえてこの均衡的ルールの問題への接近を試みる。

土地分配をはじめとする自然資源の分配とそこから生産される生産物の分配に関する安定したルールの存在は、経済社会が存続するために最も重要な条件である。しかし、長期的に安定したルールの創造、発見は、環境条件の絶えざる変化ゆえに困難な課題であり、人間はこれまでも幾多の社会体制の創造、改変という形でこの問題をめぐって試行錯誤を重ねてきた。

現代の人間社会は人間の同質性がますます強く認識されつつある社会である。（第一、六章参照）そのような認識段階のもとでは、この分配ルールの探求は、多くの場合、各人の同質性ゆえに作り出しえたところの民主的手続きを経ながら行われていく(1)。

このとき、人々は、自らの利益を最大化するために、自らの利益が影響を受けるすべての分野、すなわち資源分配と成果分配の全分野において、自らに有利なルールを決定しようと試みる。それは既述のように自然資源の分配、貢献度に応じた生産物の分配、慈恵的分配の三つの分野にわたる。具体的には土地分配、所得分配、所得再分配のルールがほぼそれにあたる。この時、各時代において成立するあるルールは、新しく到達した生産力が許す拡大したフロンティアの中で、それに応じて生ずる各集団の力関係の変化に対応した特定の均衡状態としての合意として生ずる。生産力の変化はその意味ですべてを変化させる最も基本的な要件である。フィリピンにおける土地改革、土地所有ルールの変更においても、この視点が問題分析の基本的視座となる。

先の諸章で述べたように、現実に社会を構成している構成員たちは、自己の特徴を十分に認識している個人として、かつ集団として行動しているのであり、そこに形成される分配ルールも、ロールズが言うように全員が一致して作り出しているのではなく、異なる利害集団の間の交渉、相互作用、相互の力関係に応じて一種の均衡状態として成立していると解釈すべきであろう。この均衡状態としての分配ルールが、たとえある参加者にとってその人の利益を最大化するものでなくとも、彼がその社会を離れることを選択するほどにはデメリットが大きいわけではないと判断するかぎりは、彼はこのルールに従うであろう。このような状態は、確かにそのルールが全員一致によって生み出されたものではないにしても、しかしそれは事実として社会構成員たちによって守られているという意味では「公正」なルールと呼び得るものである。

市民社会においては、公正なルールとはこうして集団間の力関係によって形成される。そもそも、分配ルールの、あるいは一般的に、社会的なルールのメリットは、それが長期にわたって参加者間で守られるものであること、それによって各参加者は互いの行動を予測できることにある。ごく短期間しか成立しえないルールとはその意味ではルールと呼ぶに値しないであろう。そして、あるルールがこのような安定性を持つためには、それが、そのルールが対象とする事柄について、それにかかわる諸集団の長期的力関係を正確に反映したものでなければならない。

以上より、あるべき分配ルールの考察においては、それに関する関係諸集団の長期的力関係の分析が重要となる。各集団は、ある分配問題についてどのような目的観、目的主体観をもち、さらにそれらの異なった目的観をもつ集団と他の集団の力関係はどのようであるのか。各集団はそもそもどのような主体の効用拡大を目的とし、また、そのための手段として何が適すると判断するか、そして彼らはそのためのどのような力を保持しているかが、そこでの問題となる。これらの点を分析することなしには、あるルールがその社会において長期的に安定的な均衡ルールとなりうるか否かに答えることはできない。

本章の課題は、以上の問題の枠組みと分析視角に立って、先の三つの分配ルールの一つとしての初期資源分配ルールの分野における土地分配ルールの変化の方向をフィリピンの事例をもとに考察することにある。そこでの焦点となる問題は二つである。第一に、同国の関係集団の力関係の均衡の上に立つ土地分配ルールとは何か、第二に、現行の改革はそのような関係集団の力関係の均衡に対応する内容となっているか。以下、これら二つの問題が考察の対象となる。

第二節　考　察

1　歴史的方向性：西欧とアジア

自然資源分配、なかでも土地分配が社会的分配ルールの対象として重視されるようになったのは、生産力の発展に応じて、それが第一に生産財として、第二に生活財としてもつ重要性ゆえにであった。土地はこれらの用途において希少性を持つ。人口の圧力が少なく、また生産力が低い段階では、生活財＝宅地としての土地分配は比較的問題にならない。そこでは生産財＝農地としての土地が分配問題の主要な対象となる。これが封建的社会体制の時代までの土地問題であった。人々は自らの領地、領土をめぐり闘争した(2)。

ヨーロッパでは早くから農村工業、都市商工業が発達し、農村人口の両極分解が進行した。また、富農層の側では世界市場の拡大、人口増加による経営効率の改善の必要などから、早くから農業経営を資本家的なそれに改善する必要があった。それゆえそこではアジアにおけるような、地主・小作関係は早くから崩壊し、その反面で、産業、農業両面における資本家層と都市・農村労働者層が成長していった。これに対して後者、アジアにおいては、商・工業の発展が遅れ、農村の剰余が地主のもとに滞留し、地主・小作関係の長期にわたる残存がみられた。(3)

(1) アジア、とくにフィリピンの経済発展段階における農地改革の重要性

一般に、アジアにおける地主・小作関係の改編への動機としては、一つは、二十世紀に入って以降拡大した、西欧列強に対抗するための手段としての農村の生産力発展のためという、指導者層における民族主義的動機がある。(4)また、他方では、小作層の側では、とくに商品経済が成長し始め、地主が従来のような小作人に対する温情的、家父長的な配慮をせず、地代を生み出すものとしてのみ小作人を見なす方向に変化してくるにつれて、その自らの生存の必要性という動機に基づく農地改革要求と諸抵抗運動が生ずるようになった。(5)

こうして、強い競争力によってすでに豊かな原料、販売市場を獲得していた西欧社会とは異なり、世界市場における商工業が先進国の圧倒的な競争力によって牛耳られている中でアジア社会が自らの生産力を高め、生活水準を高めていくために、アジア諸国はこれまで農業への特化、軽工業製品への特化、又は外資導入による成長等、さまざまな成長策を試みてきた。

これらの政策のうち、現段階の後発的発展途上国において最も必要な政策の一つが、人口増に対する食料確保のための農業生産の拡大である。同時にまた、農業生産の拡大は工業化のための資金創出のための一手段ともなる。これらの目的のためには農業経営の改善が必要であり、そのためには経営改善に意欲をもつ自作農層を育成し、彼らの手に改善に必要な剰余を十分に蓄積しなければならない。こうして、指導層の側においても、これら低開発国における社会的・民族的な動機、すなわち先進諸国に対抗するためという、民族主義的、功利主義的な動機から、小作料として得た剰余を農村の生産性上昇に振り向けるための強い意欲をもたない地主層に代わって、独立自営の

農民を作り出すための農地改革が必要になった。

しかし、フィリピンにおいては、現行のそれ以前にも農地改革は何度か試みられ、不徹底に終わってきた(6)。従来のそれを不成功に終わらせてきた重要な要因の一つは、こうしたアジア諸国の経済成長のためには、一般に「生産資産を徹底的に再配分し、社会・経済分野の平準化と所得の相対的均等化をはかることがまず必要」であるという視点が軽視されてきたことであろう。その意味で、アメリカの強い影響力のもとにではあったとはいえ、農地改革が強力に行なわれた日本、台湾と韓国がアジアＮＩＥＳをリードする代表的な国となってきたことは偶然ではないであろう(7)。

(2) フィリピンの土地問題の歴史的経緯

〈従来の経過〉

フィリピンにおける土地改革または農地改革、農地再分配は具体的には次の二つの理由によって提起されてきた。一つは農村不安に対し農村地域に秩序をもたらすためであり、もう一つは十分な食料供給を確保すること、ならびに工業化のための資金を得ることである。

最初の理由によって、二十世紀の初頭には修道僧の荘園 (friar estate) の再分配が始まった。しかし、「一九三〇年代の終わりにかけて、土地はほとんど大地主の手に帰し、そして部分的には教会に戻された(8)。」それ以来フィリピンは多くの土地改革を経験したが、そのほとんどは単に農民の懇願を宥めるためのポーズとして行われたにすぎなかった。

第二次大戦以降一九六〇年代まで、農地改革の政策に対して、政府指導者達はもう一つの目標としての「工業化のための、農業における生産性の上昇」を付加しようとした。しかし土地所有者層の抵抗はいまだに強く、いったん成立した法律でもその実施を妨げるだけの力があった。これは農村地域における停滞を継続させ、そのため工業化のための資金も生まれず、工業製品のための市場も成長しない時代が続いた。

そしてまた、小作層と、都市に流れ込まねばならない貧民達は、おそらくこのような貧しい経済成果のもとで最も苦しむ人々であった。過去一〇年間におけるマルコスからアキノ、そしてラモス政権への時代変化の最大の課題は反独裁と民主主義の確立にあったと言えようが、土地改革もまたフィリピンの人々の大半によって渇望されている、最も基本的かつ深刻な問題であったと言えよう。

このような経済構造は世界の景気動向に対して非常に脆弱であり、近年の経済成果からみる限り、内部市場を欠いた外資導入政策だけでは安定的な経済成長のためには不十分であるように見える。こうして、土地改革は社会的安定にとっても工業化にとっても基本的な鍵となっている。[9]その意味では、「土地改革は…農村の生産性の一般的改善のための主要な前提の一つである。[10]」何よりも、「保有の不安定性は耕作者にとって彼の耕作地に対する投資を行おうとする意欲を失わせる結果を招く。[11]」

小作層を始めとする強い要求と、またそれを背景とした暴力的抵抗に促されて、マルコス政権は初めての強力な土地改革を一九七二年に開始した。そしてそれはアキノ、そしてラモス政権のもとでも、より拡大された規模で、ＣＡＲＰ（Comprehensive Agrarian Reform Plan）、包括的農業改善計画として実施されているところである。

戦後のフィリピンにおける土地改革を概観すると、一九五三年にはマグサイサイ大統領のもとで、農業小作法（The Agricultural Tenancy Law）と土地改革法（The Land Reform Act）からなる土地改革立法が提出された。後者では地価の決定が地主、小作間の私的折衝に任された。また小作地買収が不確実なので、その後も小作の身分にとどまる可能性も考慮して、小作農は地主の心象を害することを避けようとした。また過小な政府財源もその実行を有名無実なものにした。一九五五年から六一年までの買収地は二万ｈａで、純小作地総面積一六〇万ｈａの一％強にすぎなかった。[12]

一九六三年にはマカパガル大統領のもとで土地改革法（Agricultural Land Reform Code）が成立した。そこでは分益小作（Share Tenancy）から借地権つき小作（Leasehold Tenancy）への移行、土地収用・分配、土地銀行の創設などが規定された。しかし、これも、地主の抵抗の強さ、改革終了期限を明示せぬことにあらわれる政府の熱意の弱さによって、流産するしかなかった(13)。

遅れた経済社会の成長の目的のために政府が行なった、戦後におけるアメリカ、日本を中心とする諸国からの外資導入による経済成長政策は、農村の地主・小作の格差構造を改善せず、小作農の貧困はそのもとでまったく解決されてこなかった。一九六〇年代末には農民の移住と耕作に適した公有地は枯渇した。農民の生活と「生存」への要求は、小作地代軽減、あるいは農地再分配の要求となって、小作争議として、また武装闘争として激化するにいたった(14)。

深刻化した農村停滞、社会不安を重要な契機として一九七二年にマルコス大統領による農地改革が行なわれた。これは米、とうもろこし栽培農地のみを対象としたものであったが、フィリピンにおける最初の本格的な土地再分配の試みとなった。そして現在、歴代政権のなかでは最も民主的であると評価されて出発したアキノ政権とその後継者としてのラモス政権の下で、一九八八年以降九七年までの予定で、全農地を対象とした農地改革（ＣＡＲＰ）が実施されつつある。

2　現行土地改革の現状と今後の方向性

現行のフィリピンにおける土地分配ルールの確立のための新しい試みが今後いかに安定したものとなりうるかは、それがどの程度現実の集団間の力関係を反映した内容となっているかによる。

フィリピンの現行の農地改革は、二十世紀末時点での後発発展国における初期資源、特に土地分配のあり方を問う重要なケースである。そこでは、改革を規定する諸法の法制上の可能性と、それが現実のフィリピン社会の中で実際にどのように実現されていくかという現実の実現性、そしてそれはどの程度現実の長期的力関係を反映したものであるかの三点が問題の焦点となる。

この問題にかかわる諸集団は国内、国外の二者に分けられる。国内のそれは地主、小作、政府の三者である。国外のそれの中心は外国政府と開発関連の金融機関などである。

(1) CARP：現行土地改革事業の内容の評価

——その成果は現実の力関係をいかに反映できているか——

〈1〉各層の基本的立場

各層間の関係の概観：前述のように後発的経済社会においては、西欧型に追いつくためには社会全体の視点からの行動が必要であるという、民族集団全体を単一の主体とする集団主義的、民族主義的、功利主義的動機が生まれうる。政府とは、通常、民主的社会においては、過半数の、または少なくとも最多数者の利益のために行動するものであるが、対外的な対抗関係が存在する場合には、しばしば「社会全体」としての民族的な利益を重視する政策選択が行われる。大統領制をとるフィリピンにおいては、大統領がそのときどきの国民の焦点となる問題への民族主義的政策の実現のためのリーダーシップを取る。しかし、そのために必要な法律は個別利害を代表する議会が決定する。一般的に、この過程で国民の中の諸集団の利害が争われ、政府と議会との齟齬が生じうる。

そこにおいて政府は、民族主義的視点から他国との対比における一国の成長を最重要視し、そのために社会的効率性の拡大を第一の目標とする。その意味ではそこでは土地の再分配の問題も、それが一国全体の成長にとって望ましいかぎりで問題とされるにとどまる。しかし、問題となるのは、他の各層の立場はこのような政府の「全体的」視点とは必ずしも一致するとは限らないことである。

窮迫した生活を送る小作農層の立場は、より個別的、かつ直接に利己的なものである。この立場は功利主義的、集団主義的な立場に立とうとする意志はなく、自らの行動が「経済全体の効用増大」にいかにかかわるかには関心がない。そこでの関心は自集団と他集団との対立関係の中で自らがそこに組み込まれている分配ルールを変更し、自らの利益を改善しようというだけのものである。これによれば、小作農の立場からすれば、小作農が自らの生存確保のためのみの理由で地主に反抗し、既成秩序の組み替えを要求することは、たとえそれが「国民多数の利益に反する結果」を生んだとしても、彼らにとっては正当である。それは他の集団においても同様に言えることである。かりに、「国民多数」が自らの利益のために小作農に不利なルールを彼らに強制する結果となったとしても、それが同社会のルール決定過程における結論であったならば、同社会にとってはそれが公正なルールとなる。[15]

このように、通常どのような個別集団も自己の利害を第一に考えることは自然なことである。[16]それらの個別利害諸集団の利害が相反する場合、それは社会的紛争の可能性を生む。このとき、われわれは問題の解決を、各集団の利害と力関係とに関する最も多くの情報を持つ政府と議会による調整に期待する。このとき、政府・議会に期待されるのは、諸集団間の利害の、各集団の力の均衡に応じた改革である。

フィリピンの場合は、こうして、地主、小作の利己的個別集団の利害対立を中心とし、それに後発国的功利主義的立場に立つ政府・議会が介入する関係が基本となってきた。

〈小作層〉かつては融和的な村落関係のなかで安定した土地所有と生活を送っていた農民は、スペインの植民地政策以来、強力な地主・小作関係のもとで低い生活水準のもとで暮らしてきた。二十世紀前半までは家父長制的、温情主義的な関係も存在した。[17]しかし生産力の発展と商品経済社会の発達とは、このような融和的関係の崩壊と市場作物の世界市場との連携をもたらし、小作農の生活をかつてのそれと比べ相対的に悪化させてきた。

それはまさに生存を左右する問題となった。耕作できる土地を、生きられる食料をという要求は、生存という最も基本的な要求に基づく切実なものである。それは既存の私有地、公有地の再分配への要求となる。それは地主層の利害と対立する。それは、現存の私有権を侵す。しかし、生存を脅かされていることからくる強い欲求がそれを無視できない要求に変えている。(18)

〈地主層〉対する地主層は、既存利益の確保のためにその土地所有制度を守ろうとする。農地再分配の要求に対しても、その実施を遅らせ、骨抜きにし、さもなくば、売り渡し価格を少しでも高くし、資本家層への転身資金を少しでも多く確保しようとする。

〈政府〉大統領制は、政府に対し、国民諸集団の意向を反映した施策の実施を強制する。マルコス政権以前までは地主支配の議会の意向を国民の意向としえたが、新人民軍（NPA）による武装闘争に象徴される農村不安の拡大、アキノ大統領選出時に示されたpeople's powerの存在は、アキノ政権はもちろん、以降のラモス政権下でも重要な政策決定要素とならざるをえない。これに一国全体の成長という民族的、功利主義的視点からの政府独自の政策動機が加わる。これらの諸力の相互作用から現実の政策が生まれる。

〈現実の諸集団の目的認識、手段認識の変化と、集団間の力関係の変化について〉

現行の土地改革の成否を決める決定的要素となる集団は小作層である。彼らの要求は自らの生存の確保という譲歩しようのない基準から発していることがその理由である。これは日本の戦後農地改革の背景となった食料危機と同様、最も強い社会的動力、政策決定要素となる。当時の日本政府は、農村での不満が大きな社会不安となることを恐れ、農地再分配に踏みだした。現在のフィリピンの政府の対応もこれと同様である。この要求に対し、地主層と政府、議会がどう対応するかが小作層の次の対応を決める。政府は社会総体の安定を求める立場にもあり、その意味では中立的、功利主義的な対応をする。すなわち、小作と地主の関係が社会不安を生じさせるかぎり、その解決のためにいずれかの譲歩を各集団の側に求め続けざるをえない。

まず、CARP制定過程と、それ以降の諸集団の対応の変化をみよう。

(2) 制定過程と法律の内容をめぐって

〈制定過程〉

一九八六年の選挙の過程では、最大の争点となったのは独裁的な政治の排除、民主的な政治運営の実現の問題であった。マルコス政権による弾圧と汚職に対する国民の多くの怒りが、同年の政権交替の原動力であった。しかし、多くの小作層の側にはそれ以上の青写真、自らの農地改革に対する構想は欠けていた。この過程での小作農民の希望は、農地改革の進展を新政権に託すものであった。

そして、新政権成立後の政府、議会の最初の対応としての新憲法における土地改革関連条項は、議員の大半が地主層の立場に近い代表によって占められているという議員構成ゆえに、〈地主に対する正当な補償〉という地主に有利な項目とともに、その実行に必要な基本的問題をすべて地主中心の議会の決定に任せるという、地主にとって非常に有利な性質をもつものであった。

しかし、その法案の具体的審議までの数か月間は民主的改革を求める気運が高まっていたときであり、この間に政府が強いリーダーシップをとれば、より小作層に有利な法律が制定されえた可能性がある。(19) しかし、現実にはそれはなされなかった。

政府は、期待が裏切られつつあると感じた農民たちの流血のデモ行進に直面し、初めて土地再分配の促進の重要性を理解した。その数ヵ月後に示された政府の農地改革案は、小作層の要求をかなりの程度取り入れたものであった。議会では議員から、小作層寄り、あるいは地主層寄りの複数の案が提案されたが、結局、現行の、地主に有利な案が決定された。これに対してはその改正を求める農民層の署名運動が展開された。

〈法律の可能性〉

この決定された地主寄りの法律は、しかしながら、それまでの改革に比べ、いくつかの顕著な、小作層に有利な点も持っていた。その最たるものは改革対象となる土地の範囲の広範性にあった。同法における小作農層への有利な点は、マルコスの改革案が単に米ととうもろこしの農地を対象としていただけなのに比べて、それはほとんどすべての土地を対象としていたことである。それゆえ同法は「包括的」法案と呼ばれる。しかし、それは重要ないくつかの潜在的な制約要因をも伴っていた。

一つは、土地分配の対象地の段階的区分である。それは第一の時期の重点的配分対象地を公有地とした。私有地の再分配は公有地の以後に行われるものとされ、それは予定期間一〇年間の後半において行われる「第二、第三期」に位置づけられている。これは一九八七年に議会において議論が始まった当時の農民達の望みに反するものであった。議会での制定過程で争われた他の案では私有地が第一の時期の対象地であったことと比べると、明らかに地主層は、これによって自らの権益を保持することを期待できる内容であった。

第二は土地所有者にとって大きな規模の残存土地保有が認められていることである。(所有者に対して五ヘクタール、所有者の子供一人に対して三ヘクタールが容認されている。)私有地の中での地主保有限度を高く設定することに成功したことにより、農地改革の対象となる土地部分はかなり限定されることとなった。

第三に、地主に対する「公正な」補償が一九八七年憲法で保証されていることであり、それは再分配の受益者にとってかなり高い払い戻し料金(買い取り料金)を定める傾向を生む。そこではかなり多くの要素が公正な補償水準を決定する際に考慮されねばならないことが定められている。それらは土地の取得費用、同様な財産の現在価値、その性質、実際の使用状況と所得、所有者による宣誓された価値、税申告額、そして政府の評価者による見積額である(第一七条)。さらにまた、土地所有者は提案された価格に不服なときは法廷に訴えることができる。こうしてその補償価格の決定について、決定方法をあいまい、かつ複雑なものとし、地主もその決定の一当事者となるとしたことによって、地主に有利な、したがって償還当事者となる小作農に不利な条項が設定された。

第四に、企業形態をとっている農場は各労働者に対する土地再分配から免れ、農場労働者全体から土地を借用する形で、その見返りに株式または生産物の一定量を分配することによって、引き続き操業することができる（第八章）。その実際の効果はまだ不明であるが、この条項は土地再分配を怠るための口実に使われる可能性がある。

最後に、買い上げに必要な政府財政資金の問題がある。第一に、私有地解放における重要な問題として政府による買い上げが必要なことから、そのための多額の資金の準備が必要となる。第二に、解放された公有地の開墾のためには受益農民に対する政府のさまざまな営農のための援助が必要である。かりに小作層が公有地の解放で満足したとしても、その開発が進まなければ、結局農村不安は再燃する。ここから、この方策においても耕作援助のための政府資金の必要性が生ずる。

必要な政府資金は資産私有化信託（the Assets Privatization Trust）、不正に入手された富の接収、そして外国からの援助から賄われることになっている（同法第一四章）。フィリピンのこれまでの改革の経験においては、資金不足がいつも主たる制約要因となってきた。そして近年の財政の逼迫状況はそれがまたもや重要な制約となる可能性があることを示唆している。現在フィリピン政府の財政は多額の対外債務返済を行わねばならぬことによってかなり苦しい状況にある。この時に同時に解放農地買い上げのための財政資金を多量に用意できるか否かが問題となる。[20]

これらの不安な条項のもとで、改革は一九八七年の七月に始まり、一九九七年に完成されることになっている。すでに一九八八年以降、同土地改革法のもとで、数年間の改革が進められて来た。

（3）同施策のこれまでの達成内容

〈配分経過〉

第一に、再分配予定地総量は一〇三〇万ヘクタールであり、公有地はその過半を占め、そのほとんどは非農地である。そして私有地は三百二万ヘクタールで、すべて農地であり、それはもちろん耕作と再分配に最も適した部分である。

〈配分経過〉1987～2004年　　（土地：ha、農家：戸）

計画	対象地	受益予定農家	配分済み(1991)	配分済み(2004)
農地改革対象地	1030万 ha			
	806万 ha*1			
地主登録地	608万 ha			
戸数	49万戸	390万戸		
		〔受益登録者		
		321万 ha		
		107万戸〕		
農地	382万 ha			
私有地	302万 ha			
（米・	73万 ha		45万 ha	195万 ha
とうもろこし）		戸数52万戸	34万戸	
その他	229万 ha		6万 ha	
		戸数76万戸	3万戸	
非農地				
公有地	648万 ha		96万 ha	440万 ha
		234万戸	37万戸	
定額借地化	57万 ha		37万 ha	
		戸数55万戸	24万戸	

（注）今後の私有地の買い上げ価格の見積もり
321万 ha（上限）－196万 ha＝125万 ha
3万ペソ／1 ha×125万 ha＝375億ペソ
30％を現金で支払うとして112.5億ペソ
5年間で1年当たり22.5億ペソが必要。

＊1：2004年時点の数値

（出所：広戸俊男『フィリピン共和国総合農地改革計画概要と状況』1992年、ミメオグラフ、5－6頁、他、JICA 職員からの提供資料による）

第二に、潜在的受益者として登録された土地なし農民は一〇七万人であり、もし上記の三百万ヘクタールの私有地をこの数で割れば、各受益者は三ヘクタールを手に入れることになる。この数字は同法における分配上限の数字と偶然ではあるが一致する。

開始以降の数年間にわたって、再分配はヘクタール数と受益者数からみれば進んでいるかに見えるが、最大の問題は、それらがほとんど公有地であって、土地なし農民がおそらく最も望んでいる私有地についてはほとんど再分配されていないということである。もちろんこれは上述の、計画における局面順、すなわち公有地を最初にという方針がもたらしたものである。私有地の再分配は関連する第一局面ではまだほんの五分の一が実施されたばかりであり、残りのほとんどは一九九二年から九七年にかけて実施されることとなっている。

これらの数字については次のような疑問が伴う。第一は、登録された受益予定者数は十分に大きなものかという点である。当初の計画での見積もりはその三倍の数であった。（なお、政府の受益農家見通しでは三九〇万人ほどが予定されていた。）土地なし農民の受益予定者（再分配希望者）への登録数は一〇七万人であった。農業雇用人口は約一〇〇〇万人である。一家族当たり二〜三人が働いているとすると、三〇〇〜五〇〇万戸となる。それに比べると、登録者の一〇七万人というのはかなり少ないのではないかと思われる。登録は一九九〇年で締め切られているが、登録の勧誘の過程に何らかの問題はなかったか疑問が残る。また、登録者数が少ないもう一つの理由としては、小作層が予想される償還費用の負担を重く感じ、それゆえ登録をあきらめたという場合が想像しうる。いずれにせよ、小作層の土地要求の程度は、潜在的にはもっと大きいのではないかとの疑問が残る。

第二の疑問は、受益者たちは分配された公有地、それもほとんどは耕作されたことのない土地で満足できるのか、また彼らが実際にそれを耕作できるか、そこに定住できるのかという点である。公有地の優先配分という順序付けは小作層にどのように受け取られているだろうか。返還負担が小さいことはメリットであろうが、開墾の負担が大きくなる。公有地の配分状況を見ると、かなり多数の受益予定農民が配分を受けている。そこでの問題は、上の政府財政のところでふれた、開墾の援助の問題である。開墾が進まなければ、いったんは公有地の分配によって土地要求を満足させた農民たちのあいだで不満が再燃しうる。政府が彼らを支えることとされていることについては不安視する見方もある。[21] もしも分配された公有地の耕作が満足に行い得ない場合には、受益者の失望は彼らをして再び私有地の再分配に向かわせるであろう。それは土地所有者との間の再度の衝突を招く可能性がある。

一九九一年の終わりには、二五一万ヘクタールの分配対象私有地と七三万人の私有地受益予定者が残されていた。最も望ましいのはこの私有地をこれら登録済の受益予定者の間で分配することであった。しかし、私有地が年々土地改革の焦点に入ってくるにつれて、所有者による強い抵抗も生じた。(22) そしてもしも受益予定者が法廷における長期の争いに耐えられず、それを避けようとするならば、彼らは私有地の獲得を諦め、容易に手に入る公有地に向かわざるを得ないであろう。二〇〇四年には私有地（農地）は一九五万ヘクタール、公有地（非農地）は四四〇万ヘクタールが再分配されるに至った。

また、土地なし農民は上限として三ｈａまで土地を所有する権利がある。公有地をすでに分配された者でも新たに私有農地の解放によるこの部分の追加獲得を期待する者もいるであろうし、またこれから初めて私有農地に絞って農地配分を希望する者もいるであろう。現在（一九九四年現在）、私有農地が主たる対象となる時期に入っている。そこでは地主の価格交渉がいよいよ強まるであろう。政府の財政資金問題と、受益農民の償還負担問題が初めて本格化する。（かつてのマルコス政権下で始まった米、とうもろこし農地の改革に伴う償還もかなり困難な状況にあると言われる。）

〈今後の方向性〉

以上にみたこの法律に予定されている土地改革＝再分配と、またその現実の実行過程は、上に示された諸集団における目的認識とそのもとでのその実現のための力関係のバランスに応じたものであろうか。

この法律の可能性の箇所でみたように、若干の問題点はあれ、おおむね現行の土地改革案は小作層にとっては現時点では有利にも不利にも結果し得る。それはかなりの部分、政府のこれからの態度にかかっている。

政府またはこの問題に関心をもっている諸外国がこの計画の完成に向けて何をなすべきか、またこれをいかに援助すべきかという問題を考えるとき、最も注目されるべき要素は国内における関係諸集団の力関係である。それは同国の社会的安定性と強く関わっている。社会的な安定性が達成されなかった場合、それは農業も、さらには工業化への方向も大きく制約するものとなる。

力関係の問題を見る際の国内の主要な集団は、小作層、土地所有層、そして政府であった。国会議員は両対立集団の代表者と見なされる。その周囲にはまた、関連する集団が、すなわち都市労働者層、外国政府、外国の金融機関、そして非政府組織がある。(23) 政府はしばしば政治的場面における最強集団のために行動する。「一九七一年に至るまで、…政策に影響を与えたのは将来の小作層の反応に対する政治的エリート達の認識…私的利益のより広い視野からの計算であり、エリート達の利益が小作層の反応によってどのように影響を受けるかについての認識であった。(24)」

〈農地改革をめぐる集団間の力関係と今後の予測〉

先にふれたように、一般的に、私的個別集団は自ら自身の利益を求める。彼らはそれが他の集団の利益にどう影響するかはかまわない。ありうるとすれば、社会全体の利益に「配慮する」唯一の集団は政府である。しかし状況によってはそれもまたある特定集団の利益のために行動し得る。ある国が共通の敵や共通の目標に直面するときは、必要とされる政治的知識や他のどの集団よりも強力な力をもつ政府は中立的指導者として行動し得る。しかしこのような共通の目標を欠く状況では、それはある特定の集団の利益の拡大にその注意を向けることもできる。

すでに述べたように、フィリピン政府は長い間土地改革を功利主義的な動機と、加えて力関係への配慮としての公正の動機とに同時に依拠しながらそれを実施しようとしてきたが、現時点での真の問題は後者、公正な分配の問題にあり、前者、社会全体の効率性は二次的な重要性を持つに過ぎないと言えよう。

現段階での土地改革の目的における最重要課題は功利主義的な総計された利益ではなく、むしろこれまで抑えられてきた小作層の利益、私益の拡大にある。さらにまた、継続する農村の不安定性と、長い間繰り返され、そして徐々に強められてきた土地改革計画の経験も、改革のコースを決定するのは小作層の利益とならざるをえないことを示している。[25]

現在、同法とその成果は小作層と地主層との間の微妙な均衡の上に進行しつつあり、それは小作層側の失望によって容易に失われる可能性を秘めている。

土地改革の基本的契機は何十年にもわたる社会不安にあった。その根源的要因、すなわち土地の非所有から生ずる深刻な貧困は、十分な土地の再分配なしには解消しえない。その抵抗の形はあるいはかつての暴力的なものから、より議会を通じた平和的なものに変わって行くかもしれないが、農地の十分な再分配なしには農村の社会不安は解決され得ないであろう。改革過程は利害集団の、なかんづく小作層の将来の反応、彼らの満足の度合いにかかっていると言ってよい。

将来の小作層の動きと反応には三つの要因が関係している。第一は村落において強まっていく個人主義、または失われて行く温情主義である。そのもとで、小作層が彼ら自身以外頼るものをもたなくなり、彼ら自身の土地をますます強く要求するようになるであろう。[26]

農業が最重要な位置を占めている社会では、土地の再分配は、富、所得、地位、そして政治力の再分配を意味している。それは社会構造の革命的な変化とさえ呼び得るものである。そこに存在する各集団間の利害関係は、「農業生産の量や効率を改善したいという政府の、中立的な願望を、重要性においてはるかに上回る。」そしてそれは「農業生産の一時的な損失をはるかに上回る長期的な利益をもつかも知れない。[27]」

それに加えて、小作層の側には自らの力への自信と必要な力とが成長しつつある。自信はアキノとラモス政権下での政治的民主化の過程がもたらした。[28] このような自信が現行の土地改革の動きを押し進める大きな要因となり得よう。小作層の動きは部分的にはフィリピン共産党（CPP）とその軍事組織としての新人民軍（NPA）によって指導されてきた。[29] それは政府の政策に大きな影響を与えてきたが、それはまた同時に人々を政治的運動から遠ざける役割も果たした。もしも現在進行しているCPPと政府間の融和の動きが成功するならば、それはより多くの人々を土地改革の動きに招き入れ、彼らの動きを統一し、強化する効果をもつであろう(30)。

これらの要素を考慮するならば、現行の土地改革の将来を決める決定的要素は、少なくとも当面する一〇ないし二〇年間においては、進行しつつある改革に対する小作層の側の要求と集団的力の成長程度如何にあると言えよう。

小　括

（1）フィリピンの現行の土地改革は、内発的な民主的性格をもち、かつての日本における農地改革のように外国はこれに強い影響力を行使できない。その意味で、同国の事例は近年における内発的・平和的な土地改革の可能性と限界の一事例としての意義を持つ。

（2）正義論、中でも公正性の規範・視点をこの改革のもつ諸問題の分析に適用することができる。正義論・公正性基準の提示する命題は、「土地改革は一般に、その法案も、実施過程も、現存する各集団の力、自集団の利益を求める諸力の均衡の上に進む」、というものである。この均衡点上のルール、とくに長期的に安定的なそれが「公正な」ルールである。

（3）現行の法案と実施過程は、現在の同社会の均衡点に一致してはいない。このずれは、参加集団の問題認識と力の変化によっては、近い将来、再び大きな社会不安を引き起こす可能性がある。このずれを小作集団の利益拡大の側に引き寄せる方向での是正が行なわれるならば、土地改革を長期的安定的なルールとなす方向に近づけることが可能である。

（4）現行の改革は、いくつかの欠点を持つものの、法的可能性としては小作農や土地を持たない人々の基本的な要求にかなり合致したものとなり得る。それは現時点ではまず最初に私有地の分配の成否に、そして第二に公有地の耕作と定住に対する支援とに依存する。

（5）この章の最初に提起した現在のフィリピンにおける公正な土地の分配ルールとはいかなるものか、現行の改革過程はそれとは異なっているかの二つの問題に対する解答は以下のとおりである。〈同法の完全な実施、特に私有地に対するそれ〉が第一の問題に対する答であり、〈現行の改革は現時点においては二つの集団のいずれに有利なものともなりうる〉というのが第二の問題への答となる。

（6）これらがフィリピンにおける土地改革の成否、方向を決める暫定的な答であるように見える。我々が農民の満足度に対するより深い検討を行い得たとき、我々はこの分配ルールの問題、その成否と方向性の問題に対するより確かな洞察を得ることができるであろう。

政策的提言：補完的付言

現行の改革計画の完全な実施への道は、もちろん小作層の側の内的努力とまた、土地所有者の側のこのような不可避的な改革の動きに対する理解によって生じうる。後者はもちろん困難な条件ではある。だが、政府もまたこれらの動きを促進するように行動することができる。これらの可能性はすべて同国内の諸集団自身の決定と行動にかかっているが、そこにはまた外国諸勢力の側におけるなんらかの行動の余地がある。その一部が財政的支援である。[31]

日本はこの地域に対する主要な援助国の一つであり、その一環として近年の土地改革を援助してきたが、その内容は必ずしも問題の焦点に合致したものではなかったように見える。[32]日本からの援助は再分配された公有地の発展に向けられてきた。しかしほとんどすべての比重を公有地におくことは、上で見たことから、小作層に対する有効な改革への十分な援助であるとは必ずしも言えない。残念ながら、日本の努力は、もしそれが引き続きこの分野で継続するならば、容易に開放される公有地における改革を加速することによって、かえって小作層の真の要求を宥めることを通して、実際には地主層の側を助ける役割を果たすことになるかもしれない。このことは、本章での理解によれば、現状における力関係の上での適切な、公正な土地改革ではなく、それはまた新しい農村不安の再現の原因を招くものとなるかもしれない。

従来の経過を見るならば、フィリピンの農地改革の当面の最も重要なねらいは農村の貧困を解決し、社会不安を解消することにあるはずである。そのような目的を達成しうる改革は、現行の力関係を反映した真の長期的な安定的ルール以外にはないのであり、日本政府、あるいは一般に外国からの農地改革に対する援助は、そのために最も必要な政策部分、すなわち私有農地の解放の促進に重点がおかれるべきではないだろうか。そこからは、もし必要ならば私有農地買い上げのための資金援助、あるいは小作農の側の入手土地代金の償還のための援助等が中心となるべきということになろう。同国の農地改革に向けては、この方向での無償資金援助の必要性が注目されるべきであろう。

（1）　ますます人間間の結びつきが緊密化する現代経済社会では、その平等ではあるが多様な社会構成員という特徴に対応した経済構造に関するルール、なかんづく負担と成果の分配ルールの完成が強く求められる。それはいわゆる民主社会、各人の「平等」な扱いと基本的人権が保障された社会において求め続けられる課題である。それは市民社会の成立以降徐々に形成されてきたが、いま、その総体的構造を明確に意識し、それによって経済生活の総体的場面においてその基本構造、基本ルールを完成することが可能、かつ必要な段階に来ている。ロールズによれば、経済社会の基本的ルールとは、最も一般的には権利と義務、成果と負担の分配方法である。（*A Theory of Justice*, §1 参照）一般的な政治的権利の平等性が広く認められるようになった現代社会では、特に後者の問題が重要な争点となる。その、現代的条件にふさわしい内容を見つけることが経済学における基本的分配ルールの考察の分野に課された課題である。

(2) 生産力の増大とともに人口の増大と都市集中が生ずると、都市地域における宅地分配ルールが重要な問題となる。そこでは従来のルールの変更による宅地再分配が要求される。これは近年の日本では地価高騰として深刻な問題となっている（第四章）。したがって、フィリピンの土地問題も、現在の農地の問題が解決された後は、ある段階において都市の宅地再分配の問題が焦点となる可能性が高い。ただしかし、この点を予想し得るとは言え、それが必ず、経済社会の発展のうえで必ず経過しなければならない現象であるとは言えない。それを予想しえた時点で、実はそれを避けうるような対応が可能となるかもしれないからである。

(3) 守川正道『フィリピン史』同朋社、一九七八年、二八四頁。また、「フィリピンでは土地が生産構造の中心的部分を占めているので［労働総人口二三〇〇万人、農業人口はその半分。次は公務員が二割、一割半が商業］、成長戦略を成功させるためには全面的な農地改革が核にならなければならない。…農地改革をひたすら実行し、小作農を自作農や農村の事業家に変えることである」(Randolf, David S.『世界週報』一九九二・三・五号)、との指摘は、農地改革が不徹底な状況下で成長も低位に抑えられてきた同国に対する、一つの重要な進路の可能性を示すものであるといえよう。

(4) たとえば次のような大統領教書の表現からそれが読み取れる。「増産の誘因をもたらさないような伝統的農耕方法を永久化しがちな小作制度」。「以前の地主の正当なる権利に公正なる考慮を払いつつ、小作制度を自作農経営に置き換えなければならない。…巨大な生産的エネルギーを解放し」よう。そして「不在地主制に束縛された莫大な資本源を事業や工業面に解放しよう。」（一九六三年一月一般教書、滝川勉「フィリッピンにおける土地改革」『諸外国における土地改革』一九六四年、内閣総理大臣官房、臨時農地等被買収者問題調査会、一六〇～一六一頁）

(5) すでに一九二二年にはフィリピン小作人・農業労働者連合が成立している。(Concederacions de Aparceros y Breros Agricolas de Filipinas)（守川正道、前掲二七四頁。）彼らの闘争はすでに一九四八年にフクバラハップ団との協定のなかで政府に大土地所有廃止、土地再分配をうたわせたといわれる。（同、二八二頁。）

(6) その最初はすでに一九〇二年に米国統治下のもとで教会・教団所有地（friar lands）の買収、移転事業にまで遡るが、これはきわめて不徹底なものであった。（滝川前掲著、一五五頁）

(7) 松下冽編『アジアの人々を知る本　第四巻　支配する人々』大月書店、一九九二年、四六頁。台湾では一九四四年から五三年に、減租、公有地払下、「耕者有其田」が行なわれ、韓国でも一九五〇年に農地改革が行なわれた。

(8) Jesucita L. G. Sodusta, "Land Reform in the Philippines", *Southeast Asian Affairs*, 1981, Singapore, p.258.

(9) 一九七六年の国連報告は次のように述べている。「ほとんどの発展途上国は工業化をできるだけ早く達成しようと意図した。

この様な発展政策が、部分的に、経済の主要な部分、すなわち農村部分を無視する理由となった。」（U. N., *Progress in Land Reform*, 6th report, 1976, p. 5. これ以降は Land Reform と引用する。）R・デヴィッドは、フィリピンの産業構造において土地は中心部分を占めているのだから、総合的な土地改革が成長戦略の核とならねばならないのであり、それは小作人や小農層を農村企業家に変えることであると述べている。（David, 前掲、一二五頁。）急速に成長している台湾や南朝鮮のようなアジア諸国では、一九四〇年から五〇年にかけて土地改革が行われた。

（10）　国連総会の決議、一九六〇年、第一五二六（XV）号（*Land Reform*, 4th Report, 1966, p. 167 より。）同様の主旨は一九七六年の報告にも繰り返されている。「この報告は、…資源に対する公平な（equitable）接近が、特に発展途上国の農村地域における土地へのそれが、経済的かつ社会的発展のための前提であると見なしている。（*Land Reform*, 1976, p. 2.）

（11）　*Land Reform*, 1976, p. 11.

（12）　Land Tenure Administration, *6th Annual Report*, F. Y. 1960-61, Manila, 1962 1 p. 18.（滝川勉前掲書、一五九頁。）

（13）　滝川前掲著、一六一～一六五頁。

（14）　「土地所有の不均等配分は」中部ルソンなどで公然たる暴動として燃え上がっている「平和と秩序の重大な撹乱の主要な原因となっている」。（Land Tenure Administration, op. cit., p. 3. 滝川前掲著、一六五頁）

（15）　唯一の問題はしたがって当該社会において「力関係」に応じたルールが実現されることである。実は、「最大多数の最大幸福」がめざされるべしとの近代市民社会における功利主義的思考も、近代以降では社会構成員間の相互の力関係の平等性理解がより強まり、それがたとえば法のもとの平等、あるいは神の前に平等という形で理解されるようになった時点での、すなわち「人々がかなりの程度平等と理解されるときの力関係のもとでの決着のされ方」として選択され、実現されてきたものにすぎない、すなわち実際には力関係的決定論で理解される行動様式の一形態にすぎないのである。

（16）　その意味で人は、通常、いわゆる功利主義が命ずるように、社会的ルールへの合意においては、自らの利益が排除されても多数の利益が増大すればよいとは考えない。実際には多数者が自己に有利なルール、すなわち多数者のためのルールを実現するが、しかし、生産力の発展と共に社会成員における同質性が高まるときは、それは同質的多数の利益が実現されることを意味する。

（17）　Akito, Tsukada, *Village Community in the Phillipines*, a baccalaureate thesis at the International Christian University, 1978.

（18）　一九四〇年のケソン大統領の大農園買収事業の土地改革（滝川、前掲著、一五五頁）も、また現在にいたる諸々のそれもすべて「社会正義」のため、と位置づけられているが、その中身は実はこの生存権のための行動にあるのである。

(19) Jose M. Sison, *Continuing Struggle in the Phillipines*, 1982.『フィリピンのひきつづく闘争』日本フィリピン人民連帯委員会役、一九八九年。

(20) 広戸俊夫、『フィリピン共和国総合農地改革計画概要と状況』一九九二年、ミメオグラフ、四二頁。広戸氏は日本の農林水産省からフィリピンの農地改革省に一九八九年から一九九二年まで派遣された。本書はその記録である。

(21) 広戸、前掲、三二頁。

(22) 高い買い上げ価格の設定はこのような抵抗の一形態である。

(23) 下院はどちらかと言えば地方プランテーション所有者の側に立ち、上院は多国籍企業の側に立っているといわれる。ほとんどの上院議員は商業的、産業的発展のために地方の安定性を好ましいと見なしている。(Yujiro, Hayamai, Ma. Agnes R. Quisumbing and Lourdes S. Adriano, *Toward an Alternative Land Reform Paradigm A Philippine Perspective*, Manila, 1990, pp. 75, 76.)

(24) Wurfel, David, 1983, in *Second View from the Paddy*, Ateneo de manila univ., p. 10. (In Hayami, 1990, p. 80.) 速水氏は自由な民主的な目標がいわゆる社会的正義を志向した行政において一定の役割をはたしたというが、私の理解では、力関係こそが決定要因であり、正義とはいつでもその結果であるにすぎない。

(25) 一九五三年の農業借地期間法（the Agricultural Tenancy Law）と土地改革法（the Land Reform Act）は小作農の反乱に対する対応として作られた。それらの反抗は、「行政府をして借地期間法や、…再定住計画やその他の小さな改革の実施を促すのに重要な意義をもった。」そして、なぜ改革がこの様な小さな規模となったかの一つの解釈は、「小作層の要求が穏やかであり、政府の一九五〇年代の穏やかな改革はフク団の抵抗に対処するのに効果的だったから」である、というものである。(Hayami, op. cit., 1990, p. 49.)

(26) 古い小作農の方の分析については、Akito Tsukada, op. cit. を参照のこと。彼はそこで古い型の人間（農村共同体における互恵主義や温情主義、また疑似家族的な関係）がどのような新しい社会変化に対しても否定的な意味をもつことを強調している。ここからの脱却は次の方向にあろう。中間階級の成長と態度の変化は小作層に有利に働こう。「その利益が必ずしも地主達と一致しない中間階級の着実な成長がもう一つの要因であり、その効果はゆっくりと徐々に明らかとなっている。」(*Land Reform*. 1966, p. 6.)

(27) *Land Reform*,1966, p. 4 は、「生産物におけるより大きな平等性とより大きな社会的平等性（人間の尊厳におけるより大きな平等性）」に言及している。

Hayami は、政治集団がどのように組織されるかを重視している。彼によれば、「それは確かに政治的市場における均衡を作り出すが、しかしそれはいまだに不十分かつ不公正なものである。」（Hayami, 1989, pp. 14, 15.）しかし、最も強力な集団にとって不利なシステムは維持されないがゆえに、それは社会的に公正な状態とは呼べない。地方の農民達は自らの政治的意志を国政における意志決定過程において代表させることにおいて不利であるように見えるが、彼らは徐々にではあれ、フィリピンの土地改革の次の段階の枠組みを形作る方向に進んで行くであろう。

(28) アキノ政権は土地改革を実施するのに遅れをとったと評価されているが、「政治的混乱の中で民主的制度を守りとおしたことは高く評価されるべきである」。（日本経済新聞、一九九三年二月二〇日づけ）

(29) Hayami, 1990, p. 49.

(30) 中間階級の拡大と変化しつつある態度は小作層の側に有利に働くであろう。そこには「…健全な工業の成長は着実な進歩的な農業を基礎にして下支えされねばならないとの見方が拡大して行くであろう。」（*Land Reform*, 1966, p. 6.）

(31) アメリカ合衆国はかつて一九五〇年に、フィリピンに対する経済支援と引き換えに、大土地所有者によって保有されている土地の収用と売却を推賞した。（*Report to the President of the U.S.* by the Economic Survey Mission to the Philippines.）一九五二年にハーディーレポートの中で、不在地主のすべての土地と、四ヘクタール以上の土地所有者のすべての土地の二年間以内の収用を推賞した。（*Philippine Land Tenure Reform: An Analysis and Recommendations*）しかしそれはフィリピン大統領によって内政干渉であるとして拒否された。一九五四年にクーパー報告が出されたが、（Report Concerning the Philippine Land Tenure Policy）ハーディー報告と異なり、土地改革ではなく土地制度の改善を述べるにとどまった。（滝川、前掲、一五六頁）戦後、合衆国は開発援助を申し出、日本は賠償金を支払った。多国間ベースの援助が、一国規模方式に加えて一九七一年以来パリクラブを通じて、また、一九八九年の多国間援助方式（Multilateral Assistance Incentive）によって行われるようになった。後者は合衆国によって提起され、フィリピンの民主主義と経済の再建を目的としている。日本はこの援助において重要な比重を占めてきた。日本の民間投資もまた近年急成長している。）日本の近年のフィリピンの農業改革に対する援助は、一九八七年の終わりに使節団を派遣した後決定された。この援助は小規模農家を援助することを焦点としている。（日本経済新聞、一九九三年三月一二日づけ。）

(32)　一九九〇年四月のＮＰＡ指揮官の発言によれば、日本の援助によって支えられた地方発展計画は農民の生活にとって深刻な脅威となっているといわれている。(『東南アジア要覧』、東南アジア調査会、一九九一年、第八章、三六頁。)

次の発言は、「援助」がただ被援助国の有利な地位にある者のみにとって有効である場合に不利な地位にある人々がどう感じているかを説明している。「ネグロスの人々は、彼らが彼らの子供達のために米や野菜のための一片の土地ももち得ないという現実に対しながら、一方で、ヨーロッパやアメリカや日本などの「豊かな」地域に送られる砂糖や海老を生産する広大な土地を目の当たりにするとき、どのように感じることだろうか。」(日本―ネグロスキャンペーン委員会、ニュース NO.18, 一九九二年、一一月一六日づけ。)

参考図：経済問題の鳥瞰図と本書の問題(1)

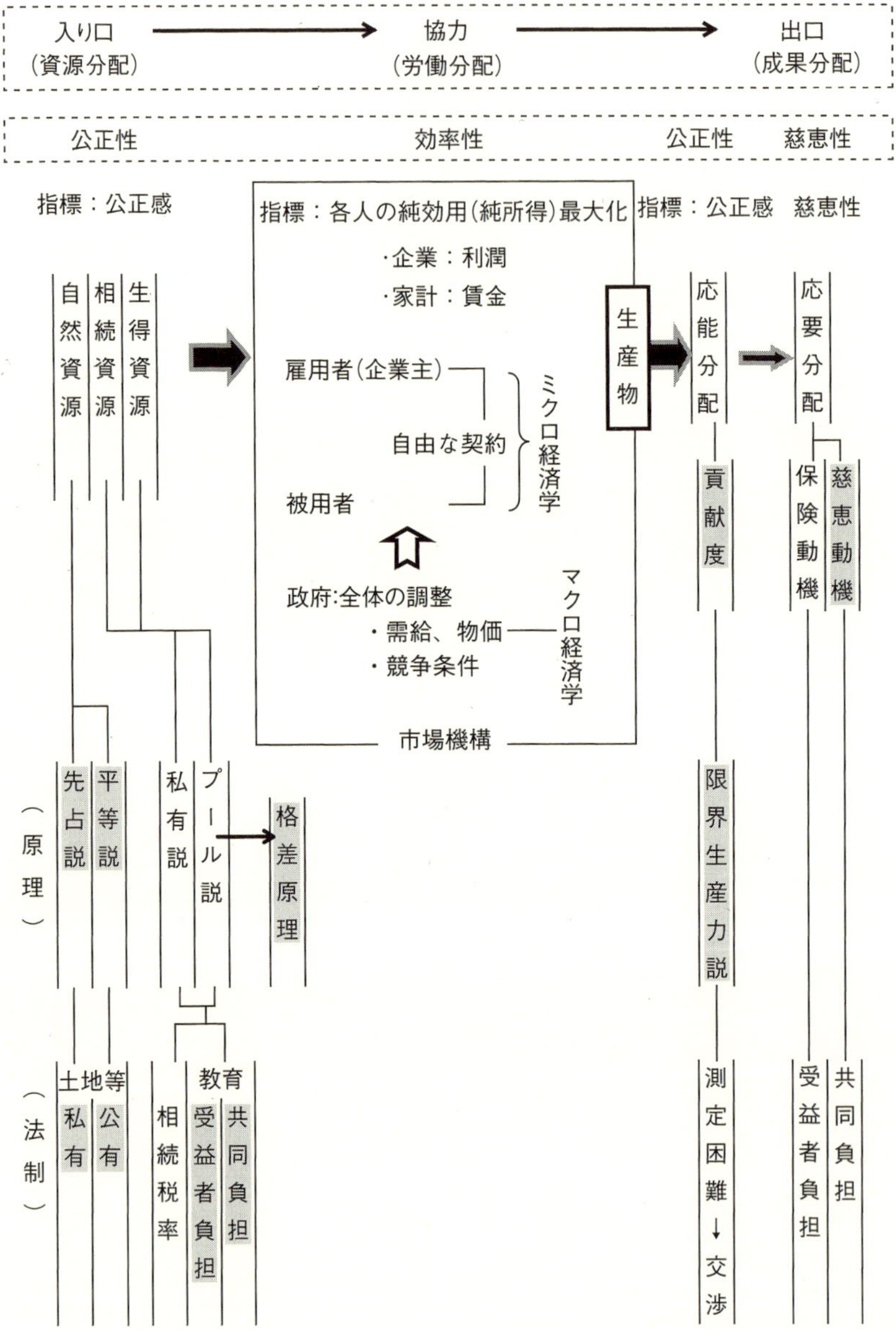
入り口
(資源分配)
協力
(労働分配)
出口
(成果分配)
公正性
効率性
公正性
慈恵性
指標：公正感
指標：各人の純効用(純所得)最大化
指標：公正感　慈恵性
・企業：利潤
・家計：賃金
自然資源
相続資源
生得資源
雇用者(企業主)
自由な契約
被用者
ミクロ経済学
政府:全体の調整
・需給、物価
・競争条件
マクロ経済学
市場機構
生産物
応能分配
応要分配
貢献度
保険動機
慈恵動機
(原理)
先占説
平等説
私有説
プール説
格差原理
限界生産力説
(法制)
土地等
私有
公有
教育
相続税率
受益者負担
共同負担
測定困難
↓
交渉
受益者負担
共同負担

参考図：経済問題の鳥瞰図と本書の問題(2)

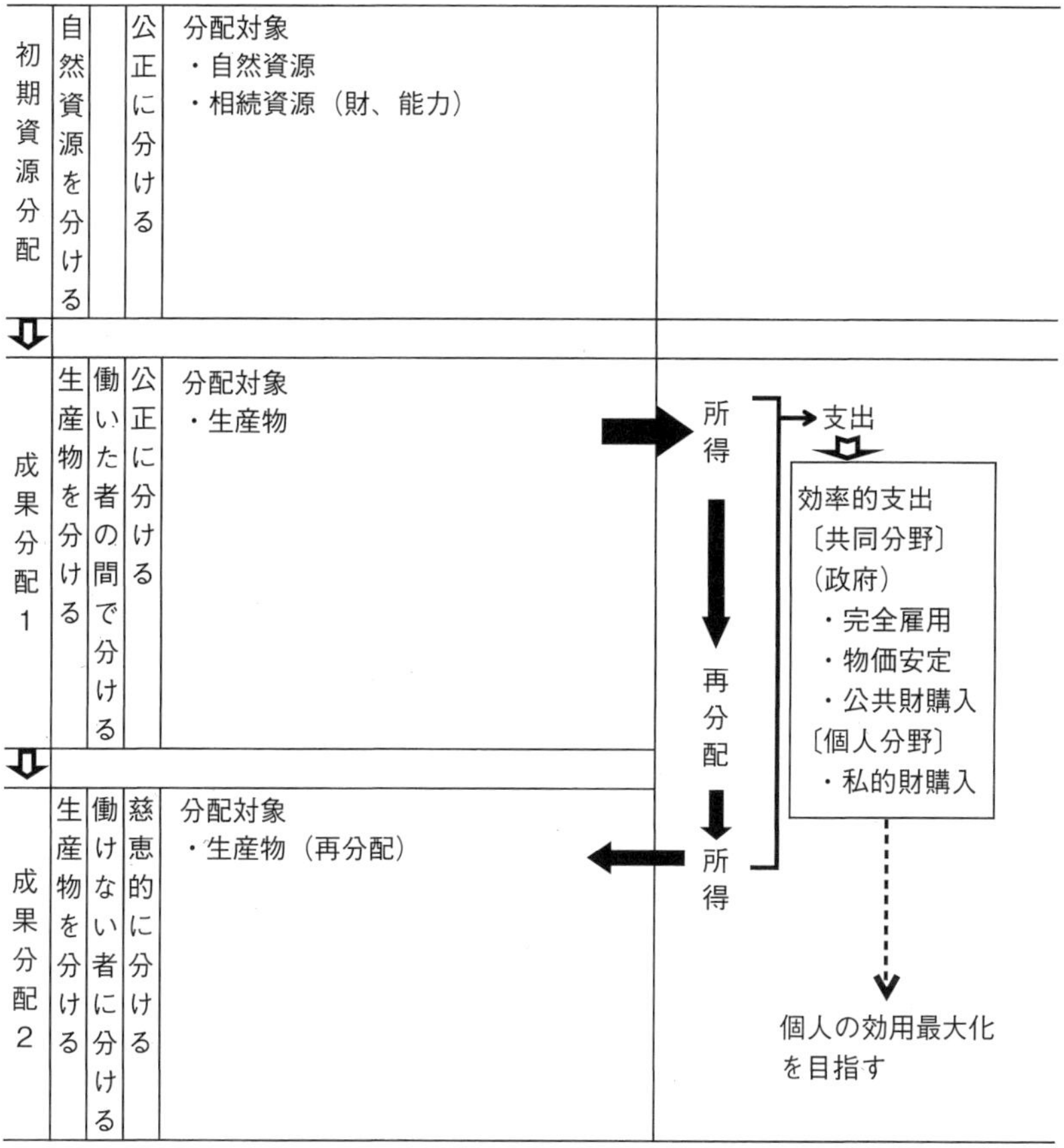
初期資源分配
自然資源を分ける
公正に分ける
分配対象
・自然資源
・相続資源（財、能力）
成果分配1
生産物を分ける
働いた者の間で分ける
公正に分ける
分配対象
・生産物
所得
再分配
所得
支出
効率的支出
〔共同分野〕
（政府）
・完全雇用
・物価安定
・公共財購入
〔個人分野〕
・私的財購入
個人の効用最大化を目指す
成果分配2
生産物を分ける
働けない者に分ける
慈恵的に分ける
分配対象
・生産物（再分配）

参考図の解説

右に示した二つの図は、市場経済機構を採用している現在の多くの国々の経済の仕組みを概観したものであり、読者はこれによって、本書で扱った諸問題がより広い経済問題の枠組みの中でどのように位置づけられるのかを理解することができよう。以下、簡単にこれらの図について解説する。

鳥瞰図（1）ではまず、人間が社会を作るうえでその基本的要素となる経済活動がどのように行われ、また、そこでは現在どのような問題が残されているのかが示されている。この図では、冒頭に、左から右方向にかけて、人間は地球上の自然資源の分配を受けること(入り口)、それを使って、通常、複数の人間が協力して生産活動を行うこと(協力)、そして最後にその生産物を分けること(成果分配)、が示されている。その下に、上の三つの場面で、それぞれ、資源分配の場面では公正性、労働分配の場面では効率性、そして成果分配の場面では公正性と慈恵性の問題が生ずることが示されている。公正性とは、ある問題を解決する場合に、その関係者の合意が必要であることを指す。効率性とは、ある目的を達成するためにもっとも有効な手段を見つけることを指す。慈恵性とは公正性と同様に生産物の分配方法に関わる問題であるが、それは生産物の公正な分配が行なわれた後に初めて問題となる。集団を作って暮らしている人間には、働ける者と働けない者がいる(老齢、育児、失業などによる)。このとき、働けない者は働ける者から生産物を分けてもらうことで生活する。このとき、働ける者が働けない者に対して分配を行なうのは、彼らが弱い者たちに対してその生存を願うからであると考えられる。この弱者の生存を願うという動機が慈恵性である。

資源分配の場面では、分配されるべきものとしては、人間以外の自然、相続資源、生得能力としての資源の三つがある。それらをどのように分けるかが、人間が経済活動を行う場合の第一の問題となる。

次に、こうして分配された初期資源としての生産要素を使って、相互にどのような生産活動を行うか、すなわちどのように協力するかという労働分配が問題となる。二一世紀初頭の現在、ほとんどの国ではその解決を市場経済機構にゆだねている。このことは図の中央部にある四角の中に示されている。そこでは企業と家計がそれぞれの所得を最大化させることを目指して、市場で労働力を初めとする各種生産要素の売買、自由な契約を行なう。(この過程は通常ミクロ経済学の中で分析される。)また、各個人、企業が個別に自由に行動するとき、その社会全体としての需要と供給が一致せず、不況が生じたり、また物価が大きく変動することがある。こうした経済活動の変動に対しては政府が調整を行なう。(この過程は通常マクロ経済学の中で分析される。)また、市場機構が機能する前提としての競争条件も政府が決める。

生産された財は、次に、生産を行なった者の間で分配される。それは提供要素の貢献度・働きに応じた応能分配として行なわれる。次に、その分配分から、今度は生産を行なえなかったものに対して再分配が行なわれる。これは必要に応じた分配、すなわち応要分配として行なわれる。このとき応能分配は公正性を基準として、応要分配は保険動機、または慈恵動機を基準として行われると言えよう。

以上が図の上半分の説明である。これらがわかっても、これだけではまだ抽象的であり、実際の社会での分配を十分に説明することはできない。そのためには、より具体的な原理、または法制度が必要である。それが図の下半分に示されているいくつかの問題点である。しかしこれらはまだ解明されきっているわけではない。自然資源の分配については、その所有原理として、先占行動をとるべきか、平等分配をとるべきか、といった未解決の問題がある。相続資源、生得資源については、私有説とプール説の選択という問題がある。成果分配では貢献度を測る方法として限界生産力説の妥当性は十分か、という問題がある。応要分配については、既存の社会保障制度はそもそもいずれの動機から、またはそれぞれのどのような混合によって生じているのか、また現在の社会保障水準はそれらの動機に見合ったものとなっているか、といった問題がある。これらの具体的な問題については現在でも日々議論が続いている。だがそのことは、私たちが自らの判断基準をより明確にし、この社会の基本的分配問題をより明確に解決していこうとしているその努力の過程を示すものと考えるべきであろう。

以上のように鳥瞰図（1）は本書が扱う問題を取り巻くより広い経済問題を示している。本書ではこのうち、網掛けをした部分を特に考察している。（自然資源、特に土地に関わる問題…第四章。生得資源、教育費の問題…第五章。応能分配、貢献度・限界生産力説の問題…第六章、応要分配、慈恵動機の問題…第七章、土地分配に関わる事例研究…補章。）

鳥瞰図（2）は鳥瞰図（1）の補足であり、特に成果分配1と2が行なわれる過程に注目したものである。成果分配1と2は、現在では貨幣所得の形で行なわれる。その所得が実際に支出されるとき、彼らの取り分が実体化する。その支出は自らの効用、満足を最大化するように行なわれる。それは大別して、完全雇用・物価安定・公共財の購入という共同分野のための支出と、私的財の購入という個人分野のための支出とからなる。個人によるこれらの支出行動については本書では主たる考察対象とはしていない。

初出一覧

本書のもとなった論文は次の通りである。

一九九一年一一月

「Economic System and Distributive Rules: An Introdution」

『山口経済学雑誌』第四〇巻第一・二号

一九九二年三月

「A Direction in Critical Development of Rawls's Theory」

『山口経済学雑誌』第四〇巻第三・四号

一九九三年一月

「On the Concept of Justice in Distribution」

『山口経済学雑誌』第四一巻第一・二号

一九九三年六・七月

「LAND REFORM AS A DISTRIBUTION OF ORIGINAL RESOURCES, CONCERNING THE CASES OF THE PHILIPPINES AND POST WAR JAPAN」

VII Pacific Science Inter-Congress Abstracts

一九九四年五月

「Evaluating the Philippines Land Reform」

『山口経済学雑誌』第四二巻第五・六号

一九九五年三月

「新しい社会経済システム構築の一視点—資源分配ルールと公正性基準—」

『日本経済政策学会年報XLIII』

一九九五年五月

「新しい社会経済システム構築の一視点—資源分配ルールと公正性基準—」

『山口経済学雑誌』第四三巻第一・二号
一九九六年九月、九七年一月
「日本の社会経済システムの問題点(1)、(2)－政策基準としての慈恵性について－」
『山口経済学雑誌』第四五巻第二号、第三号
一九九七年三月
「日本の社会経済システムの問題点－政策基準としての慈恵性について－」
『日本経済政策学会年報 XLV』
一九九七年五月
「成果分配ルールの再検討－市場経済における分配問題：商品の価値－」
『山口経済学雑誌』第四五巻四号
一九九七年七月
「市場経済における分配ルール－貢献度基準と企業家賃金、被雇者賃金－」
『山口経済学雑誌』第四五巻五号
一九九七年九月
「市場経済における分配メカニズムの是正案」
『山口経済学雑誌』第四五巻六号
一九九八年九月・十一月
「市場経済システムと教育制度－教育費負担原則、とくに高等教育と国立大学の授業料の負担方法をめぐって－」(上)(下)
『山口経済学雑誌』第四六巻第五号・第六号

参考文献一覧

阿部美哉「大学授業料の比較文化」『現代の高等教育』一九八五年四・五月号

足立幸男「ロールズの経済的平等論」『思想』一九八六年八月号

Akito, Tsukada, *Village Community in the Philippines*, a baccalaureate thesis at the International Christian university, 1978)塚田明人「フィリピンにおける村落共同体」(国際キリスト教大学学士論文、一九七八年)

有江大介『労働と正義』創風社、一九九〇年

Arrow, Kenneth J., "Social Choice and Justice", *Collected papers of Kenneth J. Arrow*. Vol.1. Harvard Univ. Press, Essay 11

Arrow, *Social Choice and Individual Values*, New York: Wiley, 1st ed., 1951, 2nd ed., 1963. 長名寛明訳『社会的選択と個人的評価』日本経済新聞社、一九七七邦訳

Beard, Charles, *History of the United States*, Macmillan, 1921. 岸村金次郎訳『アメリカ合衆国史・上巻』岩波書店、一九四九年

Bentham, Jeremy, *A Fragment on Government and an Introduction to the Principles of Morals and Legislation*, Blackwell's Political Text, Oxford, 1948

Bentham, "A Fragment on Government", in *The Collected Works of Jeremy Bentham, Principles of Legislation* ed. by J.H.Burns, Univ. of London, 1977 『道徳および立法の諸原理序説』山下重一訳、『世界の名著三八』中央公論社、一九六七年

Blaug, Mark, *Economic Theory in Retrospect*, The Cambridge university Press, 1978、邦訳『新版経済理論の歴史 III 限界理論の展開』宮崎犀一、関恒義、浅野栄一訳、東洋経済新報社、一九八六年

Boulding, K. E., *Economics as a Science*, McGraw-Hill, 1970. 邦訳『科学としての経済学』一九七一年、日本経済新聞社

Boulding, *Redistribution to the Rich and the Poor, the Grants Economics of Income Distribution*, Wadsworth Publishing Co., 1972. 邦訳『所得分配の贈与経済学』関口末男訳、祐学社、一九七六年

Boulding, *The Economy of Love and Fear, A Preface to Grants Economics*, Wadsworth Publishing Co., Inc., 1973. 邦訳『愛と恐怖の経済』公文俊平訳、祐学社、一九七四年

Boulding ed., *The Economics of Human Betterment*, Macmillan Press Ltd., 1984. 邦訳『ヒューマン・ベターメントの経済学』嵯峨晴夫監訳、勁草書房、一九八九年

Calvin, J., 『キリスト教綱要』、小平尚道他訳、河出書房新社、一九六二年
中央教育審議会『今後における学校教育の総合的拡充整備のための基本的施策について』文部省、一九七一年
同、『21世紀を展望した我が国の教育の在り方について』一九九七年
Clark, J. B., *The Distribution of Wealth*, 1899. 林要訳『分配論』岩波書店、一九二四年
Clarke, Simon, *Marx, Marginalism and Modern Sociology -from Adam Smith to Max Weber*, 2nd ed., Macmillan Academic and Professional ltd, 1991, p.228.
大学問題研究会『大学問題・資料要覧』一九六九年
Dawkins, Richard, *The Selfish Gene*, 1976, Oxford Univ. Press. R. ドーキンス『生物＝生存機械論』日高他訳、紀伊国屋書店、一九八〇年
ドーキンス「利己的遺伝子と生物の体」河田雅圭訳、『日経サイエンス』一九九六年一月
Durden,Garey, "Determining the classics in social choice", in *Public Choice* 69, 1991
Fisk, Milton, "History and Reason in Rawls' Moral Theory", Norman Daniels ed., *Reading Rawls*, New York, 1974
Friedman, Milton and Rose, *Free to Choose, A Personal Statement*, 1979, New York and London
藤井弥太郎「市場機構と公共選択」、『現代社会の経済政策』有斐閣、一九八五年、
藤川吉美『ロールズ哲学の全体像』成文堂、一九九五年
福音館編集部編『憲法・宣言・条約集』福音館、一九六〇年
George, Henry, *Progress and Poverty, An Inquiry into the Cause of Industrial Depression, and of Increase of Want with Increase of Wealth.-The Remedy*, London, 1888
George, Vic, and Wilding, Paul, *Ideology and Social Welfare*, 1985, Routledge and Kegan Paul 邦訳『イデオロギーと社会福祉』美馬孝人、白沢久一訳、勁草書房、一九八九年
Hayek, Friedrich von., *The Constitution of Liberty*, 1960, Routledge & Keganpaul
華山謙「戦後の土地政策－その史的展開」ジュリスト№34、一九八四
広重力「国立大学と学費」『現代の高等教育』一九九四年十一月・十二月号
広戸俊夫『フィリピンにおける総合農地改革計画の概要と状況』一九九二年、ミメオグラフ

Hobbes, Thomas, *Leviathan*, BPCC Ltd., p. 183. トーマス・ホッブズ『リヴァイアサン』永井道雄、宗片邦義『世界の名著23　ホッブズ』中央公論社、一九七一年

星野英一他編『ポケット六法』有斐閣、一九九二年

本間政雄「フランスの高等教育財政」『現代の高等教育』一九八六年七月号

本間義人他編『土地基本法を読む』日本経済評論社、一九九〇

堀尾輝久『現代社会の教育』岩波書店、一九九七年

同、『教育基本法はどこへ』有斐閣、一九八六年

井深雄二「教育費の節減合理化と受益者負担論」『名古屋工業大学紀要』第四七巻、一九九五年

市井三郎『歴史の進歩とは何か』岩波書店、一九七一年

伊ヶ崎暁生編『教育基本法文献選集3教育の機会均等』学陽書房、一九七八年

井上孝美「大学における授業料等学生納付金の現状と国際比転」『現代の高等教育』一九八五年四・五月号

岩田靖夫「正義論の基底」、『思想』一九八六年、八月

Japan Negros Campaign Committee, News no.18, Nov. 16, 1992

Jevons, William Stanley, *The Theory of Political Economy*, 1871, Fourth ed.『経済学の理論』小泉信三、寺尾琢磨、永田清訳、日本経済評論社、一九八一年

金子元久「受益負担主義と『育英』主義」『広島大学大学教育センター大学論集』第一七集、一九八七年

同、「国立大学授業料の理念と現実」、矢野眞和編『高等教育の費用負担に関する政策科学的研究』科研費報告書、一九九四年

加藤寛孝、「自由経済社会の倫理的基礎—スミスとハイエクに則して」、日本経済政策学会編『日本の経済社会システム』一九九四年一五頁。一九九四年日本経済政策学会大会報告。

同、「自由経済社会の倫理的基礎」、創価大学『比較文化研究』第一一巻一九九四年三月号

加藤和敏『自由と正義を求めて—ウインスタンレーとイギリス市民革命』光陽出版、一九九〇年

川本隆史『現代倫理学の冒険』創文社、一九九五年

Kandel, I. L., *Comparative Education*, 1993

Keynes, John M., *The End of Laissez-Faire*, in *The Collcted Writings of John Maynard Keynes*, vol.ix, *Essays in Persuasion*,

Cambridge, 1972

Keynes, ケインズ『雇用、利子及び貨幣の一般理論』塩野谷祐一訳、東洋経済新報社、一九八三年、三七六頁(J. M. Keynes, *The General Theory of Employment, Interest and Money*, Macmillan & Co. ltd., pp.373-374.)

Knight, F. H., *Risk, Uncertainty and Profit 1921*. 奥隅栄喜『危険・不確実性及び利潤』一九五九年

菊池誠司「高等教育における受益と負担」『日本教育行政学会年報』一五号、一九八九年

児玉誠『法における個人主義と公共の福祉』御茶ノ水書房、一九九一年

小泉信三『共産主義批判の常識』講談社、一九七六年

国土庁土地政策研究会編『土地　取引・利用・保有の基本方針　世界一三ヵ国の土地制度徹底比較』国土庁土地局土地政策課監修、東洋経済新報社、一九八八年

国会議事録（第八十七回国会外務委員会議事録）

国民金融国庫総合研究所編『子供の教育費と家計の動向』一九九四年

国立教育研究所編『日本近代教育百年史』文唱堂、一九七三年

国税庁『平成三年改正税法のすべて』大蔵税務協会発行、一九九一年

熊谷尚夫『経済政策原理』岩波書店、一九六四年

公文俊平（臨調答申解説論文）『現代の高等教育』一九八二年九・十一月号

黒崎勲『現代日本の教育と能力主義』岩波書店、一九九五年

Land Tenure Administration, *6th Annual Report*, F. Y. 1960-61, Manila, 1962

Locke, John, *An Essay concerning Human Understanding*, 1690, edited by J.W.Yolton, 2 vols. Everyman's Library, 1961.『人間知性論』大槻春彦訳、中央公論社、『世界の名著』27、一九八〇年

Locke, John, *Two Treatises of Government*, Hafner Publishing Company, 1969, sections 31-51. ジョン・ロック『統治論』、宮川透訳、中央公論社、『世界の名著27』一九八〇年

真野宮雄「公教育思想における公正と不公正」（高倉翔編著『教育における公正と不公正』教育開発研究所、一九九六年

Mapel, David, *Social Justice Reconsidered*, Illinois University Press, 1989 塚田広人訳『社会的正義論の再検討』成文堂、一九九六年

Marx, Karl, カール・マルクス『資本論』第一巻、第七編第二四章第七節「資本主義的蓄積の歴史的傾向」、マルクス=エンゲルス全集

刊行委員会訳、大月書店、一九六八年 (Karl Marx, *Das Kapital*, Erster Band, Dies Verlag, Berlin, 1962, Siebner Abschnitt, Vierundzwaizigstes Kapitel, 7, Geshichitliche Tendenz der kapitalistishcen Akkumulation.)

Marx Engels Werke, Band 4, Karl Marx und Friedrich Engels, *Manifest der Kommunistishe Partei*, Dietz Verlag, Berlin, 1959, S. 464.『共産党宣言』マルクス＝レーニン主義研究所、大月書店、一九五二年

Marx Engels Werke, Band 19, *Karl Marx, Kritik des Gothaer Programmes*, S.21.『ゴータ綱領批判、エルフルト綱領批判』前掲刊行委員会訳、大月書店、一九五四年

増田孝雄『主導権を育てる教育』光陽出版社、一九九四年

松下冽編『アジアの人々を知る本　第四巻　支配する人々』大月書店、一九九二年。

Mill, J. S., *Principles of Political Economy*, 1848, ed. by Ashley, 1920

宮崎義一『エコノミスト』一九九六年一月九日号

守川正道『フィリピン史』同朋社一九七八年

三土修平「搾取論の回顧と展望」、『経済理論学会年報第二九集　市場と計画』青木書店、一九九二年

三輪定宣「臨調行事と私学・大学」『国民教育』一九八四年十一月号

森岡真史「労働価値説の批判的検討」『経済理論学会年報第三〇集　日本資本主義の現代的特質』青木書店、一九九三年

森嶋通夫『思想としての近代経済学』岩波書店、一九九四年

Myrdal, Gunnar, *The Political Element in the Development of Economic Theory*, London, 1955

内閣総理大臣官房公報室編『世論調査年鑑』平成二年版、四年版、大蔵省印刷局、一九八八、九一年

日本放送協会放送文化研究所『放送研究と調査』一九九六年三月号

日本経済調査協議会『新しい産業社会における人間形成』東洋経済新報社、一九七二年

日本経済新聞一九九三年二月二〇日付け、三月一二日づけ、一九九五年、一月二六日付け、一〇月二三日付け、九六年一月二一日付け、二三日付け、二四日付け、二九日付け、一月二八日付け、一月二五日付け、三月二日付け、三月三日付け

日本ーネグロスキャンペーン委員会、ニュース№18、一九九二年、一一月一六日付け

日本土地法学会『近代的土地所有権・入浜権』有斐閣、一九七六年

同『土地所有権の比較法的研究』有斐閣、一九七八年

Nozick, Robert, *The Examined Life*, Simon & Schuster, 1989. 井上章子訳『生の中の螺旋』青土社、一九九三年
尾原栄夫編『図説日本の財政・平成6年版』東洋経済新報社、一九九四年
小川正人「大学の授業料政策と教育の機会均等問題」『季刊教育法』一〇三号、一九九五年九月号
大川政三「大学学費論の非経済性を正す」『現代の高等教育』一九八三年四・五月号
大野忠男『自由・公正・市場』創文社、一九九四年
置塩信雄、鶴田満彦、米田康彦著『経済学』大月書店、一九八八年
置塩信雄「労働価値説の主要命題と現代の問題」(『経済理論学会年報第二七集：労働価値説の現代的意義』経済理論学会篇、青木書店、一九九〇
大崎仁「英国高等教育のゆくえ」『現代の高等教育』一九九〇年十一月号
太田堯『教育とは何かを問いつづけて』岩波書店、一九八三年
太田堯『教育とは何か』岩波書店、一九九〇年
太田堯・堀尾輝久『教育を改革するとはどういうことか』岩波書店、一九八五年
Pigou, A. C., *The Economics of Welfare*, fourth ed., 1932. 邦訳、気賀健三、千種義人他訳『厚生経済学』東洋経済新報社、一九五三年
Ralws, John, *A Theory of Justice*, 1971, Harvard Univ. Press. 邦訳、矢島鈞次他『正義論』紀ノ国屋書店、一九七九年
Rawls, *Political Liberalism*, Columbia University Press, 1993
森岡真史「労働価値説の批判的検討」『経済理論学会年報第三〇集　日本資本主義の現代的特質』青木書店、一九九三年
Randolf, David S.,『世界週報』時事通信社、一九九二年三月五日号
Rahrendolf, Ralf, "Gibt es ein liberales Zukunftskonzept?", *Zeit*-Punkte Nr. 1 / 95'「『ツァイト』シンポジウム 未来へ向かう新しいコンセプトは可能か」『世界』九六年二月号
臨時行政調査会『臨調最終提言』一九八三年
臨時教育審議会『教育改革に関する答申第一次〜第四次』一九八八年
Robbins, Lionel, *An Essay o the Nature and Significance of Economic Science*, second. ed., 1935, London.
Robinson, Joan, *Economic Philosopy*, London, 1962

Roemer, J. E., *A General Theory of Exploitation and Class*, Harvard University Press, 1982.

Rousseau, Jean Jaques, *Emile*, 1762, Classiques garnier, Emile, ou de l'Education, par farancois et Pierre Richard 1951.『世界の名著30』戸部松実訳、中央公論社、一九八二年

Rousseau, *Le Discours sur l'orgine et les fondements de l'inegalite parimi les hommes*, 1754. Oeuvres completes de J. J. Rouseau, III. (La Pleiade) 1964.『人間不平等起源論』小林善彦訳、『世界の名著』30、中央公論社、一九八二年

四野宮三郎訳『近代土地改革思想の源流』御茶ノ水書房、一九八二年

Samuelson, Paul A., *Economics*, 8th ed., McGraw-Hill, 1970 邦訳『経済学』都留重人訳、岩波書店、一九七二年

Samuelson, Paul A., and Nordhaus, William D., *Economics*, 13th ed., MacGraw-Hill, 1989. 邦訳『経済学』都留重人訳、岩波書店、一九九三年版

Samuelson, Paul A., *Economics from the Heart*, Thomas Horton and Daughters, 1983. 邦訳『心で語る経済学』都留重人訳、ダイヤモンド社、一九八四年

Sen, Amartya, *Choice, Welfare and Measurement*, Basil Blackwell, 1982

Sen, *Commodities and Capabilities*, North-Holland, 1985 邦訳『福祉の経済学』鈴村興太郎訳、岩波書店、一九八八年

Sen, "Social Choice and Justice: A Review Article", *The Jounal of Economic Literature*, Vol.XXIII, Dec. 1985

芹田健太郎編訳『国際人権規約注解』有信堂高文社、一九八一年

椎名重明『土地公有の史的研究』御茶ノ水書房、一九七八年

信濃毎日新聞一九九六年一月三日付け

Smith, Adam, *The Theory of Moral Sentiments*, ed. by D. D. Raphael and A. L. Macfie, Clarendon Press, Oxford, 1976, p.87. 邦訳『道徳感情論』水田洋訳、筑摩書房、一九七三年

Smith, Adam, *An Inquiry into the Nature and Causes of the Wealth of Nations*, Randam House, Inc. 1937, Book I, chapteres 5, 6.『諸国民の富』大内兵衛、松川七郎、岩波書店、一九六六年

Sodusta, Jesucita L.G., *Land Reform in the Philippines*, Southeast Asian Affairs, 1981, Singapore

Spence, Thomas, Ogilbie,William, Paine, Thomas, *The Pioneers of Land Reform*, London, 1920

竹内常一『日本の学校のゆくえ』太郎次郎社、一九九三年

Thurow, Lester C., Heilbroner, Robert L., Galbraith, James K., *The Economic Problem*, 1985.邦訳『現代経済学』中村達也訳、TBSブリタニカ、一九九〇年
滝川勉「フィリッピンにおける土地改革」『諸外国における土地改革』一九六四年、内閣総理大臣官房、臨時農地等被買収者問題調査会
土地問題研究会／（財）日本不動産研究所編『土地問題事典』東洋経済新報社、一九八九年
東南アジア調査会『東南アジア要覧』一九九一年
U. N., *Progress in Land Reform*, 4th report, 1966
U. N., *Progress in Land Reform*, 6th report, 1976
Wallace, A. R., *Land Nationalization*, Its Necessity and its Aims, 1896
Weber, Max, Der Sinn der ≫Wertfreiheit≪ der soziologischen und okonomischen Wissenschaften, *Gesammelte Aufdsatze zur Wissenshcatslehere, 1985*
Weber, Max, Die Protestantische Ethik und der ≫Geist≪ der Kapitalismus, 1904-5 邦訳『プロテスタンティズムの倫理と資本主義の精神』梶山力、大塚久雄訳、岩波書店、一九五五年
Weber, Max, *Wissenschaft als Beruf*, 1919 邦訳『職業としての学問』尾高邦雄訳、岩波書店、一九三六年
Wilson, E. O., *On Human Nature*, 1978, Harvard University Press, 岸由二訳『人間の本性について』思索社、一九九〇年
渡辺洋三『財産権論』一粒社、一九八五年、七三―八一頁
山田雄三、高橋長太郎、山田勇、小泉明、小島清『現代の経済原論』四訂、春秋社、一九六二年
矢野眞和『高等教育の経済分析と政策』玉川大学出版部、一九九六年
同、「社会変動と教育費」『教育と情報』一九九二年十一月号
淀川雅也「教育投資論と『教育計画』」柳ヶ瀬・三上編『教育費を見直す』大月書店、一九八六年
Yujiro, Hayami, Ma. Agnes R. Quisumbing and Lourdes S. Adriano, *Toward an Alternative Land Reform Paradigm A Philippine Perspective*, Manila, 1990

後書き

以下、筆者の問題意識の形成過程を振り返ることにより、本書執筆の動機とねらいとを述べて後書きとしたい。

「人間、いかに生くべきか？」これはもう三〇年近く前、私が高校生のとき、（おそらく）「倫理社会」を教えてくれたある先生の言った言葉である。その時の教室の先生の姿と、学生服を着て、今はもうない薄暗い古い木造の教室で先生の授業を聞いていた自分たちの姿が今もはっきりと目に浮かぶ。どう生きたら良いのか、「自分の」人生を生き始めたばかりの高校生の私には、気持ち良くも重い言葉であった。

政治経済の授業で、ある教科書の叙述が印象に残った。「戦争は人間の好戦的な性向にもよるが、その背景には経済的動機があることが多い。」自分の生き方を考え始めた私には、仮に自分が戦争で死ぬことは受け入れがたいことと思えた。私は戦争を始める人間にはならないし、なりたくはないと強く思った。多くを望みすぎるとき、人は人と対立するのであろう。そうでなければ、そしてそうでない人がほとんどであろうが、人はきっと平和的に協力する方法を見つけることができる。しかし、指導者、権力者はしばしば国民を強制して戦争に駆り立てる。戦前の日本、ドイツ、戦後の朝鮮戦争、ベトナム戦争。教科書の、また自分で選んで読んだ戦争関連の本の叙述は、みな、平和を望む国民多数と、戦争を始める指導者たちとのギャップを、つまりは戦争を「止むを得ない」と考える指導者と、それを望まない国民とのギャップを示していた。

しかし、背後にある経済的動機とはなんだろう。領土欲か。富、財宝への欲か。いったい誰のための？戦争で死ぬという理不尽な死を自分は押しつけられたくはない。戦争を引き起こし、国民の多くを巻き込む真の動機は何か。それは「国家」の、または「社会」の動機なのか。いったいどのような？これを解明できれば、戦争を防ぐ方法を見つけられるかもしれない。私はこの問題を考え続けたかった。上の文章の載っていた政治経済の本の執筆代表者は一橋大学の都留重人氏だった。この大学へ行って、この問題を考える研究者になろう、私は進路を決めた。

大学入学前に、一年間アメリカ合衆国に高校生として留学する機会を得た。暖かく迎えてくれたホスト・ファミリーと近隣の人たち。やはり、人間は同じだ、そう確信できたことはいちばんの収穫だった。しかし、ベトナム戦争が進行していた。私の通った高校にも、廊下に、ベトナムで戦死した卒業生の写真が数枚飾られていた。ホストファミリーの父親は第二次大戦に参加していた。とても暖かい父親だが、「もし徴兵されたら、喜んでアメリカのために戦う」と言った。迷わずそう言える、「祖国」を愛している父親だった。日本の私の父も彼と同年輩である。彼は戦時中鉄道員として働いていた。戦闘機からの機銃掃射を受けて貨車の下に隠れた経験を話してくれたことがある。彼は兄を戦争で失った。彼はおそらくアメリカの父ほど、心から「祖国」の徴兵に応ずることはないだろう。私の帰国後、ベトナム戦争は終わった。それはアメリカ合衆国の歴史上の苦悩として残った。それから四半世紀経った。今アメリカの父に同じことを聞いたらなんと答えるだろうか。

一九七二年に大学に入った。ベトナム戦争は、日本の米軍基地を経由して日本の社会に入り込んでいた。ナパーム弾と枯葉剤と、それに対抗するゲリラ戦術と、背後にある両陣営と。テレビに映る残酷な戦争ニュースを毎日見ながら私たち学生は食事をしていた。学生の研究会に入り、ベトナム戦争を、戦前の日本の社会、経済、戦争への道を考え始めた。大学院ではベトナム戦争の直接の当事国の一つだったアメリカ合衆国の経済状況を学び始めた。現代アメリカ経済・社会の基礎を形づくったといわれる一九三〇年代に焦点を当て、大恐慌直後の現代アメリカの社会・経済体制の形成期を研究し始めた。

その過程で、政府の活動内容には「社会的意識」のありかたが重要な問題となることを学んだ。「誰のために、どのような効果を狙って」、「どのような手段を採るか」。手段の部分はかなり「科学的」、「客観的」に決められる。だが、「目的」はそうではない。その政策は誰のために行なったのか、と問われたとき、F・D・ルーズヴェルトも「失業者と貧窮者のため」と答えるしかなかったであろう。現在の先進国の為政者は、「低所得層は十分恵まれるに至った。今救われるべきは中間層である」と言うかもしれない。誰のために、は漠然としたものではあるが、しかし現代社会ではそれがすべてを決める、すべてに影響する。ニューディール以降、そしておそらくすべての先進国で、一九三〇年代以降、この「誰の、どのような状態をめざして」の問いは、政府の役割の増大に伴って、枢要な問いとなった。

おそらくこのことを意識して、私の問題意識は徐々に人間と社会に関する外在的事実から内在的事実へと移った。戦争は社会が生み出す、そして直接は政府がそれを始める。一九三〇年代以降の現代社会では政府の役割が決定的となった。現代の政府はしかし、民主的政府である。国民多数の意志で動くはずである。それは国も社会も同じである。その国民は戦争を望まない。しかし現実に多くの戦争は起こった。国民の多数がそれを望んだのか。彼らは自分が何を望んでいるのかを本当に知っていて、それを選択したのか。

私たちはどのような生き方を望んでいるのか。とくに、現代のような進んだ分業と交換社会の中で、私たちはどのような協力の仕方を望んでいるのか。戦争の背景としての経済的衝突とはそもそも人間にとって何なのか。戦争を、あるいは日常的な衝突を生む基本的要因は何か。両大戦は「自国勢力圏の拡大」という、他国の人々を手段としてのみ見る、彼らの人間としての尊厳を顧みない動機の下で行なわれた。だが、民主主義の発達の下で今ではそれが困難となった。現在生じ得る戦争は、冷戦であれ、湾岸戦争であれ、民族間紛争であれ、その重要な部分はその民主的な生存方法を否定しようとする者に対する抵抗、すなわちもはや耐えられぬ程強い「我々は不当に扱われている」との認識から生ずるものであろう。そしてこれこそが、現代の人間社会におけるすべての衝突の基本的要因であるといえよう。

そうであるならば、その逆の正常な状態、すなわち私たちが「正当に扱われている」と考え得る人間関係とはそもそも何か。人間の生存を支えるという意味では最も重要な人間関係としての経済関係において、私たちはどのような分業と交換のルールのもとでならば、平和的に協力できるのか、そのような気持ちになれるのか。これが今私たちが直面している問題であろう。

人間は自然と戦わねばならない。そのためには人間同士争うのは愚かなことである。戦う前に仲間割れをしては自然に勝てはしない。What the world needs now is love, sweet love, it's the only thing that there's just too little of,..Lord we don't need another mountain, there are mountains and hillsides enough to climb, there are oceans and rivers enough to cross, enough to last till the end of time.（© 1965 H. David & B. Bacharach）自然との戦いにおいて我々には協力してなすべきことが文字どおり山ほどある。仲間割れをしている閑はない。

しかし、今日でも戦争をはじめとする人間間の生死にかかわる衝突はなかなかなくならない。そして、この問題に取り組むとき何よりも現代の社会人を悩ます新たな問題は、人間間の結びつき、連帯感の一層の弱まりとも見られる現象である。日本の社会では、こどもたちの成長過程にそれが見られる。いじめ、自殺、学校行事中止を要求する脅迫、受験競争による偏った成長。大人社会でも、政界、官界の汚職、地方自治体の裏金づくり。その一方での過労死の頻発。さまざまな「社会病理」的、人命軽視の事件。これらの共通した背景には、そのなかで私たちが生きてきた現行市場経済システムの不備、なかでも、行き過ぎた企業間競争と、そして新たな国際間競争の激化が見え隠れする。

日本社会は高度成長期を経て、一九八〇年代末に「これからは真の豊かさが必要」だと認識し始めたように見えた。当時の宮沢首相はこれからは「公正さと真の豊かさ」が味わえる社会をつくるのだと唱えた。それはとりもなおさず、それまでの日本の歩みに欠けていたものへの反省であったはずである。そこではおそらく、過度の競争社会が生み出す歪みを是正することが焦点だったはずである。しかし、「ゆとりと豊かさ」は今日再び後景に退いていくかに見える。「世界との大競争」のかけ声の中でこの声はかき消されていくかに見える。対外的競争に勝つために金と人の重点配分を、とは私たち大学人の周辺でも、政府と文部省から最近頻繁に聞こえる声である。

確かにそうかもしれない。日本の人々が幸せになる道は、たとえいじめが増えて、自殺が増えて、オウム事件のような社会的不安が倍増しようとも、世界的競争に勝っていく道しかないのかもしれない。だが、…そうではないのかもしれない。別の道があるのかもしれない。

「分裂するアメリカ」を危惧する本が近年アメリカ合衆国で立て続けに発行された。日本について言えば、国内の受験競争と出世競争と、そして海外低賃金労働力との倍加された競争とは、実は日本社会が「成長」していくために必要な試練であり、それに「負ける」者は人間社会における不要な部分なのかもしれない。しかし…そうではないのかもしれない。「人間は、誰のどのような生き方を求めて」、生きており、そのためにはどのような手段を採るべきなのか。「競争」が私たちを追い立てる力は強大である。「自由競争」と呼ばれる「自然的な力」は、私たちの進路をますます速く、強力に決定していこうとしている。しかし、それは私たち自身が生み出した仕組みであり、ルールである。もしもそれに対して不安があるなら、私たちはそれを再考し、改善することができる。

冷戦後に残った現状の市場経済の仕組み。ともすると人々を、自らの意志に反して過剰な競争にも駆り立てる仕組み。それをどう評価すべきなのか。それは真に我々の望むものなのか。この本で考えたのは、この問題であった。問題の焦点はおそらく、現代社会において人間が「正当に扱われている」と自覚できる人間関係、経済関係の樹立にある。効率・競争と「正当な扱い」の感覚とは両立することができるのか。人間間の経済関係の焦点は、それが協力によってより多くの成果を求めることを目的として結ばれるものである以上、負担と成果の分配関係にある。いかなる分配関係が、人々に自らが正当に扱われていると感知させ得るものであるのか。この「正当な扱い」を保証する分配ルールが、言い換えれば経済的分配ルールの公正性こそがそこでの第一の焦点となろう。効率と競争の長所と公正性とをともに両立させ得る負担と成果の分配ルールとはいかなるものであるのか。

さらに、現実の社会における分配の問題は、正常範囲の生産能力を持つ人々の間での分配基準としての公正性とともに、生産能力に欠ける人々と通常能力の人々との間での分配方法の問題、すなわち慈恵的分配基準の問題をも含んでいる。社会的弱者に対する再分配、とくに慈恵的分配の動機はどれだけ強いものか。その具体化としての現実の再分配制度はそれに適したものか。

以上の問題意識からの公正性と慈恵性の内実の考察と、その具体化の方法への一歩前進が本書の課題であった。

一九九七年五月二一日

塚田　広人

索　引

さ

た

な

ら

わ

著者略歴

塚田　広人（つかだ・ひろと）

PhD, Sociology, Copenhagen University

1953年　長野県に生まれる
76年　一橋大学経済学部卒業
83年　一橋大学経済学研究科大学院修了
1999～2000年　イギリス、ケント大学客員教授
現在　山口大学名誉教授

主　著

『社会的正義論の再検討』（訳　成文堂、1996年）
Economic Globalization and the Citizens' Welfare State (Ashgate, 2002)
『失業と雇用をめぐる法と経済』（共著、成文堂、2003年）
『雇用構造の変化と政労使の課題』（編著、成文堂、2005年）

社会システムとしての市場経済
—市場経済システムの再構成のために—　〔第2版〕

1998年1月31日　初　版第1刷発行
2009年9月10日　第2版第1刷発行
2020年11月1日　第2版第2刷発行

著　者　塚　田　広　人
発行者　阿　部　成　一

〒162-0041　東京都新宿区早稲田鶴巻町514
発行所　株式会社　成　文　堂
電話 03(3203)9201(代)　FAX 03(3203)9206
振替00190-3-66099

製版・印刷・製本　藤原印刷㈱

ISBN978-4-7923-4220-3　C3033

定価（本体3200円＋税）